国家示范性职业学校精品教材
GUOJIASHIFANXINGZHIYEXUEXIAOJINGPINJIAOCAI

市场营销概论

SHICHANGYINGXIAO GAILUN

主审 胡 中
主编 朱晓燕

中国传媒大学出版社

图书在版编目(CIP)数据

市场营销概论 / 朱晓燕 主编 . —北京:中国传媒大学出版社, 2014. 12
ISBN 978 – 7 – 5657 – 1244 – 9

Ⅰ. ①市… Ⅱ. ①朱… Ⅲ. ①市场营销学 Ⅳ. ①F713. 50

中国版本图书馆 CIP 数据核字(2014)第 300230 号

市场营销概论

作 者: 朱晓燕
责任编辑: 曹 辉 黄珊珊
责任印制: 曹 辉
封面设计: 雨 & 寒
出 版 人: 蔡 翔

出版发行: 中国传媒大学出版社
社 址: 北京市朝阳区定福庄东街 1 号 邮编:100024
电 话: 65450532 或 65450528 传真:010 – 65779405
网 址: http://www. cucp. com. cn
经 销: 全国新华书店
印 刷: 廊坊市广阳区九洲印刷厂

开 本: 787 × 1092 毫米 1/16
印 张: 19
字 数: 474 千字
版 次: 2016 年 6 月第 2 版 2016 年 6 月第 1 次印刷

ISBN 978 – 7 – 5657 – 1244 – 9/F · 1244 定价:46. 00 元

前　言

本教材以培养具有创新精神和实践能力的市场营销专业人才为宗旨，遵循中等职业教育规律，强调知识、能力与综合素质的培养，注重理论与实践结合，力求切实结合中职学生知识水平和专业特色，符合人才培养目标要求。

本教材专门设计了教学目标、营销故事、名人语、小探索、请你动动脑和请你动动手等有特色的栏目，由浅入深、循序渐进地凸现了市场营销学的内容体系，突出了以培养学生技术应用能力为主线的职业教育的特色，体现了教材内容和形式上的教学改革示范性，适合中职学校市场营销专业及相关专业选用。

本教材在保持本学科基本理论体系的基础上，充分考虑到21世纪市场营销环境的新发展以及信息化社会给市场营销带来的机遇和挑战，有选择地吸收了近两年国内外市场上出现的营销事件和营销案例，力求体现教材的科学性、系统性与时效性。为使学生能够全面系统地掌握市场营销的基本知识、基本理论和基本技能，本教材在章节顺序与编写内容上进行了处理，使教材整体内容在保持完整的知识结构框架的同时，更多地补充学生日常生活所见、所闻和所接触的事件、品牌与产品来作为知识载体，从而达到充分调动学生学习兴趣并易于学生理解和接受的效果。同时，根据各位参编教师多年的教学经验，准确地设定了教材知识难度，保证学生学得有劲，知识够用，技能实用。

《市场营销概论》由胡中担任主审，朱晓燕担任主编。其中，第一、第四章以及综合案例、综合实训由朱晓燕老师编写，第二、第五章以及营销故事由胡中老师编写，第三、第六、第七、第八章以及课后练习由周燕冬、梁靖、朱永宁和谢丰四位老师老师编写。本书在编写过程中参阅了大量相关文献，得到了相关学校和出版社领导、专家与老师的大力支持，在此一并致谢。

由于编写时间仓促，编写水平有限，书中疏漏在所难免，敬请同行专家和广大读者指正。

编　者

目　录

第1章 市场营销概述

教学目标

通过本章学习，同学们应该能够：知道什么是营销和它在当前经济市场的地位与作用；基本理解市场营销涉及的核心概念；理解市场的概念、类型和当代市场的典型特征；了解营销观念的发展，掌握现代市场营销观念的内容；应用营销基本原理解释身边的营销事件。

案例导引

多元化农产品营销

农产品通过传统的流通渠道，往往需要经过四五个流通环节才能到达终端，环节过多导致的成本增加是拉高农产品价格的重要因素。时下，各大超市都在开展农超对接，以实现农产品的快速流通。除了农超对接，一些机构也在尝试通过新的营销模式和商业模式来缩减农产品流通环节，提高效率，降低菜价。这些尝试，催生了多种新兴的商业业态，M城就出现了一家名为“乐得鲜”的农产品连锁专营店，产销一体，极大地缩减了中间环节。

“农产品其实是非常脆弱的，山西永济芦笋的产量占全世界的1/3，以前主要用于出口。金融危机来临后，订单大幅减少，价格曾一度从18元/斤降到2.5元/斤，有的农民见销路不好，甚至去刨地。优质的产品难以获得优质的价格。”如何对那些优质的农产品进行品牌包装，用现代化营销手段推介出去，既遏制中间商的炒作，又改善长期形成的农业产业壁垒？如何降低菜价，让农产品短平快地流通？一些农业销售合作组织尝试通过各种营销方式帮助农产品进行流通，以更低的价格参与市场竞争。新型农产品直销中介，包括与生产基地对接的社区店、新型农贸市场等便应运而生。

通过这些新的营销方式，农产品完全可以实现从地头直接到达消费者手上。在乌鲁木齐、上海等地推出的蔬菜直销店和上面说到的“乐得鲜”农产品连锁专营店就是其中的代表。它们以直销的方式，降低农产品流通环节和成本。乌鲁木齐的蔬菜直销点只允许在收购价上加20%左右的运输成本，政府的支持来自减免蔬菜直销点的税费，以补贴损耗。而上海也推出了“菜篮子”便民售货车进入社区，金山蔬菜在普陀区长寿路的10个小区内，利用物业的空余房，直接把新鲜蔬菜送进小区。新鲜蔬菜价格明显低于市场价，如西兰花1.8元/斤，比市场价2~2.5元有较大的降幅。

在青岛更是出现了一个7000多平方米的农产品直销新型农贸市场——欢乐大家庭。这家农贸市场以直接采购的方式，引入了周边地区如平度、胶州的特色蔬菜，经营农产品的平均零售价格能够达到比超市便宜10%~30%，甚至低于传统农贸市场。

未来，农超对接肯定是农产品直销的主流模式。因为目前在中国，农产品流通的主要模式还是批发渠道，农超对接的比率还不到30%。而更多新型的农产品直销模式也处于尝试阶段。

请讨论：

1. 出售农产品自古有之，你知道“王婆卖瓜，自卖自夸”的故事吗？
2. 从以上案例你是否能够感受到什么是营销？

市场营销是当今社会无处不在的一门学问。它告诉面对社会和市场的所有的人及组织如何以市场需求为出发点来构想与出售自己的商品及价值。市场营销学起源于美国，随着客观环境变化和科学技术的发展，在企业和其他组织的实际运用中逐步趋于成熟、完善，并且在专家和各行业领军人物的实践与总结中从未停止过演变、创新、突破，对社会经济的蓬勃发展起到了积极的推动作用。本章将从市场营销的定义、市场及相关要点着手，使同学们初步了解市场营销体系框架，尝试建立营销思维模式。

1.1 你知道什么是市场营销吗

1.1.1 市场营销的定义

1. 市场营销的基本含义

“市场营销学”或“营销学”译自英语Marketing一词，它作为一门新兴的学科，20世纪初产生于美国。在世界范围内推广、使用后又称为市场学、市场行销或行销学，MBA（工商管理硕士）、EMBA（高级管理人员工商管理硕士）等经典商管课程均将市场营销作为对管理者进行管理和教育的重要模块包含在内。

Marketing一词在英语里具有双重含义，既是一种经济行为和一种实践活动，又是一门科学。当Marketing表示一门科学时，译为“市场营销学”，而表示一种经济行为、一种实践活动时则译为“市场营销”。前者是指主要研究企业等组织在市场上的营销活动及其规律性的科学，后者是指由企业等组织所进行的市场营销活动。

值得说明的是，市场营销的概念和定义并非如数学公式那样有标准形式，通常是基于观点人自己的理解和体会，即使是营销管理学大家，通常也会不断更新自己对于市场营销的定义。看待任何人、任何所谓定义都需要持有审慎选择的态度。

名人语

营销学不仅适用于产品与服务，也适用于组织与人，所有的组织不管是否进行货币交易，事实上都需要搞营销。

——菲利普·科特勒（现代营销学之父）

2. 市场营销具有代表性的定义

市场营销中最重要、最棘手的概念上的问题之一也许就是其定义了。国内外学者对市场营销已下过上百种不同的定义，迄今为止还没有一个被一致承认的统一的定义。市场营销的定义具有多样性的特点，不同的研究机关和学者由于侧重点不同，采用不同的定义；市场瞬息万变，营销理念一直在发展，因而随着时代的变化定义的内容也在不断改变。

下面介绍几个比较有代表性的定义：

（1）杜拉克的定义。

市场营销不只是一个比销售更广的概念，也并不是一个完全专门化的活动，它与整个企业相关联。所谓市场营销就是从事事业活动的最终结果这一观念，即从顾客观念出发所看到的事业整体。因此，市场营销的领域和责任范围必须涉及企业的所有部门。

（2）菲利普·科特勒的定义。

市场营销是指通过交换过程来满足需求和欲望的、有目的的人类活动。(1976 年)

市场营销是指个人和集体通过创造、提供并同他人交换产品和价值，以获得其所需所欲之物的一种社会和管理过程。(1996 年)

（3）美国市场营销协会的定义。

营销（管理）是计划和执行关于商品、服务和创意的观念、定价、促销和分销，以创造能符合个人和组织目标的交换的一种过程。(1985 年)

让我告诉你

现代营销学之父

菲利普·科特勒作为现代营销学之父，具有芝加哥大学经济学硕士和麻省理工学院的经济学博士、哈佛大学博士后及苏黎世大学等其他 8 所大学的荣誉博士学位。同时也是许多美国和外国大公司在营销战略与计划、营销组织、整合营销上的顾问。这些企业包括：IBM、通用电气（General Electric）、AT&T、默克（Merck）、霍尼韦尔（Honeywell）、美洲银行（Bank of America）、北欧航空（SAS Airline）、米其林（Michelin）、环球市场集团（GMC）等。此外，他还曾担任美国管理学院主席、美国营销协会董事长和项目主席及彼得·德鲁克基金会顾问。同时他还是将近 20 本著作的作者，为《哈佛商业评论》《加州管理杂志》《管理科学》等第一流杂志撰写了 100 多篇论文。菲利普·科特勒晚年的事业重点是在中国，他每年来华六七次，为平安保险、TCL、创维、云南药业集团、中国网通等公司作咨询。他的理论深受全世界的总裁及营销、经济、管理、教育等各界人士的推崇，演讲场面震撼，座无虚席。

（4）纪宝成的定义。

所谓市场营销，就是企业在变化的市场环境中，旨在满足消费者需求、实现企业目标的商务活动过程，包括企业产前的市场调研、产品开发、售后服务、购买者意见反馈、产品的目标市场选择、价格、渠道及促销策略的确定等一系列与市场有关的企业经营活动。

（5）其他较常出现和被大多数人接受的市场营销定义。

市场营销是一个过程，在这个过程中一个组织对市场进行生产性和营利性活动。

市场营销是创造和满足顾客的艺术。

市场营销是在适当的时间、适当的地方以适当的价格、适当的信息沟通和促销手段，向适当的消费者提供市场的产品和服务。

市场营销是以满足人类各种需要和欲望为目的，通过市场把潜在交换变为现实交换的活动。

小思考：

为什么市场营销可以有这么多种定义，能不能绝对地说其中某一个是最权威的呢？

营销故事

家门口有一条汽车线路，是从小港口开往火车站的。不知是因为线路短还是沿途人少的缘故，客运公司仅安排两辆中巴来回对开，都是一对夫妇在运营。坐车的大多是一些船民，由于他们长期在水上生活，因此一进城往往是一家老少。1 号车的女主人很少让船民给孩子买票，即使是一对夫妇带几个孩子，她也像是熟视无睹似的，只要求船民买两张成人票。有的船民过意不去，执意要给大点儿的孩子买票，她就笑着对船民的孩子说："下次给带个小河蚌来就行了，这次就让孩子免费坐车。"2 号车的女主人恰恰相反，只要有带孩子的，大一点儿的要全票，小一点儿的也得买半票。她总说车是承包的，每月要向客运公司交多少多少钱，哪个月不交足，马上就干不下去了。船民们也理解，几个人就掏几张票的钱。不过，三个月后，2 号车不见了踪影，听说停开了，因为搭她车的人很少。真的应验了女主人的话：马上就干不下去了。

本书的定义：

市场营销是指企业及其他组织为满足目标市场的需求和欲望，结合具体的营销环境，利用恰当的营销手段，制定和实施产品、价格、渠道及促销的综合性经营管理活动。市场营销概念如图 1－1 所示。

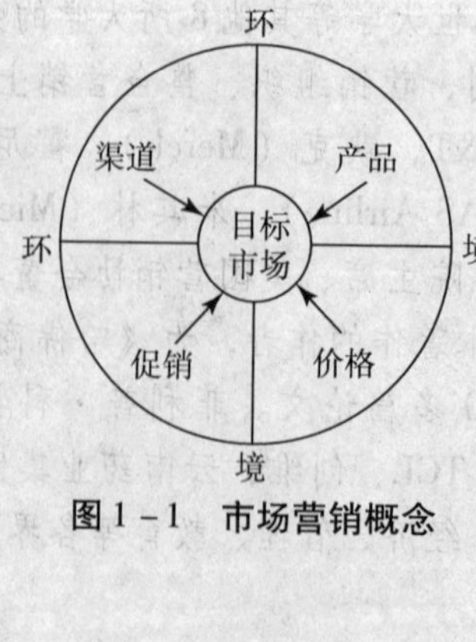

图 1－1　市场营销概念

让我告诉你

适合初学者阅读的营销相关书籍：

菲利普·科特勒．科特勒谈营销．浙江人民出版社，2002.

唐·E. 舒尔茨．整合营销传播．中国物价出版社，2002.

［美］迈克尔·波特．竞争战略．华夏出版社，1997.

杰克·特劳特．定位．机械工业出版社，2013.

卢泰宏．营销在中国．广州出版社，2002.

［美］里斯，特劳特．营销革命．中国财政经济出版社，2002.

［美］B. 约瑟夫·派恩．大规模定制．中国人民大学出版社，2000.

［美］本·M. 恩尼斯等．营销学经典权威文集．东北财经大学出版社，2000.

德鲁克．德鲁克论管理．海南出版社，2001.

小探索

你如何理解图 1-2?

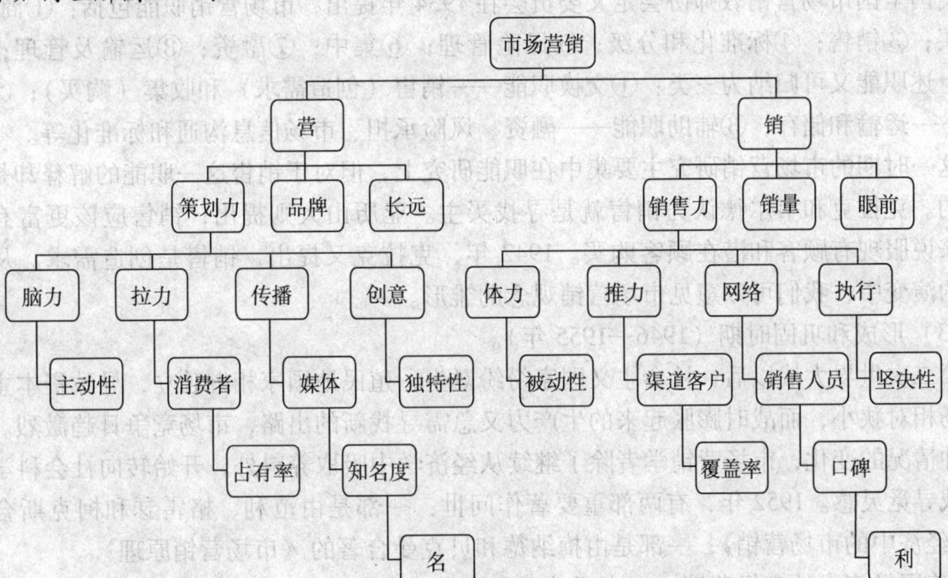

图 1-2　“营”和“销”

1.1.2　市场营销如何产生、发展以及最新定义

1. 市场营销的产生和发展

(1) 萌芽时期（1900—1920 年）。

这一时期是美国资本主义迅速发展的时期。西部开发运动和铁路向全国各地的延伸，使美国国内市场急剧扩大，加之市场竞争日趋激烈，促使企业日益重视广告、分销活动。专业化广告代理商在全美国日渐活跃，发挥着相当重要的市场营销职能。连锁商店、邮购商店的产生与发展，给市场营销带来了薄利多销的新观念。在此期间，出现了几位被当代视为市场营销研究先驱的人物，其中最著名的有阿克·肖、拉尔夫·斯达·巴特勒和韦尔德。

最初在美国几所大学开设的有关市场营销的课程，当时较多地称为“分销学”，而不是“市场营销学”。例如，1902 年密执安大学开设的课程名称为“美国分销管理行业”。在美国早期的教学研究活动中，还没有人使用“市场营销”这一术语，而用得最广泛的是“贸易”“商业”“分销”等。1900—1910 年，观念发生了变化。尽管“分销学”的研究分别是在美国几个不同的地方进行的，而且学者们相互之间的联系很少，但他们几乎同时都感觉到需要有一个新名称来称呼他们所讲授的课程，于是便出现了“市场营销”这个名词。这一时期的市场营销理论大多是以生产观念为导向的，其依据仍然是以供给为中心的传统经济学。但是，这些研究在经济学家所持的生产观念和市场营销学家所持的消费观念之间架起了一座桥梁。所以，这一时期可称为市场营销理论的萌芽时期。

（2）职能研究时期（1921—1945 年）。

美国消费经济结构，在第一次世界大战以后的十几年间发生了明显的变化。由于美国经济的发展和国际地位的提高，国民收入迅速增加，生活水平显著提高，一跃成为世界上消费水平最高的国家。但是美国国内分配不均的现象日趋严重，尽管国民收入大幅度增加，但广大消费者中间却蕴藏着大量未满足的需求。

美国全国市场营销教师协会定义委员会在 1934 年提出，市场营销职能包括：①商品化；②购买；③销售；④标准化和分级；⑤风险管理；⑥集中；⑦融资；⑧运输及管理；⑨储存。上述职能又可归纳为三类：①交换职能——销售（创造需求）和收集（购买）；②物流职能——运输和储存；③辅助职能——融资、风险承担、市场信息沟通和标准化等。

这一时期的市场营销研究主要集中在职能研究上，但对于销售这一职能的解释却是耐人寻味的。克拉克和韦尔德认为销售就是寻找买主。亚历山大则提出，销售应该更富有主动性，来说服现有顾客和潜在顾客购买。1942 年，克拉克又提出，销售是创造需求。从销售定义的演变中，我们可以窥见市场营销观念的雏形。

（3）形成和巩固时期（1946—1955 年）。

第二次世界大战以后，社会主义国家纷纷诞生，殖民地国家相继独立，导致资本主义世界市场相对狭小，而战时膨胀起来的生产力又急需寻找新的出路，市场竞争日趋激烈。为适应这种情况的变化，市场营销学者除了继续从经济学中吸取养料外，开始转向社会科学的其他领域寻觅灵感。1952 年，有两部重要著作问世：一部是由范利、格雷瑟和柯克斯合著的《美国经济中的市场营销》；一部是由梅纳德和贝克曼合著的《市场营销原理》。

《美国经济中的市场营销》一书反映了经济学对市场营销思想的影响，详细论述了市场营销如何进行资源配置，如何影响个人收入的分配，以及哪些因素影响人们的需求和购买，等等。梅纳德和贝克曼在《市场营销原理》一书中，把市场营销定义为“影响商品交换或商品所有权转移以及为商品物流服务的一切必要的企业活动”。他们提出了研究市场营销的五种方法：①产品研究法，即按产品类别向纵深方向对市场营销活动进行分析；②机构研究法，即对参与市场活动的各个机构进行研究，如批发机构、零售机构等；③历史研究法，即从历史发展的角度分析市场营销职能及其执行职能的机构，寻找其产生、发展和消亡的原因；④成本研究法，即从成本对价格的影响出发，研究成本对市场营销活动以及顾客购买行为的影响；⑤职能研究法，即从市场营销职能的角度，来比较各类中间商在各种产品的市场营销活动中所执行的职能，以便于实现各种机构的最佳组合。

由此可见，市场营销理论在这一时期开始形成。市场营销已被明确为是满足人类需要的行为，市场营销调研也在现实经济生活中受到越来越广泛的重视，甚至连市场营销的社会效益也开始受到人们的重视。

营销小故事

世界上第一家连锁商店

最早的连锁商店在南北战争之前就已出现，但第一家具有规模的连锁商店是由乔治·吉尔曼和乔治·亨廷顿·哈特福德二人于1859年在纽约创建的“大美国茶叶公司”。店很小，但因他们不经过中间商，直接从中国和日本大量进口茶叶，所以售价极低，仅30美分/磅，而其他店卖1美元/磅。他们很快就获得了成功，1860年便开了第二家店。他们当时未必有开多家分店的想法，只是想让人们能买到便宜的茶叶。到1865年，公司已有了25家分店，全部在纽约市百老汇和华尔街一带。

小探索

邮购商店最早于1876年出现在美国，邮购能够在美国发展起来主要是因为它拥有广大农村的客户。19世纪后期，美国农场工人生活逐渐得到改善，收入不断增加。他们希望买到各种各样的商品，但美国农村商业不发达，零售商店不多，经营的商品种类有限，且价格很贵，满足不了农村居民的要求。而用邮购方式销售商品，正好满足了他们的这一需要。于是，邮购商店便应运而生。邮购商店在美国的发展，活跃了边远地区的市场经济，满足了消费者的需要。第二次世界大战后，邮购商店在西欧各国有所发展。20世纪60年代以来，邮购事业在美国也有新的发展。

近几年来，我国的广州、天津、北京等一些大城市也陆续出现了一些邮购商店。特别是近年来随着网上邮购业务的兴起，邮购商店越来越具规模，像著名的亚马逊公司就是闻名世界的邮购商店。

结合以上材料，你是否可以尝试总结邮购商店产生的背景以及邮购商店商品的特征。

(4) 市场营销管理导向时期（1956—1965年）。

在此期间，美国国内生产和生活方式发生了巨大变化，市场营销理论研究也开始迈向一个新的里程，即市场营销管理导向阶段。其间对市场营销思想作出卓越贡献的代表人物有奥德逊（Wroe Alderson）、霍华德（John A. Howard）和麦卡锡（Eugene J. McCarthy）。奥德逊在其《市场营销活动和经理行动》（1957年）一书中提出了“职能主义”。他指出，职能主义是发展市场营销理论最有效的途径，每一机构在市场营销活动中都有其独特职能，其存在的关键就在于能比其他机构更有效地提供某种服务。市场营销的效能就在于促进双方的买卖。因此，奥德逊提出，经理必须认识市场中供需多样的事实，利用本企业的优势，寻找机会，达成交易。霍华德的《市场营销管理：分析和决策》一书主张从市场营销管理的角度论述市场营销理论和应用。霍华德提出，市场营销经理的任务就是运用这些手段来实现最佳的环境适应。企业要在动态环境里生存和发展，就必须根据形势的变化采取相应的政策措施。麦卡锡在其《基础市场营销》一书中描述了研究市场营销的三种方法：商品研究法、机构研究法和职能研究法。麦卡锡强调说："不是生产，而是市场营销决定了应该生产什么产品，制定什么价格，在什么地方以及如何出售产品或做广告。"麦卡锡在市场营销管理理论方面提出了新的见解。他首先把消费者看作是一个特定的群体，称为目标市场。一方面考虑企业的各种外部环境；另一方面制定市场营销组合策略，通过策略的实施，适应环境，满足目标市场的需要，实现企业的目标。

让我告诉你

了不起的麦肯锡

1926年，芝加哥大学杰姆斯·麦肯锡（James Mckinsey）教授创立了麦肯锡咨询公司。随后，这家以他姓氏命名的会计及管理咨询公司得到了迅速的发展。到了20世纪30年代，麦肯锡已逐渐把自己的企业形象塑造成一个"精英荟萃"的"企业医生"，把麦肯锡的远景规划描绘成致力于解决企业重大管理问题的咨询公司，聚集最优秀的年轻人，恪守严格的道德准则，以最高的专业水准和最卓越的技术为客户提供一流的服务，并不断提高公司在行业中的地位。

公司面向总裁、高级主管、部长、大公司的管理委员会，以及非营利性机构及政府高层领导，就他们所关注的管理问题提供咨询。主要业务范围：为客户特别是为企业设计、制定相配套的一体化解决方案，战略开发，经营运作，组织结构。集中于客户可以量化的业绩改进，比如改进销售收入、利润成本、供货时间、质量等。麦肯锡的咨询重点放在高级管理层所关心的议题上。工作内容中战略、总体组织和相关政策领域各占1/3。但在中国，战略和组织机构设计偏重些。

麦肯锡业务网络覆盖43个国家，拥有82家分公司，有4500多名咨询人员，分别来自78个国家，均具有世界著名学府的高等学位。据1997年初统计，企业管理硕士（MBA）占49%，具有博士学位的占16%。在招聘咨询人员时，麦肯锡着眼于杰出的品格和解决问题的能力、卓越的智慧、有效地同各层次人士交往的能力。麦肯锡多数咨询人员在加入麦肯锡之前，已具有相当的业务经验。在麦肯锡，职位级别和成就直接挂钩。在咨询人员的职业生涯中，麦肯锡对咨询人员的业绩进行评审，评估其解决问题的质量和对客户的影响。

（5）协同和发展时期（1966—1980年）。

经过前几个阶段的历程，市场营销学逐渐从经济学中独立出来，又吸收了行为科学、管理科学，以及心理学、社会学等学科的若干理论，开始统合。在此期间，市场营销理论进一步成熟，市场营销概念和原理的运用日益普及。乔治·道宁（George S. Downing）和菲利普·科特勒等学者为市场营销理论的发展作出了突出贡献。

菲利普·科特勒是当代市场营销学界最有影响的学者之一。他所著的《市场营销管理》

一书在 1967 年出版后，成为美国管理学院最受欢迎的教材，并多次出版，译成十几国文字，受到各国管理学界和企业界的高度重视。科特勒提出，市场营销管理就是通过创造、建立和保持与目标市场之间的有益交换和联系，以实现组织的各种目标而进行的分析、计划、执行和控制过程。其管理体系包括：①分析市场营销机会；②确定市场营销战略；③制定市场营销战术；④组织市场营销活动；⑤执行和控制市场营销能力。他还指出，市场营销是与市场有关的人类活动，市场营销理论既适用于营利组织，也适用于非营利组织。这一观点，扩大了市场营销学的研究和应用领域。

(6) 分化和扩展时期（1981—1993 年）。

在此期间，市场营销领域又出现了大量丰富的新概念，使得市场营销这门学科出现了变形和分化的趋势，其应用范围也在不断地扩展。

进入 20 世纪 90 年代以来，关于市场营销、市场营销网络、政治市场营销、市场营销决策支持系统、市场营销专家系统等新的理论与实践问题开始引起学术界和企业界的关注。

在 2005 年，美国市场营销协会对市场营销的概念进行了进一步的完善。完善后的概念为：市场营销是组织的一种功能和一系列创造、交流并将价值观传递给顾客的过程和被用于管理顾客关系以让组织及其股东获利。

让我告诉你

市场变迁

第一次世界大战以后，人们尝试过差不多所有的其他市场模式，但是毫无例外地都失败了。实际上，这些模式中与自由市场偏离得越远，在创造财富和提高生活水平方面就会越差。

自由市场可以运行良好的原因非常简单，它们能自由地向买卖双方传递信号——每天都数以亿计——让他们了解市场的供需状况。然后，双方根据得到的信息调整各自的行为，反过来又影响供需。这种经济反馈机制在市场上无处不有，就像是蒸汽机的调速器，促使市场平稳运行。

在此期间，各个资本主义国家大力发展经济，从而使世界资本主义生产发展较快，出现了一时的“繁荣”。美国的汽车工业、电气工业、钢铁工业和建筑业的生产都出现了高涨局面。20 世纪 20 年代的美国，收音机相当普及。电冰箱、洗衣机、吸尘器、电话，开始进入富人家庭。

2. 市场营销在我国的发展和现状

中国市场营销发展史经历了从初步引进后的认知时期，到盲目效仿、盲目跟进的实践时期，再到痛苦回顾、理性反思的探索时期的演变过程，体现出低层次性“土生土长”、由点到面、逐步扩大应用范围和领域的特点。市场营销的概念进入中国其实只有 30 年的时间，国内的学者、业内人士为其在中国社会的扎根、发展付出了极大的努力，取得了丰硕的成果。但是，中国特有的政治制度及市场环境使得其在成长的过程中多了些特殊的经历。市场营销在中国的发展大体经历了三个阶段，即短缺型市场营销阶段、投机型市场营销阶段及接轨型市场营销阶段。

第一阶段（1976—1989 年）：短缺型市场营销阶段。改革开放后，中国经济的发展逐渐步入了正轨，由于生产力的快速发展以及 20 年动荡所造成的社会破坏，使得社会资源严重短缺。从全社会来看，大到工业生产线，小到碗筷针线，似乎样样缺乏、样样都需要。想买产品，除了有钱，有时甚至还得找关系走后门。比如，1961 年年底，北京曾发行过“工业券”。工业券发放是在职人员按其工资收入比例，除凭证和凭票之外的商品皆凭券供应。购买范围较广：毛巾、毛毯、毛线、手帕、电池、轴线、铁锅、铝盆、铝饭盒、搪瓷面盆、搪瓷口杯、搪瓷便盆、线手套、铁壳暖水壶、竹壳暖瓶、运动鞋，雨伞、棉胶鞋、缝衣针、缝衣线、油布雨衣、夹胶雨衣，人造棉制品，尼龙内衣裤、皮鞋、闹钟、收音机、腰带、刀剪、进口刀片、各类箱包、巧克力糖块及定量之外的香烟、茶叶、白酒等。而有些没有发放此类“工业券”的家庭就无法购买必需品，如果找不到关系，只能望物兴叹。

营销小故事

市场短缺与凭票供应

1964 年 5 月 17 日，在南京西路高美服装店，一位顾客同营业员发生了争执。争吵的起因是女顾客要求把一条灰色的华达呢裤子做成“小裤管”——类似于今天的所谓“西裤”，在那个年代属于典型的“奇装异服”。营业员拒绝了她的特殊要求，并申明：裤脚过窄的裤子我们是不能做的。女顾客试样时发现，果然没有按照她的意图改裤脚，便再次要求改小。营业员说：“再改小就要变成包屁股、小裤脚了，这种奇装异服是不受欢迎的。”“社会主义商业不能制作有害社会风尚的商品。”顾客很生气：“给我做的裤子式样不称心，你们没有满足消费者的需要。”“反正我付钱你交货，定做就是为了称心如意，你们有什么理由拒绝呢？难道我做一条小裤脚裤子就影响社会风尚吗？做一条小裤脚裤子就是资产阶级思想吗？”这都是由于当时市场供应极度短缺造成的。

市场短缺时期为了分配有限商品，北京市发放过肥皂票、火柴票、烟筒票、铁炉子票、铁锅票、铝壶票、生炉子用的“劈柴票”和“炭煤票”，还有大衣柜票、大木箱子票、木床票、圆桌票、闹钟票、手表票、电灯泡票、缝纫机票、自行车票等。这些票都是一次性的，按票面规定的数量购买。据不完全统计，北京市 1961 年度凭票供应物品达 69 种，还不包括凭证的。

城里供应紧张，农村更困难。由于办“人民公社”，社员被迫吃集体食堂，淳朴的农民响应党的号召，把自家铁锅、铁勺等家什无偿捐献出来，投入高炉熔炼，大炼钢铁。1961 年，公共食堂办不下去了，各家农户不得不重起炉灶，但又买不到铁锅等炊具，纷纷涌入城里寻购。然而，市区的商品几乎全都凭证或凭票供应，农民根本买不到东西。图 1－3 为配额供给时期的北京市菜票。

第二阶段（1990—1997 年）：投机型市场营销阶段。新一代领导人执政后，进一步加快了改革开放的步伐，出台了许多新政策，提出了许多新思想，尤其是邓小平南方谈话，对中国社会的思想影响更是翻天覆地，“一切向前看”“步子再快一点”成为社会的口号。一时

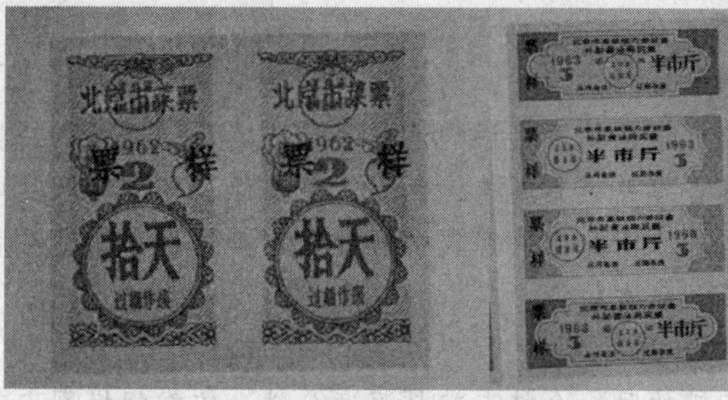

图 1－3　配额供给时期的北京市菜票

间中国大地到处在开发、到处在建设，许多新事物走进百姓生活，如股票、期货、房地产、开发区等。这种仅靠全民主观臆想而未充分尊重价值规律的发展，其繁荣昌盛的假象背后，蕴藏着数不清的投机行为。

小探索

你是否听过"投机取巧"，那么什么是投机呢？生活中的投机行为和市场上的投机行为有什么不同？投机行为可能会给投机者带来一定收益，但是作为企业经营者，能够依靠投机营销来获取长期收益和良性发展吗？

第三阶段（1998 年至今）：接轨型市场营销阶段。进入 1998 年，许多行业明显感到亚洲"金融风暴"造成的经济萧条，消费乏力、通货紧缩，有的企业甚至从此退出市场。人们再也不敢说社会主义中国不会有经济危机这种话了。经济全球化日趋明显，企业的经营环境，除了考虑国内环境外，国际环境也得考虑，加入世贸后，这更是必然的。我们看到：家电企业开始走出国门投资经营，赢得新的生存空间；汽车行业考虑保护期结束后如何保持相应的竞争优势；钢铁企业为了控制成本而主动参与国际矿石价格谈判；国际油价的波动曲线成了许多企业的成本曲线；等等。新的环境要求企业必须采取与之相应的对策，遵循相应的规则，才能在竞争中获得安全的生存空间。在新的形势下，中国市场营销的最大特点与最大任务就是与国际市场接轨。

中国市场营销经过这 30 年的发展，已经显示出强大的活力，今后它将在全球经济一体化的促进下更加健康快速地成长，让中国企业挑战强者，最终赢得国际市场竞争的全面胜利。

营销小故事

中国劲酒的崛起

中国劲酒（图 1－4）作为低端滋补酒餐饮营销的代表，连续 3 年实现了销量的高速增长，年增长率一度高达 60%，带给我们很多关于低端滋补酒营销的思考。

1. 即饮消费，品质为先

餐饮营销的最大特点是即饮消费，购买者和消费者往往是同一批人，产品口感、色泽、包装、功能，文化、性价比往往直接影响消费者首次消费和持续保持忠诚，劲酒在产品品质上明显的特点是：口感香醇并带有参味，色泽淡黄透泽，在同类产品中包装大气领先，满足了即饮消费者的基本需求，因此回头客较多。通过口碑传播和适度品牌广告，市场就能保持持续增长，而且后期投入成本较低。

2. 深度分销，渠道为重

低端滋补酒餐饮营销的另一个特点就是深度分销，依靠规模网点产生规模销量。劲酒营销模式是借鉴白酒营销模式发展而来的，从一开始就重视分销网络建设，依靠分销网络开发、维护市场。中国劲酒在向打造强有力的分销渠道迈进。

3. 营销造势，拉动消费

餐饮营销在于营销活动对消费者的影响，主要分为品牌建设、氛围营造、促销推广，每一项工作都是不断添砖加瓦的过程。劲酒主要致力于品牌建设和门店终端建设、促销活动。中国劲酒从十年前就投播央视广告，一句“劲酒虽好，可不要贪杯哟”家喻户晓，品牌高度、品牌美誉度都得到了提升，一下子就树立了全国品牌形象，辅以门店 POP、广告宣传用品、店牌等终端、促销活动对消费者的即时影响，劲酒市场营销面得到了不断扩大，达到拉动销售的目的。

4. 终端客情，临门一脚

由于餐饮酒水是即饮消费，现在又处于产品同质化的年代，餐饮店服务员的推介程度是影响酒水销售的重要因素。由于低端滋补酒的毛利空间有限，于是开展了成本较低的服务员凭瓶盖兑换小礼品的工作，免费赠送餐饮店工作服和一系列的餐饮用品，并加强与店老板的沟通，为门店作销售数据分析和酒水销售规划。

图 1-4　中国劲酒

小探索

从你记事开始，你是否能感受到身边市场的变化？能不能结合具体事例说一说呢？尤其是汽车市场在近十年发生了巨大的变化，请同学们查阅、收集相关资料对本市汽车销售市场发展阶段进行简要分析。

1.1.3　有关市场营销的几个核心概念（图 1－5）

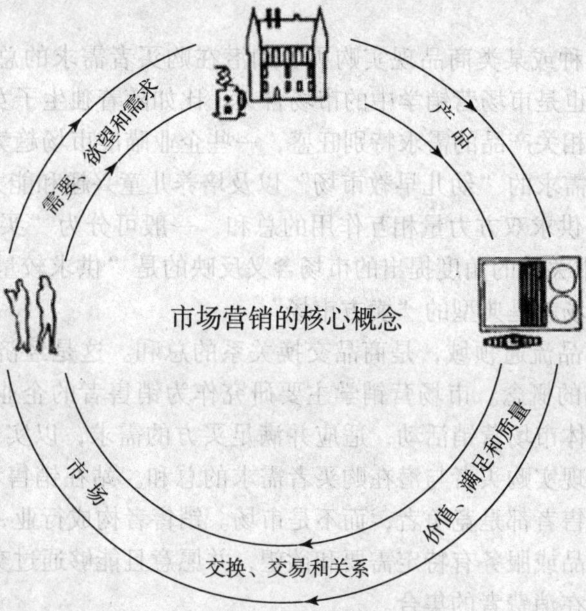

图 1－5　市场营销的核心概念

营销小故事

古代集贸市场

两汉时期的《史记·货殖列传》载，当时市场上流通的商品有以下几类：一、农产品，有粮食、新鲜蔬菜（如韭菜、姜）、干菜等；二、林产品，有原木、竹竿、木柴、水果（如橘及山野杂果）、干果（栗）等；三、畜产品，有牛肉、羊肉、猪肉、牛皮、羊皮、猪皮、牲畜的角和筋；四、渔业产品，有鲜鱼、大干鱼、小杂鱼；五、副业产品，有豆酱、酒、浆（酸性饮料）、帛、絮（丝棉）、毛织品、狐皮等；六、手工业产品，如牛车、轺车、漆器、铜器、铁器、旃席、木器等；七、矿产品，如丹砂。此外，还有作为劳动力被买卖的奴婢。《盐铁论·散不足》列举了长安市上许多熟食的名目：杨豚韭卵、狗膳马腹、煎鱼切肝、羊淹鸡寒、挏马酪酒、蹇捕胃脯、胹羔豆赐、彀胶雁羹、自鲍甘瓠、热粱和炙。

小思考：

市场人口越多，市场就越大吗？农村人口占我国总人口数量比例最大，是不是最大的市场？

1. 市场

市场是企业营销活动的基础，正确分析市场是正确制定企业营销战略的前提。市场是一个非常古老和非常广阔的经济范畴，在其几千年发展的历史长河中，形成了一个有多种含义的概念。

（1）市场是商品交换的场所。即买卖双方发生作用的地点或地区，比如 M 城 ×× 肉菜市场。

（2）市场是指某种或某类商品现实购买者和潜在购买者需求的总和。这是站在卖方的角度来考察市场的，也是市场营销学中的市场含义。比如随着独生子女政策推行，每个家庭幼儿数量极少，儿童相关产品的需求特别旺盛，一些企业瞄准市场趋势，开始开拓能够满足父母对孩子早期培养需求的“幼儿早教市场”以及培养儿童兴趣和能力的“教育市场”。

（3）市场是商品供求双方力量相互作用的总和，一般可分为“买方市场”和“卖方市场”，这种从商品供求关系的角度提出的市场含义反映的是“供求较量”的市场。我们在之前提到过的短缺型市场就是典型的“卖方市场”。

（4）市场是指商品流通领域，是商品交换关系的总和。这是经济学的市场含义，是一个“社会整体”市场的概念。市场营销学主要研究作为销售者的企业的市场营销活动，即研究企业如何通过整体市场营销活动，适应并满足买方的需求，以实现经营目标。在这里，市场是指某种产品的现实购买者与潜在购买者需求的总和。站在销售者市场营销的立场上，同行供给者即其他销售者都是竞争者，而不是市场。销售者构成行业，购买者构成市场，即市场是对某企业的产品或服务有特定需要和欲望，并愿意且能够通过交换来满足该种需要的所有现实消费者和潜在消费者的集合。

因此，站在市场营销的角度，我们把市场定义为：市场是由那些具有特定的需要或欲望，而且愿意并能够通过交换来满足这种需要或欲望的全部现实购买者与潜在购买者所构成整体。可以直观地用图 1－6 表示。

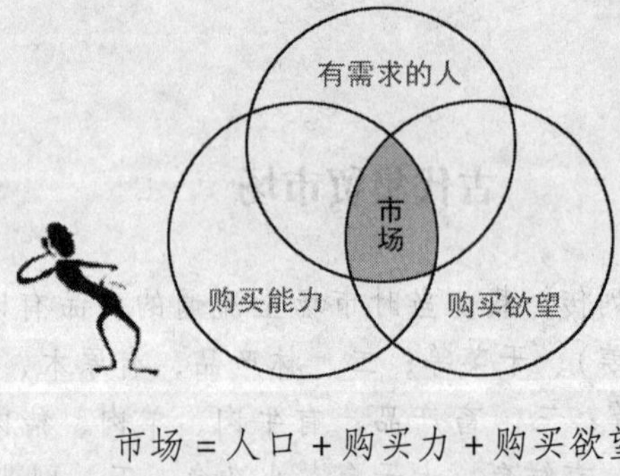

图 1－6　市场三要素

这一等式包含如下几层意思：一是市场由人构成，即由具有特定需要或欲望的特定人群构成。人口是市场最基本的构成要素。二是市场的大小取决于这个特定人群的总量与需求量，并且它们是在不断变化中的。购买欲望能够决定市场的存在价值，而购买力的大小使得消费者在同类市场上作出不同的选择。三是市场的三个因素是相互制约、缺一不可的，只有三者结合起来才能构成现有的市场，才能决定市场的规模和容量。例如，一个国家或地区人口众多，但收入很低，购买力有限，则不能构成容量很大的市场。又如，某个地区虽然购买力很强，但人口很少，也不能成为很大的市场。只有人口基数众多且具备了与企业产品相匹配的购买力，对企业或者销售者来说才是一个有潜力的大市场。但是，如果企业产品本身没有引起人们的购买欲望，对销售者来说该市场仍然不能成为现实的市场。

让我告诉你

“劳特”泡泡糖

日本泡泡糖市场年销售额约为740亿日元，其中大部分为“劳特”所垄断。可谓江山唯“劳特”独坐，其他企业再想挤进泡泡糖市场谈何容易。但是江崎糖业公司对此却并不畏惧，成立了市场开发班子，专门研究霸主“劳特”产品的不足，寻找市场的缝隙。经过周密调查，他们终于发现“劳特”的四点不足：第一，以成年人为对象的泡泡糖市场正在扩大，而“劳特”却仍旧把重点放在儿童泡泡糖市场上；第二，“劳特”的产品主要是果味型泡泡糖，而现在消费者的需求正在多样化；第三，“劳特”多年来一直生产单调的条状泡泡糖，缺乏新型式样；第四，“劳特”产品价格是110日元，顾客购买时需多掏出10日元的硬币，往往感到不方便。

通过分析，江崎糖业公司决定以成人泡泡糖市场为目标市场，并制定了相应的营销策略，不久便推出功能型泡泡糖四大产品：司机泡泡糖，使用了高浓度薄荷和天然牛黄，以强烈的刺激消除司机的困倦；交际泡泡糖，可清洁口腔，祛除口臭；体育用泡泡糖，内含多种维生素，有益于消除疲劳；轻松型泡泡糖，通过添加叶绿素，可以改变人的不良情绪。江崎糖业公司精心设计了产品包装和造型，价格定为50日元和100日元两种，避免了找零钱的麻烦。功能型泡泡糖问世后，像飓风一样席卷了全日本，不仅挤进了由“劳特”独霸的泡泡糖市场，而且占领了一定的市场份额，从0猛升至25%，当年销售额达175亿日元。

2. 需要、欲望和需求

人类的各种需要和欲望是市场营销思想的出发点，而需求则是市场营销过程的起点和落脚点。

需要是指人类与生俱来的“基本要求”，是人没有得到某些基本满足的感受状态。欲望是指对拥有满足需要的具体满足物的愿望。它是因个人受不同文化及社会环境影响所表现出来的对基本需要的特定追求，表现为对消费的选择。市场营销者不能创造需要，但可以激发目标顾客的欲望，开发及销售特定的产品和服务来满足消费者的欲望。需求是指对有能力购买并且愿意购买的某个具体产品的欲望，也就是我们通常所说的有支付能力的购买意愿。即当一个人有能力且愿意购买他所期望的某种产品时，欲望才能转变成需求。

顾客的需求往往是多方面、不确定的，需要我们去分析和引导，很少有顾客尤其是消费品的购买者对自己要购买的消费品形成非常精确的描述，也就是说，当一位顾客站在我们面前时，他对我们的产品有了极大的兴趣，但仍然不知道自己将要买回去的产品是什么样的。而且消费者由于缺乏专业的产品知识，往往不能准确地表达自己的需求，只是主观地把想法说出来。市场营销者不仅要根据消费者的不同需求设计出不同的产品，还要能够让顾客明白有时不同的产品能够满足同一种需求，而另一些时候同一种产品也能够满足不同的需求。比如，顾客需要一辆“昂贵”的汽车，通过营销人员的调查发现，消费者对“昂贵”汽车的需求经过分析之后可能有五种类型：

（1）说出来的需要（顾客想要一辆昂贵的车）。

（2）真正的需要（顾客想要的这辆车，开起来很省钱，而其最初的价格却不低）。

（3）没有说出来的需要（顾客想获得优质服务）。

（4）满足后令人高兴的需要（顾客买车时，附赠一份道路图）。

（5）秘密需要（顾客想被他的朋友看成是识货的人）。

企业要满足消费者真正的需求，应该致力于如何能够确实解决消费者面临的问题，而最终的解决方案又可以说服消费者，不用增强过多的消费者负担，那么这样的产品一定是既符合消费者需求又会得到市场认可的产品。从以上对消费者内心真实想法的调查分析不难得出这样的结论：所谓需求的本质应该是一种消费者行为过程中需要解决的问题，而绝对不能把消费者提出的解决方案误理解为需求。

营销小故事

新型桶装水为何失败

一家桶装水经销商收到客户反馈："我家人口少，桶装水一桶常常要喝一个多月才能喝光，我希望今后的水桶采用纳米材料，防止细菌的滋生。"当时桶装水公司市场部人员感觉这是一条十分重要的信息，因此就这一需求进行了相当规模的定量调研，得到的反馈是：M城市场有67%的被访者认为纳米桶可以防止细菌滋生，因此公司花了大力气去研发纳米桶装水。然而产品上市后的反映却始终不尽如人意，由于成本的提升，消费者并不真正接受这种产品。

经销商本着一种从了解消费者需求并满足消费者需求的这样一种良好的愿望出发，按理说开发出的新产品一定能够取得成功，可为什么却没有得到消费者的认可呢?！我们的营销者总是说要挖掘潜在需求，要不断满足消费者需求，然而究竟什么才是真正的、对产品有价值的消费者需求呢？案例中所提到的"纳米材质的水桶"是不是所谓的需求呢？消费者讲到的"希望水桶是纳米材质的"真的是消费者的真实需求吗？答案是否定的，那只是消费者基于长期存放也能够不生细菌这种期望的一种他自认为合理的解决方案。而真正的问题应该是：人口少，喝不完，水会生细菌。所以针对这一期望，消费者真正的需求应该是："我希望有一种水桶可以解决长期放置而不滋生细菌的问题。"而经销商没有真正理解消费者的意思，没有真正找到针对问题的需求，反而将消费者自身提出的一套解决方案误当作消费者的需求。由于消费者本身并不是这方面的专家，因此他提出的解决方案也许只是他的一种想法，但不一定不是最好的方案。

名人语

没有商品这样的东西。顾客真正购买的不是商品，而是解决问题的办法。

——特德·莱维特（哈佛商学院名誉教授）

3. 产品、效用和费用

产品是指能够提供给市场，被人们使用和消费，并能满足人们某种需求的任何东西，包括有形的物品、无形的服务、组织、观念或它们的组合。社会需要是不断变化的，因此产品的品种、规格、款式也会相应地改变。新产品的不断出现、产品质量的不断提高以及产品种类的不断增加，是现代社会经济发展的显著特点。

效用是指对于消费者通过消费产品使自己的需求、欲望等得到满足的一个度量，是消费者对产品满足自己欲望能力的一种主观评价，所以效用更多的是一种心理感受，并且受很多客观因素的影响，很难准确计量。

费用是指消费者在购买产品时所考虑的购买和使用产品过程中可能花费的各种资金。一个消费者通常根据其对某种产品价值的主观效用评价和所需支付的费用来综合评定一次购买行为（或产品）的价值，尽可能达到以较少的费用购买到尽可能大的产品效用之间的满足。

小探索

开学的时候很多同学在学校小卖部购买生活用品，其中水桶是生活必需品，而小卖部销售各种不同品质和不同价格的水桶。你如何根据效用和费用两个维度来决定具体购买哪一种呢？

4. 交换、交易

交换是指通过提供某种东西作为回报，从别人那里取得所需物品的行为。交换是市场营销的前提，也是市场营销的核心。其实质是等价值，即等价交换。

交换的发生必须符合五个条件：①至少有两方；②每一方都有被对方认为有价值的东西；③每一方都有沟通信息和传送物品的能力；④每一方都可以自由地接受或拒绝对方的产品；⑤每一方都认为与另一方进行交易是值得的。

交换能否真正产生，取决于买卖双方能否找到交换的条件，即交换以后双方都认为比交换以前好（至少不比交换以前差）。交易就是买卖双方对某一产品或商业信息进行磋商谈判的一单生意，也叫买卖。交易的本质是不等价交换。

小思考：

不等价交换的真正含义是什么？

让我告诉你

有人把产品理解为商品，其实是不确切的。产品和商品的区别在于：商品是用来交换的产品，商品的生产是为了交换，而当一种产品经过交换后进入使用过程后，就不能再称之为商品了；当然，如果产品又产生了二次交换，那么在这段时间内，它又能被称之为商品了。

5. 推销与市场营销

很多人一说到市场营销，便立刻想到推销，这是一种错觉。销售导向与市场营销导向的区别见表 1－1。

表 1－1　销售导向与市场营销导向的区别

项目导向	组织的焦点	业务内容	服务对象	如何盈利	方法
销售导向	内向	出售产品和服务	每一个人	销售量最大化	主要是促销
市场营销导向	外向	满足愿望和需求	特定需求的群体	顾客、企业、社会满意	协调开展所有的市场营销活动

名人语

销售不是卖，是帮助顾客买。

——《营销档案》（国内营销杂志）

6. 市场营销的参与者

在整个市场营销过程中，我们还要面对众多“参与者”，即参与市场营销活动的人或组织，它们都对企业营销活动起到了一定的作用，主要有以下几类。

（1）公司。公司主要是指企业，也可以是非营利性组织或政府机构。包括经营者或运营者本身，以及与之发生关系的各类组织，比如工商监督管理部门和竞争者。

（2）消费者。消费者即那些购买、使用或影响产品及服务购买的人。包括了所有有可能影响企业业绩的消费者。

（3）渠道。渠道即分销渠道成员。产品成功与否很大程度上取决于产品是否吸引了中间商的支持，对于渠道的选择和维护，是营销过程中不容忽视的部分。近几年有些营销理论甚至提出了“渠道为王”的观点，即渠道策略使用得当将获得市场的全面胜利。表 1－2 是对新兴电力市场参与者的分析。

表 1－2　新兴电力市场参与者的分析

市场参与者	行为及影响
可再生能源发电商	生产可再生能源电量并获得 REC，通过售卖 REC 证书获得额外收入
传统能源发电商	购买可再生能源物理电量和 REC 来满足 RES 需求
输电公司	需要升级传输网，根据不同定价制度，对可再生能源收取较高过网费
用户	强制购买或自愿购买可再生能源物理电量或 REC

营销小故事

善用营销轻松获利

比尔·盖茨先教电脑、再卖电脑的做法是典型的知识营销。他斥资 2 亿元，成立盖茨图书馆基金会，为全球一些低收入的地区图书馆配备最先进的电脑，又捐赠软件让公众接受电脑知识，使全球计算机用户的数量迅猛增长，进而带动微软产品的销量迅猛增长。同样的情况也发生在我们国内：上海交大昂立公司开展的“送你一把金钥匙”科普活动，通过在社区举办科普讲座、向市民赠送生物科学书籍、举办科普知识竞赛等，提高了市民的科学健康理念，引发了人们对生物科技产品的需求，达到了其他任何形式的产品营销所达不到的目的，使微生态试剂市场在短短的10年间，从零发展到如今近百亿元，创造了广阔的市场。

7. 市场营销组合

市场营销组合是指企业为进入和占领目标市场，满足顾客需求，而将一些因素加以整合、协调使用的市场营销手段。麦肯锡在20世纪60年代提出了4P's理论（图1-7），即产品（Product）、价格（Price）、渠道（Place）、促销（Promotion）。它们是市场营销过程中可以控制的因素，也是企业进行市场营销活动的主要手段，对它们的具体运用形成了企业的市场营销战略。

从营销过程上来讲，4P's注重的是宏观层面上的过程，从产品的诞生到价格的制定，然后通过营销渠道和促销手段使产品最终到达消费者手中。

劳特朋（Robert F. Lauteborn）在1990年针对传统的营销组合4P's理论中忽视了顾客真正的价值需求的这一缺陷提出了4C's理论（图1-8）。

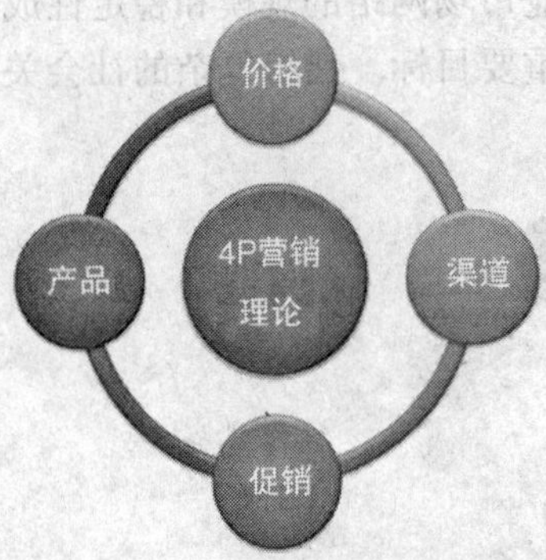

图1-7　4P's理论

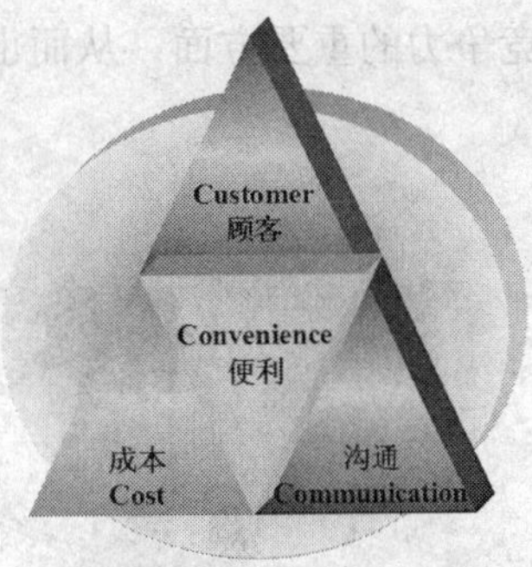

图1-8　4C's理论

4C's理论认为，顾客是企业一切经营活动的核心，它强调企业首先应该把追求顾客满意放在第一位，产品必须满足顾客需求，同时降低顾客的购买成本。产品和服务在研发时就要充分考虑客户的购买力，然后要充分注意到顾客购买过程中的便利性，最后还应以消费者为中心实施有效的营销沟通。企业首先要了解和分析顾客的需求与欲望，然后以恰当的生产成本给顾客提供满意、方便的产品和服务，并采用恰当的方式使消费者获得它们。

让我告诉你

整合营销传播

美国著名学者唐·E. 舒尔茨提出了一种现代营销方法——整合营销传播（IMC），成为备受推崇的现代营销模式。“IMC从理论上脱离了传统营销理论中占中心地位的‘4P’理论，强调‘4C’理论，企业营销传播思考的重心从‘消费者请注意’转变为‘请注意消费者’，倡导真正的‘以消费者为中心’。”IMC理论的发源地——美国西北大学的研究组把IMC定义成：“IMC把品牌等与企业的所有接触点作为信息传达渠道，以直接影响消费者的购买行为为目标，是从消费者出发，运用所有手段进行有力的传播的过程。”“整合营销”模式即在信息收集、论证、实施、反馈的循环网络的支配下把各个相关产业环节链接起来，形成一个密集高效的产业链运作模式。具体到电影业，也就是要把制、发、放及相关产业领域整合起来，以电影作品为中心，建立起多支点的盈利模式和资本回收渠道。

8. 关系和网络

在现代市场营销活动中，企业为了稳定自己的销售业绩和市场份额，希望能同自己的顾客群体之间的交易关系长期地保持下去，并得到不断的发展。而要做到这一点，企业市场营销的目标就不能仅仅停留在一次交易的实现上，而应当通过营销来努力发展同自己的供应商、经销商以及顾客之间的关系，使交易关系能长期稳定地保持下去。

生产者、中间商以及消费者之间的关系将直接推动或阻碍交易的实现和发展。企业与其经营活动有关的各种群体（包括供应商、经销商和顾客）所形成的一系列长期稳定的交易关系构成了企业的市场网络。争取一位新顾客所需花的费用往往是留住一位老顾客所花费用的6倍。企业可以通过数据库营销、发展会员关系等多种形式，更好地满足顾客需求，增加顾客信任，密切双方关系。在现代市场营销活动中，企业市场网络的规模和稳定性成为形成企业市场竞争力的重要方面，从而也就成为企业营销的重要目标。错综复杂的社会关系如图1－9所示。

图1－9　错综复杂的社会关系

名人语

关系良好的供应商对于企业来说就是最低成本的仓库、最有保证的质检和最可信赖的伙伴。

——汇通通讯公司（广东新兴民企代表）

小探索

M城是广东省三线城市，城市规模不大，经济发展较落后，还存在许多作坊式的小型商店，如传统的早餐店。那么，这一类店铺在经营中应该如何处理好与供应商和与消费者的关系呢？

1.2　市场的类型

1.2.1　市场如何形成

市场的形成必须具备以下基本条件：①存在可供交换的商品；②存在提供商品的卖方和具有购买欲望与购买能力的买方；③具备买卖双方都能接受的交易价格、行为规范及其他条件。

比如，你现在决定进入M城童装市场，你需要做一系列与营销有关的决策，包括：我应将童装卖给哪些消费者？我怎样定义为之提供服务的消费者？应根据地理位置，即目标顾客居住的国家或地区做分析，还是根据消费者的收入、性别或对家庭结构和家庭生命周期进行分析更为重要？我应提供什么样的产品？例如，是知名品牌还是普通产品？面料考究的还是一般的？款式如何？什么品牌？我将如何为我的产品定价？对待那些付现金或大批购买的顾客如何给予折扣？我应该直接卖给消费者还是通过零售店？如果通过零售店，是什么类型的零售店？童装通常在百货公司、专卖店、购物中心和许多其他类型的商店出售，我打算在几种商店还是仅通过一种商店出售？我怎样选择商店，怎样为我选定的商店提供服务？我应怎样将有关产品的信息传递给我选定的目标顾客？我做广告吗？如果做，通过什么媒体？还有，我怎样将产品送达商店？

总之，在市场营销活动中，首先应根据市场环境、自身优势选择好目标市场，然后规划好市场营销组合，完成好市场营销管理过程。

让我告诉你

义乌坐落于浙江中部，“义乌小商品市场”又称“中国小商品城”，创建于1982年，是我国最早创办的专业市场之一。20多年来，经历5次搬迁、8次扩建，目前市场由义乌国际商贸城、篁园市场、宾王市场3个市场簇群组成，市场经营面积150万平方米，经营商铺5.8万个，经营人员16万人，市场内汇集了41个行业、1900个大类、40万种商品（注：联合国公布全球共有50万种商品），几乎囊括了工艺品、饰品、小五金、日用百货、电子电器、玩具、文体、袜业等所有日用工业品。其中，饰品、袜子、玩具产销量占全国市场1/3强，在国内首创专业提供1元店、2元店、3元店、5元店、8元店等（日常生活常用商品）低价便利店的网上订货、批发、配货、发货等专业化服务的机构，正是义乌的网上商城。图1－10所示为街上随处可见的“2元店”。

1.2.2　市场的类型

现代市场体系处于不断丰富和发展的过程之中，它不仅包括消费品和生产资料等商品市场，而且包括资本市场、劳动力市场、技术市场、信息市场以及房地产市场等生产要素市

图 1－10　街上随处可见的“2 元店”

场。其中，商品市场、资本市场和劳动力市场是现代市场的核心。

小思考：

请分别举例说明你知道的区域市场、国内市场和国际市场。

（1）根据市场范围划分。

① 区域市场。区域市场是指囿于市场不完善，商品和劳动在全国各地自由流通受阻而形成的流通范围局限于某一区域的市场。商品在地区范围内流通形成的区域市场，如相对于全球而言，亚洲就是区域市场；相对于中国而言，河南是区域市场；相对于城市而言，农村又是区域市场；对不同的企业而言，它是相对的，对同一企业而言，因目标市场的定位不同，它又是可变的。因为各地区之间地理、文化、政治、语言、风俗、宗教的不同，消费者（或称顾客群）也表现出很大的差异性。为此，企业必须正视各地区的差异性，实事求是，因地制宜，有针对性地制定出符合区域化特点的经营战略和营销推广策略。

② 国内市场。目标市场地处国内，产品或服务的消费对象是国内的机构或个人。比如，北方市场、南方市场、沿海市场……

③ 国际市场。企业选择的某一个或某几个国家作为其目标市场。国际市场可以细分为外国市场、国际区域市场和世界市场等三个不同的层面。其中，外国市场是指商品交换的范围突破国别的界限，与某个国家之间的商品交换关系构成的市场，通常，外国市场即指国别市场，如美国市场、日本市场等；国际区域市场是指商品交换关系进一步扩大，由若干个国家或地区构成的统一市场，如欧盟、北美自由贸易区等；世界市场是指全球的统一市场，是在世界范围内的所有国家或地区之间，在国际分工基础上交换商品、交换劳务和进行资源配置的所形成的统一体。按照地区划分，可以分为欧洲市场、北美市场、亚洲市场、非洲市场、拉丁美洲市场和大洋洲市场。

（2）根据市场客体划分。

① 商品经济的初级阶段。生产资料市场和生活资料市场。

生产资料市场，是市场体系的组成部分，是交换人们在物质资料生产过程中所需要使用的劳动工具、劳动对象等商品的市场。例如，生产所需的原材料、机械设备、仪表仪器等，都是生产资料市场的客体。其购买的目的不同于生活资料市场用于个人或家庭消费，而是用购买的商品或劳务生产出其他商品或劳务，以实现购买团体的营销目标，如自行车制造商购买钢材、设备等生产资料就是出于生产自行车的需要。生产资料市场具有以下特征：具有相对的稳定性，购买集中量大、次数少，交易方式往往以合同形式进行，理智购买、专家决策，以及农业生产资料的消费需求具有季节性和地区性。

生活资料市场，又称最终消费者市场、消费品市场或生活资料市场，是指个人或家庭为满足生活需求而购买或租用商品的市场，它是市场体系的基础，是起决定作用的市场。从交易的商品看，产品的花色多样、品种复杂，产品的生命周期短；商品的专业技术性不强，替代品较多，因而商品的价格需求弹性较大，即价格变动对需求量的影响较大。从交易的规模和方式看，消费品市场购买者众多，市场分散，成交次数频繁，但交易数量零星。从购买行为看，消费者的购买行为具有很大程度的可诱导性。从市场动态看，由于消费者的需求复杂，供求矛盾频繁。

② 商品经济发展的第二阶段：劳动力市场、房地产市场、资本市场等。

③ 商品经济发展的第三阶段：技术市场和信息市场等。

(3) 根据市场需求状况划分。

① 卖方市场：商品供不应求，卖方把持市场主动权。

② 买方市场：商品供过于求，买方具有市场主动权。

(4) 根据竞争程度划分（表 1 - 3）。

表 1 - 3　市场类型划分和特征

市场类型	厂商数目	产品差异程度	对价格的控制程度	进出一个市场的难易程度	接近哪种市场
完全竞争	很多	完全无差别	没有	很容易	一些农产品
垄断竞争	很多	有差别	有一些	比较容易	一些轻工业，零售业
寡头垄断	几个	有差别或无差别	相当程度	比较困难	钢材、汽车、石油
完全垄断	唯一	唯一产品，且无替代品	很大程度，但常常受到管制	很困难，几乎不可能	公共事业

① 完全竞争：一个行业中有非常多的独立生产者，他们以相同的方式向市场提供同类的标准化的产品。

② 垄断竞争：一个行业中有许多企业生产和销售同一种产品，每一个企业的产量或销售量只占总需求量的一小部分。

③ 寡头垄断：一种产品在有大量消费者或用户的情况下，由少数几家大企业控制了绝大部分生产量和销售量，剩下的一小部分则由众多小企业去经营。

④ 完全垄断：一个行业只有一家企业，或一种产品只有一个销售者或生产者，没有或基本没有别的替代者。

(5) 根据商品流通环节划分。

① 批发市场：将商品卖给最终消费者以外的任何购买者的交易活动。

② 零售市场：将商品直接卖给最终消费者的交易活动。

(6) 按交易对象的具体内容不同，可将市场分为商品市场、技术市场、劳动力市场、金融市场、信息市场。

(7) 按交易对象是否具有物质实体来分类，可分为有形产品市场和无形产品市场。

(8) 根据市场出现的先后划分。

① 现实市场：指对企业经营的某种商品有需要、有支付能力又有购买欲望的现实顾客。

现实市场的形成需要具备若干基本条件：消费者（用户）需要或欲望的存在，并拥有其可支配的交换资源；存在由生产者提供的、能够满足消费者（用户）需求的产品或服务；要有促成交换双方达成交易的各种条件。

② 潜在市场：指有可能转化为现实市场的市场。潜在市场可分为三类：第一类是对某种产品有购买动机但没足够支付能力的人或组织机构（有动机，没能力）；第二类是对某种产品有支付能力但没有形成购买动机的人或组织机构（有能力，没动机）；第三类是对某种产品具有潜在需要的人或组织机构（有能力，有动机，但自己还没意识到）。

③ 未来市场：指暂时尚未形成或只处于萌芽状态，但在一定条件下必将形成并发展成为现实市场的市场。图 1－11 为销售者们对未来市场的追求。

图 1－11　销售者们对未来市场的追求

名人语

关键是找那些企业的领导们，他们能够认识到公司必须不断变革以适应营销环境变化，并且愿意接受外部的建议，这些建议在帮助他们决定作何种变革和怎样变革方面大有裨益。

——麦肯锡管理咨询公司

1.2.3　现代市场的特征

现代市场具有以下几个牲：①统一性。它是由各种相互作用、相互联系在一起的子市场的有机结合体。②开放性。市场主体能够自由地进入市场参与竞争，商品和要素能够在不同行业、部门、地区、国内外自由流动，现代市场体系对外开放是渐进的、全方位的。③竞争性。在各类市场竞争中，垄断竞争对当代市场体系的开放具有特别重要的意义，它要求并且促进了国际分工，扩大了产品的市场空间，促进了市场一体化。④有序性。有序的市场体系才有效率。⑤脆弱性。经济全球化存在一系列矛盾，易于形成对市场体系的冲击，各种外部冲击导致市场体系的脆弱性，这些冲击可能来自商品市场，也可能来自资本市场，还可能来自资本市场和货币市场的投机性冲击。

小探索

近几年非常火爆的综艺选秀节目《中国好声音》和《中国最强音》你看过吗？这两档

节目作为无形产品体现了现代市场的哪些特征？

营销小故事

保险市场与人们的生活越来越息息相关

失联 MH370 航班坠毁的消息，让本已脆弱的乘客家属再遭打击。中国平安保险公司及时组织以著名心理专家为主导的心理疏导团队，实时关注家属状况，24 小时提供心理疏导服务，目前已累计为马航家属进行心理疏导 53 次，通过心灵交流和耐心的陪伴，缓解亲人悲痛。同时，为及时响应家属赔付需求，继 3 月 24 日平安人寿首批预赔付 370 万元后，25 日下午 5 点 50 分，平安养老险完成了对 7 名马航客户的 680 万元预赔付。至此，中国平安完成预赔总金额达 1050 万元。最大单笔预赔付金额为 200 万元，该笔预赔付也成为中国平安在马航事件中作出的单笔最大预赔。后续，公司会继续同客户家属在一起，共度艰难时刻，尊重客户感受，在适当时机妥善理赔。中国平安推出 24 小时陪同客户家属，提供全部免费交通、接送站、酒店食宿安排等援助服务，并安排专业心理咨询团队，为全体有需要的家属提供一对一的心理疏导。

截至 3 月 25 日，中国平安集团下属的寿险、产险、养老险共确认涉及客户 53 人，其中寿险 17 人、产险 22 人、养老险 8 人（待确认 1 人）、健康险 1 人、信用卡 5 人，合计预估保额超过 1000 万元。涉及险种包括平安人寿的传统寿险、万能型、分红型险种和人身意外伤害保险，平安养老险的团体意外伤害保险、交通团体意外伤害保险和一年期团体定期寿险等。

资料来源：城市快报（天津）

1.3　市场营销观念

1.3.1　演变过程

营销小故事

台湾各地都有名闻遐迩的乡土小吃，像彰化肉丸、台南担仔面、基隆天妇罗、新竹米粉，以及处处可见的卤味、蚵仔煎、蚵仔面线等。有些已有百年历史的小吃，之所以深受欢迎，历久不衰，主要的原因是用料实在、口味地道，再加上若干祖传的手艺、秘方，成为老少咸宜、近悦远来的点心和零食。

传统小吃如果能引进现代化、企业化的管理和行销，成立加盟店或连锁店，不但经营规模可以扩大，对爱好此道者也是一大福音。因此，许多较有眼光或雄心的业者，像“故乡小吃”“胡须张”等，都已发展出不少的加盟店、连锁店，可是各个加盟连锁店的风味很不容易保持一致。所以，无法标准化的产品想要大量生产、大量销售，先天就有许多的困难和限制，这似乎是传统台湾美食在推广上不易克服的问题。

已有百年历史的典发食品公司董事长李典雄长期以来致力于将传统米制的年糕、萝卜糕、芋譁巧等的生产标准化。他不但引进现代化的科技和包装设备，还结合物资流通系统，大量供应各地量贩店、超级市场、便利商店的销售。更重要的是“用料实在、口味地道”地忠于原味，以及注重包装安全卫生的特点。

在一切都追求快速、方便的社会，人们既要享受美食，也不敢忽略卫生。传统小吃的美食与卫生往往不可兼得，典发食品则将之做了完美的结合，故能得到消费者的肯定，建立了相当高的品牌知名度和美誉度。

1. 市场营销观念的含义

企业为了适应不同时期的市场营销环境而发展了自己的市场营销观念。市场营销观念既不是市场营销行为和市场营销战略体系，也不是市场营销技术和手段。所谓市场营销观念，实际上是企业开展经营活动时企业对市场的一种思维方法，是指导企业经营活动的理念或指导思想，并由其理念来统括企业的一切经营活动。

市场营销观念这一词语在我国市场营销学教科书和著作中的表述很多，据作者调查，50本书中除5本没有提及市场营销观念以外，共有14种表述，如市场营销哲学、营销管理哲学、营销管理指导思想、市场经营观、企业经营观念、企业经营哲学、市场营销理念等。其中使用得最多的表述是市场营销观念，约占45%。因此本书采用这一表述。

市场营销观念作为企业的一种经营理念或指导思想基本上可以归结为以下四种因素。

（1）顾客导向，即组织的一切思考和行动的中心是消费者或用户。当今社会，企业为了生存就必须首先了解消费者想要什么，制造满足他们所需的产品，其次是以消费者能接受的价格和方法进行销售，最后要弄清消费者对产品和销售方法的反应，并将其结果反映在下一轮市场营销活动中。

（2）目标导向，即组织的一切职能都必须向着共同的目标进行调整和统一。如前述顾客导向，只凭企业的一部分人和一个部门是不可能实现的，必须把企业的全部门、全体从业人员的意识和行为调整、统一到实现目标上来，为此企业需要建立起能进行严格管理调整的管理系统。

（3）利益导向，并非以最大的销量获得利益，而是通过给顾客最大的满足来取得利益。企业通过自己的经营努力获取收益，从其收益中支付各种费用以及用于再投资等，可以说，利益的获取是企业生存和发展的必要条件。同时论述顾客导向和利益导向似乎很矛盾，而市场营销的任务就是要追求两者各自极限的妥协点，以免矛盾的产生。企业追求的这种利益，我们称其为“适当利润”。市场营销观念中所说的利益，是指社会能认可的这种适当利润。

（4）社会导向。所谓社会导向就是要求企业追求最大限度地满足顾客、获取适当利润的同时，也必须重视社会利益，履行其社会责任，并提出了3C理论，即顾客满意（Consumer satisfaction）、企业利益（Company profits）、社会利益（Community welfare）。

营销小故事

骨灰钻石

骨灰钻石指的是将被火化的人骨灰转变成“晶莹的钻石”，从而实现让最亲爱的人“真正永垂不朽”的目的。这些由人体骨灰转化的“钻石”通体呈现高雅的蓝色，既能满足那些觉得“墓地和骨灰盒过于呆板”的人对思念亲人的要求，由于这种“钻石”可随身携带，因此还可用来制成“首饰”。国外起步较早，英国恒远钻石 Heart In Diamond 2005 年就已经推出制作骨灰钻石的服务，从 2013 年起，在国内也能定制 Heart In Diamond 骨灰钻石。

2. 市场营销观念的演变

市场营销观念随着经济的发展而不断演变，经历了五个发展阶段，即生产观念→产品观念→推销观念→市场营销观念→社会营销观念。

(1) 生产观念。

基本思想：以生产为中心，其中心任务是集中一切力量改善设备和工艺，增加产量。生产观念认为，顾客喜爱那些随处买到而且价格低廉的产品。这种观念在两种情况下能够成立且具备合理性。一是对某个产品供不应求，物资短缺。对此，顾客最关心的是能否买到产品，而不是其他问题。二是产品成本过高，必须扩大生产，降低成本，以吸引更多的顾客购买。福特是当时在美国奉行“扩大生产，降低价格”生产观念的典型例子。中国当时许多消费工业品（如手表、缝纫机、自行车、电视机）都要凭票凭证供应，所以生产企业只需扩大生产，提高产量，而根本没必要去考虑市场销售问题。

背景：卖方市场，物资短缺，供不应求。产品只要生产出来就必定有销路。

态度：企业不考虑或很少考虑市场需求问题，其基本态度是生产什么产品就销售什么产品，顾客就买什么产品。

逻辑基础：生产者逻辑，一切都是从生产者出发的。

经营形式和手段：如同福特汽车公司一样，大量生产，低成本，标准化。

目的：生产出产品获取利益。

(2) 产品观念。

基本思想：以产品为中心，其中心任务是提高产品质量，改善性能，降低价格。这是因为产品观念认为，消费者或用户总是欢迎质量高、性能好、有特色、价格便宜的产品。问题在于，进行产品设计开发的出发点在哪里？企业还是消费者？产品观念的局限性就在于对产品的设计与开发只是从企业的角度出发，以企业为中心进行的。

背景：卖方市场，但供不应求的现象得到了缓和或趋于缓和。

态度：只要产品好，消费者就一定会买，“酒香不怕巷子深”。

逻辑基础：生产者逻辑。

经营形式和手段：提高生产效率，改进产品的质量和性能。

目的：物美价廉获得利益。

区别：产品观念本质上与生产观念相同，仍然是企业生产什么就销售什么，但比生产观念增加了一层竞争的色彩，开始考虑顾客在产品质量、性能、特色、价格等方面的愿望。生产观念是“以量取胜”，产品观念则是“以质取胜”“以廉取胜”。

但是过分地关注产品质量则容易产生“市场营销近视”。“市场营销近视”是指只把注意力放在产品上，而不是放在市场需求上，在市场营销管理中缺乏远见，只看到自己的产品质量好，看不到市场需求在变化，致使企业经营陷入困境。奉行产品观念的企业一般很容易患“市场营销近视”症，他们过分迷恋自己的产品，总认为自己的产品好，一定是人见人爱，完全忽视市场需求的变化。WRA 钟表公司就是典型的近视症企业。自 1869 年创立到 20 世纪 50 年代，WRA 钟表公司一直被公认为是美国最好的钟表制造商之一。该公司在市场营销管理中强调生产优质产品，并通过由著名珠宝商店、大百货公司等构成的市场营销网络分销产品。1958 年之前，公司销售额始终呈上升趋势，但此后其销售额和市场占有率开始下降。造成这种状况的主要原因是市场形势发生了变化：这一时期的许多消费者对名贵手表已经不感兴趣，而趋于购买那些经济、方便且新颖的手表；而且，许多制造商迎合消费者需要，已经开始生产低档产品，并通过廉价商店、超级市场等大众分销渠道积极推销，从而夺得了 WRA 钟表公司的大部分市场份额。WRA 钟表公司竟没有注意到市场形势的变化，依然迷恋于生产精美的传统样式手表，仍旧借助传统渠道销售，认为自己的产品质量好，顾客必然会找上门。结果，致使企业经营遭受重大挫折。

小探索

1930 年左右，美国皮尔斯堡面粉公司发现推销它产品的中间商有的开始从其他厂家进货，为了寻求中间商，公司的口号由“本公司旨在制造面粉”改为“本公司旨在推销面粉”，并第一次在公司内部成立了市场调研部门，派出大量推销人员从事推销业务。以上材料说明了什么？

(3) 推销观念。

推销观念同生产观念和产品观念相比，有了明显的进步，其主要表现为企业经营者开始将眼光从生产领域转向流通领域，不仅在产品的设计和开发上，而且在产品的营业推广上投入了精力和资本。但是推销观念仍然是以企业为中心，是以说服和诱导消费者接受企业已经生产出来的产品为目的，仍然没有把消费者放在企业经营的中心地位。

基本思想：以销售为中心，其中心任务是主动推销和积极促销。

背景：供求平衡或供大于求，卖方市场向买方市场转化，产品的销售成为企业的主要矛盾。

态度：只要努力推销某种产品，消费者就会更多地购买。

逻辑基础：卖方逻辑，强调企业如何把生产出来的产品卖出去，不然就会造成产品积压，无法收回货款，资金周转困难。

经营形式和手段：企业十分注意运用推销术和广告术来大力推销产品，同时采取低价格和宽渠道的手段，力求赢得更多的顾客。

目的：扩大销售获得利益。

营销小故事

安徽省芜湖市的一个个体户叫年广久，他雇工经营，制作和销售瓜子，取名为“傻子瓜子”，得以致富，是改革开放后第一批发展起来的民营企业代表。傻子瓜子在我国北方瓜子市场上的市场份额一直处于领先地位。

年广久做生意遵循其父“利轻业重，事在人和”的遗训。他摆的水果摊，允许顾客先尝后买。顾客满意的，就称几斤；不满意的，尝了不要钱。遇到一些难缠的顾客，买走了水果又跑来算“回头账”，说少给了秤，或少找了钱，年广久都不计较，爽快地补水果、找钱，让顾客满意而去。有时称水果够秤了，还再拿一个给顾客。邻近摆摊同行的说他“傻”，顾客说他规矩，回头客多。天长日久，水果摊的一些同行既不喊年广久的名字，也不喊“小侉子”，而是喊他“小傻子”。

1986年春节前，傻子瓜子公司在全国率先搞起有奖销售，并以一辆上海牌轿车作为头等奖，3个月实现利润100万元。

（4）市场营销观念。

当大量的推销活动仍不能使企业摆脱产品滞销积压、经营每况愈下的局面时，一些企业就会从市场上寻找原因，就会考虑根据顾客的需要和市场的变化来调整自己的经营，从而导致新的企业经营观念应运而生。

基本思想：以顾客为导向，企业的中心任务是满足顾客的需求与欲望。不是销售已生产的产品，而是生产销售市场上需要的、好卖的产品。

背景：20世纪50年代产生于供大于求、买方市场的西方发达国家。

态度：消费者或用户需要什么，企业就生产、销售什么。实现企业各项目标的关键，在于及时了解和准确把握目标市场的需求和欲望，并要比竞争者更有效地传送目标市场所期望的产品和服务，进而比竞争者更好地满足其需求和欲望。

逻辑基础：顾客逻辑，即企业不是从现有的生产和产品出发，而是从市场出发，从顾客出发。

经营形式：创造需求，即不能只是被动地去应对现实需求，而是要去努力挖掘潜在需求，进行需求创新。

手段：顾客让渡价值，即总顾客价值与总顾客成本之差。用公式表示为：顾客让渡价值=总顾客价值-总顾客成本。总顾客价值是指顾客购买某一产品或服务所期望获得的一组利益。它包括产品价值、服务价值、人员价值和形象价值等。总顾客成本是指顾客为购买某一产品或服务所支付的货币成本以及花费的时间、精力和体力成本等。顾客在购买产品时，总希望把有关成本包括货币、时间、精力和体力等降到最低限度，同时希望从中获得更多的实际利益，以使自己的需求得到最大限度的满足。因此，顾客在选购产品时，往往从价值与成本两个方面进行比较分析，从中选择出价值最高、成本最低，即顾客让渡价值最大的产品作为优先选购的对象。企业为了吸引更多的潜在顾客，就必须向顾客提供比竞争对手具有更多顾客让渡价值的产品。为此，企业必须从两个方面着手，一是通过改进产品、服务、人员和形象，提高其总价值；二是通过降低生产和销售成本，减少顾客购买产品所需的时间、精力和体力成本，从而降低其总成本。

目的：满足顾客获得利益。

主要支柱：成为市场营销观念主要支柱的有市场营销调研、目标市场、顾客需求、整合营销、盈利能力。

所以，现代企业要赢得市场就必须摆脱陈旧观念的束缚，采用新型营销观念指导生产和销售。市场营销观念可精辟表述为：①发现欲望并设法满足；②热爱顾客而非产品；③任你称心享用（效用第一）；④你就是主人（顾客至上）。

小探索

绿色营销观念是指企业在整个营销过程中充分体现环保意识和社会意识，向消费者提供科学的、无污染的、有利于节约资源使用和符合良好社会道德准则的商品与服务，并采用无污染或少污染的生产和销售方式，引导并满足消费者有利于环境保护及身心健康的需求。其主要目标是通过营销实现生态环境和社会环境的保护及改善，保护和节约自然资源，实行养护式经营，确保消费者使用产品的安全、卫生、方便，以提高人们的生活质量，优化人类的生存空间。

实施绿色营销战略，需要贯彻5R管理原则，即研究（Research）：重视研究企业对环境污染的对策；减少（Reduce）：减少或消除有害废弃物的排放；循环（Recycle）：对废旧物进行回收处理和再利用；再开发（Rediscover）：变普通产品为绿色产品；保护（Reserve）：积极参与社区的环保活动，树立环保意识。实施绿色营销是国际营销战略的大趋势，我国企业在这方面应该有一个清醒的认识，并积极付诸行动。

以上材料中的绿色营销属于哪一种营销观念？请说明原因。

（5）社会市场营销观念。

社会营销观念存在于20世纪70年代以后，是对市场营销观念的补充、完善和发展，它指的是企业在其经营活动中必须承担起相应的社会责任，保持企业利益、消费者利益同社会利益的一致性。企业是一种营利性的组织，处于经济循环系统之中。然而，企业又不可避免地属于社会生活的一员，处于整个社会系统之中。因此，企业的经营活动不仅受到经济规律的制约，而且也会受到社会规律的制约。随着企业经营活动的发展，企业行为对社会的影响会变得越来越大。首先，企业的产品服务及其宣传直接影响着社会的生活方式和思想意识；其次，企业生产经营行为所产生的一些污染会对社会环境产生影响；最后，企业在国民经济中所发挥的作用会对整个社会发展带来影响。因此，企业在其经营活动中必须同时兼顾企业的利益、顾客的利益和社会的利益，谋求企业同社会的共同发展。

基本思想：既要满足消费者需求，又要符合消费者和社会的长期利益。

背景：市场营销观念一味地强调满足消费者需求，却忽略了消费者需求、消费者利益和长期社会福利之间隐含的冲突。20世纪70年代以来社会上出现了各种批评，指出了诸如不营养食品、资源浪费、能源短缺、环境污染严重、社会服务被忽视等问题。这时需要有一种新的观念来修正或取代市场营销观念。菲利普·科特勒最早提出了“社会市场营销”的概念，即以社会市场营销观念来补充和完善市场营销观念。

态度：统筹兼顾多方利益，即同时考虑消费者利益、企业利益和社会利益，并把三者有机协调地结合起来。

逻辑基础：社会逻辑，既不是从企业也不是单纯从消费者出发，而是应该从整个社会出发，当然企业和消费者也就包括其中了。

经营形式和手段：主要强调企业的社会责任，要求满足需求的同时履行社会责任。

目的：满足需求和符合社会利益而获得利益。

上述五种企业经营观，其产生和存在都有其历史背景和必然性，都是与一定的条件相联系、相适应的。当前，外国企业正在从生产型向经营型或经营服务型转变，企业为了求得生存和发展，必须树立具有现代意识的市场营销观念、社会市场营销观念。但是，必须指出的是，由于诸多因素的制约，当今美国企业并不是都树立了市场营销观念和社会市场营销观念。事实上，还有许多企业仍然以产品观念及推销观念为导向。

由于受社会生产力发展程度及市场发展趋势、经济体制改革的状况及广大居民收入状况等因素的制约，目前，中国企业经营观念处于不断变革和转型、多种观念并存的阶段。

小探索

请以你所在城市的优质产品（比如 M 城的盐焗食品）为例，尝试用推销和营销思路分别做一个销售计划。

让我告诉你

营销原则

1. 诚实守信的原则

诚实守信是道德要求的最基础部分，它是企业经商道德的最重要的品德标准，是其他标准的基础。在我国传统经商实践中，它被奉为至上的律条。

2. 义利兼顾的原则

义利兼顾是指企业获利，要同时考虑是否符合消费者的利益，是否符合社会整体和长远的利益。利是目标，义是要遵守达到这一目标的合理规则。二者应该同时加以重视，达到兼顾的目标。义利兼顾的思想是处理好利己和利他的关系的基本原则。

3. 互惠互利原则

互惠互利是进一步针对企业营销活动的性质提出的交易中的基本信条。互惠互利原则要求在市场营销行为中，正确地分析、评价自身的利益，评价利益相关者的利益，对自己有利而对利益相关者不利的活动，由于不能得到对方的响应，而无法进行下去。而对他人有利、对自己无利的，又使经济活动成为无源之水、无本之木。

4. 理性和谐的原则

理性和谐的原则是企业道德化活动达到的理想目标模式。在市场营销中，理性就是运用知识手段，科学分析市场环境，准确预测未来市场发展变化状况，不好大喜功，单纯追求市场占有率，而损失利润；或像营销界一直抨击的秦池酒一样，不问自身的生产条件，只为

“标王”而付出高昂的代价，最终只能自食恶果。

1.3.2 新旧观念的区别

生产观念、产品观念和推销观念统称为传统观念；市场营销观念和社会市场营销观念统称为现代观念。概括起来，两者的区别如表1-4所示。

表1-4 传统观念与现代观念的区别

导向不同	前者以生产者为导向，后者则以顾客（市场）或社会为导向
出发点不同	前者都是从产品出发，后者则是从市场或顾客出发
方法或途径不同	前者是增加生产或改进产品或加强推销，后者则是满足顾客需求和履行社会责任
终点不同	前者以卖出产品取得利益为终点，后者则强调以顾客满意为终点，即企业卖出产品并不意味着企业责任的完结，只有在顾客购买产品并获得满意后，企业的责任才能算完结

推销观念的中心出发点是卖方，而市场营销观念的中心出发点是买方需要。推销的宗旨就是如何把卖方的产品换成现金，而市场营销观念则是通过产品和一切与制造、传送及消费有关的活动来满足顾客的需要。推销观念的视角是由内向外的，它从工厂出发，以现有产品为中心，通过大量的推销和促销活动来获取利润。而市场营销是一种由外及里的观念，它从选定的市场出发，以顾客需求为中心，协调各种可能影响顾客的活动，通过满足消费者的需求来获取利润。

营销小故事

休闲到M州 享受慢生活

M城的旅游业在“享受慢生活，休闲到M州”的主题概念下得到了里程碑式的发展，当地兴建了新型的旅游产业园区，主题酒店、特色饭店配套，以吸引更多的消费者。饭店业作为旅游业的三大支柱产业之一，在旅游活动中扮演着非常重要的角色。随着社会的发展和人民生活水平的逐步提高，人们对生活质量的要求也提高了，饭店作为出游六大要素食、住、行、游、购、娱中的首要环节，应该很好地把握住这个机会，用更加优质的产品和服务吸引更多的游客前往就餐。为了实现经营目标，饭店的市场部门则需要针对不同的顾客要求销售他们设计的产品。怎样去营销才能使自己的产品占有更大的市场是摆在饭店面前的一个突出的问题，首先必须转变自己的营销观念。结合实际情况，市场部制定了如下营销观念：全面质量营销观念、市场导向营销观念关系、折扣营销观念和创新性营销观念，结合具体的市场策略和营销活动，取得了明显效果。图1-12为“客天下旅游产业园一景”。

图1－12　“客天下旅游产业园一景”

本章小结

✧　市场营销，是指企业及其他组织为满足目标市场的需求和欲望，结合具体的营销环境、利用恰当的营销手段，制定和实施产品、价格、渠道和促销的综合性经营管理活动。它涉及的核心概念包括市场；需要、欲望和需求；产品、效用和费用；交换、交易；推销以及营销关系和网络。市场营销从出现到今天，在世界范围内和我们国内经历了不同阶段的发展。

✧　现代市场体系处于不断丰富和发展过程之中，根据不同依据划分，它不仅包括消费品和生产资料等商品市场，而且包括资本市场、劳动力市场、技术市场、信息市场以及房地产市场等生产要素市场。其中，消费品市场、资本市场和劳动力市场是现代市场的核心。现代市场具有统一性、开放性、竞争性、有序性和脆弱性五个特征。

✧　市场营销观念，实际上是企业开展经营活动时，企业对市场的一种思维方法，是指导企业经营活动的理念或指导思想，并由其理念来统括企业的一切经营活动。随着生产发展、科技进步和理念更新，市场营销观念经历了生产观念、产品观念、推销观念、市场营销观念和社会市场营销观念五个阶段。前三者可称为“传统观念”，后两者则属于“现代市场营销观念”。现代营销观念需要企业结合自身实际情况灵活应用，又衍生出“绿色营销观念”“体验营销观念”等新型观念。

请你动动脑

问题1：当今说“市场营销”的人很多，但能真正回答“什么是市场营销”的人却不多，甚至包括许多企业的老板。市场营销往往被误认为就是推销。其实推销和市场营销两者之间有着根本的区别，绝不能混为一谈。你能对此提出自己的观点吗？

问题2：如何才能从众多消费者对产品的期望中准确找到真正的需求和市场，而不会把消费者提出的不成熟的解决方案误当作需求来看待，有一个简便易行的方法，那就是翻译的过程，即把消费者的原话进行一个统一句式的规整，然后进行翻译。这种统一句式的格式是："我希望这个产品可以解决（　　）的问题。"营销者可以把消费者的期望放到括号中去看，如果觉得语法和意思很通顺、明白，那么括号里的内容就基本可以看作是消费者的需求了。反之，如果感觉语法和意思很生涩，且不好理解那么就证明这还不是真正的需求。请用以上方法判断一下消费者需求：A. 消费者希望解决交通拥堵，希望他拥有的汽车能够在发生塞车的情况下"长"出腿来……；B. 消费者希望手机外壳可以用非常坚硬的材质去包装；C. 女性消费者希望某一家护肤品商店的店员能够全部去进修护肤基础知识，然后指导她购买一款产品令她皮肤变好。

请你动动手

实训1：三分钟自我推销演练

（1）实训时间：实训周期为4课时，课堂展示时间为2课时/30人。

（2）实训地点：教室。

（3）实训前的准备：首先，学生应按授课老师要求，精心写好一分钟自我推销介绍词，然后利用课余时间反复演练，达到内容熟练、神情自然时，再安排课堂时间让学生登上讲台进行一分钟自我推销演练。

（4）实训内容：

① 问候。

② 我是谁：包括姓名、来自哪里、个人兴趣爱好、专长、家庭情况等。

③ 对学习市场营销课程的认识和学习期望等。

（5）实训要求：

① 要求学生能够认识自我，敢于面对大众。

② 通过活动加深学生之间的相互了解。

③ 要求教师在实训过程中做好组织、管理工作，给予学生必要、合理的指导，并及时点评、总结，加深学生对自我展示的认识和熟练程度。

（6）实训组织方法与步骤：

① 学生应按授课老师要求，精心写好三分钟自我推销介绍词，安排课堂时间让学生登上讲台进行一分钟自我推销演练。

② 上台问候。跑步上台，站稳后先对所有人问好，然后再介绍。注意展现热情，面带微笑。

③ 内容演练，即自我推销介绍。注意音量、站姿、介绍顺序、肢体动作等。

④ 致谢回座。对所有人说谢谢后退场。

⑤ 教师适时点评，最后总结。

（7）实训考核方法（见表1-5）：

表1-5　实训考核表

考核内容	评分
态度：积极参与，认真准备	20分
前期准备：发言稿内容新颖、独特，顺序自然，个人仪表大方得体	20分
展示过程：内容熟练、语言、仪态、互动和感染力	50分
时间把握：不提前、不超时	10分
合计	100分

实训2："市场营销，我的专业"主题演讲

(1) 实训时间：实训周期为4课时，课堂展示时间为2课时/30人。

(2) 实训地点：教室。

(3) 实训前的准备：学生应按授课老师要求，准备三分钟演讲稿，上交老师修改，发还后再自我完善，然后利用课余时间反复演练，上台演讲。

(4) 实训内容：

① 达到加深学生之间学习交流，帮助大家尽快融入营销专业知识学习氛围的目的。

② 锻炼学生上台发言的胆量和口头表达能力，这种胆量和说话能力是从事市场营销专业的学生所必不可少的。

(5) 实训要求：

① 要求学生背书演讲稿，保证脱稿演讲效果。

② 体现专业特色和演讲技巧。

③ 要求教师在实训过程中做好组织、管理工作，给予学生必要、合理的指导，并及时点评、总结。也便于教师累积生情资料，有针对性、因人制宜地组织开展教学活动。

(6) 实训组织方法与步骤：

① 上台问候。跑步上台，站稳后先对所有人问好，然后开始演讲。

② 注意展现热情，面带微笑。在演讲中注意传达自己的理念和想法，影响听众，注意音量、站姿、介绍顺序、肢体动作等。

③ 致谢回座。

(7) 实训考核方法（见表1-6）：

表1-6　实训考核表

考核内容	评分
态度：积极参与，认真修改	20分
前期准备：发言稿内容新颖、独特，有自己的理解和想法	20分
展示过程：内容熟练、展现热情、面带微笑、语言表达、手势动作	50分
时间把握：不提前、不超时	10分
合计	100分

自我测试

1. 单选题

(1) 一个市场是否有价值，主要取决于该市场的（　　）。

A. 需求状况　B. 竞争能力　C. 需求状况和竞争能力

（2）人类与生俱来的“基本要求”是指（　　）。

A. 需要　B. 欲望　C. 需求

（3）“市场营销近视症”属于（　　）观念下的企业表现。

A. 生产　B. 产品　C. 推销

（4）把市场分为买方市场和卖方市场，是根据（　　）来划分的。

A. 市场供求状况　B. 市场的容量　C. 市场的购买力

（5）关于学习市场营销下列说法错误的是（　　）。

A. 口才练习是必不可少的　B. 必须把相关的概念倒背如流　C. 注重实践

2. 多选题

阅读材料后回答问题：所谓体验“experiences”就是人们响应某些刺激“stimulus”（例如，是由企业营销活动为消费者在其购买前与购买后所提供的一些刺激）的个别事件“private events”。体验通常是由于对事件的直接观察或是参与造成的，不论事件是真实的还是虚拟的。体验会涉及顾客的感官、情感、情绪等感性因素，也包括知识、智力、思考等理性因素，同时也可包括身体的一些活动，如新品试吃、新车试驾等。体验营销注重考虑顾客的消费情况，即在消费过程中顾客的体验感受。顾客的体验来自某种经历对感觉、心灵和思想的触动，它把企业、品牌与顾客的生活方式联系起来，赋予顾客个体行动和购买时机更广泛的心理感受和社会意义。体验营销者不仅仅要考虑产品的功能和特点，更主要的是考虑顾客的需求，考虑顾客从消费产品和服务的经历中所获得的切身体验。考虑顾客对与产品相关的整个生活方式的感受，真是体验营销者所真正关心的事情。

（1）下面属于体验式营销的是（　　）。

A. 知觉体验　B. 行为体验　C. 思维体验　D. 情感体验　E. 相关体验

（2）感官营销属于体验式营销的重要组成部分，它的核心诉求是通过创造知觉体验的感觉，让产品与用户的（　　）之间建立强链接，从而引发顾客的购买动机与增加产品的附加价值。

A. 视觉　B. 听觉　C. 触觉　D. 味觉　E. 嗅觉

（3）下面属于感官营销的是（　　）。

A. 迪士尼乐园的爆米花摊，在生意清淡时，会打开“人工爆米花香味”，不久顾客便自动闻香而来

B. 新加坡航空公司空姐身上的香水，是特别调制的“热毛巾上的香水味”让顾客感觉温馨

C. 大卖场激烈动感的音乐

D. 超市里洁净的地板和热情的促销员

E. 连锁餐饮店面里大红或橘黄色的墙面颜色

3. 案例分析

2014年7月22日，能容纳数千人的场地，无数的掌声，疯狂的尖叫，光怪陆离的声光效果，此起彼伏的有节奏的呼喊……这是小米手机发布会现场。台下的观众并不是为了偶像明星而来，他们关注的焦点正是小米公司刚刚推出的新款手机。这些看似冰冷、毫无生命力的产品，却聚集了一群为之疯狂的“粉丝”。他们毫不吝啬对自己钟爱的产品、品牌的喜爱之情，乐于分享自己的感受，愿意体验新产品。他们通过各种渠道不断扩散自己的使用心

得，并且更加重要的是，他们的所作所为潜移默化地影响着周围的人。

传统营销时代，得客户者得天下的时代已经过去。随着新的微营销模式的出现，拥有支持你的粉丝，也就有了市场。这样的成功案例有很多，比如小米、五格货栈、雕爷牛腩、黄太吉煎饼，他们的成功很多时候都是靠拥有广大真实的粉丝。小米手机海报如图 1－13 所示。

图 1－13　小米手机海报

问题：

小米手机的销售模式引起了手机市场的新一轮风暴，它的成功说明了什么？给你什么启发？

4. 分析题

（1）请根据表 1－5 分析五种营销观念的区别以及发展的必然性。

表 1－5　五种营销观念的区别

营销观念		营销出发点	营销目的	基本营销策略	侧重方法
传统观念	生产观念	产品	通过大批生产产品获利	以增加产量、降低价格竞争	坐店等客
	产品观念	产品	通过改善产品获利	以提高产品质量竞争	坐店等客
	推销观念	产品	通过大量推销产品获利	以多种推销方式竞争	派员销售、广告、宣传
现代观念	市场营销观念	消费者需求	通过满足消费者、用户需求达到长期获利	以发现和满足需求竞争	实施整体营销方案
	社会营销观念	消费者、企业和社会公众的共同利益	通过满足三方需要达到长期获利	以获取消费者信任、兼顾社会利益影响消费者竞争	与消费者及有关方面建立良好的关系

（2）一天，你和你的初中同学聚会，他们问你现在学什么课程是最重要的，你说是《市场营销》。你的同学感到很好奇，你会怎样向你的同学们介绍这门学科呢？

第2章 市场环境

教学目标

通过本章学习，同学们应该能够：知道什么是市场营销环境、间接营销环境和直接营销环境；基本理解间接营销环境的构成和直接营销环境的构成；理解熟知微观营销环境与宏观营销环境对企业市场营销活动的各种重要影响作用；了解间接营销环境和直接营销环境各因素的发展状况，掌握间接营销环境和直接营销环境的内容；应用间接营销环境和直接营销环境对企业营销决策产生影响的能力，分析和利用环境因素进行营销活动。

案例导引

M城本地房企迎接挑战

2003年至2014年，M城房地产市场开始不断升温，房价虽有波动，但总体趋势仍然处于不断急剧上升的趋势。在此之前，控制房地产泡沫经济的各项政策，以及一二线城市的限购政策、城市用地短缺、企业运营成本上升、资金信贷控制严格等，使得颇有远见的一些房地产开发商退出或减少对一二线城市的投资，把目光转向一些正处于城市化成长期的三四线城市。

M城作为三四线城市代表之一，受到了碧桂园、万达广场、东汇城、富力城、奥园等外地房地产开发商的青睐，这也是M城当地政府鼎力支持的结果。外地房企纷纷表示看好M城销售量仍会持续增长，房价也可保持在上升通道中，个体获利虽然不高，但存在强劲的刚性需求，总体利润可观。其中一个外地开发商说："我们经营综合体，不只是提供一个购物的超市，而是提供了全新的生活方式。"

M城本地房企PK外地房企，造成M城房地产市场的竞争逐渐升级，项目间的竞争逐渐转化为楼盘品质、景观营造、物业管理、附加服务等企业间综合实力的比拼。截至2014年

7月底，M城中同期推出优惠申请、认筹的楼盘多达10多个。M城本地房企、外地房企为了能“招揽”到更多的意向购房者，都用比较夸张的方式来吸引客户关注，甚至送礼物、搞活动、享优惠、打折扣等多种方式一起上。由此可见，以价换量已成为M城楼市的主调。

请讨论：

1. 在加强房地产调控的时期，M城当地政府有必要支持外地房企进入M城吗？为什么？
2. 外地房地产开发商进驻M城，将会带来什么？
3. 为什么以价换量已成为M城楼市的主调？

作为一个开放的系统，任何企业的活动都不是在真空中进行，企业应该像生态系统中的有机体一样，随各种状况的不同变化而相应地做出与之相适应的反应行为。“物竞天择，适者生存”就证明了这个道理。

市场营销活动就是营销者努力使企业与各种状况相适应的过程。也就是说，企业必须随市场营销环境的变化而不断改变自己、调整自己。

什么是市场营销环境呢？

市场营销环境指的是与企业市场营销活动相关的所有社会性力量和社会因素。

企业的每一项营销活动都要受到市场环境的作用和制约，蕴藏着也许是商业的机遇，也许是潜在的威胁。企业必须重视对市场营销环境进行认真监视、分析和研究，把握变化趋势，识别由于营销环境变动而造成的机会和威胁，从而抓住机遇、躲避风险，最终达到营销活动的最佳目标。

市场营销环境主要包括两方面：

1. 间接营销环境

间接营销环境也被称为宏观环境，是指那些作用于直接营销环境，并因而造成市场机会或环境威胁的主要社会性力量。主要包括六种主要因素：人口环境、政治法律环境、经济环境、科技环境、社会文化环境和自然地理环境。

2. 直接营销环境

直接营销环境也被称为微观营销环境，是指直接影响和制约企业营销能力的社会因素。主要包括六种主要因素：企业本身、供应者、营销中介、顾客、竞争者、公众。

可以说，微观营销环境直接影响和制约企业的市场营销活动，而宏观环境主要以微观营销环境为媒介，间接影响和制约企业的市场营销活动。因此，直接营销环境受制于间接营销环境。企业营销活动与营销环境的关系如图2－1所示。

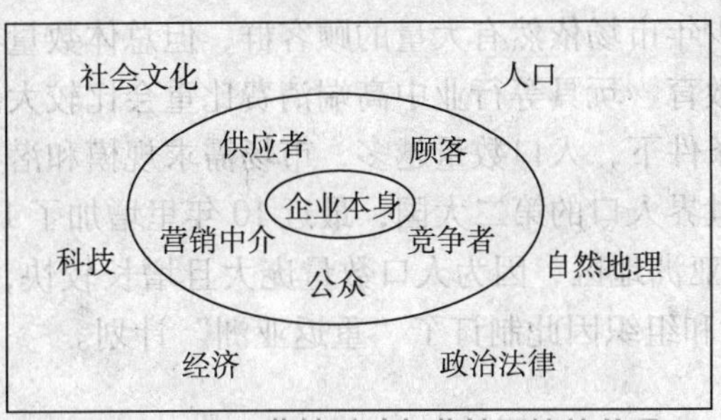

图2－1　企业营销活动与营销环境的关系

2.1 企业要受到社会性力量影响

2.1.1 人口环境

市场营销学认为市场是由有购买愿望并且具备购买能力的人构成的，因此人口状况成为企业市场营销的主要环境因素。因此，人口状况对企业的营销活动有很大的影响，也成为企业能否成功开展市场营销活动的前提。

例如，中国人口出生率的降低，对制造婴儿玩具的企业来说可能不是什么好事。但问题在于，选择晚婚晚育的夫妇双方往往已经有了较为稳定的事业，很有可能在自己较少的子女身上愿意花更多的钱，尤其是中高档产品。再加上中国特有的独生子女政策，爷爷、奶奶、外公、外婆中的大多数都愿意也有能力这么做。另外，产品质量问题的层出不穷迫使他们积极追加"投资"。因此，市场营销企业在这个复杂多变的领域里不能忽视任何一个因素，必须密切注视人口特性及其发展动向，抓住市场机会，避开风险威胁，以适应人口环境的变化。

小思考：

到2100年世界人口有70%的可能还将持续增长，数量从目前的70亿增加到110亿，请你思考一下，这将对目前的人口环境产生怎样的影响？如果你是企业营销人员，你认为对企业意味着什么？

1. 人口总量

目前世界人口持续增长，现总数为70亿，联合国预测在2050年之前将突破90亿，其中90%的新增人口主要集中在发展中国家。然而发达国家人口出生率却在下降，这意味着以儿童市场、少年市场为目标顾客的企业会发现在发展中国家存在更多的市场机会。但是庞大的人口会造成人均资源占有量下降，甚至带来一系列不利于企业做强做大的问题，如环境污染加剧、短缺能源和缺少粮食等。

2006年中国国家统计局公布中国有近13亿人口，加上中国改革开放造就经济蓬勃发展的劲头，至今中国依然被视作世界最大的潜在市场。可是，不管经济条件是否改善，中国还有一些家庭根本不理睬计划生育政策，官方数字里存在一定数量的孩子没有计算在内。这意味着中国的儿童市场、少年市场依然有大量的顾客群，但总体数量在下降，消费能力却在不断提升，未来在服装、教育、玩具等行业中高端消费比重会比较大。

在收入水平既定的条件下，人口数量越多，市场需求规模和潜在容量就越大。例如，值得关注的是印度，作为世界人口的第二大国，最近10年里增加了1.81亿，目前总人口已经达到了12.1亿。再如，亚洲地区，因为人口数量庞大且增长较快，被人们誉为"最有潜力的市场"，美国相关企业和组织因此制订了"重返亚洲"计划。

2. 年龄结构

目前全球人口年龄结构呈菱形，即老人和孩子少，中青年多，其中十几岁的年龄段人口最多，大约有13亿。这预示着接下来的10年，全球人口仍面临一个生育高潮。处于不同年龄段的消费者对商品和服务的需求不同，因而市场就可以客观地划分为儿童市场、少年市场、青年市场、中年市场和老年市场。这些市场的构成者因为处于不同年龄段，生理特征、心理特征、人生经历、收入水平和负担状况等都不相同，因而有着不同的消费需要、兴趣爱好、生活方式、消费模式等。

总体来说，整个人口的构成正在经历一种从高生育率、高死亡率到低生育率、低死亡率的转变，使得越来越多的国家步入老龄社会。许多发达国家人口出生率很早就已经低于死亡率的水平，正努力通过吸收新移民来缓解人口的老龄化的难题。目前全球已有 50 个国家进入老龄化社会，人口老龄化是当今世界发展的必然趋势。随着老年人口的绝对数和相对数的不断增加，银色市场已经形成并逐渐扩大。

中国的计划生育政策成绩斐然，人口出生率的下降致使年轻人数量正在减少，以致开始出现“工人荒”。中国 60 岁以上老年人数量已超过 2 个亿，占总人口的 14.9%。这一比例明显高于 10% 的联合国传统老龄社会标准。预计未来 20 年中国将进入老龄化高峰。“未富先老”成为中国越来越突出的问题。

让我告诉你

世界“银发市场”蕴藏发展空间

根据联合国的统计资料，2012 年，全球人口每 9 个人中就有 1 人的年纪超过 60 岁（占总人口的 11%）。预计在 2020 年时，全球人口将达到 77 亿人，其中每 7 个人中就有 1 人的年纪超过 60 岁（占总人口的 14%）。预计到 2050 年，全球约有 64 个国家都将面临这样的情况。

随着这股人口老化趋势，可预见老年人口将成未来世界中的主轴，“大退休潮”蕴藏广阔的发展空间，将引发潜在的庞大商机。由于人口结构转变，目前各国政府所能提供的社会医疗与退休福利制度将不足以满足人民需求。美国联储局主席伯南克曾公开表示，至 2030 年，美国工作人口与受扶养老人比例将扩大到 5∶3。

中国现在的老龄人口数量已经超过了日本老龄人口的人数。日本过去发生的问题在中国也会发生，意味着要推出一系列的广泛的健康措施及服务，包括退休村、养老村、监护村等。另外，即将在中国发生的问题是如何处理老龄人口的财富。所以今后不仅要推出投资产品，而且应该推出健康和养护的产品。

专家预计，50 年内老年人市场消费将达 5 万亿元。就中国而言，据测算仅其潜在消费每年也在 3000 亿元人民币以上，但目前可供老年人消费的市场还远远赶不上老年人的真正需求，很多方面才刚刚起步，还有许多方面仍是空白。

3. 性别结构

根据保险公司的统计数据，同一年出生的婴儿性别比例中，男比女高两个百分点，25 岁时持平，到 35 岁时女比男高两个百分点。从全球人口出生率看，男女比例是均衡的。但是一些国家地区仍存在“重男轻女”现象，因此局部区域存在男女的失衡状况。例如，从全球人口数量上来看，年龄在 35 ~ 55 岁范围内的，男性约多于女性 10%，但到了 70 岁以上，女性约多于男性 20%。

人口的性别构成与市场需求的关系密切，反映在市场上就会出现男性用品市场和女性用品市场。一般来说，男性消费者常常表现为粗放型、冒险型、冲动型和事业型的需求特点，女性消费者多表现为谨慎型、生活型和唯美型的需求特点。其中女性消费者的购买多以自己、儿童用品和家庭为主，占购买总数的绝大多数比重；男性消费者的购买多为大件耐用消费品。进入21世纪后，越来越多的职业女性摆脱传统观念的束缚，走向社会的不同领域，争取独立自主的权利，在家庭中参与消费决策的权利越来越高。这也造就了商家特别瞩目的职业女性消费群。

名人语

取得大量客户信息是不够的，关键是要利用这些信息，为各种客户创造定制化（个性化）的服务。

——迪克超级市场营销总监 Ken · robb

感情投资是所有投资中花费最少、回报最高的投资。

——日本麦当劳汉堡庄董事长藤田田

4. 家庭结构

家庭是社会的细胞，是购买、消费的基本单位，其数目和规模对各类消费品总需求有直接的影响。例如，住房、成套家具、家用电器、厨房用品、装修材料等商品需求增加。家庭规模缩小已经是世界趋势，这影响家庭需求结构的变化，引起对产品规格、结构、设计、包装和促销等一系列的调整。从全球来看，经济越是发达，家庭规模就越小。比如，欧美国家的家庭规模基本上是户均3人，亚非拉等发展中国家户均5人。

随着中国计划生育的倡导和实施，晚婚晚育现象的普遍接受，以及城市化大发展，过去以往的“大家庭”已不多见，“三口之家”成为城市家庭的主要构成，甚至出现了为数不少的单亲家庭和独身者。另外，乡镇家庭规模也趋向小型化，以“四口之家”为主要特色。此外，还要关注对企业的市场营销也有重大影响的家庭生命周期状况。

5. 地理分布

地理分布指人口在不同地域的密集程度。通常情况下，人口密度越大，顾客越集中，营销成本相对越低；相反，则营销成本就越高。

世界各国人口的地理分布是不平衡的。据统计，地球上人口最稠密的地区约占陆地面积的7%，那里却居住着世界70%人口，而且世界90%以上的人口集中分布在10%的土地上。欧亚两洲约占地球陆地总面积的32.2%，但两洲人口却占世界人口总数的75.2%。尤其是亚洲，世界人口的60%居住于此。北半球的中纬度地带是世界人口集中分布区，世界上有近80%的人口分布在北纬20°~60°范围。目前，各大洲中距海岸200公里以内临海地区的人口比重，已显著超过了其面积所占的比重，并且沿海地区人口增长的趋势还会继续发展。

随着我国城镇化建设发展，我国人口的地理分布向沿海地区转移、向城市转移、向乡镇转移的特点，加剧了“农村空心化”趋势，造成农村市场需求急速下降，同时社会消费结构也发生了变化。来自农村与城市、东部与西部、南方与北方、热带与寒带、山地与平原等不同自然地理环境的人口由于经济发展水平、气候条件、自然资源、风俗习惯等的差异，消费需求的内容和数量也存在差异，这就要求企业提供不同的产品和服务。例如，我国有粤菜、川菜、鲁菜、徽菜等八大菜系，而广东的粤菜又包括广州菜、客家菜、潮州菜等分支，对于客家菜还可以分为五华、丰顺、大埔、平远等风味，这些正反映出不同区域的食品消费结构、消费习惯、饮食口味及风味等有很大差异。

6. 其他因素

此外，人口的增长率、出生率、死亡率、文化素质、职业、民族、教育程度、婚姻状况、人口区间流动性等也会使消费结构和消费需求发生一定的变化。

营销小故事

人口流动给自助洗衣业带来的商机

在美国，许多居民家里并不配备洗衣机，他们到附近的自助洗衣店洗衣服是日常生活的一部分。近年来，有人尝试在上海开自助洗衣店，但效果并不是非常好。对于上海大部分市民来说，“自助洗衣”与日常生活的习惯并不相符。但是，上海流动人口的增加却为自助洗衣店带来了商机。

由净悦公司管理的净悦美式自助洗衣龙柏店和康桥店（图2－2），以及由其关联公司爱喜衣管理的泡泡自助洗衣店是业内做得比较成功的案例。相对一般洗衣店比较复杂的洗衣步骤，自助洗衣店的洗衣步骤较为简单，顾客将要洗的衣服放入洗衣机，再加入洗衣粉，刷卡，通过大约30分钟的洗涤后，将衣服从洗衣机中拿出来，再放入烘干机中，用20～30分钟的时间来烘干。整个洗衣烘衣过程所用的时间大约为1小时，1小时后，顾客的脏衣服就变成可以穿的干净衣服了。

现在的主要顾客为工作繁忙的中青年白领、群租房的租户和来沪游客。自助洗衣可以满足他们便捷洗衣的需求，而这些人有八到九成会再来洗衣店。据介绍，自助洗衣店还可以帮人们洗一些家里不能洗的大件物品，包括窗帘、地毯、蚕丝被和毛绒玩具等，清洗价格要比干洗店便宜得多。

据了解，爱喜衣公司正积极与上海各大高校合作，在学生宿舍安放洗衣机和烘干机，单个设备使用一次的价格一般在5元左右。

图2－2 净悦美式洗衣店

小探索

假如中国的人口出生率低于死亡率的水平，除了“银色市场”外，这给企业将会带来哪些机会？又会带来哪些威胁？试分组讨论。

2.1.2 政治法律环境

小思考：

国家政策对居民购买小排量汽车有何影响？谈谈你的见解。

政治与法律相互联系，充分体现统治者统治的意志。政府部门利用各种法规、条文等强有力的形式，对企业的行为予以控制和管理。因此，任何企业的市场营销活动都不能背离一定时期内国家宏观调控的方向，都要受到政治法律环境的影响和制约。

1. 政治环境

(1) 国内政治环境。党和政府在不同时期，根据不同需要颁布相关的方针、政策，制定国民经济的发展方向和发展速度，不仅决定了社会生产力的发展状况，而且关系到社会购买力的提高和市场消费需求的增长。例如，《国民经济和社会发展计划》《关于当前产业政策要点的决定》都指明了在一定时期内国民经济建设和投资的重点，规划了改善人民生活水平的目标，确立了经济发展的规模和速度。再如，人口政策、能源政策、物价政策、财政政策、金融与货币政策、产业政策和税收政策等，这些往往带有扶持或抑制、扩展或控制、提倡或制止等倾向性的特点，直接或间接地较大影响企业的市场营销活动。最直接的例子就是“房贷限购”。

名人语

万科之所以能走到今天，就是因为有稳定的心态，一步一个脚印。在这个社会上，有很多事情是没法超越的，不是你想多快就能多快。

——万科董事会主席王石

做生意，要随着形势的变化而变化。做小生意，在于勤；做大生意，要看政治、观局势。

——“中餐推销家”法国巴黎友和有限公司的创办人潘洪江

(2) 国际政治环境。在企业对外营销活动中，一定要考虑东道国政局变动和社会稳定情况可能造成的影响。例如，阿富汗、伊拉克、乌克兰、叙利亚等一些国家，虽然有较大的市场潜力，但由于政治不稳定，国内经常发生各种流血暴力冲突，甚至还有绑架、罢工、动乱、战争等，市场风险较大。

让我告诉你

欧盟配额制终结

自 2008 年 1 月 1 日起，欧盟纺织品配额制将被取消，届时将由双重监管制度取而代之。将这一切理解为配额制的终结显然过于乐观。

按照双重监控许可制度的规定，中国商务部将就一年内包括 T 恤衫、套衫、男士裤、女式衬衫、套装、胸衣、床单以及亚麻产品八类纺织品出口欧盟的大致数量、价格等，向欧盟委员会提供相关资料。一旦中国纺织品的出口情况出现波动或者异常，欧盟将有权单方面采取进口管制措施。很显然，取消中国输欧纺织品数量限制，并不意味着中国出口欧盟的纺织品贸易就此完全放开。实际上，双重监控体系将在未来扮演一个更为危险的角色，这一贸易政策的灵活性甚至比单纯的数量限制更强。

一旦欧盟认为原产于中国的产品对其国内市场造成扰乱，就可提请采取特保措施进行限制。此外，其他的贸易保护手段，如反倾销措施、反补贴和保障措施、REACH 规范等林林总总的名目下，欧盟的贸易大棒依旧时时高悬头顶。国人为取消配额制带来的“无限”的数量而欢欣鼓舞之际，更要清醒意识到———这是中国与欧盟纺织品出口贸易的博弈中一次更为严峻的考验。

考验不仅来自对“放开”后出口数量和秩序失衡的控制，更来自深层次产业结构的调整、自主品牌的创立，乃至曾屡屡遇挫的环保难题如何在新的规范下实现突破。

2. 法律环境

（1）管制性立法越来越多。与市场营销有关的法律主要是针对企业和消费者的。例如，我国自改革开放之后，先后制定或修改了《中华人民共和国消费者权益保护法》《中华人民共和国食品卫生法》《中华人民共和国商标法》《中华人民共和国公司法》《中华人民共和国广告法》《中华人民共和国票据法》《中华人民共和国反不正当竞争法》《中华人民共和国进出口货物许可制度暂行条例》《中华人民共和国进出口关税条例》《中华人民共和国大气污染防治法》《中华人民共和国价格法》《中华人民共和国专利法》《中华人民共和国产品质量法》等，严格限制企业经济活动的外部性，协调人类与环境的共同发展。

（2）政治执法越来越严。为了更好地维护企业的合法权益，避免不正当竞争，保证良好的市场秩序，我国各级政府不断加强执法力度和执法范围，做到违法必究、执法必严。例如，引入更加严格的汽车召回制度、交易碳排放权，不断提高废气排放标准等。这些往往对企业的营销活动有引导或抑制的作用，构成对企业的营销行为和市场地位的压力。

名人语

要在中国做好企业，你必须学会调和。既要学习先进的管理方法，又要学会在中国的环境中做事情。

——TCL 集团董事长兼总裁李东生

人世间虽然有相当大的部分是可以用钱买通的，但当然也有钱行不通的时候。

——SOFMAP 公司总经理铃木庆

（3）关注公众利益组织越来越多。自从消费者权益的保护运动蓬勃开展，关注公众利益组织的数量、规模和影响力都有增无减，已成为一种重要的社会力量。例如，消费者协会、老年协会、残疾人协会、旅游者俱乐部、环境保护组织等，在不同人群中颇具影响力和号召力。这种政治动向对企业作出营销决策时必须认真仔细考虑。

营销小故事

中国奶粉标准全球最低？

2010 年颁布实施乳制品新国家标准，当时就被业内外惊呼为倒退 25 年。新国标蛋白含量每 100 克含 2.8 克，低于 1986 年旧国标的 2.95 克，低于国际标准的 3.0 克；每毫升牛奶中的菌落总数，新标准由原来的 50 万上升到了 200 万，比美国、欧盟 10 万的标准高出 20 倍！也就是说，1986 年的国家标准就普遍低于国际标准，新的国家标准在本来就非常低的标准基础上又大踏步后退了！说中国乳制品现有标准全球最低，应该不是什么过头话。

国内标准低，消费者不买账的结果，就是导致洋奶粉的市场越来越大。洋奶粉品牌在我国婴幼儿奶粉市场销售总额的比例已经达到 60% ~65%，在一线发达城市，洋品牌占据绝对领导地位。尽管洋品牌年年涨价，仍然深受追捧，这也让洋品牌涨价更有底气。

2013 年 1 月水货客攻陷香港药房及连锁店狂扫奶粉，令香港父母四处买奶粉苦恼不堪。为什么中国消费者会“用脚投票”？这其中的道理恐怕不言而喻。

小探索

随着户外运动热潮的兴起，驴友事故频发，不得不被人们所重视。请问这对旅行社有何影响？旅游者俱乐部在当中又起到什么作用？试分组讨论。

2.1.3 经济环境

1. 经济发展阶段

企业的市场营销活动受一个国家或地区的整个经济发展水平的制约。处在不同经济发展阶段的国家或地区，意味着居民的收入也不相同，那么市场需求和消费方式自然也会不同。就消费品市场而言，经济发展水平比较高的地区，在重视产品基本功能的同时，比较强调产品款式、品质、性能、品牌及特色等，非价格竞争多于价格竞争，企业市场营销活动呈现出大量进行广告宣传及销售推广活动的特点。反之，经济发展水平较低的地区，则比较侧重于产品的功能及实用性，价格竞争为主。

美国学者罗斯托的“经济发展阶段理论”，将世界各国的经济发展分为六个阶段：传统社会阶段、为起飞创造前提阶段、起飞阶段、向成熟推进阶段、大众高消费阶段和追求生活质量阶段。凡属前三个阶段的国家称为发展中国家，我国处在经济起飞阶段，此阶段经济需要不断进行产业结构调整，农业劳动力逐渐从农业中解脱出来进入城市劳动，人均收入不断提高，预示着我国市场营销环境也将发生较大变化。

让我告诉你

美国依然充当全球经济领头羊

2013 年欧洲经济良好的复苏态势已然消耗殆尽，近期每况愈下。内有失业率高企、制造业增长放缓的忧虑，外有乌克兰和俄罗斯紧张局势的刺激。主要经济数据中，只有零售销售方面录得增长，证明内需增长稳定，但是消费者信心依然悲观。

而美国经济近期在全球经济中表现抢眼，非农就业人口数量保持高位。制造业方面美国依然保持较高的增速，为三年多以来的最高点，并且分项中的新订单指数更是创出了十年以来的最高值。房地产方面则更是出现两极分化，新屋开工的良好势头使得库存大幅增加，新房销售的持续减少与成屋销售的大幅增长形成鲜明对比，值得欣慰的是房价保持温和增长将有利于以未来房地产的销售市场。

日本方面的经济下滑近日有所好转，制造业 PMI 连续 3 个月录得增长，消费者信心水平也有所回升，但就业方面却出现大幅下滑。中国国内方面，宏观数据表现不佳，大宗商品市场下行为主，虽然整体来讲下半年应该好于上半年，但是今年的“金九银十”行情却令人无法期待，预计各品种盘面维持底部震荡的可能性较大。

小思考：

政府给公务员、教师、军人等职业加工资，意味着什么？对社会居民的购买力有无影响？试分组讨论。

2. 消费者收入

(1) 居民收入。居民收入是指居民个人从各种经济来源所得到的货币收入，通常包括个人的工资、奖金、退休金、红利、租金等。居民收入是消费者购买能力的源泉，决定了消费者购买力的大小。因为消费者并不是把全部收入都用来购买商品或劳务，换句话说，居民收入决定了其消费支出的多少和支出模式的不同，直接制约着企业产品的定价与销售数量，从而影响市场规模和不同产品的需求的大小状况。

(2) 个人可支配收入和个人可任意支配的收入。个人可支配收入指在个人总收入中扣除直接负担的各项税款和非税性负担之后的余额，即个人真正可用于个人消费支出或储蓄的数额。个人可支配收入构成个人实际的购买力，是影响消费者购买力水平和消费支出结构的决定性因素。个人可任意支配收入是指在个人可支配收入中减去消费者维持个人与家庭生存不可缺少的费用后所剩下的那部分个人收入。例如，维护生活所必要的固定支出包括房租、水电、食品、燃料、衣着等其他生理需求开支。一般还要扣除稳定的储蓄。个人可任意支配收入是影响消费者需求变化的最活跃的因素，也是企业的市场营销活动重点研究的收入。个人可任意支配收入影响非生活必需品和劳务销售，主要用于满足人们基本生活需要之外的开支。比如，个人用于购买耐用消费品、休闲娱乐游等。

(3) 家庭收入。把家庭作为一个整体单元来考虑购买力具有特殊的意义。因为一个家庭总收入的高低会影响对市场的需求。例如，李强和王五两家都是三口人，假如李强和王五个人收入相同，但李强家只有一个人工作，而王五家有两个人工作，这时会发现李强和王五两家的实际购买力绝对不同。同时，很多消费品是以家庭为基本消费单位的，如彩电、冰箱、洗衣机、抽油烟机、空调等。可见，如果家庭收入高，那么对消费品需求就大，购买力也越大。反之，对消费品需求就小，购买力也越小。

名人语

对于任何一家公司或任何一个行业来说，要十年增长100多倍都像是天方夜谭。但是在中国，奇迹每天都在产生着。

——太平人寿保险有限公司总经理何志光

全球化这条路一定要走，今天不走，明天也要走。

——TCL集团董事长兼总裁李东生

3. 消费结构

消费结构也称消费者支出模式，是指消费者各种消费支出的比例关系。消费者个人收入是单个消费者或家庭消费结构的决定性因素。如果一个消费者收入发生了变化，消费者支出模式也会发生相应变化，继而会使一个国家或地区的消费结构也发生变化。

通常我们用“恩格尔系数”来分析衡量一个国家、一个地区、一个城市、一个家庭的生活水平高低。恩格尔系数是指食品支出占家庭收入的比重。“恩格尔系数”表明：随着家庭收入增加，用于购买食品的支出占家庭收入的比重就会下降，用于住房和家庭日常开支的费用比例保持不变，而用于服装、娱乐、保健和教育等其他方面及储蓄的支出比重会上升。

可见，企业从恩格尔系数可以了解市场的消费水平和变化趋势。例如，食物开支占总消费量的比重越大，恩格尔系数越高，生活水平越低；反之，食物开支所占比重越小，恩格尔系数越小，生活水平越高。在一定的条件下，当家庭收入增加时，收入中用于食物开支部分的增长速度要小于用于教育、医疗、享受等方面的开支增长速度。

目前我国的消费结构发生了很大变化。例如，恩格尔系数显著下降，食物开支消费比重降低较大，住宅消费支出比重不断增大，劳务消费支出比重节节上升，消费开支占国民生产总值和国民收入的比重不断提高。再如，大城市的“丁克”家庭在节省劳力的家用电器、“懒人产品”、送货上门服务和快捷食品的消费支出所占比例较大，而独生子女家庭在孩子的教育、娱乐等方面的支出所占比例较高。与农村居民相比，城市居民在住房、保健、文化、交通、娱乐等方面的支出较多。

营销小故事

中国电视机出口中亚，彩色受宠黑白失宠

据喀什海关统计，2002年至2004年，由新疆南部各口岸向吉尔吉斯斯坦、塔吉克斯坦

等中亚国家出口的电视机以黑白类为主，每年的出口量在 15 万台左右，而彩色电视机每年不到 500 台。当时黑白电视机占据中亚国家消费市场的主导地位。

2005 年至 2006 年，中亚各国经济形势好转，居民的消费品位不断提高，购买黑白电视机的热情降低，转而喜欢中国质优价廉、造型美观的彩色电视机——中国产彩色电视机逐渐成为中亚国家家电市场上新"宠儿"，中国产黑白电视机正失去往日受宠的地位。

截至 2006 年 10 月 10 日，中国产电视机出口到中亚国家的彩色电视机共计 12.92 万台，货值 995.12 万美元，与去年同期相比，分别增长 84.56% 和 95.23%。然而今年同期出口的中国产黑白电视机仅 2.22 万台，货值 62.75 万美元，与去年同期相比，分别减少 79.27% 和 78.89%。在出口彩电中，21 英寸的彩色电视机占出口总量的 82.4%，仅吉尔吉斯斯坦就占中国向中亚国家出口彩色电视机总量的 97.7%。背投和液晶等高档彩色电视机也开始向中亚国家出口。

4. 储蓄和信贷

消费者的购买力还受储蓄和信贷的影响。在消费者的收入一定的前提下，如果人们的储蓄增多，现时消费量就减少，潜在消费量就大；反之，如果人们的储蓄减少，现时消费量就增加，潜在消费量就小。同样道理，如果人们的现有支付能力不能很好地满足现时的消费时，需要通过借贷来满足消费者的超前消费，现时消费量就会增加。

实际上，消费者的个人收入以一定的形式储存起来，这就是一种推迟了的、潜在的购买力。当然，储蓄的最终目的主要也是消费，如养老、医疗、子女教育、积累未来购买资金等。例如，1979 年日本电视机厂商发现，尽管中国人可任意支配的收入不多，但中国居民储蓄率相当高，于是决定开发中国黑白电视机市场。而当时欧美电视机厂商却忽略了中国居民的储蓄习惯，最终贻误了时机。

消费者信贷，实际上就是消费者提前支取未来的收入，提前消费。消费者的超前消费使人们能够购买到超过自己现时购买力的商品，能够创造更多的就业机会、更多的收入以及更多的其他需求，从而刺激带动相关产业和产品的生产发展。例如，国内在购买住宅、汽车、电器、手机等商品中已广泛采用了这种消费形式，使得消费拉动经济增长，造成中国目前消费信贷增长速度加快，规模不断扩张，品种不断丰富，结构体系日趋完善。

小探索

针对当前我国资源类企业实施全球化布局，你认为资源类企业为什么要这样做？试分组讨论。

2.1.4　科技环境

小思考：

高速铁路在中国的蓬勃发展，对以往的运输方式有没有影响？为什么？

1. 科学技术是第一生产力

科学技术是企业将自然资源转化为符合人们需要的物品的基本手段。自从人类的工业革命开始以来，科学技术作为一种特殊的生产力要素，将人类利用机器将自然资源转化为物质财富的能力空前提高，推动了人类社会的文明与进步。马克思在《共产党宣言》写道："工业革命所创造的生产力，比过去一切世代创造的全部生产力还要多，还要大。"可见，人类已经明确地认识到科学技术是第一生产力。

尤其是第二次世界大战以后，以计算机为代表的微电子技术蓬勃兴起，形成了科学一技术一生产体系，各种各样的高新技术群继续不断地深化发展。现在，工业发达国家科技进步因素在国民生产总值中所占比重已经达到 80% 以上，21 世纪的市场竞争明显是高科技继续发展的新时代。所以说，科学技术是"推动历史发展过程的精华"，每一种科学技术的新成果都会对社会进步、经济增长和人类社会生活方式变革起着巨大的推动作用。

名人语

阿里巴巴今天还能生存有三个原因：第一，我不懂技术。公司里开发的软件，我会是第一个试用者，如果我不会用，那普通的商人也不会。第二，我们没有那么多的资金，所以过日子必须小气。第三，我们没有商业计划，这个行业的变化太快了，计划永远赶不上变化。

——阿里巴巴创始人马云

2. 科学技术是创造性破坏力

每一种新技术都会对传统技术和产业造成"创造性破坏力"，导致原有的技术装备和生产能力无情地被替代、被淘汰。因此科学技术带来的影响是爆炸性的、全盘性的，是一种"创造性的破坏力"。例如，晶体管的发明消灭了电子管行业；集成电路的发明击溃了晶体管；电视技术的发明损害了电影市场；激光唱盘技术的发明夺走了磁带市场，数码技术的发明又让激光唱盘技术奄奄一息；复印机伤害了复写纸行业；数码相机代替了传统相机；办公自动化设备的普及，使得传统的笔、墨水等办公用品的需求量下降；避孕药的发明造成了"大家庭"的迅速减少等。

营销小故事

柯达胶卷的失落

柯达公司，其光芒已经在摄影界闪耀了 132 年，但是当 1975 年全世界第一台数码相机在柯达实验室诞生的时候，彼时风光无限的柯达一定不会想到，几十年后正是这台机器将自己亲手推到了破产边缘。

专家指出，柯达 5/6 的生命里一直是领先者，但在后面 1/6 的时间里，也就是数字影像大发展时期，却不求改变，反而在很长一段时间内仍贪恋胶片工业。再加上其开发的数码相机技术十分单一，管理层也未能及时调整重心，最终被"时代狠狠抛弃"。

摄影技术从胶卷向数码的最新转变，得到了全世界消费者的欣然接受。这对柯达来说是个坏消息，因为它一直希望消费者对胶卷持续需求。2012 年 1 月，柯达向纽约州南部地方法院提交破产保护文件，正式申请破产。柯达，一个拥有 100 多年历史的胶卷业巨头，一个与摄影艺术共同成长起来的影像器材帝国，却在 21 世纪数码大风暴的侵袭中，轰然倒塌。

3. 现今科学技术的状况

据调查表明，工业技术更新换代速度不断加快，电子行业不到 20 年就有过半技术过时；而计算机技术每 18 个月电脑性能翻两倍以上；还有个别技术刚刚问世就被更好的技术所淘汰。近几年科研成果转化为产品的周期是 3 ~ 5 年，甚至 2 ~ 3 年就可以变成产品。在 21 世纪的消费需求变化加快、市场竞争激烈的情况下，“适者生存”同样是颠扑不破的真理。

企业要持续不断地发展壮大，就必须明白市场上最畅销的产品都是科技含量较高的产品。要想不断地更新换代、推出新产品，就要舍得将庞大的资源投入科学技术的研究，才能让企业跟上时代的步伐。例如，过去德国政府对环境保护苛刻的要求使许多本国企业感到资源投入的巨大压力，但是绿色环保理念在全球兴起时，新材料、新能源产业和环保产业很快成为德国企业最明显的竞争优势。又如，石油危机爆发前，日本企业投资研究节能汽车，而美国汽车巨头不愿意在节能研究上花钱，当危机爆发能源趋紧时，汽车市场很快沦陷，最后日本成了“汽车王国”。总结现今科学技术的状况是：技术更新换代速度不断加快，研发周期不断缩短，资源投入不断增加。

让我告诉你

知识产权保护的特点

知识产权保护已成为国际经济秩序的战略制高点。

具体表现为以下几个鲜明特点。

一是随着科学技术的迅速发展，传统的知识产权制度面临挑战，知识产权的保护范围在不断扩大。例如，在专利领域中，美国已对含有计算机程序的计算机可读载体、基因工程、网络上的经营模式等发明给予了专利保护。发展中国家的技术创新空间受到了极大的扼制，面临着与发达国家知识产权差距扩大的危险。

二是某些发达国家近年来极力推行专利审查的国际化，提出打破专利审查的地域限制，建立“世界专利”，即由美、日、欧等少数几个发达国家负责专利审查，并授予专利权，其他国家承认其审查结果。

三是知识产权已纳入世界贸易组织管辖的范围。知识产权与货物贸易、服务贸易并重，成为世界贸易组织的三大支柱，并且将货物贸易的规则、争端解决机制引入知识产权领域，任何成员将有可能因知识产权保护不力，遭到贸易方面的交叉报复。

四是以美国、日本为代表的发达国家，纷纷调整和制定其面向新世纪的知识产权战略，并将其纳入国家经济、科技发展的总体战略之中。

小探索

既然科技环境对企业的影响巨大，那么企业采用技术是不是越先进越好？试分组讨论。

2.1.5　社会文化环境

小思考：

许多消费者发现商品的使用说明书上，除了文字说明外，还印刷了详细的插图，都是关于如何一步步操作使用产品的说明，这是为什么？

1. 文化教育

文化是通过不断地调节和巩固来塑造和规范人们每天的行为，即教会人们哪些是恰当，哪些是不恰当、对于企业营销人员而言，最明智的做法就是"入乡随俗"，千万不要有意识或无意识地去努力把自己的理念、观点、行为准则等硬要拥有其他文化的客户或员工接受。这种"党同伐异"非常要不得，我们需要的是"求同存异"。例如，"龙"在西方代表邪恶的化身，在中国代表中华民族的象征，代表一种权威或势力；低头在西方表示没有兴趣，在日本是表示尊重，在中国表示道歉认错。

一个国家、一个地区的教育水平与经济发展水平往往是一致的。处于不同教育水平的消费者对商品需求有着很大的差异，同时对商品的整体认知有着很大的差异，如品牌、广告、服务、商品设计、功能、包装、商品的附加利益等。比如，在教育水平低的地区，采用报纸、杂志等文字形式做广告效果不佳，反而使用电视、广播或当场示范表演的营业推广形式，才较易为人们所接受。又如，教育水平高的地区，先进、精密、功能多、品质好的产品往往较畅销，而在教育水平低的地区，越先进的东西反而不好卖，操作使用、维修保养都较简单的产品却很受欢迎。

2. 语言文字

语言文字是人类表达交流思想的工具，属于社会文化的核心组成。不同国家、不同民族往往都有自己独特的语言文字。首先，世界上有不少国家存在多种不同的语言文字。例如，加拿大就有两种官方语言：英语和法语。其次，语言文字相同，并不代表表达交流的意思内容相同。例如，英语就有英式英语和美式英语，英国伦敦人英语口语的意思并不与苏格兰人英语口语的意思完全一致。

语言文字的不同意味着对企业的营销活动的机会与威胁。事实证明，某些企业就忽略了语言文字的使用，结果造成产品命名与产品销售地区的语言习惯相悖。例如，国产的"紫罗兰"内衣出口英国严重滞销，因为"紫罗兰"在英语有一种解释为"同性恋"。国产的"MaxiPuke"扑克牌，出口英语国家不受欢迎，因为"MaxiPuke"译成英语就是"最大限度地呕吐"。因此企业要获得更大的市场，必须注重社会文化环境。

营销小故事

"埃克森"迄今最昂贵的改名

美孚石油公司以花费6年的时间和10亿美元的代价，动员了心理学、语言学、社会学、统计学等各方面专家，调查了世界上55个国家的语言，走访了7000多人，并对一般群众的心理、感情等进行调查研究，查阅了15000个电话指南，通过计算机制作了约1万个名称，经过淘汰最后剩下 8 个；这 8 个名再用 100 种以上语言进行搜索，以保证没有确切的意思，在 100 种语言中找不到与之雷同的词，并且蕴意无恶感。最终确定了埃克森（Exxon）这个名字，将公司名称改为美国埃克森标准石油公司。

这个名字是完全创造性品牌名字，容易记忆，内含叠字，便于拼读，在世界上是独一无二的。这是历史上最昂贵的改名，但实践也证明，改名对埃克森来说是成功的。

3. 宗教信仰

宗教是现实生活的理想化和规范化，而不是现实生活的描述，是人们头脑里虚幻的、颠倒的反映。不同的宗教信仰影响着人们认识事物的方式、价值观念和行为准则，从而影响信徒的消费需求和消费行为。据统计，全球信奉基督教的人数 21 亿人，其中天主教徒的人数为 10 亿左右，信奉伊斯兰教的教徒有 9 亿人，印度教教徒有 6 亿人，佛教教徒 8 亿人，泛灵论者 3 亿人。不同宗教信仰的教徒，禁忌也不一样。甚至某些国家和地区的宗教组织会插手限制和禁止教徒的产品购买决策。当然，如果得到宗教组织的赞同和支持，就会推动教徒购买、使用。例如，在伊斯兰国家里，宗教权威的影响力非常大，很多国家事务和民间事情都要经过他们的允许，否则无法实施。又如，沙特阿拉伯禁止妇女驾车或者不戴面纱就在公共场合抛头露面，而阿富汗原教旨主义者禁止女性传现代服饰，只准穿黑袍戴面纱。再如，麦当劳本来只有传统的牛肉汉堡，为了避开印度教教徒的禁忌，改为鸡肉汉堡。

小探索

中国是世界著名的瓷都，想一想，你认为中国的瓷器出口应该如何满足进口国的价值观念？

4. 价值观念

价值观念是人们对社会生活中各种事物的态度、评价和看法。在不同的国家、地域或民族之间，甚至是同一国家、同一地域、同一民族的不同群体之间，人们的价值观念都有可能迥然不同。也许有时会惊异地发现价值观念差别非常大的现象。例如，某一家庭里保守的父亲和激进的女儿之间的价值观念引发的“冲突”，父亲坚持勤俭节约、量入为出的中华民族传统美德，“新新人类”的女儿习惯了超前消费，这里很难说清孰对孰错，但是不同的价值观念在很大程度上决定着父亲和女儿各自的生活方式与消费行为。

可见，消费者的消费需求和消费行为深受其价值观念的影响。对于不同的价值观念的消费者群，企业的营销人员就应该采取不同的营销策略。比如，因为东亚国家的人群注重传统、重人情世故、有较强的从众心理、喜欢沿袭以往消费习惯，所以松下爱妻号洗衣机、立白不伤手、脑白金等知名企业的广告，会发现广告宣传中要重点突出的就是人们对产品的共性认识，而这些都是产品与企业目标市场的文化传统紧密联系起来的产物。又如，因为西方人喜欢猎奇、富有冒险精神、注重个体，所以西方媒体播放的万宝路、F1 汽车方程式等知名企业的广告，会发现广告宣传中要重点突出个性和个人创新精神，因此其产品包装装潢上也显现出醒目或标新立异的特色。

让我告诉你

美国七种主要社会阶层

（1）上上层（不到2%）：他们是继承了大量的遗产、出身显赫的达官贵人。

（2）上下层（2%左右）：他们是职业和业务能力非凡、拥有高薪和大量财产的阶层。

（3）中上层（12%）：他们没有高贵的出身，又没有多少的财产，关心的是自己的职业前途，已经获得像自由职业者、独立的企业家及公司经理等职位。

（4）中间层（32%）：他们是中等收入的白领与蓝领工人，居住在“城市中较好的一侧”，并力图“干一些与自己的身份相符的事”的阶层。

（5）劳动阶层（38%）：他们是中等收入的蓝领工人和那些过着“劳动阶层的生活方式的人”，而不论他们收入多高、学校背景及职业怎样。

（6）下上层（9%）：他们的工作与财富无缘，虽然生活水平刚好在贫困线以上，却无时不在追求较高的阶层。

（7）下下层（7%）：他们是与财富不沾边的，一看就知道贫穷不堪，常失业或干“最肮脏的工作”，他们对寻找工作不感兴趣，长期依赖公众或慈善机构的救济。

5. 风俗习惯

风俗习惯是人们在长期的生活中形成的一种风尚、礼节、习性，以及特定社会文化区域内人们习惯性的行为模式和行为规范。“百里不同风，千里不同俗”，正恰当地反映了风俗习惯因地而异的特点。不同的风俗习惯在饮食、婚丧、服饰、节日、居住、人际关系和商业等方面都不一样。例如，广东人喜欢数字“6”和“8”；日本人喜欢“4”，因为在日语发音中“4”同“发”相近，但不喜欢“9”，因其在日语发音中同“苦”相近。又如，广东人喜食狗肉，满族和蒙古族忌食狗肉，回族忌食猪肉。再如，中国人过春节，贴春联放烟花爆竹；西方人过圣诞节，买圣诞树、礼品、食品。这些不同的风俗习惯都表现出独特的心理特征、伦理道德、行为方式和生活习惯。

名人语

如果今年中国的销售能超过50台，将成为宾利在全球的第三大市场。

——**宾利中国公司总经理郑飙**

6. 审美观念

审美观念通常指人们对事物的好坏、美丑、善恶的评价。不同国家、民族、地域、宗教、社会阶层和个人在审美标准也不尽一致。人们选购商品的过程，某种程度上可以说就是一次审美评价活动。换句话说，从购买行为也可以看出人们不同的审美观念。例如，对美的认识就可以看出，中国女性以“白”为美，欧美女性以“古铜色”为美，缅甸的巴洞人以“妇女长脖子”为美，非洲的某些民族女性以“文身”为美；大多数国家女性以“瘦”为美，而非洲女性却因艾滋病流行以“胖”为美，就连选模特都只要胖的；中国传统女性结婚时喜欢穿红色的婚礼服，而欧美女性结婚时喜欢穿白色的婚纱；大多数国家女性喜欢把装饰物品佩戴在耳朵、脖子、手指上，而印度妇女却喜欢把装饰物品装在鼻子上、脚踝上。

营销小故事

美容整形在中国受到追捧

中消协数据显示，2009年至2010年中国整形手术高达340多万例，在整容群体不断扩大的同时，整容失败的事故也在不断增加。美容已连续多年成为消费投诉的热点，按平均每年2万起计算，10年间已经有20万张脸毁于整容。尽管如此，美容整形在中国依然受到追捧。

某报纸的一项网络调查显示，71.5%的人认为当今社会的审美观导致人们疯狂整形，在中国有以貌取人想法的人不在少数，很多人相信“改变外貌就可以改变人生”。客观上，随着国民越来越富有，财富的增加使得人们有了多余钱，可以花费在整容手术上。据了解，各个年龄层的女性热衷的整形项目有着较典型的区分，二十来岁的人最喜欢做的还是双眼皮和鼻部整形，30～45岁的人最喜欢的则是抽脂和隆胸，到了45岁以上，就基本上是除皱的天下了。

7. 亚文化群

亚文化又称次文化或副文化，指与主文化相对应的那些非主流的、局部的文化现象，属于某一区域或某个集体所特有的观念和生活方式，包括民族亚文化、宗教亚文化、种族亚文化、年龄亚文化等。亚文化群对消费需求也有很大的影响，体现出与其他社会团体之间的差别，因为这个亚文化群有意使自己的服装、音乐等方面有所不同，如御宅族、电车男、火星文、E人类等。

企业营销活动有时是跨国界、跨文化的活动，曾经成功的营销策略很可能在某种亚文化中行不通，甚至招来麻烦、厌恶、抵制。因为有些观念和生活方式在某种亚文化中有可能是必须严肃对待的“禁区”。营销人员在进行社会文化环境分析时，必须认真对待每一个亚文化群，只要不对该亚文化产生利害冲突就能被接受。例如，现在中国女性拍婚纱照时一会儿穿红色的婚礼服，一会儿又穿白色的婚纱。又如，中国大妈的广场舞超越了年龄界限，很多低年龄的人群也正在接受中。亚文化对于市场和其中的消费者有明显的作用。

小探索

想一想，你周围有哪些外来亚文化正在影响或改变原有的社会文化？试分组讨论。

2.1.6 自然地理环境

小思考：

自然地理环境会给企业带来威胁，那么企业能否利用环境变化发现可能的营销机会？为什么？

1. 地理位置

地理位置指企业开展市场营销活动时，必须考虑的地理位置因素。值这是指目标市场所在地的地形地貌（如平原、高原、盆地、山地、丘陵等）、气候类型、气候变化（如温度、湿度等）、交通状况等。我国地域辽阔、南北跨度大，各种地形地貌复杂，气候多变，如果企业忽略了各地的地理位置因素，那将给企业营销带来很大的风险。例如，中国沿海地区潮湿多雨，西北地区干旱缺水，企业销售到西北地区的产品不用担心潮湿引发生锈，销售到沿海地区的产品一定要考虑潮湿问题。又如，南方销售的空调以单冷空调为主，北方销售的空调以冷暖两用空调为主。再如，销售产品要考虑运输成本，平原地区道路平坦，运输费用比较低；山区丘陵地带道路崎岖，运输费用比较高；青藏高原地区道路难走，运输费用特别高。

营销小故事

新加坡旅游业开发“直射阳光”

1972 年，新加坡旅游局给总理李光耀打了一份报告，报告称：“新加坡不像埃及有金字塔，不像中国有长城，不像日本有富士山，不像夏威夷有十几米高的海浪，他们除了一年四季直射的阳光，什么名胜古迹都没有，要发展旅游业，实在是巧妇难为无米之炊……”

李光耀看过报告后，在报告上批了这么一行字：“你还想让上帝给我们多少东西？阳光，有阳光就够了！”

后来，新加坡利用那一年四季直射的阳光，大量种植奇花异草、名树奇竹，在很短的时间里就发展成为世界上著名的“花园城市”，连续多年，旅游收入列亚洲第二位。

就发展旅游业来说，固然有不少地方得天独厚，因为有众多名胜古迹，如北京、西安、罗马、巴黎。但更多的地方，则是仅靠一点点优势被巧妙利用而大获成功的，杭州靠一个西湖，曲阜靠一个孔子，香格里拉靠一个传说，威尼斯靠一汪海水，夏威夷靠一片沙滩，新加坡靠直射的阳光，但它们都成了闻名遐迩的旅游胜地。

2. 自然资源

自然资源主要包括矿产资源、森林资源、土地资源和水力资源等。随着世界人口的不断增长，世界人均资源占有量不断下降，价格却在不断上升。地球上的自然资源有三大类：第一类是“取之不尽，用之不竭”的资源，如阳光、空气等，但是现在许多国家随着工业化和城市的发展，空气、水的污染日益严重，雾霾、缺水问题日益严重。第二类是“有限但可更新的资源”，如森林、粮食等，可是人类对资源的过度索求造成森林受到任意砍伐，带来了土壤的沙化、沙漠不断扩大等问题。第三类是“有限又不能更新的资源”，如石油、煤、铀、铜、锡等矿产资源，却存在开采成本大幅度上升的难题。

我国自然资源短缺更加严重，人均资源占有量明显不足。即使是总量在世界居第一位的水资源，人均水资源占有量却只相当于世界人均水资源占有量的 1/4，现在北方许多大中城市缺水问题亟待解决。石油资源就更短缺了，我国很早就成为世界第一大石油进口国，成为关系国计民生的首要资源问题。还有其他原材料的供应也远远不足，使得产品制造成本剧增。企业必须认真研究和开发新能源与原材料，尽力寻求新的资源替代品，规避风险，提高新的营销机会。例如，油价高昂，引发煤重新被普遍使用，同时企业还在继续探求太阳能、原子能、风能、潮汐能等其他形式能源的实用性手段。现在已有许多太阳能、原子能、风能产品用于发电、家庭供暖和其他用途。又如，在原有柴油车、汽油车的基础上，企业先后研发出电动汽车、混合动力汽车、氢气车等；现在更有企业已经推出了盐水动力跑车，已被批准上路测试了。

名人语

车到山前必有路，有路必有丰田车。

——丰田公司广告词

如果发现奔驰车发生故障，中途抛锚，将获赠1万美金。

——奔驰公司奔驰600型汽车的广告词

3. 生态平衡

人类对资源的过度索求导致自然环境的污染问题日益严重，生态已经开始失衡。生态系统的破坏，给人类社会造成直接或间接的危害，给人类的生产、生活带来了极大的威胁，世界各国人民、新闻舆论纷纷指出，生态平衡已成为全球性的关注话题。例如，占世界人口总数的15%工业发达国家的工业废物排放量约占世界废物排放量的70%。又如，大气污染衍生出温室效应、海洋污染、酸雨、物种灭绝、臭氧层破坏等生态环境危机。再如，我国属发展中国家，但工业“三废”（废水、废气、废渣）、重金属超标、水污染、煤烟型污染等工业污染也相当严重。目前世界上污染最严重的10个城市有7个在中国。

社会舆论的压力，为一些生产控制污染设备的企业创造了市场机会，环境技术成为当今世界发展最快的产业之一。现在欧美发达国家在治理环境技术方面已经领先，未来环境技术市场的产值可能会增长到上万亿美元。例如，现在工厂较常见的清洗器、回流装置、妥善处理污染物技术等污染控制技术产品，每年的销售额就相当可观。当然，不得不采取措施控制和消除污染的企业却增加了生产成本，加大了营销难度。

让我告诉你

转基因技术与生态平衡

转基因是人为地让一个基因在其非自然的时间、地点、环境进行非自然的表达。可以说，任何一个转基因生物都有可能对其所在的生态环境产生一定的影响。

现在不下10种“超级杂草”“超级虫”正在美国22个州至少上百万公顷农田中肆虐。这些农田都曾经种植了转基因作物。遗憾的是所有的除草剂、除虫剂都无济于事。调研报告显示，美国多数民众对转基因持有负面态度和怀疑态度。

美国科学家表示：转基因作物远没有当初想象的那么美妙，更没有转基因技术公司所承诺的那么神灵。美国国家科学院的报告用16年的实践事实和统计数据明确说明，长期种植转基因作物会给农业经济带来无法纠正和弥补的副作用。美国卫生部也发表科学论文，指明转基因食品可对内脏造成伤害。

虽然如此，这并不意味大量使用转基因生物就一定会破坏生态平衡。关键在于如何使用以及严格的审批和有效的监管。

目前，美国转基因研究正从“挑战自然”向“尊重自然”转变。据了解，“新一代转基因”的思路与第一代转基因的发展思路截然不同，采用的是基因沉默技术，它不植入外来基因，而是关闭或者抑制某些可能会产生问题的基因，并不改变原本天然的基因结构。

4. 政府干预

世界各国人民对生态平衡越来越关心，对制造环境污染行为的指责导致世界各国政府也越来越重视对自然地理环境的管理。许多国家纷纷采取了一系列的改进和改革措施，加大政府干预的强度和力度，力求在保障经济快速发展的同时，走可持续发展的道路，达到人类社会与自然环境的和谐发展。例如，中国政府对全国重污染的小造纸厂全部关停，有力地避免了河流污染问题进一步恶化。又如，中国政府对不可再生资源稀土矿的限制开采，减轻了水土流失造成的危害。再如，中国政府规定所有超市不能免费供应塑料袋，但可采用纸袋或可降解的塑料袋包装。

虽然政府干预与企业的经济效益和增长政策会产生矛盾，但是也为企业创造了营销机会。例如，为一些生产控制污染设备和治理污染技术的企业提供了一个环境技术市场；为开发保护生态环境新技术和新方法的企业创造了市场机会。又如，企业实行“绿色营销”观念，开发绿色产业、绿色产品、绿色消费，响应了“保护大自然”的口号，赢得了国家立法部门、环境保护组织和人民群众的热烈支持，不仅提高了企业知名度和美誉度，还获得了较好的经济效益。再如，欧美发达国家实行了严格的垃圾回收制度，企业必须为自己生产的耐用消费品回收循环再利用承担法律责任，以减轻人类对自然资源的索取，以此促使企业积极开发绿色产品。

小探索

亚都的“加湿器”、海尔的“防沙尘暴Ⅰ代”商用空调都深受广大消费者的欢迎，这是为什么？这对你有何启示？

2.2 企业可以调控哪些社会因素

2.2.1 企业本身

小思考：

你认为企业的内部环境因素应该包括哪些因素？为什么？

1. 最高管理层

企业最高管理层实质就是企业决策层，是企业的领导核心，由董事会、董事长、总经理及其他办事机构组成。主要负责制定正确的营销战略，包括确定企业的任务、目标、方针政策、发展战略和重大决策等。

因此，企业最高管理层要广泛收集各种信息，评估市场机会与威胁，从多项方案中选择对企业最为有利的营销决策，最终为企业制订长远性、全局性的规划。可以这样说，企业最高管理层决策是否正确，直接影响营销规划的制订和执行，最终决定企业的发展方向、发展前景与发展速度。

营销小故事

亚科卡重振克莱斯勒

亚科卡曾在闻名世界的福特汽车公司任职多年，并于1970年登上该公司总裁宝座，他出色的管理才能使公司实现了每年盈利18亿美元的目标。8年后他因与福特二世意见分歧而被公司解雇。同年到濒临破产的克莱斯勒汽车公司任总经理。

亚科卡重振雄风，使克莱斯勒汽车公司奇迹般地复活，迅速发展，1984年盈利24亿美元，这一个数字比该公司60年的利润总和还要多。坎坷的经历，非凡的管理才能，使他成为世界瞩目的风流人物。

亚科卡曾风趣地说：“一个无能的经理就会带来一个无能的助手。”在他任职的前3年期间，大刀阔斧地进行企业管理层的改革，先后解雇了33名不称职的副总经理，然后不惜一切代价网罗能人来填补这些无能者留下的空职。这一举动给克莱斯勒公司的复兴注入了蓬勃的生机。他这样总结自己的管理经验：“管理的艺术就是用人的艺术，成功的关键不在于怎样赚钱，而在于怎样用人。”

他认为：企业管理者是企业形象的雕刻家和塑造家，“主管者是任何企业最根本、最宝贵的财富”。办企业，归根到底无非要的是人、产品和利润，而人则是最重要的。如果没有一支好的管理人员队伍，就说不上企业凝聚力，更谈不上树立企业形象。

2. 营销部门

市场营销部门一般由企业市场营销副总裁、销售经理、广告经理、营业推广经理、推销人员、营销策划人员等组成。主要负责准确制定营销策略，制订现有产品、品牌以及新产品、新品牌的研究开发的营销计划等。

不管何种形式的营销部门，如果要开展营销活动，不仅要考虑企业外部环境因素，而且还要充分考虑企业内部其他因素，争取高层管理部门和其他职能部门的理解与支持。例如，营销部门要充分考虑最高管理层的意图，在企业最高管理层规定的职责范围内作出营销决策并制订市场营销计划，最后报最高管理层批准后才能实施执行。

名人语

销售部不是公司的全部，但全部公司都应该是销售部。

——Yessen

营销太重要，你不能把它授权给营销部门。

——**惠普创始人之一** D. Packard

成功的企业领导不仅是授权高手，更是控权的高手。

——**管理专家彼特·史坦普**

3. 其他职能部门

营销部门在制订和执行市场营销计划时，必须与其他职能部门搞好密切配合和分工协作。其他职能部门包括：财务、制造、采购、研究开发、仓储、人力资源部门等。

企业营销部门与其他职能部门之间既有多方面的合作，也存在争取资源方面的矛盾。在企业资源有限的前提下，部门利益的冲突是存在的，但更多的还是合作共谋企业的发展。例如，新产品开发所需的设计和工艺离不开研究开发部门，新产品开发所需的原材料供应离不开采购部门，新产品开发所需的试制离不开生产部门，等等。因此，新产品开发最终能否得到落实，不仅取决于新产品开发本身是否有问题，更关键的在于企业营销部门与其他职能部门之间是否密切合作。

让我告诉你

秦池模式

1995 年，秦池以 6666 万元的最高价勇夺 1996 年度 CCTV 标王，这为秦池带来了巨大的影响和声誉。经新闻界的一再炒作，秦池在全国一夜之间由无名小辈变成公众明星，使秦池在白酒如林的中国市场成为名牌。全国各地商家纷纷找上门来，在很短的时间建立起布满全国的销售网络，秦池迅速形成了全国市场的宏大格局。CCTV 标王给秦池带来的是一系列竞争上的优势：品牌优势、形象优势、市场网络优势、价格优势、利润率优势。

同年秦池集团以 3.2 亿元的天价卫冕 1997 年度 CCTV 标王。与首夺标王的反应截然不同的是舆论界对秦池更多的是质疑：要消化掉 3.2 亿元的广告成本，秦池必须在 1997 年完成 15 亿元的销售额，产、销量必须在 6.5 万吨以上。秦池准备如何消化巨额广告成本？秦池到底有多大的生产能力？广告费会不会转嫁到消费者身上？……

1997 年初某报编发了一组三篇通讯，披露了秦池的实际生产能力以及收购川酒进行勾兑的事实，引起了舆论界与消费者的极大关注。由于秦池没有采取及时的公关措施，过分依赖广告效应，因此在媒体的一片批评声中，消费者迅速表示出对秦池的不信任。秦池的市场形势开始全面恶化。很快，曾经辉煌一时的秦池模式成为转瞬即逝的泡沫，从此一蹶不振，最终从传媒的视野中消逝了。

小探索

关于研发有一句经典的名言：“研发人员永远是不够用的，客户需求永远是变化的，客户永远是不成熟的。”这意味着面对与营销部门相关的其他职能部门，企业营销部门应该如何组织协调工作。

2.2.2　供应者

小思考：

营销企业既要求供应商不断提高供应品质量，又要求供应商不断降低价格。这种情况下，你认为应该如何与供应商相处？为什么？

营销小故事

戴尔与供应商的亲密合作——实施定制营销的保障

定制营销具有个性化的内涵。如今人们都愿意表现出“不俗气”和“与众不同”，为迎合人们的这种心理需求，定制营销应运而生。定制营销是以差异化为理论依据的一种营销模式。

戴尔公司通过国际互联网和企业内联网等技术以电子速度对顾客订单作出反应。当订单传至该公司信息中心时，由公司控制中心将订单分解为子任务，并通过国际互联网和企业间信息网分派给各个独立制造商，各制造商按收到的电子订单进行配件生产组装，最终按戴尔公司控制中心的时间表来供货。这个过程一旦获得由世界各地发来的源源不断的订单时，就会循环不停、往复周转，形成规模化、产业化生产。定制营销重建了企业的价值流，能快速准确地把握顾客需求的特点，并以最快速度生产出产品和服务，相对于大规模生产企业制造出的有限产品组合，确实物有所值。真正实现了用“平民的价格”享受到了“贵族的产品”，因此定制营销必然为顾客创造出价值。

供应商，是指向企业及其竞争者提供所需原材料、零部件、设备、能源、劳务和资金等资源的组织或个人。21 世纪的社会分工越来越细，专业化程度也越来越高，供应商提供资源的任何一种出了问题都会影响企业的整个生产和市场的稳定。例如，供应商供应的原材料价格过高，会导致企业产品成本的上升，市场利润的下降；供应商交货不及时，会导致企业无法向顾客准时交货；供应商供应的零部件不足，会导致企业的稳定生产等。换句话说，供应商不仅会造成企业损失利润、销售额，而且会损害企业在顾客中的声誉和地位。

名人语

高质量的成本往往最低。

——德国管理大师西蒙

可靠性比价格更重要。

——德国企业家 Mengen

因此，企业必须选择好自己的供应商。在寻找和选择供应商时，首先必须充分考虑市场营销环境供应商的资信状况、商业信誉、财务状况、供货能力、售后服务以及供应商产品的质量和生产技术水平等，选择主要供应商与之建立长期稳定的合作关系，保障资源供应的稳定性。其次，必须让供应商多样化，避免过分依赖于任何一家供应商，以免受该供应商突然提价或限制供应的控制，造成企业陷入困境。

让我告诉你

麦当劳的供应商管理

全球最大的快餐巨头麦当劳，目前在中国有上百个供应商，有97%以上的食品原材料在本地采购，采购额每年超过20亿元人民币。雷·克洛克把麦当劳比喻为一个三条腿的凳子：麦当劳、加盟商和供应商。麦当劳的几大全球供应商从其创立至今一直合作密切，其原因归根于克洛克的理念："只有一个方法可以培养供应商对公司的忠诚度，那就是保证这些人可以赚到钱。"

麦当劳的供应商分为一级和二级（下游供应商），一级供应商就是做深加工，二级供应商就是基础原料供应。麦当劳不直接面对原料商，而是通过管理一级供应商来控制上游，这样管理更集中，同时提高了质量门槛。一级供应商是无权决定向谁采购原材料的，麦当劳庞大供应链上的每一个环节，都需要获得麦当劳的直接认可。

麦当劳的产品供应链由"田间→屠宰场（原料商）→半成品加工厂（供应商）→分发中心→餐厅食品"组成，在这一流程上的每一环节都有标准及操作程序，形成完整的质量保证体系。麦当劳（中国）有限公司高级副总裁 Jerry · Schafer 说："餐厅并不是麦当劳的全部，它只是冰山的一角，因为在它后面有全面的、完善的、强大的支援系统全面配合。"

小探索

"三聚氰胺"事件导致中国奶粉行业一片哀鸿，为什么会出现这样的局面？这对中国的食品行业有何教育意义？

2.2.3 营销中介

小思考：

美国安利公司在中国进行产品销售时，有没有利用中间商？你认为这需要改变吗？

1. 中间商

中间商是指专业化从事商品购销活动，帮助企业寻找用户并向用户销售产品的分销渠道组织。分为两类：商人中间商和代理中间商。商人中间商指从事商品购销活动，拥有所经营商品的所有权的组织或个人，包括批发商、零售商和其他再售商。代理中间商指专业协助企业寻找用户，推销产品，达成交易，但不拥有所经营商品的所有权的组织或个人，包括经纪人、代理人和制造商代表等。

中间商的存在，较好地解决了商品在生产领域和消费领域之间的"空间"矛盾、"时间"矛盾、"数量"矛盾、"品种"矛盾、"持有方式"矛盾等，方便顾客以最方便的地点、最方便的时间购买所需要的产品。可以说，中间商创造的效用有时甚至比生产企业更高效。企业选择合适的中间商并不容易。首先，企业应对中间商考核费用、发送、速度和安全等几项指标，取综合评价最高者为优先合作对象。其次，合格的中间商在当地销售网络中，在市场知识、产品知识、营销技能、商品铺货与陈列、运输与存货管理、售后服务质量等方面应该占有较大优势。

2. 营销服务机构

营销服务机构，是指协助企业选择合适的市场，开拓产品市场和销售推广产品的各种服务组织。包括市场调研公司、广告公司、各种广告媒体和营销咨询公司等，范围比较广泛。

目前大多数企业都要借助营销服务机构来开展企业营销活动。例如，宝洁公司虽然自己设有广告部门，也配备了品牌经理、广告经理和营业推广经理，但是每年仍然请多家广告公司竞标制作产品广告，依靠各种传播媒介传播商品信息。竞标时，对参与竞标各家广告公司从广告创意、广告质量、服务水平、竞标价格等多方面进行评估，并不定期考核其广告效果，从而选择最适合自己的有效服务组织。

名人语

千方百计请一个有高招的专家医生，还不如请一个随叫随到且价格便宜的江湖郎中。

——管理学者詹姆斯·柯林斯

能用他人智慧去完成自己工作的人是伟大的。

——管理专家旦恩·皮阿特

3. 金融中介机构

金融中介机构是指协助企业融资，或提供保险服务来分担货物购销储运风险的组织。包括银行、信贷公司、保险公司及其他可提供融资或保险的组织等。

在现代经济生活中，大多数的企业需要借助金融中介机构来提供资金。这意味着要想保证资金渠道的稳定与畅通，企业必须与金融中介机构建立密切的关系和业务往来，以免对企业营销活动产生严重的影响。例如，企业信贷来源受限，将会使企业处于资金困境；银行贷款利率上升或保险公司保费上升，都将会使企业营销运营成本提高；银行账户冻结，将会使企业间的财务往来立即停止等。

营销小故事

阿里巴巴15年融资史

2014年9月19日成功登陆纽交所，阿里巴巴正式以250亿美元的融资，超越中国农业银行此前221亿美元的融资规模，成为有史以来全球最大规模的IPO。

马云一手创立的阿里巴巴从1999年开始，累计获得融资金额达到75.5亿美元，这在国际互联网公司的融资史上也并不多见。1999年，阿里巴巴获得500万美元的第一轮投资，由高盛牵头，联合美国、亚洲、欧洲的投资机构，包括新加坡汇亚、瑞典Investor AB和新加坡政府科技发展基金。2000年，阿里巴巴引进第二轮融资2500万美元，软银领投2000万美元，富达、汇亚资金、TDF、Investor AB、日本亚洲投资公司等跟投500万美元。2004

年，阿里巴巴第三轮融资8200万美元，软银牵头出资6000万美元，其余2200万美金由富达、TDF和GGV出资。2005年，雅虎入股阿里巴巴，以10亿美元现金、雅虎中国的所有业务、雅虎品牌及技术在中国的使用权，换取阿里巴巴集团40%股份及35%的投票权。此后，阿里巴巴于2011年和2012年分别进行了两轮PE融资，融资额高达62.88亿美元。其中一轮是针对员工股权购买计划，另外一轮是为了回购雅虎股权进行的融资计划。美国银湖、俄罗斯DST、新加坡淡马锡、中投、中信资本、博裕资本、国开金融、云峰基金等机构均是在此期间成为阿里巴巴新股东的。

以9月19日93.89美元的收盘价计算，阿里巴巴市值达到2314.4亿美元，超过Facebook、IBM、甲骨文、亚马逊等美国公司，仅次于苹果、谷歌和微软，成为全球第四大高科技公司和全球第二大互联网公司。

4. 实体分配机构

实体分配机构，也称为物流机构，是指协助企业储存、运输产品的专业化组织。包括仓储公司、运输公司、公共货栈和配送企业等。企业要想使渠道物流畅通，创造时间效益和空间效益，并最大化地降低物流成本，离不开实体分配机构的支持和配合。

让我告诉你

大型家电企业与第三方物流企业进行合作

进入2005年以后，大型家电企业进一步追求物流成本降低，压缩了家电物流企业的利润空间；同时，全国公路运输整治冲击着整个物流市场。一些大型家电企业投资的物流企业和仅能提供单一职能的物流企业，终因不能适应整个行业竞争而退出家电市场。而一些综合性的第三方物流企业顶住了市场和政策的双重压力，已经基本形成规模，逐步走向成熟，降价不再是竞争的唯一手段和砝码，物流服务质量变得尤为重要，其市场份额在竞争中进一步增加，成为家电物流的主力军。

多家全国知名的家电企业希望与这些具有品牌价值的第三方物流企业进行合作。家电物流行业格局发生了结构性的调整，市场集中度进一步提高，规模效应也带来了边际效益。随着市场进入门槛的进一步提高，家电物流企业认识到，只有扩大规模，才能够提高效益；只有拥有了网络化管理的优势，才能够提升物流运作的服务质量。在这一点上，家电物流企业和家电企业是双赢的。

小探索

如果企业不使用营销中介机构，企业能否开展营销工作？为什么？试分组讨论。

2.2.4 顾客

小思考：

北京生产的“大宝SOD蜜”选择普通工薪阶层作为广告宣传的主角，市场零售价也按普通工薪阶层能接受的价格定价。请问，这种产品的顾客究竟是哪种市场？为什么会获得成功？

顾客是指企业的目标市场，是企业销售产品或服务的对象。

企业与营销中介的各种力量保持密切关系的目的就是为了有效地向其目标顾客提供产品或服务，更好地满足顾客的需要。顾客可以是个人、家庭、企业，也可以是某种组织机构。顾客可能与企业同在一个国家或地区，也可能在不同的国家或地区。

按照购买者和购买行为划分，顾客可分为五种市场：

（1）消费者市场。消费者市场，是指为了个人消费而购买的个人和家庭所构成的市场。

（2）生产者市场。生产者市场，是指为了在生产过程中使用，或为了进一步加工生产、获取利润而购买的个人和企业所构成的市场。

名人语

价格上上当，比产品上上当好。

——西班牙哲学家 Gracian

告诉你的客户你有多么好，不要给他说你的竞争对手有多坏。还没有人从诋毁别人中取得长期竞争优势。

——美国管理学者 Helzdl

（3）社会集团市场。社会集团市场，是指为了履行职责而购买的各种组织机构所构成的市场。包括政府部门、社会团体、军队、企事业单位以及各种集体所有制组织等，这种组织机构购买产品或服务不是为了自己消费，而是为了提供公共服务，或是将已购买的产品或服务移交给有需要的人。

让我告诉你

政府是全球最大的产品购买者

一般而言，政府是全球最大的单边消费者，购买力非常大。政府公共机构用在采购货物、服务及工程的支出总额，是国家财政最大的消费支出。每个国家每年公共采购总规模一般占国内生产总值的10%以上。而与政府采购相关的贸易额约占全球贸易总额的10%，且只采购不转销，是一个最理想的贸易对象。

美国是世界上最大的经济体，也是全球最大的机构消费者。美国联邦政府、联邦各级部门、各联邦机构、公共机构每年需要的各类物品、服务或建筑工程等采购在20世纪90年代初就占其国内生产总值的26%~27%，自2005年起一直保持在2万亿美元以上，2009年的全美采购合同总额更是突破3万亿美元的大关，达到了3.02万亿美元。欧盟各国政府采购的金额占其国内生产总值的14%左右（不包括公用事业部门的采购）。

中国政府采购市场已经成为中国内地最大的销售市场。据统计，2011年中国政府采购规模达1.13万亿元人民币，占国家财政支出的11%，其中教育、卫生、保障性住房以及铁路、交通、能源等方面则超过5万亿元。

目前，全球各国政府公共采购每年总规模已达6万亿美元。正因为如此，政府采购对社会经济有着非常大的影响，采购规模的扩大或缩小，采购结构的变化对社会经济发展状况、产业结构以及公众生活环境都有着十分明显的影响。

(4) 中间商市场。中间商市场，是指为了通过转卖、获取利润而购买的批发商和零售商所构成的市场。

名人语

赢家是这样一批人，他们能够赢得和说服那些不再相信一切、不再立即购买、不再购买高价产品的客户。他们能在绝境中创造惊人奇迹。

——德国最大防盗门生产公司经理阿尔布莱西特·比法尔

(5) 国际市场。国际市场是指国外的购买者所构成的市场。包括国外的消费者、生产者、中间商、社会集团等。可见，每种市场类型在消费需求和消费方式上都具有个性鲜明的特征。作为企业而言，谁能赢得顾客，谁就能赢得市场。因此，企业选择目标市场可以考虑进入这五种顾客市场中的一种或几种。

营销小故事

福临门玉米油的目标顾客

福临门玉米油是由中国粮油食品（集团）有限公司推出的油种产品。

E城总代理昌盛贸易行通过调研发现，福临门玉米油在E城市场占有份额不高，品牌知名度不高。但是福临门玉米油非转基因玉米胚芽压榨，经过独特的八脱精炼，含有丰富的蛋白质、维生素和乳糖，其独特魅力是其他的食用油无法媲美的，市场前景非常广阔。

面对金龙鱼、鲁花、香满园、刀唛、鹰唛等食用油品牌在零售网点的促销攻势，昌盛贸易行将福临门玉米油以家庭、都市单身男女、餐馆酒店、学生及企事业单位食堂为主要的目标顾客，为其提供优质的玉米油的同时，还为其提供方便满意的服务。其间昌盛贸易行通过各种方式宣传福临门玉米油，运用多种形式推广福临门玉米油的品牌，以灵活多变的方式促销福临门玉米油，开拓其广阔的市场，尽力满足顾客多样化的需求。

小探索

美国次贷危机爆发后，中国沿海地区有许多外贸型企业损失惨重，你认为他们应该怎么办？试分组讨论。

2.2.5 竞争者

小思考：

对于中国的中小企业，开展营销活动时，应当考虑什么层次的竞争者？为什么？

竞争是市场经济的基本特性，企业在目标市场进行营销活动的过程中，必然会遇到竞争对手的攻击。要想在竞争中取得竞争优势并获取成功，就必须识别自己的竞争对手，时刻关注自己的竞争对手，并随时对自己的竞争对手行为作出及时的反应。简单地说，就是比竞争对手做得更好、更快，能更有效地满足消费者的消费需求。

从消费需求的角度划分，可把竞争者分为以下几种层次。

(1) 欲望竞争者。欲望竞争者是指提供消费者想要满足的各种愿望需求的不同产品的竞争对手。对于消费者而言，钱的数量是有限的，即购买力是有限的。例如，某一消费者在某天下午为打发时间，突然闪出消费的念头，这个人会问自己："我要干点儿什么?"这时他会想：吃点东西？买件衣服？打场篮球？买本新书？去餐厅喝咖啡？……从而产生了不同的需要。即他可以任意选择一项愿望作为消费的满足目标。可见，欲望竞争者之间的竞争实际上是争夺消费者的购买力。

名人语

竞争对手就像磨刀石一样，它把我们磨得非常的锋利，然后我们就手起刀落，把竞争对手给砍掉了。

——360 总裁周鸿祎

多想一下竞争对手。

——世界首富比尔·盖茨

我们与竞争对手最大的区别就是我们知道他们要做什么，而他们不知道我们想做什么。我们想做什么，没有必要让所有人知道。

——阿里巴巴创始人马云

(2) 类别竞争者。类别竞争者是指满足消费者同一种愿望需求不同类别产品的竞争对手。例如，上例的消费者现在已经作出决定，他要吃点儿东西。那么问题就会成为："我要吃点儿什么东西?"这时他会想：薯片？冰淇淋？糖果？果冻？水果？饮料？麻辣鸡翅？从而产生了同一种愿望需求但不同的类别产品需要。即他可以任意选择一项类别产品作为消费的满足目标。因此，类别竞争者之间的竞争实际上是平行竞争的关系。

名人语

唯一持久的竞争优势，就是比你的竞争对手学习得更快的能力。

——壳牌石油公司企划总监德格

经常把竞争对手想成比自己聪明。

——奇异电子德国公司前董事长渥鲁达·拉达诺

除了了解自己公司的所有运营情况外，最有益的事莫过于全面了解你的同行竞争者的运营情况。

——美国标准石油公司创始人约翰·D. 洛克菲勒

（3）产品形式竞争者。产品形式竞争者是指满足消费者同一种愿望需求同一种类别但不同形式产品的竞争对手。例如，上例的消费者现在已经作出决定，他要喝饮料。那么问题就会成为："我要喝什么饮料?"这时他会想：可乐？冰红茶？咖啡？矿泉水？纯净水？果汁？牛奶？啤酒？……从而产生了同一种愿望同一种类别但不同的形式产品需要。即他可以任意选择一项形式产品作为消费的满足目标。所以，产品形式竞争者之间的竞争实际上是特定产品类别中不同规格、型号、款式等形式的竞争选择。

让我告诉你

市场定位的4C

一个组织很少能单独作出努力为某一顾客市场服务。公司的营销系统总会受到一群竞争对手的包围和影响。竞争环境不仅包括其他同行公司，而且还包括更基本的一些东西。

对于有效竞争，一个公司必须时刻牢记四个基本方面，即成为市场定位的4C。也就是必须考虑客户（Custmers）、销售渠道（Channels）、竞争（Competition）和作为公司（Company）自身的特点。成功的营销实际上就是有效地安排好企业与顾客、销售渠道及竞争对手之间的关系位置。

（4）品牌竞争者。品牌竞争者是指满足消费者同一种愿望需求同一种类别同一种形式不同品牌产品的竞争对手。例如，上例的消费者现在已经作出决定，他要喝可乐。那么问题就会成为："我要喝什么可乐?"这时他会想：可口可乐？百事可乐？非常可乐？崂山可乐？黑松可乐？沃尔玛可乐？……从而产生了不同品牌产品需要。即他可以任意选择一项品牌产品作为消费的满足目标。因此，品牌竞争者之间的竞争实际上是产品相同，规格、型号等也相同，仅品牌不同的竞争选择。

品牌竞争是这四个层次竞争中最常见和最引人注意的。相对而言，其他层次的竞争则比较隐蔽和深刻。例如，对于竞争者，还要积极关注尚未进入目标市场的潜在加入竞争者、与本企业产品具有相似性能的代用品竞争者等。

营销小故事

美国王安计算机公司拒绝与IBM公司合作

曾风光无限的美国王安计算机公司在生产对数计算器、小型商用电脑、文字处理机以及其他办公室自动化设备上，都走在时代的前列。比尔·盖茨曾说，如果王安能完成其战略转型，世界上可能就没有今日的微软公司。

当个人计算机时代到来时，王安反应迟钝，拒绝开发这类产品。苹果电脑风光两年后，

IBM 醒悟后迅速跟进。急速兴起的 PC 市场迫使王安不得不开发出性能可靠、速度超过 IBM 产品的 PC。可是当电脑行业向更开放、更工业化、标准化的方向发展时，王安却在不与老竞争对手 IBM 合作的执着信念驱使下，作出产品不与 IBM PC 兼容的决定。

反而原来保守的 IBM 采取了激进的开放政策，开放相应的技术标准，使得大量的 PC 兼容机厂商蓬勃兴起，各种应用软件相继被开发出来。3 年后，IBM 的个人电脑已经可以运行 100 多种软件。与之相比，王安的个人电脑却没有任何一种软件可以运行。IBM 的个人电脑标准成为事实上的工业标准。

如当初王安公司神奇地崛起一般，同样以惊人的速度失败了。

小探索

某地的恒盛音乐唱片行经营每况愈下，过去顾客踊跃购买 CD、DVD、VCD 等唱片的满荣景象已不复往日，请问是哪些竞争者影响了这种局面？你认为恒盛音乐唱片行下一步应该怎么做？试分组讨论。

2.2.6　公众

小思考：

南京冠生园因使用陈年旧馅制作中秋月饼，被中央电视台曝光，引发了一场严重的公众信任危机。请问，这件事反映了哪些公众在此事件的影响力？你认为企业应该怎样对待公众？

公众，是指对企业实现其目标的能力具有实际的或潜在的利害关系或影响力的任何团体或个人。

这说明，公众可能具有帮助企业实现目标的能力，也可能具有妨碍企业实现目标能力。因此，企业成立公共关系部门的主要职责，就是专门处理与各类公众的关系，做到与各类公众之间“把关系搞好”，从而为企业的营销活动营造良好的氛围。

企业的周围一般有以下几类公众。

(1) 媒介公众。媒介公众是指那些联系企业和外界的大众传播媒介。这些媒介机构主要通过发表新闻、撰写特写和社论等方式来影响社会大众，对企业的声誉举足轻重。主要包括报纸、杂志、广播电台和电视台等。

名人语

要想把蒙牛从内蒙古卖到海南岛，这个忙只有中央电视台可以帮助你。

——蒙牛集团董事长及总裁牛根生

任何自不量力的人，最后一定会身败名裂。

——大正制药公司董事长上原昭二

(2) 政府公众。政府公众是指那些负责管理企业业务经营活动的各级政府机构和政府部门，如人民政府、工商行政管理局、税务局、物价局、消防局等。

(3) 金融公众。金融公众是指那些关心和影响企业获取资金能力的组织机构，包括银行、投资公司、证券公司、证券交易所、保险公司、股东等，对企业融资能力有重要影响。

（4）群众团体。群众团体也称公民行动公众，是指那些指责或质疑企业经营活动的社会团体，包括各种各样的消费者权益保护组织、环境保护组织、少数民族组织等。例如，食品公司、文具公司、医药公司、玩具公司、运输公司、服装公司可能会遇到关心子女生理、安全需求的家长对产品安全的指责或质疑。

让我告诉你

消费者协会的职能

根据《中华人民共和国消费者权益保护法》，中国消费者协会及其指导下的各级协会履行以下七项职能：

（1）向消费者提供消费信息和咨询服务。

（2）参与有关行政部门对商品和服务的监督、检查。

（3）就有关消费者合法权益的问题向有关行政部门反映、查询，提出建议。

（4）受理消费者的投诉，并对投诉事项进行调查、调解。

（5）投诉事项涉及商品和服务质量问题的，可以提请鉴定部门鉴定，鉴定部门应当告知鉴定结论。

（6）就损害消费者合法权益的行为，支持受损害的消费者提起诉讼。

（7）对损害消费者合法权益的行为，通过大众传播媒介予以揭露、批评。

（5）地方公众。地方公众是指那些企业附近的居民群众、社会团体、社区组织、地方官员等。营销企业生产经营活动的顺利进行，离不开周围公众的支持与合作。一旦发生矛盾冲突，后果不堪设想。因此，营销企业要积极与地方公众联系，主动参与地方各种工作、活动和公益事业。

（6）一般公众。一般公众是指那些并不购买产品，但深刻地影响着大众对企业及其产品的看法的普通消费者。例如，中国人寿保险公司积极开展公关活动，主动承揽“保护水资源”的公关广告，就是为了树立传播提升企业的“公众形象”，从而间接地促进产品的销售。

（7）企业内部公众。企业内部公众是指那些企业内部的全体员工，包括董事长、董事、总经理、经理、中低层管理人员、职工、志愿者等。企业的竞争归根到底就是人的竞争。如果企业内部公众对公司不满，那么其态度就会影响外部社会的公众；反之亦然。因此，处理好内部公众关系是搞好外部公众关系的前提。

营销小故事

不同的公司内部营销

20 世纪 70 年代，日本松下公司发现松下电器的市场占有率日趋下降。一次松下公司高层走访员工时无意找到了答案。原来有的员工因家庭困难，部分使用的电器并非松下公司制造的，而是其他公司的。松下公司马上认识到问题的严重性，如果有亲朋好友来拜访松下公司的某个员工家庭，但是他们却看见松下公司内部职工自己都不用松下电器，那谁还会购买这种电器产品呢？为扭转局面，松下公司迅速作出决策，让公司每一位员工家庭免费使用公司所有的各类家用电器。消息传开以后，松下公司的销售状况迅速好转。

相反的例子是曾创造中国火腿肠第一品牌“春都”的洛阳肉联厂，最早生产的火腿肠起点定得很高，肉含量必须达到80%以上，而且都是精瘦肉，是本厂职工逢年过节走亲访友的必备礼品。后来因经营管理不善，资金出现问题，火腿肠起点越改越低，肉含量最低达到15%，结果本厂职工逢年过节走亲访友的必备礼品就改用隔条街的“双汇”火腿肠。消息一经传出，“春都”火腿肠销量大跌，“双汇”火腿肠自此以后销量扶摇直上，最后取代了洛阳肉联厂的市场地位。

小探索

兰州因为自来水严重苯超标事件，成为全国关注的焦点。这起由水污染催生的公共危机事件带来的思考远未结束。试分组讨论，如果你是企业领导，企业应该如何做才能解决这场公共危机？如何做才能避免同类事件发生？

本章小结

✧ 市场营销环境指的是与企业市场营销活动相关的所有社会性力量和社会因素。市场营销环境是企业不可控制的力量和因素，是影响企业营销活动及其目标实现的外部条件。一般来说，市场营销环境主要包括两方面的构成要素，一是间接营销环境，是指那些作用于直接营销环境，并因而造成市场机会或环境威胁的主要社会性力量，也被称为宏观环境；二是直接营销环境，是指直接影响和制约企业营销能力的社会因素，也被称为微观营销环境。可以说，微观营销环境直接影响和制约企业的市场营销活动，而宏观环境主要以微观营销环境为媒介间接影响和制约企业的市场营销活动。因此，直接营销环境受制于间接营销环境。

✧ 企业的间接营销环境也包括六种主要因素：人口环境、政治法律环境、经济环境、科技环境、社会文化环境和自然地理环境。企业的直接营销环境也包括六种主要因素：企业本身、供应者、营销中介、顾客、竞争者、公众。

请你动动脑

问题1：中央电视台的3·15晚会对企业意味着什么？你认为企业应该如何应对可能出现的公关危机？

问题2：我国纺织品、鞋类等劳动密集型产品大量出口到海外市场，给世界利益格局、市场格局和资源格局带来深刻的变化，然而却经常发生贸易纠纷，对此你有何建议来克服企业普遍存在的短视行为可能带来的问题？

请你动动手

实训1：生产企业的间接营销环境

(1) 实训时间：实训周期为两周，课堂展示时间为4课时/45人。

(2) 实训地点：

① 组织学生分小组自行选定合适生产企业，预约时间登门拜访并收集相关资料。

② 教室。

(3) 实训前的准备：学习本章相关知识点，查找相关资料文献，探讨与本章理论相关的真实案例；选择愿意配合调查的一家生产企业作为研究样本，与生产企业预约好拜访时间，并准备好拜访时要询问的问题（与收集相关资料有关）。

(4) 实训内容。组织学生对选定的生产企业样本进行调查、分析和评价。具体内容包括：

① 选定生产企业的企业本身的基本状况如何？

② 选定生产企业的领导人如何看待“市场营销”？该企业的产品或服务是什么？现有市场有多大？顾客是谁？未来市场和顾客将会有何变化？

③ 选定生产企业的领导人对企业面临的人口环境、政治法律环境、经济环境、科技环境、社会文化环境和自然地理环境的现状有何认识？

④ 选定生产企业曾经应对过哪些来自间接营销环境的市场机会和威胁？对此有何经验和心得？采取了哪些措施改进？

⑤ 针对间接营销环境，选定的生产企业有无问题？如果有，能否提出有针对性的可供参考的建议？

(5) 实训要求：

① 要求学生掌握市场营销环境、间接营销环境及六种主要因素等各个方面的相关理论知识点，并做好实训前的各项准备工作。

② 要求学生深入学习、分析、探讨实训内容。

③ 要求教师在实训过程中做好组织、管理、辅导工作，给予学生必要、合理的指导，并及时分析、点评、总结，以加深学生对本章相关理论知识点的理解和认识，提高实际营销操作技能。

(6) 实训组织方法和步骤：

① 将学生分为若干项目组，每组5~7人，每组设组长1名，负责组织、督促本组成员进行实训。

② 各小组讨论分析实训时间、地点，实训前的准备、内容和要求，然后确定各自负责的工作，最后由组长确定最终的具体人员分工。

③ 制定实地调查，选定生产企业样本的工作计划表。

④ 按要求执行工作计划。

⑤ 组长负责定期或不定期召开组员会议，商量讨论具体工作中的问题与对策，并及时上报进度。

⑥ 实地考察工作完成后，组长负责召集组员分析、研究、讨论，并最终对选定的生产企业样本的间接营销环境现状形成统一意见。

⑦ 按预先安排，部分组员负责制作调查报告，组长负责审核；报告形式可以选择幻灯片或 Word 文档格式。

⑧ 组长指定专门1人负责向老师和其他同学介绍此次调查的具体工作过程以及此次调查的结果。

⑨ 其他组同学点评，老师讲评。

⑩ 上交1份1500~2000字的调查报告书。

(7) 实训考核方法（见表2-1）：

表2-1 实训考核表

考核项目	评分
组织准备工作	10分
组织管理工作及团队合作	10分
完成实训具体内容	30分
课堂展示	10分
自我点评	10分
其他小组点评	10分
老师讲评	10分
制作调查报告书	10分
合计	100分

实训2：牙膏的竞争者

(1) 实训时间：实训周期为1周，课堂展示时间为3课时/45人。

(2) 实训地点：

① 组织学生分小组自行选定超市的某一品牌牙膏，登门拜访超市的该品牌牙膏的厂家推销员并收集相关资料。

② 教室。

(3) 实训前的准备：学习本章相关知识点，查找相关资料文献，探讨与本章理论相关的真实案例；选择某一品牌牙膏的厂家推销员作为研究样本，自行选定准备收集的相关资料，并准备好拜访时要询问的问题。

(4) 实训内容。组织学生对选定的品牌牙膏的厂家推销员样本进行调查、分析和评价。具体内容包括：

① 选定品牌牙膏的厂家认为自己的竞争者是谁？它们对企业的影响力状况如何？

② 选定品牌牙膏的厂家与竞争对手相比，谁能做到更好、更快、更有效地满足消费者的消费需求？未来竞争态势会否会发生变化？

③ 选定品牌牙膏的厂家推销员对企业面临的欲望竞争者、类别竞争者、产品形式竞争者、品牌竞争者分别有何认识？

④ 选定品牌牙膏的厂家推销员是否知道潜在加入竞争者、代用品竞争者有哪些？它们对市场的影响力状况如何？曾经应对过哪些来自间接营销环境的市场机会和威胁？对此有何经验和心得？采取了哪些措施改进？

⑤ 选定品牌牙膏的厂家推销员曾经应对过哪些来自竞争者的市场机会和威胁？对此有何经验和心得？厂家采取了哪些措施改进？

⑥ 针对竞争者，选定品牌牙膏的厂家有无问题？厂家推销员自身有无问题？如果有，能否提出有针对性的可供参考的建议？

(5) 实训要求：

① 要求学生掌握市场营销环境、直接营销环境及竞争者等各个方面的相关理论知识点，并做好实训前的各项准备工作。

② 要求学生深入学习、分析、探讨实训内容。

③ 要求教师在实训过程中做好组织、管理、辅导工作，给予学生必要、合理的指导，并及时分析、点评、总结，以加深学生对本章相关理论知识点的理解和认识，提高掌握实际的营销操作技能。

(6) 实训过程设计：

① 将学生分为若干项目组，每组3~5人，每组设组长1名，负责组织、督促本组成员进行实训。

② 各小组讨论分析实训时间、地点，实训前的准备、内容和要求，然后确定各自负责的工作，最后由组长确定最终的具体人员分工。

③ 制定实地调查某一品牌牙膏厂家推销员的工作计划表。

④ 按要求执行工作计划。

⑤ 组长负责定期或不定期召开组员会议，商量讨论具体工作中的问题与对策，并及时上报进度。

⑥ 实地考察工作完成后，组长负责召集组员分析、研究、讨论，并最终对选定的生产企业样本的竞争者现状形成统一意见。

⑦ 按预先安排，部分组员负责制作调查报告，组长负责审核；报告形式可以选择幻灯片或 Word 文档格式。

⑧ 组长指定专门1人负责向老师和其他同学介绍此次调查的具体工作过程以及此次调查的结果。

⑨ 其他组同学点评，老师讲评。

⑩ 上交1份1200~1600字的调查报告书。

(7) 实训考核方法（见表2-2）：

表2-2 实训考核表

考核项目	评分
组织准备工作	10分
组织管理工作及团队合作	10分
完成实训具体内容	30分

续表

考核项目	评分
课堂展示	10 分
自我点评	10 分
其他小组点评	10 分
老师讲评	10 分
制作调查报告书	10 分
合计	100 分

自我测试

1. 单选题

（1）下列营销环境因素中，属于直接营销环境的是（　　）。

A. 企业本身　　B. 经济　　C. 人口　　D. 社会文化

（2）下列营销环境因素中，属于间接营销环境的是（　　）。

A. 企业本身　　B. 社会文化　　C. 竞争者　　D. 供应者

（3）市场营销环境中的（　　）被称为一种创造性的毁灭力量。

A. 自然资源　　B. 新科技　　C. 社会文化　　D. 经济

（4）能满足购买者某种愿望的同类产品的各种不同品牌是（　　）。

A. 欲望竞争者　　B. 类别竞争者　　C. 产品形式竞争者　　D. 品牌竞争者

（5）下列不属于营销服务机构的是（　　）。

A. 市场调研公司　　B. 信贷公司　　C. 广告公司　　D. 咨询公司

2. 多选题

（1）目前世界的人口环境方面的出现的主要动向有（　　）。

A. 人口数量迅速增长　　B. 人口老龄化

C. 出生率下降　　D. 人口的地理分布较平衡

（2）下列营销环境因素中，属于公众的是（　　）。

A. 中间商　　B. 政府　　C. 董事长　　D. 银行

3. 判断题

（1）分析企业营销环境，最重要的是分析不可控制的间接营销环境。（　　）

（2）代理中间商指从事商品购销活动，拥有所经营商品的所有权的组织或个人。（　　）

（3）科学技术是“推动历史发展过程的精华”。（　　）

（4）消费者的个人收入就是实际购买力。（　　）

（5）人们选购商品的过程，可以说就是一次审美评价活动。（　　）

4. 案例分析

“主席套餐”

2013 年 12 月 28 日中午，调研归来的中共中央总书记、中国国家主席习近平走进北京庆丰包子铺月坛店，自己排队买包子，还自己买单、端盘子、取包子。其间，习近平点了二两猪肉大葱包，共6个；一碗炒肝，一份芥菜，一共消费了21元；用餐20分钟。随后大批媒体记者赶来采访。此事报道后，在媒体特别是互联网上引起极大轰动。

2014年1月5日，距离习近平前来吃包子已过去一周，位于西城区的庆丰包子铺月坛店里，包子铺“主席套餐”卖脱销，等待就餐的人群还是排成了长队。不止月坛店，庆丰包子铺在金台路、奥体中心、健德门等地的多处分店，都发现“主席套餐”成为餐桌上的固定搭配。从郑州前来的某先生告诉记者，他是专门前来吃这个套餐的，“下午就离开北京，特地尝尝习主席吃过的饭”。

问题讨论：

(1)“主席套餐”第一时间让老字号庆丰包子铺名扬四海，你认为影响该企业的营销环境有哪些？分别是如何影响庆丰包子铺的？

(2) 如果你是庆丰包子铺的负责人，你认为应该如何把握“主席套餐”这个市场机会？为什么？

5. 论述题

你如何理解这句话：“我们左右不了世界，能够改变的只有自己。”

第3章　消费者分析

教学目标

通过本章学习，同学们应该能够：知道消费者市场的含义、特点及影响消费者购买的主要因素；基本理解消费者购买行为的概念与类型；理解消费者需求理论的内容；了解顾客价值的含义、分类；掌握消费者购买决策过程，消费者需求理论在零售业中的应用；应用消费者购买行为理论分析中国消费者的购买行为类型及其特征进行营销决策，制定相关的营销策略。

案例导引

阿香购车

阿香，35岁，月收入5600元，家住在城里，在距离家20多公里外的小镇任教，每天乘坐近两个小时的公交车上下班。随着周边的朋友与同事都纷纷加入了购车者的队伍，阿香不觉开始动心。

在驾校学车时，不少学员都在讨论大众POLO。阿香有坐POLO1.4的体验，乘坐的人一多却又要上陡坡时不得不关闭空调才能爬上去，想起来就没有了热情。

空闲时询问驾校的教练，教练说“宝来不错”。再询问周边人的用车体会，都反馈认为在差不多的价位上，宝来开一段时间，还是不错，而且是德国车血统。但人高马大的丈夫恐怕嫌弃后排的拥挤。宝来先成为候选吧。

闺密阿美刚买了一部海南马自达系列的福美来。于是阿香很快去了该专卖店，销售员热情有加，特别是有这么一句话深深地打动了她：“福美来各个方面都很周全，反正在这个价位里别的车有的配置福美来都会有，只会更多。”福美来成了阿香心中的首选。

阿香回家征求丈夫的意见。丈夫说，为什么放着那么多上海大众和通用公司的品牌不买，偏偏要买“海南货”？它在M城的维修和服务网点是否完善？这两个问题马上动摇了阿香当初的方案。

朋友阿兰已购了别克凯越，问及行车感受，说很好，凯越是款好车，值得购买。

同事阿珊已购了飞度（1.3），她说飞度轻巧，省油，但好像车身太薄，不小心用钥匙一划便是一道印痕，有一次去装点东西感觉像“小人搬大东西”。

此时的阿香对各个车的生产厂家，每个生产厂家生产哪几种品牌，同一品牌的不同的发动机的排量与车的配置，以及基本的价格都已如数家珍。

最终花落谁家呢？阿香自己的心里知道，她已有了一个缩小了的备选品牌范围。但究竟要买哪一部车，这“谜底”不再遥远……

问题：

1. 哪些因素会影响消费者购买产品？
2. 阿香究竟需要什么样的汽车？为什么？
3. 作为企业的销售人员，应该如何去挖掘和满足消费者的需求？

企业产品的销售，关键在于消费者的消费决策，即消费者是否考虑购买这个产品。而消费者在决策过程当中，受到了一系列因素的影响，通过案例，我们知道，消费者会有偏见，会有自己的生活习惯，同时也受身边其他的人和事件的影响。而这些都是构成整个消费者市场的必然因素。准确分析消费者市场与消费者购买行为，是引导企业发展方向的“方向盘”和“指南针”，更是开展市场营销的基本工作。

3.1 什么是消费者市场

3.1.1 消费者市场的含义

消费者市场又称最终产品市场、消费品市场或生活资料市场，是指个人或家庭为满足生活需求而购买或租用商品的市场。作为企业必须研究消费者市场，因为只有消费者市场才是商品的最终归宿，即最终市场。其他市场，如生产者市场、中间商市场等，虽然购买数量很大，甚至超过消费者市场，但其最终服务对象还是消费者市场，仍然要以最终消费者的需要和偏好为转移。因此，即使从来不与消费者直接交易的企业，如制造商、批发商等，也必须研究消费者市场。在这个意义上，可以说消费者市场是一切市场的基础，是最终起决定作用的市场。例如，每个家庭每天购买粮油、食品、饮料、土特产等各类农产品和食品；又如服装、鞋帽、针纺织品类，日用品类，家用电器等，以满足个人或家庭需要。而这些为我们生活中提供生活资料的农贸市场、超市和零售商店等都是典型的消费者市场。

3.1.2 消费者市场的特征

消费者市场具有以下几个特征。

1. 广泛性

全社会的每一个人，无论他是否直接购买，但一定都是生活资料的消费者。消费者人数众多，范围广泛，特征不一，势必导致消费者市场具有广泛性的特征。例如，中国有近13.8亿人口，分布在30多个直辖市、省或自治区内，他们每一天都需要消费新鲜肉类、青菜、粮油食品、烟酒饮料、服装、鞋帽、针纺织品、日用品等。据不完全统计，每天城乡消费总额在30亿元以上，消费粮食80万吨以上；消费猪肉6万吨以上，即每天要宰生猪100多万头；食用植物油2万吨以上，即每天要吃掉60万亩油菜所榨的油；鲜蛋1870万公斤，即每天要吃掉18.6万只良种蛋用鸡全年产的蛋；卷烟2.2亿盒，把这些烟盒一叠排成直线，长约6266.6公里；酒3.6万吨，全年累计喝掉的酒可以装满1.5个杭州的西湖；生活用布3.6万千米，几乎可以绕赤道一周；煤60万吨以上，相当于一个大中型矿井的全年产量。

2. 复杂性

消费者分属不同的民族、地区；同时，性别、年龄、职业、受教育程度、性格及所处的市场环境不同的影响，导致消费者购买行为千差万别。在购买商品的数量、质量、花色、品种、品牌等方面存在巨大的差异，从而导致消费者市场的复杂性。例如，广东增城的千年古树出产极品荔枝"西园桂绿"，每年仅仅结果数十颗，甚为稀罕。在2002年的珍果专场拍卖会上10颗荔枝换得131.5万元，其中珍果一号拍得55.5万元的高价，某些人一掷千金的壮举不得不令全国消费者惊诧。又如，满族、蒙古族不吃狗肉，壮族的黑衣壮不吃牛肉，回族、哈萨克族、塔吉克族、东乡族、撒拉族、柯尔克孜族、乌孜别克族、塔塔尔族、保安族和维吾尔族禁吃猪肉、驴肉、食肉动物，禁食一切动物的血和自亡的、非伊斯兰教徒宰杀的牲畜。

营销小故事

怕上火，喝王老吉

在广东，传统凉茶（如颗粒冲剂、自家煲制、凉茶铺煲制等）最讲究"功效"，消费者普遍当成"药"服用，无须也不能经常饮用。

红罐王老吉是经国家审核批准的食字号产品，以"金银花、甘草、菊花等"草本植物熬制，有淡淡的中药味，口感偏甜，其气味、颜色、包装都与广东消费者观念中的传统凉茶有很大区别。如果按中国"良药苦口"的传统观念，消费者自然感觉其"降火"药力不足，红罐王老吉好像是饮料；如果按口味至上的饮料而言，红罐王老吉又好像是凉茶。也就是说，红罐王老吉拥有凉茶始祖王老吉的品牌，却长着一副饮料化的面孔，让消费者往往陷入认知混乱之中。

为了更好地体现红罐王老吉的独特价值，红罐王老吉进行了"开创新品类"的品牌定位，将产品定位在功能饮料，区别于王老吉药业的"药品"。为了更好地唤起消费者的需求，红罐王老吉制定了"怕上火，喝王老吉"的品牌推广主题，以轻松、欢快、健康的形象出现，避免出现对症下药式的负面诉求，从而把红罐王老吉和"传统凉茶"区分开来，凸显红罐王老吉作为饮料的性质。具体宣传时选用了消费者认为日常生活中最易上火的五个场景：吃火锅、通宵看球、吃油炸食品薯条、烧烤和夏日阳光浴，画面中人们在开心享受上述活动的同时，纷纷畅饮红罐王老吉。结合时尚、动感十足的歌反复吟唱"不用害怕什么，尽情享受生活，怕上火，喝王老吉"，促使消费者在最易上火时，自然联想到红罐王老吉。这种大张旗鼓、诉求直观明确的运动，直击消费者需求，及时迅速地拉动了销售；同时，消费者的认知不断加强，逐渐真正建立起独特而长期的品牌定位。

3. 分散性

消费单位无论是个人或家庭，每次购买数量零星，购买次数频繁。首先，消费者购买的频繁性要求企业广设销售网点，方便购买，使消费者能随时随地购买到所需产品。其次，由于消费者所处的地理位置各不相同，闲暇时间不一致，造成购买地点和购买时间的分散性。例如，上班族小丘，只有节假日才能逛街购物；家庭主妇黄阿姨，每天早上都去菜市场买菜；小陈家门口就有很多商店，不需要再去大超市购买；小黄家住城郊，购买需要驱车去市中心超市。

4. 情感性

消费者购买大多属于非行家购买，面对众多的产品，往往难以具备完善的知识，对于产品的性能、使用、保管及维修等，有待于生产经营者的宣传、介绍，因而冲动性购买的成分较大，这就要求市场营销者进行正确的引导。例如，情人节时恋爱中的男女选择送玫瑰花、爱心巧克力来表达自己的爱恋之情，因此每年的2月14日那天，是玫瑰花和巧克力最畅销、价格上涨最快的日子。

5. 伸缩性

消费需求受多方面因素影响，在购买选择上表现出较大的需求弹性或伸缩性。所谓需求弹性，是指产品需求量对价格变动所体现的灵敏程度。基本生活消费品（如新鲜肉类、粮油食品、蔬菜水果等）对消费者来说是必不可少的，价格变动对其需求量的影响小，即需求弹性小。非生活必需品（如贵重首饰、高档服装、汽车等）对消费者来说则有很强的选择性，因而价格变动对需求量的影响较大，即需求弹性大。

6. 替代性

消费品种类繁多，不同品牌甚至不同品种之间往往可以互相替代。例如，羽绒服可以御寒，而棉大衣、裘皮大衣同样也可以御寒，故羽绒服、棉大衣、裘皮大衣是替代品；又如，洗衣粉，肥皂、洗衣液也是替代品。有替代关系的商品，当一种商品价格下跌时，另一种商品的需求就会减少。

7. 季节性

消费需求的季节性是指由于气候条件、风俗习惯不同而引起的季节性消费。这些商品的供应与消费有显著的淡、旺季之分。

（1）季节性气候变化引起的季节性消费（如露天游泳场）。

（2）季节性生产引起的季节性消费（如空调机、蔬菜、水果、服饰等）。

（3）风俗习惯和传统节日引起的季节性消费。在中国一些传统节日中会引起某种商品旺销，如元宵节的汤圆、端午节的粽子、中秋节的月饼等。另外，每年的长假，“赶路”“返乡”“出游”“婚事”“应酬”等，都满满地占据了消费者的生活。例如，2014年重阳巧遇国庆长假，从火车票一票难求到高速公路排起长龙（图3－1），“中国式休假”的调侃，背后是对假日出行拥堵的无奈。图3－2为我国节假日景点游客过多的情形。

图3-1 高速路上的拥堵

图3-2 深圳大梅沙：人海更胜大海

8. 发展性

随着时代变迁，科技进步，经济收入的提高，消费者的需求会经历一种由少到多、由粗到精、由低级到高级的发展趋势。特别是由于科学技术的迅猛发展，新产品层出不穷，产品生命周期日益缩短，人们更换产品速度加快，进一步促进了消费需求的发展性。例如，苹果公司于2007年1月9日向全世界推出第一款苹果手机iPhone，同年6月，第一代iPhone上市，当年销量超过400万部；2008年6月，苹果在全球开发者大会上推出iPhone3G，并于不久推出AppStore，上市头3天，iPhone3G售出100万部；2014年9月，苹果在全球开发者大会上推出苹果5.5英寸的iPhone 6 Plus，首发仅3天就累计突破了1000万销量，创下了新纪录。

让我告诉你

雪山矿泉水引领全球健康饮水趋势

2014全球雪山矿泉水发展峰会的召开，获得矿泉水业界的高度重视，国内外健康饮水机构及专家及昆仑山、美国Blink、意大利圣安娜等国内外顶级雪山矿泉水企业的多位代表出席了本次峰会。各方就雪山矿泉水开发保护经验交流、国际健康饮水趋势探讨、全球雪山矿泉水品类推广等话题进行了深入的磋商。

据介绍，在欧美国家，雪山水源的矿泉水始终引领着健康饮水的潮流与趋势，其中一个显而易见的证据就是，来自世界各地的优质雪山矿泉水纷纷在有着“水界奥斯卡”之称的伯克利品水大赛上拔得头筹，可见好水都有好基因。对此，伯克利斯普林斯国际品水大赛组委会主席亚瑟表示：“欧洲人对天然矿泉水有一个相当长的认知历史，特别近几年，天然矿泉水已经成为欧美的大众消费趋势，尤其是水源地相对比较安全，人类污染较少的高海拔雪山地区。越来越多追求健康的消费者偏爱选择更天然、纯净、健康的雪山矿泉水。”

在中国，雪山矿泉水品类也是大受推崇。新近出台的《包装饮用水》征求意见稿就提出取消矿物质水，推崇天然矿泉水。北京公众健康饮用水研究所所长李复兴认为，《包装饮用水》征求意见稿的出炉，特别是取消了矿物质水的名称，会使得天然矿泉水获得推崇。在这样的背景下，确实应该针对雪山矿泉水这个矿泉水中非常优秀的品类专门出台统一标准，明确雪山矿泉水的定义以及各项指标要求，推动其发展壮大。

3.1.3 消费者市场的购买对象

消费者市场的购买对象即消费品，消费品按照不同的分类标准可以分为以下几大类：

1. 根据消费者的购买习惯分类

（1）便利品。便利品又称日用品，是指消费者日常生活所需、需重复购买的商品，如牙膏、牙刷、肥皂、暖水瓶等。消费者在购买这类商品时，一般不愿花很多的时间去比较价格和质量，愿意接受其他任何代用品。目前，多个日用品品牌在国内畅销，其中包括宝洁、联合利华、丝宝这“两宝一联”，更有名臣、新太阳、奥尼、傲雪、君兰等国内知名品牌，更是充实着国内日用品市场。因此，便利品的生产者应注意分销的广泛性和经销网点的合理分布，以便消费者能及时就近购买。

（2）选购品。选购品是指价格比便利品要贵，消费者购买时愿花较多时间对许多家商品进行比较之后才决定购买的商品，如服装、皮鞋、农具、家电产品等都是典型的选购品。选购品分为同质选购品和异质选购品。对于同质品，消费者认为在有关的产品属性上，如质量、外观等方面没有什么差别的产品。消费者在购买前，对这类商品了解不多，因而在决定购买前总是要对同一类型的产品从价格、款式、质量等方面进行比较，得到价格最低的产品。作为营销商往往可利用价格作为有效的营销工具，以最大限度满足消费者实现“最合算”购买的要求。对于异质品，消费者认为产品的差异比产品的价格显得更为重要。比如服装，不同的消费者就会对不同的式样各有其喜好。同样质料制作的服装，消费者可能买了价格昂贵的而不挑选价格便宜的，往往是由于他喜欢该服装的样式。经营异质品的营销者一般需要更重视产品的花色品种，更重视产品的特色和质量，以满足消费者选购产品时所重点关心的或注意的因素。营销者对选购产品提供的售中售后服务，应比方便品更多些。

（3）特殊品。特殊品是指那些具有独特的品质特色或拥有著名商标的产品。消费者对这类产品注重它的商标与信誉，而不注重它的价格，在购买时，愿意努力去搜寻，不愿接受代用品，像皮尔·卡丹西服、金利来领带、本田摩托车、莱克斯手表等即属此类产品。消费者对其有特殊偏好并愿意花较多时间，不顾远道去购买，所以特殊品的销售并不要求有很多的网点，也不要考虑购买者是否方便，只要使消费者知道在什么地方能买到就行。为此，企业应注意争创名牌产品，以赢得消费者的青睐，要加强广告宣传，扩大本企业产品的知名度，同时要切实做好售后服务和维修工作。

（4）非渴求物品。非渴求物品又称非渴求产品，是指消费者不了解，或者是虽然了解但一般不考虑购买的产品或服务。传统的非渴求品有人寿保险、工艺类陶瓷以及百科全书等，刚上市的、消费者从未了解的新产品也可归为非渴求品。当然，非渴求品并不是终身不变的，特别是新产品，随着消费者对产品信息的了解，它可以转换为其他类别的产品。针对非渴求品的特定本性，决定了它需要大量的广告、人员推销，尤其是价格昂贵的消费品、保险更需要推销人员与消费者进行面对面的沟通，使消费者了解产品特性以及给自己带来的利益，使消费者产生购买兴趣，从而扩大产品销售量。在非渴求品营销中，知识传播应当起到重要的作用，并始终贯穿于各个环节。消费者由对产品不熟悉、不关心变身为产品“专家”。例如，在保险产品推销中，消费者对保险不熟悉，对各种险种功能也是一知半解，即使推销人员花费了很大努力去做工作，消费者时常也还会产生一种被欺骗的感觉，但如果推销人员能将产品的功能等知识较完整地传递给消费者，让消费者明了产品设计的目的，并引导他们主动参与到消费产品的“设计”和选择中，会使消费者真正体验到消费的乐趣。

小探索

食盐、洗衣液、手机、金银首饰、电冰箱、汽车分别属于哪类消费品？

让我告诉你

卫浴产品最具潜力的五大流行趋势

卫浴行业的竞争是很激烈的，流行的趋势也是很重要的，专家认为大众对卫浴的选择将以健康环保、个性简约、功能至上为消费原则，而舒适卫浴新享受也在备受人们所推崇。五个重要的发展趋势或将开启卫浴行业的新动态，一个崭新的发展。

趋势一：家具化

目前，许多造型新颖的洁具新品陆续开始推向市场，多功能的洗手盆、美观实用的浴室柜和款式更符合审美观的马桶，也日趋成为消费者所追捧的热点。

趋势二：新材料崛起

陶瓷制品不再一统卫生间的天下，石材、玻璃、木材等各种材料都成为陶瓷制品的替代产品。于是，瓷质釉面砖将逐渐代替传统的陶土砖，颜色千变万化；木制浴缸让小资心动；玻璃马赛克在卫生间里大行其道，这些新材料的面世，将更好地体现其设计底蕴。

趋势三：健康环保

健康和节水是卫浴革命多年来的一个主题。在建材市场上，我们也经常能看到，各大卫浴品牌打出此类口号。从浴缸到马桶，再到小便斗，各个能够抗菌防污和节水的部位都在进行着科技的改变。相信这样的产品才能更迎合广大消费者的心理，兼备抗菌、节水两大功能的卫浴产品将更加出众。拿水龙头来讲，不锈钢将逐步取代铜质的，这主要是考虑环保与健康。

趋势四：简单

简单就等于方便，这种极简的风潮恰恰迎合了不少年轻人的心理，于是卫浴洁具也变得直接而“最简”。洗手台不再一味地追求大理石台面的豪华感；马桶不再笨重而庞大；越来越多的理性消费者也不会不考虑自家卫生间的面积，而去安装派头十足的大浴缸或淋浴房了，极简风格开始大行其道。

趋势五：智能化

科技在进步，卫浴产品也在不断融合越来越多的科技含量。智能调温浴缸、智能抽水马桶的粉墨登场，无疑为消费者带来了更多的舒适卫浴新享受。

（资料来源：http://www.32993.net/）

2. 根据商品的使用频率和商品形态分类

(1) 耐用品。耐用品指能多次使用、寿命较长的商品，如沙发、床垫、电视机、电冰箱、音响等家具家电产品。消费者购买这类商品时，决策较为慎重。生产这类商品的企业，要注重技术创新，提高产品质量，同时要做好售后服务，满足消费者的购后需求。

（2）非耐用品。非耐用品指在正常情况下一次或几次使用就被消费掉的有形物品，如食品、手纸、糖果、文化娱乐品等，绝大部分日常生活用品都属于此类。这类产品单位价值较低，消耗快，消费者往往经常购买、反复购买，大量使用。生产这类商品的企业除应保证产品质量外，还要特别注意销售点的设置，以方便消费者的购买。

（3）服务。在市场买卖交易活动中，顾客不仅期望买到优质的产品，而且希望得到优质的服务，这是一个普遍的心理现象。服务是具有无形特征却可给人带来某种利益或满足感的可供有偿转让的一种或一系列活动。正如著名餐饮经营管理专家邹金宏曾经说过的一句话："最佳服务是企业的生命，是创造利润的法宝，也是竞争的雄厚资本，而这一切主要来自科学的管理和员工的努力。"

营销小故事

方便米线

即食方便米线是以大米为原料，通过非油炸蒸煮先进工艺，配以不同风味调料包，制作成袋装、桶装、碗装，用开水冲泡3~5分钟即可食用的方便米粉。吃起来质地柔韧、爽滑可口、咬劲强。20世纪末上市，与方便面一样属于方便食品，但其生产工艺与方便面不同。即食方便米线采用天然蒸煮工艺，可谓是真正的"非油炸"的健康食品。而方便面主要采用油炸方式。

但此时行业却遭遇一个尴尬局面：消费者是谁？参照方便面的消费群体，主要是以青年男性为主，青年女性为次，少年人较多，老年人较少，品牌忠诚者较多。而方便米线的实际购买群体基本上都是年轻女性，男性较少购买。这与以方便面为代表的方便食品的消费特点不一致。同时，这些方便米线的消费者，更多的是一种"吃厌了方便面，换一种新的口味"或者是"尝鲜""猎奇"的心理驱使下进行的购买，没有习惯性购买，更谈不上忠诚购买。此外，在具有米线、米粉的传统饮食习惯的区内，这些传统的地域饮食是具有普遍性的，方便米线作为这类传统饮食的一种延伸，也失去了很大一部分消费者。无论是作为方便食品的细分还是作为传统饮食的延伸，方便米线都失去了很大的消费群体；本应1+1>2的组合，现在却变成了1+1<1的现状，这不可谓不尴尬，也不可谓不遗憾。

市场决定了产品，反过来产品也决定了市场，这二者并不矛盾。而市场是由消费者组成的，要想获得市场就要赢得消费者，要赢得消费者首先要有优良的产品和服务。在竞争当中，同类产品在价格、性能、质量等因素相当的情况下，谁能提供质量更高、项目更多的销售服务，谁就能吸引更多的顾客及用户，谁也就能占有更大的市场份额。所以说，销售服务是赢得竞争的一个重要手段，也是占领市场的一个重型武器。任何一个企业要想在竞争中取胜，争取产品更大量的销售，都必须高度重视销售服务质量，不断改进服务态度和服务方式，扩展服务内容和服务范围，努力为顾客提供高质量的服务，以最大限度地争取顾客，使之在市场竞争中占据优势地位。

3.2 如何挖掘和满足消费者的需求

名人语

收入可以以其他形式出现，其中最令人愉快的是顾客脸上出现满意的微笑，这比什么都值得，因为它意味着他的再次光顾，甚至可能带个朋友来。

——雷·克罗克

任何一种商品，若想引起消费者的注意和兴趣，进而吸引他们购买，从根本的意义上说，取决于两个方面：一方面是商品本身的效用和价值，另一方面是购买商品所付出的成本。两者相比较，当效用大于成本，顾客就会倾向购买；如果成本大于效用，顾客就会放弃购买。离开了人们的需要，一切商品就失去了其存在的意义。需要是购买过程的动因和起点。消费者正是在需要的基础上产生购买行为。因此，有效地开展市场营销活动，必须掌握顾客价值理论，必须对消费者需要进而对其购买行为进行分析。

3.2.1 顾客价值的概念

顾客价值被认为是提高顾客忠诚度，企业只有提供比其他竞争者更多的价值给客户，即优异的客户价值（Superior Customer Value），才能保留并造就忠诚的客户，从而在竞争中立于不败之地。正因如此，顾客价值已成为理论界和企业界共同关注的焦点，被视为竞争优势的新来源。所谓顾客价值是指消费者通过购买商品所得到的收益和消费者花费的代价（购后价值与购买成本）的差额。

小思考：

企业要想提高顾客价值，可以从哪些方面入手？

假设某一顾客欲购一台格力变频空调，他在毗邻的两家家电商场进行考察。同一规格、同一型号，甲店比乙店贵100元，但甲店承诺保修3年。该顾客考虑再三，还是选择在甲店购买。你知道为什么吗？道理很简单，虽然多付了100元，但买得放心，态度热情，售后服务好。这就是说从购买成本来看，表面上是吃亏了，但顾客感到服务价值、人员价值、形象价值远远超过100元的货币价值。因此，作为企业的营销者必须在得到的收益与花费的代价之间进行估算，如果认为所售产品或服务在顾客价值上缺乏优势，则应该努力增加购后价值的同时降低购买成本。前者要求强化或扩大提供产品的服务水平、人员价值及企业形象价值；后者要求减少顾客的货币成本、时间成本、体力成本和精力成本，如降低价格、简化订货和送货程序、实行上门安装调试、提供担保减少顾客风险等。

3.2.2 顾客满意与顾客忠诚

所谓顾客满意，是指顾客购买产品后，对产品的感知价值与期望价值比较后所形成的感觉状态。顾客满意是买方在经历了能实现期望价值后的一种感受。当顾客的期望被超越，顾客会感到十分欣喜。感到满意的顾客会忠诚于本企业产品的时间更长，购买更多的新产品，对价格的敏感性更少，从而忽视竞争者品牌和广告。“满意的顾客是最好的广告，满意的顾客是最好的推销员”。据有关的调查研究结果：多一个满意的顾客，有可能带来 8 个新顾客；多一个不满意的顾客，可能减少 25 个顾客。

企业应该时刻关注顾客满意，因为顾客的满意度是企业市场策略成功与否的重要评判依据。我们经常使用的评测方法有以下几种。

1. 简单易行型

直截了当地问：“你对××品牌的产品或服务总体上满意吗?”受访者可以进行选项或者打分。这种方法的优点是：效率高，容易回答，而且容易了解消费者对竞争品牌的总体评价。缺点：由于这样一个问题太过突兀和简单，受访者的回复在很多情况下不能代表其真实的意思表示，由于没有时间仔细考虑被调查产品的方方面面，其选择通常趋向于中庸的选项。好比当你和朋友聚餐后，家人问你饭吃得怎样。回答通常是“还可以”“还行”“不错”等。事实上，被问者并没有时间去考虑饭菜质量、服务质量、价格等各种要素，而且可能选择肯定回答的主要因素是因为聚会时和朋友聊得开心、心情不错。这种方法目前应用不多。

2. 双重评价型

这种方式需要调查设计者找到一些影响满意度的驱动要素，然后让受访者对被调查品牌在该驱动要素上的表现打分，同时还要对该驱动要素对其重要性程度进行打分。比如：“请问××品牌洗衣粉的溶解性能怎么样，可以打几分?”“洗衣粉的溶解性能对您而言重要吗?请选择。”之所以这样设计，目的不仅仅是了解顾客对某品牌产品或服务的满意度高低，而是了解对相应的满意度驱动要素的评价。除此之外，了解这些消费者对这些驱动要素中的哪些要素更加重视，哪些不那么重视。了解这些要素以后，在确定满意度提升措施的时候，可以重点提升那些消费者评价低而重要性高的因素。这种方法目前在企业自身实施的满意度调查中应用得比较广泛，因为其应用基本不需要太多的统计分析技术，实施简单。

3. 双重评价改进型

这种评测方法是在上一种方式的基础上改进而得到的。具体方法是：假定全部要素的重要性合计为 100，受访者在对每个调查要素给予重要性权重的时候，最终需要使得权重和为 100。例如，对飞行的乘客而言，飞机的安全性、飞行中的餐饮质量、两排座椅间的距离大小、常旅客计划的吸引力等要素都可看作是乘坐航班满意度的调查要素。

4. 构建结构方程型

构建结构方程模型，用专用 PLS 软件计算。在结构方程模型构建的过程中，首先需要对顾客需求和感知进行深入研究，通过大量的前期工作，如顾客焦点小组访谈、顾客需求分解、顾客预调查、行业专家拜访、购买消费现场观察等多种手段，才能构建起一个基础模型。然后通过消费者试调查，采集到一定的数据后，对数据进行多种统计处理、分析和检验，根据相应的结果对模型进行必要的调整，然后才能应用到实际的顾客满意度分析当中去。否则的话，随意构建的模型只能成为使得数字游戏显得高深莫测的工具。其次，通过专门的用户满意度分析软件（采用偏最小二乘法 PLS 算法）来完成。采用偏最小二乘法（PLS）算法可以有效计算原始数据右偏的数据关系，因而成为分析满意度数据的最适合工具。目前，美国用户满意指数（ACSI）、瑞典用户满意指数、欧洲用户满意指数、中国用户满意指数（CCSI）等国家级用户满意度研究都是采用结构方程模型构建关系，通过偏最小二乘法（PLS算法）进行计算分析。

此外，随着市场调查分析技术的发展，统计工具在市场研究中应用得越来越多，如多元线性回归统计分析技术、多次多元线性回归技术等，但从科学的角度看，随着新的分析研究技术的涌现，回归统计分析技术已经不太适用于顾客满意度的研究领域。

所谓顾客忠诚，是从顾客满意概念中引出的概念，是指顾客满意后而产生的对某种产品品牌或公司的信赖、维护和希望重复购买的一种心理倾向。顾客忠诚实际上是一种顾客行为的持续性，顾客忠诚度是指顾客忠诚于企业的程度。

营销小故事

青山农场的忠诚计划

美国纽约州锡拉克斯市有一家“青山农场”（Green Hills Farms），但它不是真的农场，而是家蔬果食品店。这是一家将近70年的老店，大约2200平方米，门脸陈旧，几年来却被誉为全美最好的小蔬食店。多年来，青山农场能在市场上保持骄人的记录，离不开它独特的忠诚计划。

青山农场的忠诚计划一开始就使用了条码技术，后来又很早向顾客发放了IC卡。这就使公司能够有办法去通过技术手段了解、分析和比较它的15000多名经常性顾客。商店20岁刚出头的运营董事约翰·马哈尔说：“你常常觉得上这儿买东西的人没有你不认识的。可我们的分析报告一出来，你就发现有花销很大的顾客，你到现在还不认识，也有一些常客，他们的花销却实在不高，这很令我们意外。”青山农场进一步了解到了它的经常性顾客的潜力和收入、消费结构。不断的数据采掘（data mining）加上对奖励组合的不断调整，成为青山农场稳操顾客忠心的“把手”。例如，奖励自己的忠诚客户，奖品是实实在在的现金——买100返15（美元），当场兑现。顾客在一星期之内连续花销100美元，就能享受“钻石级”待遇：包括感恩节期间一只16~20磅的火鸡——不是冻的，是附近农场提供的现宰的；圣诞节来临之际，还加送一株圣诞树——是青山农场的CEO凯瑞·霍金思家族亲自选择的7英尺高的道格拉斯冷杉（对美国中产人家来说是很体面的）。小恩小惠就更多了，春季来临时鲜菜部就发25美分的打折券，顾客攒到一定金额就能实现全年购物打折的优惠，一段时间后还能获得各种奖品。

而负责信息服务的董事莉萨·裴隆的部分职责，就是保证每一位消费大户都得到相应的回报和奖励。她甚至把商店每个部门的消费大户都做了统计和编排，亲自给他们写感谢信和寄上为他们个人定制的礼品通知；礼品篮内分别放入他们最中意的商品，由部门经理亲自把礼品篮交给有通知的顾客。

青山农场每年能保持96%的钻石级顾客，以往多年来的顾客保有率达到80%。不仅如此，它还能从对手那边挖过来几个大户（一个大户就足以让它自豪）。良好的顾客保有率甚至还为青山农场赢得了供货商的赞许。在此基础上，它甚至不用再到当地报纸上做促销广告，并用每周节省下来的6000美元中的一小半，给顾客投递促销通知单。

相比之下，一些业内观察家指出，很多零售商家的忠诚计划之所以失败，一个重要原因就是既要追求消费大户，又难以割舍大众市场。正如马哈尔所说："（忠诚计划）就怕没重点、不专注，一这样就全完。"

（资料来源：http：//finance. sina. com. cn《成功营销》，有删减）

小探索

方女士是一名新妈妈，有一天她在报纸上看到"初生婴儿不宜喂食蜂蜜"的报道，联想起她天天给宝宝吃的某品牌的米粉，恰好是含有蜂蜜的，于是她非常担心地拨电话到该公司询问。接电话的工作人员不但指责该教授信口胡说，还埋怨方女士太小题大做，最后用相当自满的口气说"我们的产品没问题"。方女士不但大失所望，而且受了一肚子的气，使她对该品牌信心大失，不但立刻转换品牌，还逢人就数落该品牌不好。

问题：导致方女士购后不满意的原因是什么？企业应采取什么策略消除方女士的疑虑？

3.2.3 消费者需求理论概述

名人语

企业要想获得最大利润，它们需要去预期和满足消费者的需求。

——彼得·德鲁克

满足顾客是第一，也是永远的一种心态与行为……是一种每一天每一分钟的执着。

——考利

消费者需求理论是西方经济学理论中的一个重要内容。了解消费者的需求，是企业营销活动的起点，而满足消费者的需求，则是企业营销活动的根本目标。因此，研究消费者需求理论，对于指导企业的生产和经营有着十分重要的意义。

小思考：

试问需求与需要是同一概念吗？

1. 什么是需求

需求就是指在一定时间内和一定价格条件下，消费者对某种商品或服务愿意而且能够购买的数量。具体包括两个方面的内容：一是消费者愿意购买，即有购买的欲望；二是消费者能够购买，即有支付能力，二者缺一不可。

营销小故事

咽喉含片

由于环境污染加剧，空气质量的恶化，气候的变化无常，吸烟嗜酒者的增多，以及卡拉OK的全国流行，用嗓过度者日益增多，造成咽喉炎患者、咽喉不适者及口腔异味者对咽喉治疗保健药的需求大增。

对潜在消费者更进一步的研究表明，一种能短时间产生良好的抑制咽喉不适效果，治疗急性咽喉炎，较长时间保持作用的含片是大受欢迎的产品。于是，江佩珍厂长就三到上海求援，找到了华东师范大学的王耀发教授，共同开发出了新产品——喉宝。

因此，一种含有多种中草药成分，能短时间对咽喉炎症产生强烈、良好效果，显效时间较长，高附加值的咽喉含片根据市场需求而诞生了！

2. 影响需求变动的因素

影响需求变动的因素有以下几个。

（1）消费者需求由消费者的实际需要决定。除了人类最基本、最原始的需要是为了维持有机体所必需的衣、食、住、行、性等方面的需要外，还有人们对精神生活和社会交往中所需的有形或无形产品的心理需要，如友爱的需要、求知的需要、审美的需要、尊重的需要等。

（2）商品的价格。作为理性的消费者总是希望用较少的钱去获得尽可能多的商品。因此，商品的价格与需求量呈反方向变化。

（3）消费者的个人收入。消费者的收入增加，有利于消费支出的增加，但是理性的消费者绝不愿意用更多的钱去购买与过去完全同质的商品。因此，只有提高商品的档次，才能满足收入增加后的消费者的实际需要。

（4）替代商品的存在。一般来说，在相互替代商品之间某一种商品价格提高，消费者就会把其需求转向可以替代的商品上，从而使替代品的需求增加，被替代品的需求减少，反之亦然。

（5）预期。预期是人们对于某一经济活动未来的变动趋势的预测和判断。如果预期价格要上涨，就会刺激人们提前购买；如果预期价格将下跌，许多消费者就会推迟购买，即持币待购。

小探索

水是人们的生命之源，喝水对于一个城市来说其实是一件再简单不过的事，城镇居民通常是喝瓶装水和自来水。据调查，政府机构提供的自来水约0.15元/升，但现在有数百万消费者付出相当于自来水30倍的价格购买瓶装水。（瓶装水的价格为4.5元/升）送货上门的饮用水也占据了一定的市场份额。

请讨论：

人们为什么购买瓶装水/桶装水？为什么成百上千的人花数百倍于自来水的价钱去买瓶装水。这表明消费者有什么样的需求呢？

3. 如何挖掘消费者需求

消费者的需求分为两个方面，即现实需求和潜在需求。

（1）现实需求。一位顾客走进商场，掏钱买烟，这就是现实顾客。但是，你能知道顾客需求哪个档次的香烟吗？不知道。经过一番询问，了解到这位顾客的消费能力、消费结构、消费品牌。然后，再有针对性地推荐，这样不仅挖掘了顾客需求，而且也满足了顾客需求。现实的需求需要通过以下方式来挖掘：

① 让顾客有利可图。也就是让顾客认为，这款商品与同类产品相比，不仅质量好，而

且在价格上有更多的优惠，让顾客产生一种心理上的优势，以此来满足顾客追逐付出最小化、利润最大化的需求。

② 联络顾客情感。良好的厂商关系是增加商品销售概率，实现顾客忠诚的关键。要想让顾客主推企业的产品，就要挖掘客户的需求潜能，利用感情纽带，构建和谐的厂商关系，多给顾客提供利润外的增值服务等附加价值。比如，利用各种节日、周年庆等活动，回馈客户、拜访客户，以加强沟通，改善关系，从而促进销售。

③ 即时激励，刺激购买。即根据市场和商品销售情况，通过买赠、打折、优惠老客户、会员积分等形式，宣传企业形象、商品前景、价格优势等，再通过现实的政策拉动，吸引顾客把钱掏出来。

（2）潜在需求。顾客需求还有一种并非是有着一定购买目的的顾客，他们有着相对潜在的购买欲望，但还没有实施购买行为，这是一种潜在的顾客。但是，作为经营者要当作现实的顾客来接待，这也是传播经营形象的一种手段，只有把现实顾客和潜在顾客都服务好、服务到位，才能提高经营形象，获得良好的口碑传播。比如，小李刚谈了个对象，想利用中秋节那天去拜访女方家人，第一次上门，当然礼品是不可少的了。准岳父爱抽烟，而小李不抽烟。小李先到商场烟柜打听哪种烟适合本地人口味以及价格情况。营业员热情地接待了他，并向他做了推介，但小李没买而是满意地走了。中秋这天，小李和他女朋友高高兴兴地返回该商场，并买走了两条高档烟。这就是从潜在顾客变成现实顾客的例子。

作为商家在满足顾客需求时，还要善于寻求顾客的潜在需求，那么，如何挖掘顾客的潜在需求呢？除了企业要进行适度的广告宣传，来进行“立体式”引导外，作为营销人员，还要善于找到市场产品的细分点，从产品品牌、包装、规格、功能，或补缺或完全新品类，来引导顾客的需求；还可以通过构建样板市场，树立新产品推广榜样等方式，来调动其他推广不好的顾客一起来销售新产品，把潜在的顾客需求给调动起来；最后是能够站在顾客的角度，结合市场、厂家、顾客、消费者以及下游分销渠道，给顾客提供市场需求解决方案，告诉顾客，为何要通过引进一些产品，来满足广大顾客的需要，同时，对顾客及其员工，还要发扬传帮带的“教练”精神，教给他们做市场的步骤、方法、技巧，让顾客无后顾之忧，需求计划自然而然就能够派发下去。

3.2.4 消费者需求理论的应用

名人语

产品短缺时，人们能买到就行；产品丰富了，人们先选物美价廉的；质量、价格都差不多了，人们开始挑选牌子响的；牌子都叫响了，人们又瞄准了服务最好的……总之，要盯住消费者这些无穷无尽的需求。

——海尔集团副总裁梁海山

零售行业是直接面对消费者的数量最多的销售终端形式，下面以零售业为例来研究消费者的需求。

1. 为谁经营

面对这一问题，几乎所有的经营者都会回答：消费者。那么，就让我们一起来认识消费者。

（1）消费者的实际需要。假设以城镇居民为例，消费者有1000元钱的话，那么他们可能将60%用于衣、食、住、行、10%用于医疗、保险、文教等、10%用于娱乐、休闲、珠宝首饰等、5%用于购买名牌服饰、汽车、上高档酒楼等，剩下15%用于储蓄。零售企业可以看一看自己所经营的商品是否符合消费者的实际需要。

（2）消费者的收入水平。如果以2000年的人均收入与2010年的人均收入相比，2010年无论是城镇居民还是农村居民的人均收入，几乎都是2000年的10倍。以手机为例，从2000年到2010年的10年中，无论是手机的款式、颜色还是功能等各个方面都发生了很大的变化。由体积小到翻盖手机、彩屏手机再到智能手机（图3－3～图3－6），在此期间得到了飞跃的发展。

图3－3　体积小的手机

图3－4　内置MP3、翻盖手机

图3－5　彩屏手机

图3－6　多媒体的3G手机

由此可见，当消费者收入水平较低时，迫于生计，不得不消费较多的劣等品。当消费者收入提高时，会增加层次较高、品质较好的生活必需品的消费，这样自然而然减少了对劣等商品的消费。但要注意，如果消费者收入不变，而商品价格上涨，就等于消费者收入的减少。反之，如果物价下跌，就等于消费者收入的增加。一个好的企业不仅要分析研究消费者的平均收入，而且还要分析研究各个阶层的消费者收入、不同地区的收入水平和工资增长率等因素。只有这样才能抓住重点，提高企业的创收率。

（3）消费者的年龄结构。不同的年龄结构会有不同的消费需求。对于少年儿童的消费群体，企业应注重商品的外观设计，增强商品的吸引力，力求造型奇特、活泼有趣、色彩斑斓、形状各异、包装精美，结合儿童熟悉、喜爱的卡通人物、动物形象等，同时在价格和安全系数方面也要适当考虑成人的需求。对于青年消费群体喜新厌旧、追求时尚和网上购物的消费心理特点，作为企业应该抓住商机，调整营销策略。以90后为例，具体有：

① 互动式体验营销。这种营销更能激发他们的购买欲望，引导消费，刺激消费。

· 功能体验。它是通过对产品的试用体验，将使消费者对产品功能有更真实的感受和认知，如iPhone、iPad就是建立品牌体验店，为年轻消费者特别是90后提供不一般的视听享受，大大激发了他们的购买欲望。

·娱乐体验。90后喜爱娱乐、追逐娱乐。企业可将产品或品牌的理念特质融入娱乐之中。同时，90后是注重感受的一代，给予他们视觉、听觉、触觉、味觉、嗅觉五感的综合感受，才更能让他们感觉到酷、有意思、好玩。

让我告诉你

娱乐体验营销

娱乐体验营销是指以顾客的娱乐体验为诉求，通过愉悦顾客来达到企业的营销目标。这种营销方式的出发点和归宿点就是为顾客制造快乐和开心。它相对传统营销方式来说显得更加亲切、轻松、生动，并富有人情味。例如，蒙牛与《超级女声》的合作可以说是娱乐体验营销的点睛之笔。在利用超女赛事宣传的同时，设置“超级女声”夏令营，专门的投票网址，相关的路演活动，终端买六赠一的促销活动，“蒙牛酸酸乳”在这次活动中，把销售系统和媒介系统进行了一次整合。从产品的包装、售点的宣传单页、终端的路演推广均和媒介宣传步调一致，把消费者的关注度集中到一点，消费者去超市购买“蒙牛酸酸乳”产品一定会想到湖南卫视“蒙牛酸酸乳超级女声”这一活动，让超级女声的活动和蒙牛的市场促销活动实现了相得益彰，相互推动，蒙牛酸酸乳的销量从几千万暴增至20亿，蒙牛可以说是真正做到了不遗“娱”力。

②个性化的限量营销。什么样的产品最酷、最值钱？当然是限量版的产品。对于崇尚自我个性、追求与众不同的90后来说，得到一款限量版的产品该让他们多么的疯狂、炫耀。

③自我式的网络购物。90后追求自我的同时，又有很强的群体主义意识。QQ圈子、博客圈子、MSN圈子、开心网圈子……大行其道。在这些圈子里，他们乐于分享自己的体验，也乐于接受别人的经验；进而作为自己消费的依据。

④手机营销。就依现在的3G、4G手机功能来看，完全具有上网、听歌、看电影、看视频、拍照、玩游戏、翻译等功能。

对于老年人消费群体，由于其生理特点，实际消费本来就不多，再加上我国传统消费习惯的影响，惜购现象比较严重。企业不但要提供老年消费者所希望的方便、舒适、有益于健康的消费品，还要提供良好的服务。例如，饮食方面，易消化，健康，低糖，低盐，低胆固醇，疗效食品和滋补品；穿着方面，降低对服饰修饰性要求，对商品本身的性能质量要求更高了；住房方面，除了要求安静的环境外，还要有提供老年适度劳动和活动的工具及文体用品等。

小探索

试分析自己与60后的父母、70后的老师、90后的师兄师姐、00后的小弟小妹相比，在消费行为上有哪些方面存在区别？

2. 经营什么

一般说来，消费者需要什么，企业就经营什么。但是，多年来企业的经营并不是这样。这除了与我国经济体制改革中的一些客观因素和历史原因有关，难道与我们经营的商品不能满足消费者的实际需要这一因素无关吗？所以，要使消费者满意，就必须根据个人的特定需求来进行市场营销组合，能极大地满足消费者的个性化需求，提高企业的竞争力。对此，海尔的“定制冰箱”服务已充分说明这一点。比如，消费者可以根据家具的颜色或是自己的品位，定制自己喜欢的外观色彩或内置设计的冰箱。这种冰箱对厂家来说，就是把“我生产你购买”转变成了“你设计我生产”的模式。实践证明，海尔从设计、科研、生产以及配送上，都具备了满足用户个性化需求的能力，1000 余台特制冰箱从订货到交货只用了两天时间。

营销小故事

美汁源果粒橙

2004 年美汁源到中国并成功推出了“美汁源果粒橙”，不添加防腐剂和人造色素，含真正果肉的橙汁饮料。目前，该产品分销 100 多个国家。

“美汁源”品牌在中国上市之前，可口可乐就已经做了大量的调查和分析，甚至包含了目标消费者情感方面的问题，还得到这样一个结论：人们都比较关心自己的健康，希望有一个健康的生活。当然在落实到产品的本身上，结合果汁类产品的特性，可口可乐公司需要了解：中国消费者为什么要喝果汁？他们的动机是什么？从中可口可乐公司得出消费者在饮用果汁方面的好处和利益。在品牌差异化方面，“美汁源”果汁的产品在口感设计方面与众不同。该品牌产品里有果肉，能让人联想到许多好的感觉，如自然、营养、健康，并且非常真实。所以“美汁源”果汁能够给到消费者很清晰的口感，让消费者感觉到与众不同。之所以在产品推出之前做这么多调查和分析工作，就是让产品与消费者对饮料的需求息息相关。

3. 怎样经营

作为企业，只有心中真正装着消费者，消费者才会通过自身的消费来促进零售业的发展。

（1）转变经营观念，切实为消费者服务。食品消费依然是今后相当长一段时间内的消费主流。近年来，虽然我国的恩格尔系数逐年下降，但仍然占我国消费品零售总额的 40% ~ 50%，这一比例是其他任何一种商品都无法比拟的。零售业应进一步扩大食品的经营数量、种类，如果大型零售企业经营食品的数量、品种等不能达到一定的程度和规模，那么就等于放弃了 40% ~50% 的消费，这种情况下，无论零售业怎样经营其他的商品，要想获得高额的利润就已经不大可能。同时，随着我国消费者收入的不断提高，从业人数的增加和生活节奏的加快，粗加工食品已经很难满足消费者的实际需要了，方便食品、精加工食品越来越受到消费者的青睐。因此零售业的经营者一定要根据自身所拥有的顾客群的特点确定经营食品的数量、品种及规模和档次，以此吸引消费者，形成稳定的顾客群，通过食品的消费推动其他商品的消费，从而获得尽可能多的经营利润。

让我告诉你

我国居民食品消费变化趋势

专家分析，未来几年，我国城乡居民消费将由生存需要逐步扩展到享受需要和发展需要，由过去单纯满足“饱腹”来“养活”自己的观念转向营养、保健与美食的享受，主要表现在四个方面。

(1) 居民食品消费将由单纯追求数量转向追求质量，特别是对工业制成品、半成品的需求将大幅度增长，从而为食品工业提供更广阔的市场。目前我国加工食品占居民饮食消费的比重大约为25%，如增至50%，将有可能使全国食品总产值在目前万亿元的基础上翻一番以上，达2万多亿元人民币的规模。

(2) 随着生活方式的变化与生活节奏的加快，城市居民特别是妇女用于家中做饭的时间日益缩短，在外就餐的消费支出不断提高，从而有力推动餐饮业的发展与加工食品市场的拓展。2013年，全国餐饮业销售收入就已达到25392亿元人民币。

(3) 随着农民经济状况的改善，农村在加工食品中的地位与作用将不断加大。按2002年主要食品消费量计，农村居民总消费量达2.57亿吨，其中大多为非工业加工食品。从发达国家和我国沿海地区看，农民销售农产品、再从市场上购买加工食品的物流态势是必然趋向。随着这一潜在的市场被充分认识，将催生新一轮食品工业基地建设布局。

(4) 近些年，地方特色食品身价倍增，成为食品消费市场上的宠儿。2012年5月，一部热播的纪录片《舌尖上的中国》掀起了地方特色美食的大卖热潮。纪录片从2012年5月14日开播起，短短的几天时间里就有584万人次登录淘宝网搜索各种地方美食、特产，搜索量达471万次，2000多万人浏览过相关的美食页面，成交商品729万件。纪录片激起了很多人的好奇心，从而引发地方特色美食热销。此前乏人问津的毛豆腐、松茸、诺邓火腿等特产，为越来越多的食客所认识和接受。据相关报道，纪录片播出后的短短的几天里，诺邓火腿销量猛涨，自2012年5月14日开始，该食品售价7天跳4级，卖家曾三度提价。内蒙古奶豆腐、安昌腊肠、嘉兴粽子等特产的销量也是一路看涨，同时也带火了美食旅游的热潮。

（资料来源：http：//www.foods1.com/content/11048/《环境与食品》）

对于同质商品而言，价格越低越受消费者欢迎。宜家（IKEA）的理念是：生活，从家开始。宜家品牌始终和提高人们的生活质量联系在一起，并秉承“为尽可能多的顾客提供他们能够负担、设计精良、功能齐全，价格低廉的家居用品”的经营宗旨。以低价格制造好产品，但在宜家，确实有些与众不同。所有的宜家产品背后基本的思想就是低价格会使种类繁多、美观实用的家居用品为人人所有。宜家品牌如图3－7、图3－8所示。

IKEA®

宜家家居

图3-7　宜家家居品牌

宜家未必是每个人的梦想

但或许正是你的梦想

图3-8　宜家家居宣传语

营销小故事

宜家家居（IKEA）于1943年创建于瑞典，“为大多数人创造更加美好的日常生活”是宜家公司自创立以来一直努力的方向。

宜家在提供种类繁多、美观实用、老百姓买得起的家居用品的同时，努力创造以客户和社会利益为中心的经营方式，致力于环保及社会责任问题。今天，瑞典宜家集团已成为全球最大的家具家居用品商家，销售主要包括座椅/沙发系列、办公用品、卧室系列、厨房系列、照明系列、纺织品、炊具系列、房屋储藏系列、儿童产品系列等约10000个产品。

目前宜家家居在全球38个国家和地区拥有310个商场，其中有14家在中国大陆，分别在北京、天津、上海（3家）、武汉、广州、成都、深圳、南京、无锡、大连、沈阳、宁波。宜家的采购模式是全球化的采购模式，它在全球设立了16个采购贸易区域，其中有3个在中国大陆，分别为：华南区，华中区和华北区。目前宜家在中国的采购量已占到总量的18%，在宜家采购国家中排名第一。根据规划，至2012年，宜家在中国内地的零售商场将达到11家，所需仓储容量将由现在的10万立方米扩大到30万立方米以上。中国已成为宜家最大的采购市场和业务增长最重要的空间之一，在宜家的全球战略中具有举足轻重的地位。

现在的市场是一个开放的市场。对于同一地区的消费者来说，对该地区同类商品的信息（商品的质量和价格）是十分了解的，谁都不愿意用高价去购买同质商品。因此零售业的经营者一定要设法降低经营成本，最大限度地利用资源，以能够为人们所负担得起的价格提供优质产品，满足人们的需要和品位。

特色是最重要的利润来源。产品特色定位是根据其本身特征，确定它在市场上的位置。在广告宣传时应侧重介绍产品的特色或优于其他产品的性能，使之与竞争产品区别开来。消费者之所以愿意用不同的价格去购买可以相互替代的商品，是因为替代商品之间存在一定的差异。为此，许多产家利用广告和各种促销手段的目的，就是为了让消费者承认这种差别并愿意付出相对高的价格。对于零售经营者来说，同样可以利用这种差别优势，来获取高额利润这种差别优势，实际上也就是我们所说的“特色”。

零售业的特色包括商品特色、服务特色、企业形象特色、信息便利的特色、满足个性化特色、体现智能化管理特色等多个方面。但是，目前我国零售业无论经营的商品、商场布置、服务形式等方面都十分相似。有人认为，这是因为在社会生产领域无专利可言，一旦某种营销方式被消费者认同，很快就会被零售经营者广泛采用。事实上，每个零售企业所拥有的消费者不同，消费习惯和消费特点都各不相同，只要零售企业经营者善于发现，勇于创造，就一定能创造出自身的经营特色，以获取持久的经营利润。譬如，迪士尼乐园可以宣称自己是世界上最大的主题游乐场。但也是一种产品特色定位，它间接地暗示了一种利益，即从中可享受到最多的娱乐。当今的迪士尼已经远远不止于从事动画电影这一个行业了，有迪士尼手表、迪士尼饰品、迪士尼少女装、迪士尼箱包、迪士尼家居用品、迪士尼毛绒玩具、迪士尼电子产品等多个产业。迪士尼特色定位如图 3－9 所示。

图 3－9　迪士尼特色定位

营销小故事

M 城的腌面

在 M 城的大街小巷随处可见腌面店，店面不太，环境简陋，但食客却络绎不绝，有本地的大人小孩，有外地游客，还有返乡的游子。是什么原因使腌面店的生意异常火爆呢？原因很简单，一是价格便宜，一份腌面加一份三及第汤只需 6～8 元；二是好吃，新鲜的面条拌上刚炸出来的猪油，香气扑鼻，令人心动。

（2）降低经营成本，实现双赢目标。经营者总是希望获得尽可能多的经营利润，消费者总是希望用尽可能少的支出获得称心如意的商品。要使两者的利益在市场上得到统一，实现双赢目标，主要的方案就是降低经营成本。常见的做法有以下两种。

① 实现规模化经营，最大限度地降低固定成本和采购成本。首先，只有实现规模经营，分摊到每个经营商品上的固定成本才可能最小。同时实现规模经营才可能享受大批量进货的折扣和折让，使每件商品的采购成本降到最小，这样商品的成本才可能达到最低限度，企业也才可能用一个尽可能合理的价格去赢得消费者，从而实现规模经营的良性循环。其次，应该适当开展网上贸易，利用网络技术扩大销售范围，增加销售收入。以餐饮行业为例，消费者习惯于随时随地快速查找餐馆及优惠，随时随地的支付和预订，随时随地地查看和分享消费评价。在就餐时也有越来越多的人发微博，拍照上传微信朋友圈和大家分享。

② 建立高速信息通道，降低流通费用。流通费用是零售业经营成本的又一组成部分。过去由于信息交流不畅，比如，厂家给予的购货折扣，并没有落实在购进商品的成本上，而且出现了“穷庙富方丈”的不良现象。同时由于信息传递速度太慢，对消费者喜爱的商品不能及时地补充，本可以获得的利润却散失了。这些因素导致了消费成本的上升，最终损害了消费者的利益。解决这些问题的根本办法，就是利用现代信息技术，建立零售信息网络，从 POS 系统起步，逐步向 EOS 系统、VAN 系统、EDL 系统、QR（快速反应系统）及 ECR（有效适应消费者）系统发展，在生产商、消费者和零售业之间形成快速沟通渠道，减少中间环节，提高资金的时间价值，最大限度地降低流通成本，让利于消费者。

（3）重视品牌价值，创造名店效应。品牌是一种无形资产，其价值难以估计。当消费者根据自己的需要、价值观及生活方式来选择与之相适应的品牌时，此时品牌会使消费者产生一种印象（感觉），品牌代表了我，即品牌形象与自我形象一致起来了。例如，吉尼斯黑啤酒（Guinness）是一种醇厚、带苦味的黑色饮料，广告上强调宣传其独特的个性——吉尼斯黑啤酒（品牌）是营养价值与充满活力的标志，象征着阳刚之气、成熟与智慧。强有力的品牌能帮助人（消费者）建立鲜明的自我形象，人们购买不只是因为质量上乘，而是为了塑造自己的形象。从消费心理的角度来说，消费者购买一个品牌的商品或接受一个品牌服务项目，他不只是关心商品具有什么功能，更重要的是体验商品的个性，使他感到品牌的个性适合于这一场合。

我国国有零售企业经过新中国成立60多年的发展，在消费者心中具有较高的声誉，已经形成了一定的品牌价值，因此我们要重视这种价值，利用这种价值，在这种价值的基础上创造企业的名店效应。作为零售企业一定要重视原有的品牌价值，在此基础上开发自身的经营特色，如赋予产品某种情感、设计独特、风格优雅等，最大限度地实现零售业的名店效应。

让我告诉你

运用心理学淡化危机

某楼房自出租后，房主就不断地接到房客的投诉。房客说，电梯上下速度太慢，等待时间太长，要求房主迅速更换电梯，否则他们将搬走。

已经装修一新的楼房，如果再更换电梯，成本显然太高；如果不换，万一房子租不出去，更是损失惨重。

房主想出了一个好办法。

几天后，房主并没有更换电梯，可有关电梯的投诉再也没有接到过，剩下的空房子也很快租出去了。

为什么呢？原来，房主在每一层电梯间外的墙上都安装了很大的穿衣镜，大家的注意力都集中到自己的仪表上，自然感觉不出电梯的上下速度是快还是慢了。

企业如果碰到确实不能或不利直接经营的危机产品时，可以考虑运用这种相对“消极”的危机营销方法去主动淡化危机。

3.2.5 消费需求的未来发展趋势如何

随着生产力的发展和物质文化水平的提高，消费者的需求也随之发生变化。预测消费者的需求发展趋势，可以为企业经营提供借鉴，以保证企业能为消费者提供让他们满意的服务。

1. 消费需求的个性化与多样化

对于当今的中国消费者来说，在经过相当长时间的追波逐潮后，基本形成了“基本追求”→“求同”→“求异”→“优越性追求”→“自我满足追求”的变化过程。在基本生活需要得到满足之后，从追逐潮流、显示个性，到体现品位、追求自我满足，心理追求逐步向高层次发展，生活及消费动机也在不断多样化（图 3－10）。

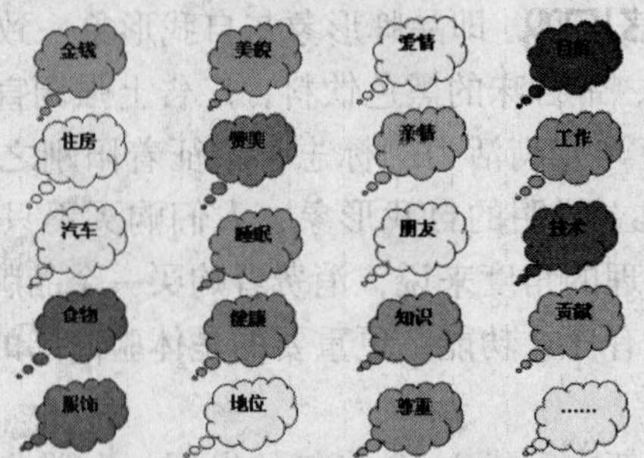

图 3－10　消费者需求的多样性

2. 消费需求的情感化与感性化

由于技术水平的提高，产品质量、性能等物质指标差异化程度越来越小，精神、情感需求在购买决策中的权重越来越大。由高情感的需要导致感性消费的需求。将消费活动与自我概念密切关联，作为追求共情（情感上的共鸣）、体验、展示能力或风貌等的舞台。

营销小故事

休闲娱乐服务需求正在增加

《爸爸去哪儿》是湖南卫视 2013 年第四季度全新推出的父子亲情互动节目，原版模式购自韩国 MBC 电视台。每期有 5 位明星爸爸跟子女 48 小时的乡村体验，爸爸单独肩负起照顾孩子饮食起居的责任。2013 年秋天，该节目横空出世后收视率节节攀高，收视率一度达到 5.22%，市场份额突破 20%。导致《爸爸去哪儿》火爆的原因有三个。

（1）新人口高峰增加了亲情类节目的需求。由于独生子女陆续进入生育年龄，按照现行生育政策，政策内生育水平将有所提高。上述两个因素共同作用，导致中国将迎来新的出生人口高峰，现阶段，我国处在新的人口高峰形成期。

（2）我国中产阶层的迅速崛起推动了对精神服务的需求。从消费习惯来看，随着收入的增加，一国居民的消费习惯发生了巨大的变化，基本需求占收入比例下降，对有着更多附加价值的产品和服务的需求增加，竞争延展到跨行业和产业链的级别。此外，这一过程中，中产阶层受教育机会在增加，休闲的时间也在增加。

（3）速食文化推波助澜，助推新题材节目抢占市场。速食文化又称快餐文化，指追求速成或短期流行，不注重深厚积累和内在价值的文化思潮与文化现象。当今社会的节奏加快，随着网络的进一步发展，快餐文化进入了疯狂的时代，这慢慢演变成一种时尚。

3. 消费需求的健康化与绿色化

人们在注意生理安全、健康的同时，对心理、精神的健康关注程度逐步提高。追求舒适、享受，更多地利用休闲、娱乐消费或日常消费活动充实生活内容，调解身心状态。并逐步由关注眼前的健康环境到关注长远的社会大环境，注重环境保护、节约资源等绿色消费意识与需求将会不断加强。

4. 消费需求的多元化和复合化（网络化）

人们生活价值追求和生活需求在向多样化、个性化发展的同时，社会分工日益扩大，社会机构也日趋复杂，满足生活需要的追求目标与手段的结构也在不断地多元化和复合化（网络化），形成由相互影响和作用的不同需求环节组成的生活需求生态体系。围绕顾客不同的生活追求，客观上已经或正在形成由相关产品、服务组成的各种类型的“产品生态圈”，企业产品、服务的销售状况将与所在生态圈的状态及其在其中的地位和作用密切相关。营造产品良好的生态环境，应是企业市场经营的重要任务之一。

让我告诉你

中国市场的消费趋势报告

尚扬媒介于今日正式发布了《2014 年中国消费趋势前瞻》报告，为品牌主和市场营销者揭示和解读新一年的消费趋势和变化。本次报告参考了全国约 60 位趋势观察员和市场领域专业人士的信息反馈，运用了多个中国消费者连续研究数据库对中国消费者生活形态进行可视化的数据追踪，并融合了社会化媒体的声音，得出以下这些消费趋势：①我们都是极客；②渴望平衡；③越夜越精彩；④体验消费；⑤小众有力量；⑥民以食为天；⑦国货新风尚；⑧明明白白消费；⑨动动手指，天下我有。

营销小故事

企业因没注意满足顾客需求变化而失败的例子

在市场已经接受通用汽车公司“汽车的色彩也可以千变万化”的理念时，福特公司依然生产千篇一律的黑色 T 型车。结果，通用后来居上，福特最后只能停产 T 型车。福特汽车的图标如图 3－11 所示，通用汽车的品牌图标如图 3－12 所示。

图 3－11　福特汽车的图标

图 3 – 12　通用汽车的品牌图标

3.3　消费者购买行为类型及营销策略

由于不同类型的产品和服务的特点差异，使得购买行为过程并不完全一样。营销领域流传着一句至理名言："要想让顾客接受你的产品，首先要培训你的顾客。"

3.3.1　什么是消费者购买行为

消费者购买行为是指人们为满足需要和欲望而寻找、选择、购买、使用、评价及处置产品、服务时介入的过程活动，包括消费者的主观心理活动和客观物质活动两个方面。

3.3.2　消费者购买行为分析的环节

市场营销学家把消费者的购买动机和购买行为概括为 5W1H，从而形成消费者购买行为研究的基本框架。消费者购买行为分析如图 3 – 13 所示。

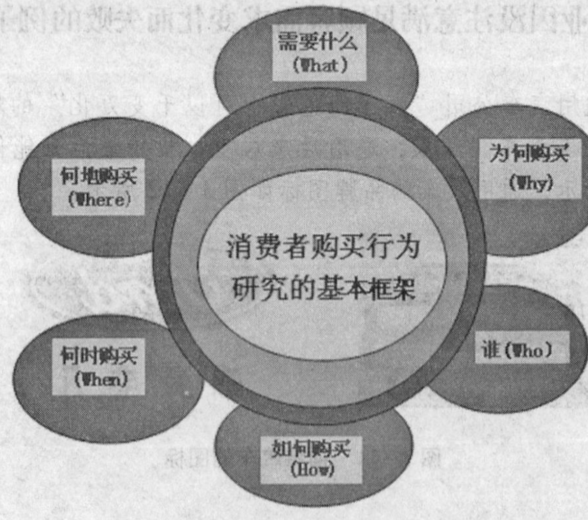

图 3 – 13　消费者购买行为分析

(1) 消费者需要什么（What）。通过分析消费者为什么需要这种商品而不是需要那种商品，去研究企业应如何提供适销对路的产品从而满足消费者的需求。

营销小故事

小猴拉车

老猴吩咐小猴去城里拉粮食，聪明的小猴不想自己太累，但又能完成任务。他想呀想，终于想出了一个好主意，在车上系了三个绳套：一个长，一个短，一个不长也不短。他叫来了小老鼠，让他闭上眼，拉长套。又叫来小狗，让他闭上眼，拉短套。他再叫来小猫，在小猫背上系了一块肉骨头，让小猫闭上眼，拉不长不短的绳套。小猴爬上车，让大家一齐睁开眼。

小老鼠看见身后有猫，吓得拉着长套拼命跑；小猫看见前面有只老鼠，拉着套使劲地追；小狗看见猫背上的肉骨头，馋得直往前撵。

小猴快快活活地坐在车里，不一会儿就进了城。

(2) 为何购买（Why），即权衡购买动机和原因。通过分析购买动机的形成（生理的、自然的、经济的、社会的、心理因素的共同作用），了解消费者的购买目的，采取相应的市场策略。

(3) 购买者是谁（Who）。分析购买者是个人、家庭还是团体，购买的产品供谁使用，谁是购买的决策者、执行者、影响者。根据分析，组合相应的产品、渠道、定价和促销。根据美国研究人员的一项调查结果证实，丈夫和妻子对购买决策的影响作用随所购买商品的不同特性而不同（表3-1）。

表3-1　购买因素对购买决策的影响

购买因素	汽车	衬衫	电视机	洗衣机
品牌	H	—	H	W
功能	H	W	H	W
式样	W	H	W	W
规格	H	H	H	W
维修维护	=	—	H	W
价格	H	W	H	H
商店	H	=	W	H
服务	H	—	H	H

注："H"为丈夫影响大，"W"为妻子影响大，"＝"为丈夫和妻子影响一样，"—"为没有意义。

(4) 如何购买（How），即确定购买方式。分析购买者对购买方式的不同要求，有针对性地提供不同的营销服务。例如，经济型购买者对性能和价廉的追求，冲动型购买者受情绪的影响和对外观的喜好，手头拮据的购买者要求分期付款，工作繁忙的购买者重视购买方便和送货上门等。

(5) 何时购买 (When)，即确定购买时间。分析购买者对特定产品的购买时间的要求，把握时机，适时推出产品。例如，分析季节性和传统节假日对市场购买的影响程度等。

(6) 何地购买 (Where)，即确定购买地点。分析购买者对不同产品的购买地点的要求，如消费品种为方便品，顾客一般要求就近购买，而选购品则要求在商业区（地区中心或商业中心）购买，以便挑选对比，特殊品往往会要求直接到企业或专业商店购买等。

让我告诉你

90 后购买行为分析

90 后讨厌墨守成规，喜欢多变、刺激和新颖的生活方式。他们有着同样的标签——个性、叛逆，他们主张打破一切，宣扬自我主义，不在乎别人怎么看，表达自己就好，向往动感、娱乐的生活，可以说是娱乐至上的一代。

对于 90 后消费群体来说，内在需求除了需要满足基本需求外还要求“酷！爽！动感！个性”！一句话“只要喜欢，我就想买”，买可口可乐，绝不是因为好喝，去麦当劳也绝不是因为汉堡美味，买耐克也绝不是因为它的制造工艺、产品品质能比其他品牌好多少，而是品牌体现的特性符合我的特性，我就喜欢。90 后购物者的内在需求归根结底就是基本需求+特性需求。大多数 90 后消费欲望超过消费实力，没有形成理性消费的观念，他们不是量入为出，而是量出为入，具有高购买冲动。只要能符合他们特性需求的，价格再高，他们也会咬咬牙买下来。每位购物者选购产品时都会带着几个首选指标进行考量，不同的产品具体指标不同，但总体来看，90 后选购产品时，他们偏向于自己喜欢的品牌，对视觉享受（外观、样式、色彩）、听觉享受（别人评价个性、酷）的追求超过上一代购物者。例如，60 后、70 后购物者选购电脑对性能的要求绝对超过外观，而 90 后买电脑确定好品牌和自己可接受的价格范围后，首选的指标就是电脑外观。另外，越来越多的 90 后开始采用网购，并且部分 90 后网购的次数和数量庞大，这是因为网购的简易便捷。

90 后购后行为比前几代人更积极、更主动，因为一方面他们主张自我且喜欢用行动表达自己的主张，“我的地盘听我的”；另一方面他们与外界的沟通更开放、更便利，想说就说，想唱就唱，有宣泄的空间与平台。购后行为发生在购买之后，但却发生在下一次购买之前，目前大多数营销理论强调购后服务，重视消费者购后的愉悦体验。面对 90 后购物者更重要的可能是如何刺激他们将购买、使用体验传播给他人，因为购后体验的素材很可能成为下一个购物者购物决策的参考资料。如果说以前需要重视购后行为，那么今天就“更”要重视这个环节。90 后越年轻的越有主见，品牌忠诚度越低，他们喜欢品牌，但更喜欢在各种品牌间选择，体验不同的感觉。就如今天穿耐克，明天或许是安踏、阿迪达斯等。

3.3.3 影响消费者购买行为的主要因素

1. 政治因素

国家政策对消费者的影响表现在当时国家提倡什么、反对什么，以政策形式对消费行为进行规范。例如，“八项规定”“禁烟令”“禁酒令”等一系列反对浪费腐败禁令不断出台，以往销售最为火爆的高端礼品市场遭遇寒冬。可以预见，未来，国家政府的反腐力度会加大，高端商务礼品和商务宴请将受到遏制。海参、鲍鱼等山珍海味、养生食品、名贵烟酒以及高端茶叶等超高端食品在礼品市场的销量将出现下滑。

2. 文化因素

文化因素是指人类在社会历史发展过程中所创造的物质财富和精神财富的总和，包括民族传统、宗教信仰、风俗习惯、教育层次和价值观念等。

(1) 民族传统。各民族都有自己的文化传统。例如，中华民族一向有勤劳、节俭的传统，在消费上表现为重权威、轻事实；重群体、轻个体；重实惠、轻意念；重道德、轻效果；重搭配、轻竞争：等等。在选择商品时追求实惠和耐用，相对而言不太注重外观包装，而且大部分开支是用于日用品，讲理智。而西方有些国家则不同，一向强调享受人生，在消费行为上表现为注重当前消费效果，购买时不太讲实用，冲动性购买较多，选择商品时讲究环境，追求商品外观装饰等。例如，美国人、欧洲人和中国人如何买车。美国人：交钱、拿车钥匙、开车走人——像吃麦当劳；欧洲人：定购、送货上门——像从经典油画中走出来的贵族；中国人：温习功课，全家去看车，回家反复研究 ——像读 MBA，照全家福。

(2) 宗教信仰。世界上宗教信仰多种多样，对于各种教徒的婚丧嫁娶、饮食起居等有许多规定，这些规定无疑影响到人们的消费购买行为。例如，佛教教徒是禁止食用肉类食品的，提倡素食，把消费动物性食品看成是对神的不尊重、不虔诚。伊斯兰教的信徒禁止饮酒，伊斯兰教的妇女禁止在外面袒露身体的各个部位，尤其是不能袒露她们的面部，牛被印度教徒视为神圣。在这些教区推销猪肉及猪肉制品显然是一大营销禁忌。而一些宗教节日和与宗教信仰有关的传统节日往往是消费者的消费旺季，也是营销人员推销相关商品的黄金时间。

(3) 风俗习惯。不同的国家、民族和地区都有其独特的风俗习惯，这些风俗习惯有的是因历史、宗教而形成的，有的是由自然环境、经济条件所决定的。例如，中国习惯上把红色作为吉祥的象征，在法国和瑞典则视红色为不祥之兆。为此，当中国的红色爆竹开始推销该地时，销路自然不畅，后改用灰色，才把销路打开。在我国，有中秋吃月饼、端午吃粽子的传统，因而每年的中秋和端午都出现对月饼和糯米的购买热潮。

(4) 教育层次。现实社会中，人们所受教育的程度和层次是存在差异的，这些差异也影响到人们的消费行为。例如，教育层次较低的群体在选择购买食品时，易流于对某一食物的盲目倾向性消费并较多地受到味觉的驱使，而教育层次较高的群体则依据科学、合理的营养组合原则来选购食品；教育层次较高的家庭，购买儿童玩具比较注重玩具对儿童的智力开发，而受教育层次较低的家庭对玩具的选购则偏向于满足儿童的直接玩要要求。

(5) 价值观念。价值观念是指人们对事物的是非与优劣的评判原则和评判标准。改革开放前，中国消费者认为富裕并非是光荣之事，标新立异是不合群之举。这种观念反映在服装消费上，便是追求朴素、大众化的格调。改革开放后，人们的价值观念发生了重大变化，在购买服装时更多地倾向于式样、面料、色彩的新颖，注重服装与个性的协调，追求个性化。

3. 社会因素

消费者行为受社会因素的影响，如参照群体、家庭、社会阶层等。

(1) 参照群体。参照群体作为直接（面对面）或间接的参照物来影响人的态度或行为，如家庭成员，同学、同事，社区邻居，亲戚朋友，社会团体，名人专家，等等。

人们常受参照群体的影响，表现在以下三个方面。

① 示范性：参照群体为消费者展示出新的行为模式和生活方式。

② 仿效性：由于消费者有效仿其参照群体的愿望，因而消费者对某些事物的看法和对某些产品的态度也会受到参照群体的影响。

③ 一致性：参照群体促使人们的行为趋于某种“一致化”，从而影响消费者对某些产品和品牌的选择。

小探索

奢侈品的消费行为是如何受到参照群体影响的？为此，在广告和营销行为中如何充分利用参照群体的作用？试分组讨论。

群体影响的重要程度对不同产品和品牌来说是不一样的。如果是看得见的产品，并且拥有产品的人又是购买者敬重的人，这时群体影响是最强的；如果是买私人用品，产品和品牌都不会被他人看见，群体影响是极其微弱的（图 3 – 14）。

图 3 – 14　群体影响

（2）家庭。家庭成员对购买行为影响极大。家庭是社会中最重要的消费者购买群体，对此人们已做过深入研究。以核心家庭（图 3 – 15、图 3 – 16）为例：丈夫是家庭大件消费终审者，妻子是家庭日用品决策者，孩子是小件个人商品的决策者、家庭大宗消费的影响者。表 3 – 2 为家庭收入与消费特点。

图 3 – 15　核心家庭：一家三口

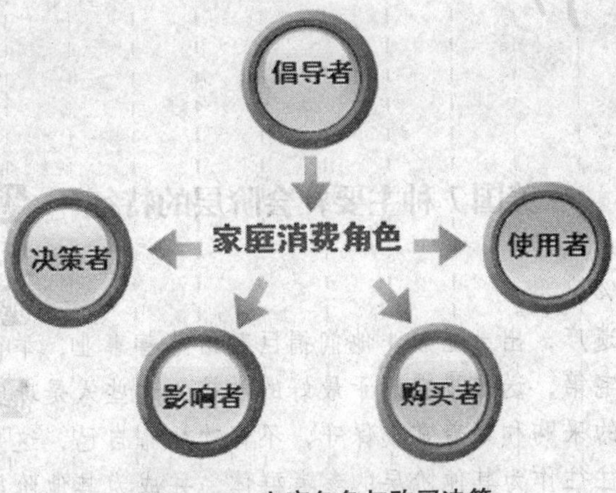

图3-16 家庭角色与购买决策

表3-2 家庭收入与消费特点

月收入（人民币）	消 费 特 点
1000以下	主要集中在基本食品上；很少有可自由支配的消费开支
1000~2000	有某些消费品开支；开始在外吃饭；某些超级市场购物开支，但所购产品范围有限
2000~3000	在超级市场采购多种食品；娱乐或休闲的开支很显著；耐用消费品开支增加；购买个人使用小型汽车或摩托车
3000~5000	多样化的饮食消费；多样化的休闲开支，包括旅游度假；耐用消费品开支范围很广，包括非必要的耐用品；个人健身的开支增加；购买汽车的增多
5000~10000	在外吃饭的开支增加；基本食品已为冷冻的加工食品所代替；休闲开支包括海外度假与购买奢侈品
10000以上	投资；购买奢侈品；家庭娱乐

小探索

以你家最近一次比较大的消费行为为例，分析每位家庭成员在其中扮演了什么样的购买角色。

(3) 社会阶层。消费者均处于一定的社会阶层，同一阶层的消费者在价值观念、态度和行为等方面具有同质性，不同社会阶层的消费者由于在职业、收入、教育等方面存在明显差异，因此即使购买同一产品，其趣味、偏好和动机也会不同。拿房子来说，劳动阶层的消费者可能看中的是它的经济性和实用性，而上层社会的消费者可能注重的是它的周边的环境、小区的规模以及物业管理等。因此，研究社会阶层对于深入了解消费者行为具有非常重要的意义。

让我告诉你

美国7种主要社会阶层的特征

1. 上上层（不到1%）

上上层继承有大量遗产，出身显赫。他们捐巨款给慈善事业，举行初次参加社交活动的舞会，拥有一座以上的宅第，送孩子就读于最好的学校。这些人是珠宝、古玩、住宅和度假用品的主要市场。他们的采购和穿着常较保守，不喜欢炫耀自己，这一阶层人数很少，当其消费决策向下扩散时，往往作为其他阶层的参考群体，并成为其他阶层模仿的榜样。

2. 上下层（2%左右）

上下层的人由于他们在职业和业务方面能力非凡，因而拥有高薪和大量财产，他们常常来自中产阶级，对社会活动和公共事业颇为积极，喜欢为自己的孩子采购一些与其地位相称的产品，如昂贵的住宅、学校、游艇、游泳池和汽车等。他们中有些是暴发户，他们摆阔挥霍浪费的消费形式是为了给低于他们这个阶层的人留下印象，这一阶层的人的志向在于被接纳人上上层，但实际情况是，其子女达到的可能性比他们本人来得大。

3. 中上层（占12%）

这一阶层既无高贵的家庭出身，又无多少财产，他们关心的是"职业前途"，已获得了像自由职业者、独立的企业家以及公司经理等职位，他们注重教育，希望其子女成为自由职业者或是管理技术方面的人员，以免落入比自己低的阶层。这个阶层的人善于构思和接触"高级文化"，参加各种社会组织，有高度的公德心。他们是优良住宅、衣服、家具和家用器具的最适宜的市场；同时，他们也追求家庭布置，以招待朋友和同事。

4. 中间层（32%）

中间层是中等收入的白领和蓝领工人，他们居住在"城市中较好的一侧"，并且力图"干一些与身份相符的事"。他们通常购买"赶潮流"的产品。25%的人拥有进口汽车，其中大部分看重时尚，追求"一种良好品牌"，其理想居住条件是"在城市中较好一侧"，有个"好邻居"的"一所好住宅"，还要有"好的学校"。中间层认为有必要为他们的子女在"值得的见识"方面花较多的钱，要求他们的子女接受大学教育。

5. 劳动阶层（38%）

劳动阶层包括中等收入的蓝领人和那些过着"劳动阶层生活方式"的人，而不论他们的收入多高、学校背景及职业怎样。劳动阶层主要依靠亲朋好友在经济上和道义上的援助，依靠他们介绍就业机会，购物听从他们的忠告，困难时期依靠他们的帮助。度假对于劳动阶层来说，指的是"待在城里"，"外出"指的是到湖边去，或常去不到两小时远的地方。劳动阶层仍然保持着明显的性别分工和陈旧习惯，他们偏好的汽车包括标准型号或较大型号的汽车，对国内外的小型汽车无人问津。

6. 下上层（9%）

下上层的工作与财富无缘，虽然他们的生活水平刚好在贫困线之上，他们无时不在追求较高的阶层，却干着那些无技能的工作，工资低得可怜。下上层往往缺少教育，虽然他们几乎落到贫困线上，但他们千方百计“表现出一副严格自律的形象”，并“努力保持清洁”。

7. 下下层（7%）

下下层与财富不沾边，一看就知道贫穷不堪，常常失业或干“最肮脏的工作”，他们对寻找工作不感兴趣，长期依靠公众或慈善机构救济。他们的住宅、衣着、财物是“脏的”“不协调的”和“破的”。

让我告诉你

时尚标签里的中等收入阶层

1. 房子

月薪1万元左右，当然应该有一套属于自己的住房。与此同时，还会比较讲究住宅的舒适度、房间的个性化布置及品位。他们总是热衷于购买房产，用于自住或投资。

2. 车子

有一辆进口车或至少一辆奥迪、帕萨特档次的国产轿车。在这里，车已不仅是代步的工具，更是一种喜好或习惯，出行“不开车就难受”。

3. 股票

股票是他们投资最大的方向之一，中产一族通常不太关心时政，偶尔关心也只是注意时政对所持股票的影响。

4. 笔记本电脑

闲时听歌看碟，忙时收发信件或调用文件，笔记本电脑随时都会派上用场。

5. 名牌

不但是名牌，而且最好是那种普通人听上去生僻的休闲品牌，并不十分追求潮流，但非常讲究质地。看上去很普通，但价格很贵，且衣着注重细节。一般很少穿西装，通常西装领带俱全拎着公文包的人只会出现在地铁里。

6. 健身

会员制健身中心经常有他们的身影，他们懂得身体是革命的本钱。一般很少用烟酒，也较少去喧闹的酒吧。

7. 旅游

由于日常工作相对紧张，有闲的机会很少，他们更愿意给自己一个逃离的机会，在异地异国的山山水水之间，更能领略生活的含义，在某种意义上，这是生活质量的标志。

8. 咖啡

即使觉得茶比咖啡更好喝，在邀请朋友的时候也总会脱口而出“星巴克”。一方面受西方文化影响；另一方面，咖啡馆的环境和出入的人群相对让他感觉更好，潜意识中愿把自己归入同类。家中往往有现磨咖啡壶以及“朋友从国外带回来的咖啡豆”。

9. 西餐

淡淡的背景音乐、西式风情、服务生的细致优雅使他们对西餐厅情有独钟。就餐环境第一位，“我去哪里哪里吃了饭”通常是比“我吃了什么”更重要。

10. 文化

即使实在是个“粗人”，家里也会有非常像模像样的书房，办公桌上也会有几本《经理人》杂志。这年头，谁不想跟“文化”沾点边。

（资料来源：胡晓静《生活周刊》2002－02－06）

事实上，对于市场上的现有产品和品牌，消费者会自觉或不自觉地将它们归入适合或不适合哪一阶层的人消费。应当强调的是，处于某一社会阶层的消费者会试图模仿或追求更高层次的生活方式。因此，以中层消费者为目标市场的品牌，根据中上层生活方式定位可能更为合适。

4. 个人因素

个人因素也会影响购买者的行为，如购买者的年龄、生命周期的各个阶段、职业、经济状况、生活方式与个性等。

（1）年龄和生命周期阶段。人们对食品、服装、家具与休闲活动的兴趣与年龄关系很大，购买与家庭生命周期阶段也有非常重要的关系。家庭在成熟的过程中要经历许多阶段。营销人员要懂得按家庭生活周期的阶段定义目标市场，为各阶段开发合适的产品，制订适当的营销计划。家庭生命周期如图 3－17 所示。

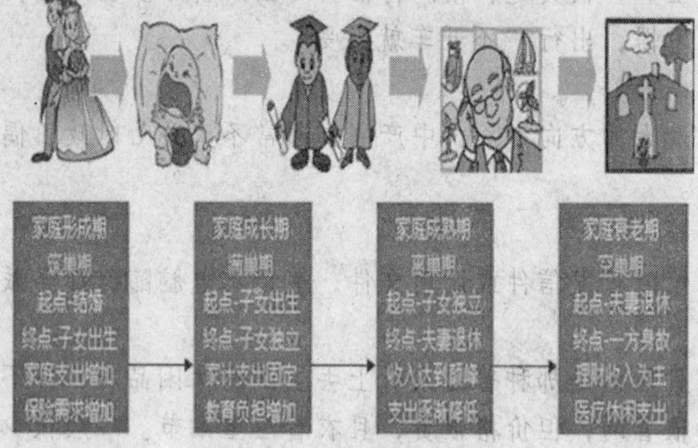

图 3－17　家庭生命周期

（2）职业。一个人的职业会影响他所购买的产品和服务。不同职业的消费者有不同的消费行为，而且在装束、言谈举止、生活方式等方面会有比较明显的区别。比如机关干部、知识分子、学生的消费意向偏重于满足精神的、社会的、自我设计的消费需要；工人、农民等职业较为侧重于满足物质的、个人的和传统的消费需要。

（3）经济状况。消费者的收入分为：①绝对收入。消费者工资收入变化引起绝对收入的增加或减少；消费者财产价值意外的变化，如突然得到他人赠送，接受遗产，彩票中奖，意外地蒙受灾害、被盗、被窃等导致消费者绝对收入的增减；政府税收政策变化，企业经营状况好坏等造成消费者绝对收入的变化，从而影响消费者的消费品种、数量、结构及方式。②相对收入。有时消费者自己的绝对收入没有发生任何变化，但他人的收入发生了变化，这种相对收入的变化必然影响消费者的消费行为，如不可避免地要比别人减少消费或改变消费结构。也可能模仿收入相对提高的他人而提高自己的消费层次，以致出现相对的超前消费。③实际收入。由于物价上涨，商品价格提高，使消费者的实际收入发生变化，使他实际购买的数量、品种、结构、方式都会发生相应的变化。④预期收入。消费者总要对未来的收入情况作出一定预期估计，如果消费者预期到未来收入将比现期收入高，那么他就可能增加现期的消费支出，甚至敢于借债消费：如果预见到未来的收入要降低，那么消费者就可能减少现期消费而增加储蓄。由于消费者收入存在较大差异性，这必然会影响消费者的消费数量、质量、结构及消费方式。

让我告诉你

M城的“卡奴”与“房奴”

小林是一名90后的大学毕业生，应聘到广州一外资企业上班，两年后升为部门经理，月薪9000元，同年在市郊看中一套小三房，总房价120万元，父母帮忙交了首付50万元，余额办理银行按揭30年，月供约3800元。类似小林这样的青年一族，收入不菲，积蓄不多，买了房子和车子，却欠着巨额的债务，这样一个群体正变得越来越庞大。人们形象地称他们为都市“负翁”。

(4) 生活方式与个性。生活方式是由人的心理图案反映的生活形式，包括消费者活动(工作、嗜好、购买活动、运动和社会活动)、兴趣(食品、服装、家庭、休闲)和观念(关于自已、社会事物、商业和产品等)。个性是单一的心理图案，它相对稳定。个性常用形象言辞来描绘，如自信、权威、爱社交、自主、自我保护、适应性和野心等。个性能被用于分析消费者对某些产品或品牌的选择。生活方式表现的内容远比人的社会阶层或个性要多，它勾画出一个人在社会中的行动和兴趣的形式。一方面，生活方式很大程度上受个性的影响；另一方面，生活方式关心的是人们如何生活、花费、消磨时间等外显行为，而个性则侧重从内部来描述个体，更多地反映个体思维、情感和知觉等特征。生活方式在一定程度上也是消费者自我概念的反映。生活方式与消费者的价值观、兴趣和活动模式密切相关，因此，它比个性测量更能接近那些厂商期望了解并预见的现实中的消费者行为。生活方式和消费过程的交互影响如图3-18所示。

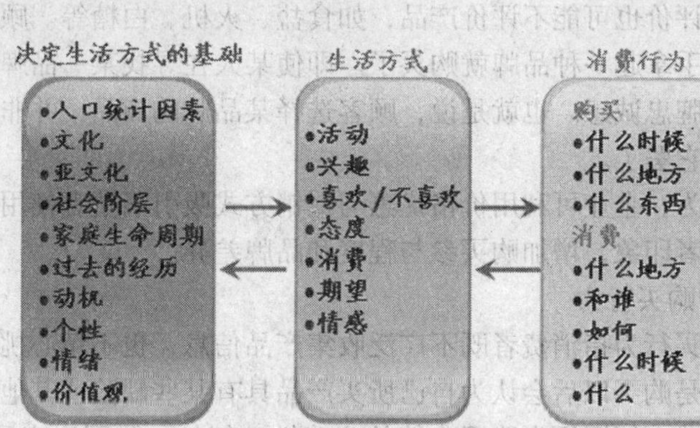

图3-18　生活方式和消费过程的交互影响

小探索

有部分男士无视“公共场所禁止吸烟”的警示语，公然在公共场所抽烟。请问这种行为属于生活方式还是个性特征?

营销小故事

手机浏览器厂商发力争夺90后用户群

作为移动终端应用的重要入口，手机浏览器市场的竞争一直呈激烈态势。最新的迹象表明，手机浏览器厂商正把拓展重点放在90后群体上，通过吸引更多年轻用户来扩大市场占有率。

借助明星代言来吸引年轻用户正在成为浏览器厂商的新手法，由当红偶像李易峰代言的QQ浏览器广告近日播出后引来网友的普遍关注和热议。业内分析认为，QQ浏览器邀请拥有庞大90后粉丝群的李易峰担任其品牌代言人，意在通过“粉丝效应”加大对年轻人的吸引力，这也表明浏览器厂商对年轻用户群的重视达到前所未有的新高度。

手机浏览器目前已成为重要的互联网入口和移动平台，越来越多的内容消费借助它得以实现，年轻人尤其是90后则是这些内容的主力军。相关数据显示，目前手机浏览器用户中25岁以下的用户占比为48%，其中90后已成为核心用户群。手机浏览器用户呈现显著的年轻化特点，年轻用户市场正成为浏览器厂商的“必争之地”。

3.3.4 消费者购买行为类型及营销策略

消费者购买行为是较复杂的决策过程，往往伴随着购买者的反复权衡和众多参与者的介入以及对品牌差异程度，可概括为以下四种类型。

1. 习惯性的购买行为

习惯性的购买行为指消费者并未深入收集信息和评估品牌，只是习惯于购买自己熟悉的品牌，在购买后可能评价也可能不评价产品，如食盐、火机、白糖等。顾客很少介入这类产品，他们走进商店随手拿起一种品牌就购买了。即使某人在寻找某一品牌，那也是习惯的影响，并非有强烈的品牌忠诚感。也就是说，顾客选择某品牌的商品，并非是由于对它持有什么态度，而只是熟悉它罢了。

对于这种购买行为，企业可利用价格优惠与促销方式吸引消费者使用，还可开展大量重复性广告，加深消费者印象，增加购买参与程度和品牌差异。

2. 减少失调感的购买行为

减少失调感的购买行为指消费者既不广泛收集产品信息，也不精心挑选品牌，购买决策过程迅速而简单，但是购买以后会认为自己所买产品具有某些缺陷或其他同类产品有更多的优点，进而产生失调感，怀疑原先购买决策的正确性。例如，购买房产属高度介入的决策，因为房产价值昂贵而且与个人的自我认同有关，但客户可能认为某一价格范围内的大多数房产是没有什么区别的。但在购买之后，客户很可能会产生购买后的失调感，这时该客户将着手了解更多的信息，并力图证明其决策是有合理性的，以减少失调感。

对于这种购买行为，企业要提供完善的售后服务，通过广告宣传和新闻报道经常提供有利于本企业和产品的信息，或通过专家学者、体育明星或影视明星等社会名流对产品的评价，使顾客相信自己的购买决策是正确的。

3. 寻求多样化的购买行为

寻求多样化的购买行为指消费者购买产品有很大的随意性，不愿意花时间深入收集信息和评估比较就决定购买某一品牌，在消费时才加以评估，但是在下次购买时又转换其他品牌。例如，客户通常未做什么评估便选择了某品牌的大米，然后在消费时才加以评估。而且客户极易改变所购买的品牌。

对于这种购买行为，市场领先者和挑战者的营销策略是不同的。市场领先者力图通过占有货架、避免脱销和提醒购买的广告来鼓励消费者形成习惯性购买。而市场挑战者则以较低的价格、折扣、赠券、免费赠送样品和强调实用新品牌的广告来鼓励消费者改变原来的习惯性购买行为。

4. 复杂的购买行为

复杂的购买行为指消费者面对不常购买的贵重产品时，要经历大量的信息收集、全面的产品评估、慎重的购买决策和认真的购后评价等各个阶段，了解现有各品牌、品种和规格之间具有哪些显著的差异，最后才决定是否购买，如购买计算机、汽车、商品房等。

对于这种复杂的购买行为，营销者应制定策略帮助购买者掌握产品知识，运用各种途径宣传本品牌的优点，实行售后跟踪服务策略，加大企业与消费者之间的亲和力，简化购买决策过程。表3－3为消费者购买行为的类型，表3－4为顾客追踪调查和衡量的方法。

表3－3 消费者购买行为的类型

购买者介入程度的品牌差异程度	高	低
大	复杂的购买行为	多样性的购买行为
小	减少失调感的购买行为	习惯性的购买行为

表3－4 顾客追踪调查和衡量的方法

投诉和建议制度	一个以顾客为中心的组织为其顾客投诉和提建议提供方便。许多饭店和旅馆都备有不同的表格，请客人诉说他们的喜忧。有些顾客导向的公司，如宝洁、通用电气、惠而浦（Whirlpool）等，都开设了800免费电话热线。这些公司还增加了网站和电子信箱，以方便双向沟通。这些信息流为公司带来了大量好的创意，使它们能更快地采取行动，解决问题
顾客满意度调查	一些研究表明，顾客每4次购买中会有1次不满意，而只有不足5%的不满意的顾客抱怨。大多数顾客会少买或转向其他供应商。所以，公司不能以抱怨水平来衡量顾客满意度。敏感的公司通过定期调查，直接测定顾客满意状况。它们在现有的顾客中随机抽取样本，向其发送问卷或打电话咨询，以了解顾客对公司业绩各方面的印象。它们还可以向顾客征求其对竞争者业绩的看法。 在收集有关顾客满意的信息时，询问一些其他问题以了解顾客再购买的意图，将是十分有利的。一般而言，顾客越是满意，再购买的可能性就越大。衡量顾客是否愿意向其他人推荐本公司及其产品也是很有用的。好的口碑意味着公司创造了高的顾客满意度

续表

佯装购物者	公司可以雇一些人，装扮成潜在顾客，报告潜在购买者在购买本公司及其竞争者产品的过程中发现的优缺点。这些佯装购物者甚至可以故意提出一些问题，以测试公司的销售人员能否适当处理。例如，一个佯装购物者可以对餐馆的食品表示不满意，以试验餐馆如何处理这些抱怨。公司不仅应该雇用佯装购物者，经理们还应经常走出他们的办公室，进入他们不熟悉的公司以及竞争者的实际销售环境，以亲身体验作为“顾客”所受到的待遇。经理们也可以采用另一种方法来做这件事，他们可以打电话到自己的公司，提出各种不同的问题和抱怨，看公司的员工如何处理这样的电话
分析流失的顾客	对于那些已停止购买或转向另一个供应商的顾客，公司应该与他们接触一下以了解发生这种情况的原因。当IBM公司流失一个顾客时，公司会尽一切努力去了解其在什么地方做错了。公司不仅要和那些流失的顾客谈话，而且还必须控制顾客流失率，如果流失率不断增加，无疑表明该公司在使其顾客满意方面不尽如人意

资料来源：[美] 菲利普·科特勒著：《营销管理》(新千年版)，北京：中国人民大学出版社2001年版，第47页。

本章小结

✧ 消费者市场又称最终新产品市场、消费品市场或生活资料市场，是指个人或家庭为满足生活需求而购买或租用商品的市场。消费者市场的特征具有广泛性、复杂性、分散性、情感性、伸缩性、替代性、季节性、发展性。

✧ 顾客价值被认为是提高顾客忠诚度，企业只有提供比其他竞争者更多的价值给客户，即优异的客户价值（Superior Customer Value），才能保留并造就忠诚的客户，从而在竞争中立于不败之地。顾客价值是指消费者通过购买商品所得到的收益和消费者花费的代价（购买成本和购后成本）的差额。

✧ 需求就是指在一定时间内和一定价格条件下，消费者对某种商品或服务愿意而且能够购买的数量。具体包括两个方面的内容：一是消费者的实际需要；二是消费者愿意支付并有能力支付的货币数量。

✧ 市场营销学家把消费者的购买动机和购买行为概括为5W1H，消费者需要什么（What）、为何购买（Why）、购买者是谁（Who）、如何购买（How）、何时购买（When）、何地购买（Where）。

✧ 不同的消费者购买类型采取不同的营销策略。①习惯性的购买行为。企业可利用价格优惠与促销方式吸引消费者使用，还可利用大量重复性广告，加深消费者印象，增加购买参与程度和品牌差异。②减少失调感的购买行为。企业要提供完善的售后服务，通过广告宣传和新闻报道经常提供有利于本企业和产品的信息，或通过专家学者、体育明星或影视明星等社会名流对产品的评价，使顾客相信自己的购买决策是正确的。③寻求多样化的购买行为。市场领先者力图通过占有货架、避免脱销和提醒购买的广告来鼓励消费者形成习惯性购买。而市场挑战者则以较低的价格、折扣、赠券、免费赠送样品和强调实用新品牌的广告来鼓励消费者改变原来的习惯性购买行为。④复杂的购买行为。营销者应制定策略帮助购买者掌握产品知识，运用各种途径宣传本品牌的优点，影响最终购买决定，简化购买决策过程。

请你动动脑

问题1：作为营销人员怎样去挖掘和满足消费者的多样性需求？

问题2：以自己购买衣服（或手机、饰品）为例，说明购买类型及决策过程。

请你动动手

实训1：到商场或超市对特定商品的购买者行为和营销人员的销售策略进行调查后对相关商品的购买者、购买目的、购买时间、购买地点及购买决策过程进行分析。

(1) 实训时间：实训周期为2周，课堂展示时间为2课时/45人。

(2) 实训地点：

① 组织学生分小组自行选定商场或超市，收集相关资料。

② 多媒体教室，要求具有较好的投影设备和网络设施。

(3) 实训前的准备：学习本章相关知识点，查找相关资料文献，探讨与本章理论相关的真实案例；利用周末或节假日选择家或学校附近的商场或超市作为研究样本。

(4) 实训内容：每个团队在以下产品类型中挑选出一种。①香水/护肤品；②饮料；③服装；④快餐；⑤彩电。在所选商场或超市观察人们购买以上商品时的行为。记下他们的特征（如年龄、种族、性别等），推测并记录他们的气质、性格及所属的社会阶层，记录不同顾客的购买时间和购买行为。同时注意观察商场的营业员接待顾客所采用的方法是否合适，为什么？

(5) 实训要求：

① 要求学生掌握消费者购买的规律性，即5W1H等基本理论，并做好相关的知识准备。

② 要求教师在实训过程中做好组织、管理工作，给予学生必要、合理的指导，并及时点评、总结，加深学生对促销工作的理解和认识，掌握一定的实际操作能力。

(6) 实训的方法和步骤：

① 将学生分为若干组，每组3～5人，每组设组长1名，负责组织、督促本组成员进行实训。

② 各小组讨论分析实训要求，确定各自负责的工作，并由组长确定具体人员分工。

③ 制定实地调查的工作内容及时间分配计划。

④ 按要求执行工作计划。

⑤ 组长负责定期或不定期召开组员会议，商量讨论具体工作中的问题与对策，并及时上报进度。

⑥ 组长负责组织讨论同学们所发现的情景变量和消费者个人的差异，并说明它们是如何与产品的购买相联系的，以及营销人员在购买决策过程的每个阶段的主要任务，把观察结

果和分析报告制作成 PPT。

⑦ 组长指定专门 1 人负责向老师和其他同学介绍此次调查的具体工作过程以及此次调查的结果。

⑧ 其他组同学点评，老师讲评。

⑨ 上交分析报告书。

⑩ 老师做整体总结。

(7) 实训考核方法（见表 3－5）：

表 3－5 实训考核表

考核项目	分值（分）	评分（分）
组织工作：安排分配效率	10 分	
准备工作：制定工作计划表	10 分	
执行过程：按进度	10 分	
汇报过程中，语速合适，熟悉实训内容	30 分	
调查报告分析正确，有条理地进行总结	40 分	
合计	100 分	

实训 2：结合自己的一次购物经历，分析消费者购买行为的主要因素。

(1) 实训时间：实训周期为 1 周，课堂展示时间为 2 课时/45 人。

(2) 实训地点：多媒体教室，要求具有较好的投影设备和网络设施。

(3) 实训前的准备：学习本章相关知识点，查找相关资料文献，探讨与本章理论相关的真实案例。

(4) 实训内容：你的购买行为主要受到了哪些因素的影响？这样的经历使你对产品形成了怎样的看法？对于以后的购买又会产生什么影响？

(5) 实训要求：

① 完成此实训的前提是要有一定的购物经历。

② 注意你的购买行为过程的阶段划分。

③ 注意商家营销手段的运用。

④ 要求教师在实训过程中做好组织、管理工作，给予学生必要、合理的指导，并及时点评、总结，加深学生对促销工作的理解和认识，掌握一定的实际操作能力。

(6) 实训的方法和步骤：

① 将学生分为若干组，每组 3～5 人，每组设组长 1 名，负责组织、督促本组成员进行实训。

② 各小组成员分工协作，制定出切实可行的实训要求，并由组长确定具体人员分工。

③ 制定实地调查的工作内容及时间分配计划。

④ 按要求执行工作计划。

⑤ 组长负责定期或不定期召开组员会议，商量讨论具体工作中的问题与对策，并及时上报进度。

⑥ 组长根据大家收集到的现有资料开展分析、比较，制作成 PPT，完成实训报告。

⑦ 组长指定专门 1 人负责向老师和其他同学负责介绍此次调查的具体工作过程以及此

次调查的结果。

⑧ 教师点评每个小组的方案。

⑨ 完成书面分析报告。

⑩ 教师做整体总结。

（七）实训考核方法（见表3－6）：

表3－6 实训考核表

考核项目	分值（分）	评分（分）
组织工作：安排分配效率	10分	
准备工作：制定工作计划表	10分	
执行过程：按进度	10分	
团队合作情况：团结、和谐、积极、向上	10分	
完成分析报告质量	60分	
合计	100分	

自我测试

1. 单选题

（1）（ ）是企业营销活动的出发点。

A. 消费者市场 B. 消费者需要 C. 消费者购买行为 D. 消费心理

（2）消费者常根据以往的购买和使用经验采取购买行动，其性格类型是（ ）。

A. 理智型 B. 习惯型 C. 情感型 D. 挑剔型

（3）儿童的消费需求主要表现在（ ）。

A. 生理方面 B. 心理方面 C. 家庭方面 D. 社会方面

（4）青年群体的消费心理与行为的主要特征有（ ）。

A. 强调个性与自我表现 B. 消费行为的理智性

C. 怀旧心理强烈 D. 消费行为的计划性

（5）有些产品品牌差异明显，但消费者并不愿花长时间去选择和估价，这时一般采用（ ）购买行为。

A. 习惯性 B. 寻求多样化 C. 复杂性 D. 减少失调感

2. 多选题

（1）在影响消费者行为的因素中，属于个人因素的有（ ）。

A. 相关群体 B. 职业 C. 家庭 D. 生活方式 E. 经济状况

（2）顾客价值是（ ）和（ ）之差额部分。

A. 购买成本 B. 整体顾客价值 C. 产品价值

D. 货币成本 E. 整体顾客成本

(3) 老年消费者的消费心理与行为特征包括（　　）。

A. 强调个性表现　　B. 怀旧心理强烈　　C. 冲动性购买行为

D. 具有较强的时尚消费心理　　E. 注重对商品价格与实用性的比较

3. 判断题

(1) 从某种意义上说，我们每一个人都是消费者。（　　）

(2) 由于追求顾客价值最大化的结果往往会导致企业成本增加，利润减少。因此，任何企业都不会主动采取顾客价值最大化的策略。（　　）

(3) 服务能为企业带来巨额的利润。（　　）

(4) 对服务质量的评估是在服务结束之后进行的。（　　）

(5) 顾客总价值是指顾客购买某一种产品或劳务时所期望获得的一组利益。（　　）

4. 案例分析

背景材料：众所周知，双汇食品是我们肉食产业的龙头产业之一，其熟肉制品和冷鲜肉广受大众的喜爱。然而，央视在3·15消费者权益日播出了一期《"健美猪"真相》的特别节目，其中披露了河南济源双汇公司收购使用含"瘦肉精"猪肉的事实。据央视记者调查，在河南省孟州市、沁阳市、温县和获嘉县调查了十几家养猪场，发现几乎家家都在使用"瘦肉精"，添加量大小不一，几乎成了公开的秘密。其子公司双汇集团济源食品有限公司使用的肉猪在喂养过程中添加大量的瘦肉精，食用这种猪肉产品，将严重危害消费者的身体健康，双汇宣称"十八道检验、十八个放心"，但猪肉不检测"瘦肉精"。此前，河南孟州等地添加"瘦肉精"养殖的有毒生猪，顺利卖到双汇集团旗下公司，由此引发了消费者对双汇食品的信任危机。全国已有28.2%的零售店下架双汇产品，其中华南和西南两区下架销售点比例最高，分别达到46.9%和39.8%。在继续销售双汇产品的零售店中，平均降幅高达45.7%，约有42.3%的零售店销量下跌幅度超过五成。

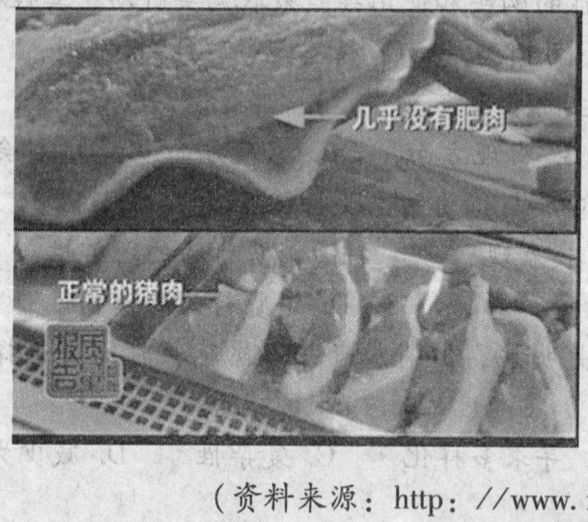

（资料来源：http：//www.foodmate.net.cn，有删改）

问题：

(1) 以双汇为例分析消费者在企业危机出现时的认知倾向。

(2) 背景材料体现出影响消费者购买行为的哪种因素？作为双汇公司应采取什么营销策略来消除影响？

5. 综合技能题

某顾客欲想购买一台全自动的洗衣机，价位在3500元以内，请你帮助顾客决策，并说明决策理由。

第4章 市场细分

教学目标

通过本章学习，同学们应该能够：知道什么是市场细分和它在当前经济市场的地位和作用；了解现实市场中的分类的大致情况；理解细分市场和市场定位的概念、类型以及常用的细分程序和定位策略的典型特征；掌握细分方法并应用市场细分原理分析、解释相关营销案例。

案例导引

猴菇饼干和奥利奥饼干

"猴菇饼干，猴头菇制成，养胃；上午吃一点，下午吃一点。"一则由"知性才女"徐静蕾代言的饼干广告自播出以来赚足了眼球。猴菇饼干（图4-1）价格超过百元，比其他饼干产品价格贵出几倍，但很多消费者表示，如果其真的具有养胃的功能价值，他们愿意购买。

猴菇饼干不是唯一一个打出功能旗号的饼干产品，目前市场上的功能型饼干大致分为以下几种：补充膳食纤维的饼干（麦麸纤维、大豆纤维、苹果纤维）；糖尿病人食用的无糖饼干；提高优质蛋白质含量的饼干（大豆白蛋白、乳清蛋白）；补充必需脂肪酸等老年人群食用的饼干；配合儿童发育的钙、铁、锌饼干等。

奥利奥（Oreo）饼干（图4-2）诞生于1912年，一上市便迅速成为美国最畅销的夹心饼干，是卡夫食品的超级明星和饼干之王，是全球巧克力味夹心饼干的代名词。现在，它已经像篮球和可乐一样成为美国文化的一部分，并被誉为"饼干之王"。奥利奥饼干独有的黑白夹心、精雕细刻，风行全世界，使人一见难忘。将全世界销售的奥利奥饼干摞起来的长度够从地球到月球来回6次。奥利奥很多有趣的吃法也曾经掀起了一场"奥利奥的最好食用方式"的争论：把它泡在牛奶里吃？将饼干扭开先吃中间的夹心？除此之外，大家还在争论：是单独食用？放在蛋糕里面？或是当成饭后甜点？今天，它仍然延续着“扭一扭、舔一舔、泡一泡”的独特吃法。

请讨论：这两种饼干在M城市场上近期经常有促销活动，根据以上材料，请思考：

1. 你知道一盒猴菇饼干的价格吗？奥利奥呢？产生价格差异的原因是什么？
2. 这两种饼干的主要消费群体是哪些人？
3. 这两类饼干是哪一种类型的竞争对手，能说明理由吗？

图4－1 猴姑饼干

图4－2 奥利奥饼干

现代社会市场信息极度发达，很多投资者和正在运营的企业都在考虑同一个问题——如何能够从巨大的市场蛋糕中分得一部分，并且越分越多。企业面对成千上万的消费者，他们的需求和欲望千差万别并且分散于不同的地区，而又随着环境因素的变化而变化。对于这样复杂多变的大市场，任何一个规模巨大的企业、资金实力雄厚的大公司，都不可能满足该市场上全部顾客的所有需求。又由于生产企业受其资源、设备、技术等方面的限制，也不可能满足全部顾客的不同需要。企业只能根据自身的优势条件，从事某方面的生产、营销活动，选择力所能及的、适合自己经营的目标市场。想要获得市场，要解决的首要问题就是如何定位，这就需要对市场进行细分。如何制定出适合企业实际情况的营销战略，选择正确的目标市场是制胜的关键。市场细分为企业提供了科学选择目标市场的思路和依据，是企业选择目标市场的基础和前提。

4.1 什么是市场细分

4.1.1 市场细分的概念与意义

营销小故事

海尔产品设计个性化

海尔在保证产品品质的前提下，十分重视对新产品的开发，以满足不同类型客户的个性化需求，进而与顾客建立牢固的关系。“用户的难题就是我们的课题”，海尔从用户需求着手，进行产品开发与改进，注重“设计人性化，使用简单化”，开发出小小神童洗衣机、画王子冰箱、大地瓜洗衣机、健康拉幕式彩电、V－CHIP防暴力彩电等一系列满足顾客需求的产品。并顺应科技新时代的要求，与微软携手，推出海尔电脑e家庭，将智能、个性与人性融为一体，更好地满足以家庭消费为中心的顾客需求。海尔为了与消费者联系更加紧密，在全国各大城市都设立了“9999”售后服务热线，并开通电子商务B2C网站，还努力推行“国际星级服务一条龙”，使海尔与用户之间形成一种亲情般的关系。海尔总是不断地了解用户的需求，然后不断地向用户提供个性化的解决方案，使客户得到意料之外的满足。

小思考：

1. 市场的差异性和市场的相似性是否相互矛盾，怎么能够同时满足呢？
2. 举例说明“同质性需求”和“异质性需求”。

1. 市场细分的基础

（1）顾客需求的差异性。顾客需求的差异性是指不同的顾客之间的需求是不一样的。在市场上，消费者总是希望根据自己的独特需求去购买产品，根据消费者需求的差异性可以把市场分为“同质性需求”和“异质性需求”两大类。同质性需求是指由于消费者需求的差异性很小，甚至可以忽略不计，因此没有必要进行市场细分。而异质性需求是指由于消费者所处的地理位置、社会环境不同、自身的心理和购买动机不同，造成他们对产品的价格、质量款式上需求的差异性。这种需求的差异性就是市场细分的基础。例如，人们对于食盐的要求差异性很小，所以细分的必要性就不大，而不同的人对于服装、汽车的需求差异性很明显，则企业能够利用市场细分得到更有效的市场范围。

（2）顾客需求的相似性。在同一地理条件、社会环境和文化背景下的人们形成有相对类似的人生观、价值观的亚文化群，他们的需求特点和消费习惯大致相同。正是因为消费需求在某些方面的相对同质，市场上绝对差异的消费者才能按一定标准聚合成不同的群体。所以消费者需求的绝对差异造成了市场细分的必要性，消费需求的相对同质性则是使市场细分有了实现的可能性。

（3）企业有限的资源。现代企业由于受自身实力的限制，不可能向市场提供能够满足一切需求的产品和服务。为了有效地进行竞争，企业必须进行市场细分，选择最有利可图的目标细分市场，集中企业的资源，制定有效的竞争策略，以取得和增加竞争优势。

营销小故事

“海明克”占领儿童市场

美国一家著名的玩具礼品公司通过开发游戏网站销售玩具，美国公司负责开发网站，合作方中国海利集团负责开发玩具产品。消费者购买“海明克”玩具后，就能在网上领养一只和自己相同年龄的动物，通过其携带的密码分别进入儿童、少年、青年、中老年四个成长频道，为不同年龄段的人群提供极具针对性的优质服务，并将伴随其一生。儿童在购头玩具后，凭卡上的密码能进入一家目前在北美地区非常热门的少年儿童益智游戏网站，并在网上领养一只与自己相同年龄的动物，由这只动物代表孩子在虚拟世界里生活、交友、学习、旅游、参加各种竞赛，这不仅拓展了孩子的知识面，还能培养其独立生活的能力。该网站在2006年正式运营后，“海明克”立即走俏美、加地区。这个全球首创的玩具模式颠覆了传统形式，使海利玩具在美国市场上的销售量剧增了30倍，每3个美国人就拥有一只海盐生产的长毛绒玩具，“海明克”这一产品获得了美国年度最畅销玩具称号。调查显示，在当地的零售商店，“海明克”时常处于断货状态，十多美元一只的玩具最高时曾被炒到了100多美元。

名人语

人这一辈子没法做太多的事情，所以每一件都要做得精彩绝伦。正如企业无法占领整个市场，所以要把目标市场做得风生水起。

——乔布斯

2. 市场细分的概念

市场细分（Market Segmentation）是企业根据消费者需求的不同，把整个市场划分成不同的消费者群的过程。

这一概念的提出，对于企业的发展具有重要的促进作用，其客观基础是消费者需求的异质性。进行市场细分的主要依据是异质市场中需求一致的顾客群，实质就是在异质市场中求同质。市场细分的目标是为了聚合，即在需求不同的市场中把需求相同的消费者聚合到一起。企业通过准确的市场细分来确定吸引某一部分需求相同的消费者如图4－3所示。

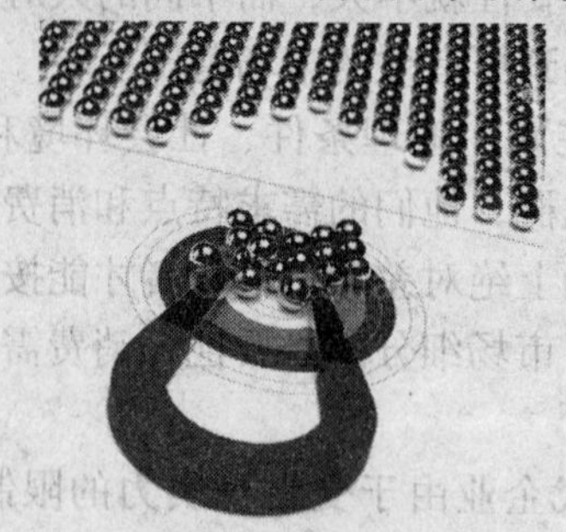

图4－3　企业通过准确的市场细分来确定吸引某一部分需求相同的消费者

市场细分实际上就像切蛋糕一样，根据顾客在需求特点、购买心理、购买行为等方面的明显差异性，把某一产品的整体市场划分为若干个“子市场”或“分市场”的市场分类过程。图4－4为市场细分的结果——子市场。

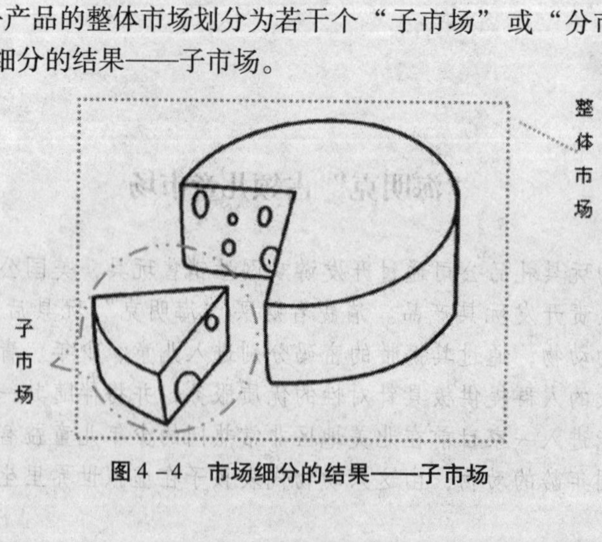

图4－4　市场细分的结果——子市场

让我告诉你

M 城某大型服装城，主要经营女性服饰，根据不同年龄段、不同职业的消费者需求对产品进行细分。按照女性消费者的年龄，把所有潜在的女性顾客分为四种类型（即把女性服装市场细分为四个不同的子市场）：第一类为 15～17 岁的女性消费者，她们正当妙龄，讲究打扮，追求时髦，对服装款式的需求意识较强烈，但购买的往往是单价较低的产品，且往往一次只购买一件。第二类为 18～24 岁的女性消费者，她们对整体装扮和搭配非常关心，采取积极的消费行动，只要是中意的服饰，价格再高也在所不惜。这一类女性消费者往往购买整套服饰和配饰。第三类为 25～34 岁的女性，她们大多数人已结婚，且在工作上有一定成就，因此对服饰的需求心理和购买行为都有所变化，对服饰材质和品质的追求成为她们的日常生活习惯，款式不再是首要考虑因素。第四类为 35 岁以上的女性消费者，她们可分为积极派和消极派，但都显示出对某类款式较为固定的需求。不同职业的女性如图 4－5 所示。

图 4－5　不同职业的女性

3. 市场细分的意义

营销小故事

联想产品细分

联想的产品细分策略，正是基于产品的明确区分，联想打破了传统的“一揽子”促销方案，围绕“锋行”“天骄”“家悦”三个品牌面向的不同用户群需求，推出不同的“细分”促销方案。选择“天骄”的用户，可优惠购买让数据随身移动的魔盘、可精彩打印数码照片的 3110 打印机、SOHO 好伴侣的 M700 多功能机以及让人尽享数码音乐的 MP3；选择“锋行”的用户，可以优惠购买“数据特区”双启动魔盘、性格鲜明的打印机以及“新歌任我选”MP3 播放器；钟情于“家悦”的用户，则可以优惠购买“电子小书包”魔盘、完成学习打印的打印机、名师导学的网校卡以及成就电脑高手的 XP 电脑教程。

（1）有利于选择目标市场和制定市场营销策略。市场细分后的子市场比较具体，比较容易了解消费者的需求，企业可以根据自己经营思想、方针及生产技术和营销力量，确定自己的服务对象，即目标市场。针对较小的目标市场，便于制定特殊的营销策略。同时，在细分的市场上，信息容易了解和反馈，一旦消费者的需求发生变化，企业可迅速改变营销策略，制定相应的对策，以适应市场需求的变化，提高企业的应变能力和竞争力。

（2）有利于发掘市场机会，开拓新市场。通过市场细分，企业可以对每一个细分市场的购买潜力、满足程度、竞争情况等进行分析对比，探索出有利于本企业的市场机会，使企业及时作出投产、移地销售决策或根据本企业的生产技术条件编制新产品开拓计划，进行必要的产品技术储备，掌握产品更新换代的主动权，开拓新市场，以更好适应市场的需要。

（3）有利于集中人力、物力投入目标市场。任何一个企业的资源、人力、物力、资金都是有限的。通过细分市场，选择了适合自己的目标市场，企业可以集中人、财、物及资源，去争取局部市场上的优势，然后再占领自己的目标市场。

小思考：

M城传统早餐很多，有鱼头汤煮米粉、肉末煮米粄、腌面、肠粉、捆粄等。而经营时间较久的老店往往只提供其中的一种或两种，极少店铺全面经营各种类别的早餐，这是什么原因？

（4）有利于企业提高经济效益。前面三个方面的作用都能使企业提高经济效益。除此之外，企业通过市场细分后，可以面对自己的目标市场，生产出适销对路的产品，既能满足市场需要，又可增加企业的收入；产品适销对路可以加速商品流转，加大生产批量，降低企业的生产销售成本，提高生产工人的劳动熟练程度，提高产品质量，全面提高企业的经济效益。

小探索

1. 问：为什么买海飞丝？答：因为能去屑。
2. 问：为什么买潘婷？答：因为滋养头发。
3. 问：为什么买飘柔？答：因为让秀发柔顺。
4. 问：洗发水是做什么的？答：去屑的，滋养头发的，柔顺头发的。
5. 有谁还记得洗发水的基本功能和价值？

从以上问答中展开探索，洗发水的基本功能和价值是什么？企业强调自身产品的附加功能的目的是什么？

名人语

企业永远无法完全满足消费者的要求，但却可以满足消费者某一方面的需求。

——企业家论坛

4.1.2 市场细分的依据、类型

让我告诉你

对象分析包括以下几个维度。

（1）对目标客户进行细分，包括市场营销对象细分化及客户定位和市场需求定位。

(2) 对目标产品进行细分，包括市场营销客体细分化、市场提供物细分化以及产品定位和生产技术定位。

(3) 对市场营销者进行细分，包括市场营销资源优势、能力细分化战略定位、经营目标定位。

(4) 对市场关系进行细分，包括市场媒介、市场通道细分化、市场关系定位、市场渠道定位。

1. 依据

(1) 消费者市场细分的依据。

通常，企业是组合运用有关变量来细分市场，而不是单一采用某一变量。概括起来，细分消费者市场的变量主要有地理变量、人口变量、心理变量、行为变量等。以这些变量为依据来细分市场就产生了地理细分、人口细分、心理细分和行为细分四种市场细分的基本形式。

① 按地理变量细分市场，即按照消费者所处的地理位置、自然环境来细分市场，如根据国家、地区、城市规模、气候、人口密度、地形地貌等方面的差异将整体市场分为不同的小市场。地理变量之所以可作为市场细分的依据，是因为处在不同地理环境下的消费者对于同一类产品往往有不同的需求与偏好，他们对企业采取的营销策略与措施会有不同的反应。例如，生活在我国不同区域的人们的食物口味就有很大差异，俗话说“南甜北咸，东辣西酸”，也由此形成了粤菜、川菜、鲁菜等著名菜系。又比如，我国不同地区的人洗浴习惯各不相同，由此对香皂的要求也不同。

让我告诉你

主食的不同，造成了整个饮食结构以及吃法的巨大差异。总的来说，北方饮食粗糙，而南方做工精细。北方人喜欢大块吃肉，大碗喝酒；南方人要把肉切得细细的，煨得烂烂的，炒得嫩嫩的，小口吃肉，小杯喝酒。南方人喜欢吃青叶子菜，每天都要吃蔬菜；北方人无所谓，光吃肉也可以。北方人喜欢吃饺子，这是他们饮食文化中最重要的部分。饺子用醋蘸蘸就行了，一口一个。南方人喜欢吃云吞（馄饨），煮云吞要汤碗、调料齐全，一口只咬半个。南方人喜欢吃葱，北方人喜欢吃蒜；南方人吃泡菜，北方人吃咸菜；南方人吃辣椒是为了祛湿，北方人吃辣椒是为了驱寒。南方人喜欢麻辣、甜辣，北方人喜欢干辣、酸辣。

② 按人口变量细分市场，即按人口统计变量，如年龄、性别、家庭规模、家庭生命周期、收入、职业、教育程度、宗教、种族、国籍等为基础细分市场。例如，可以把服装市场按照“性别”这个细分变量分为两个市场：男装市场和女装市场。如果再按照“年龄”这个细分变量又可以分出七个细分市场：童装市场、青年男装市场、青年女装市场、中年男装市场、中年女装市场、老年男装市场、老年女装市场。

· 性别：由于生理上的差别，男性与女性在产品需求与偏好上有很大不同，如在服饰、发型、生活必需品等方面均有差别。

· 年龄：不同年龄的消费者有不同的需求特点，如青年人对服饰的需求与老年人的需求就有差异，青年人需要鲜艳、时髦的服装，老年人则需要端庄素雅的服饰。

·收入：低收入和高收入消费者在产品选择、休闲时间的安排、社会交际与交往等方面都会有所不同。

·职业与教育：消费者职业的不同、所受教育的不同也会导致所需产品的不同。以香皂为例，根据一些调查资料显示，以两面针、雕牌为代表的国产品牌的消费者学历和收入偏低，夏士莲和力士等国际品牌的消费者收入和学历则偏高一些。又如，农民购买自行车偏好载重自行车，而学生、教师则喜欢轻型、样式美观的自行车。

·家庭生命周期：一个家庭，按年龄、婚姻和子女状况，可分为单身、新婚、满巢、空巢和孤独五个阶段。在不同阶段，家庭购买力、家庭成员对商品的兴趣与偏好也会有很大的差别。

小探索

不同教育程度的消费者对于哪一类商品的需求差异更大？请大家寻找材料或者事实进行说明。

营销小故事

儿童营养液

杭州娃哈哈在建厂之初，一无资金，二无设备，三无技术力量。正基于此，娃哈哈强调要找准自己的目标顾客。通过对全国营养液市场的调查分析，他们发现：国内生产的营养液，虽然林林总总已有38种，但都属于老少皆宜的全能型产品，没有一种是儿童专用营养液。而这个细分市场有3亿消费者，即使是1/10也有3000万。中国儿童大多是独生子女，是每个家庭的“掌上明珠”，理所当然儿童营养液市场是一个大市场，这个市场的需求尚未得到开发利用，这是一个大机遇、大空档。于是他们作出了这样的决策：与其生产第39种全能型营养液，还不如生产第一种儿童专用营养液，即选择儿童专用营养液这个细分市场作为目标市场，并制定了一套营销组合策略。正因为如此，娃哈哈在经营上取得了很大成功。

③ 按心理变量细分市场，即根据购买者所处的社会阶层、生活方式、个性偏好等心理因素细分市场。

·社会阶层：指在某一社会中具有相对同质性和持久性的群体。处于同一阶层的成员具有类似的价值观、兴趣爱好和行为方式。处于不同社会阶层的人，对所需的产品也各不相同，尤其是对汽车、服装、家具、娱乐、阅读方面的需求都有较大的差异。识别不同社会阶层消费者所具有的不同特点，对于很多产品的市场细分将提供重要依据。

·生活方式：人们追求的生活方式的不同也会影响他们对产品的选择。如今，许多消费者购买商品不仅是为了满足物质方面的需要，更重要的是为了表现他们的生活方式，满足其心理需要，如显示身份、地位、追求时髦等。例如，有的追求新潮时髦，有的追求恬静、简朴；有的追求刺激、冒险，有的追求稳定、安逸。西方的一些服装生产企业为“简朴的妇女”“时髦的妇女”和“有男子气的妇女”分别设计不同的服装；烟草公司针对“挑战型吸烟者”“随和型吸烟者”及“谨慎型吸烟者”推出不同品牌的香烟，均是依据生活方式细分市场。

营销小故事

广告强化细分

瑞士帝豪手表（Tag – Heuer）定位于高速运动中精确计时的手表。因此这家手表商的全球广告口号是“压力之下，毫不屈服”，并赞助了澳门汽车大奖赛、澳大利亚帆船大奖赛和香港赛马。但并非所有亚洲国家的消费者都有这种精确与运动的生活方式。这家手表商发现中国的企业家没有其他亚洲人那么爱好体育，感觉到它的国际广告对中国人来说可能太体育化，并且太隐晦了，于是这家手表商为中国制作了专门的广告，淡化了体育感，表达更为直接。

·个性偏好：指一个人比较稳定的心理倾向与心理特征，它会导致一个人对其所处环境作出相对一致和持续不断的反应。例如，有的爱抽烟，有的爱喝酒，有的爱吃辣，有的爱吃甜。一般来说，个性偏好会通过自信、自主、支配、顺从、保守、适应等性格特征表现出来。在市场上，消费者对不同品牌的喜爱程度是不同的，有的消费者有特殊偏好，有的消费者有中等程度的偏好，有的消费者没有什么偏好。因此，个性偏好可以按这些特征进行分类，从而为企业细分市场提供依据。企业为了维持和扩大经营，就要了解消费者的各种偏好，掌握其需求特征，以便从产品、服务等方面满足他们的需要。在西方国家，对诸如化妆品、香烟、啤酒、保险之类的产品，一些企业以个性特征为基础进行市场细分并取得了成功。

让我告诉你

所有保险销售人员都知道，对于不同个性的目标顾客应该推荐不同的保险品种。精打细算型的顾客适合定期险；赌徒心理明显的适合投资连结险；保本至上型适合分红型保险；赶流行型适合选择那些购买人数最多的保险。

④ 按行为变量细分市场，即根据购买者对产品的了解程度、态度、使用情况及反应等将他们划分成不同的群体。很多人认为，行为变量能更直接地反映消费者的需求差异，因而成为市场细分的最佳起点。

·时机。按消费者购买和使用产品的时机细分市场，这些时机包括结婚、离婚、购房、搬家、拆迁、入学、升学、退休、出差、旅游、节假日等。时机细分有助于提高品牌使用率，提高营销的针对性。例如，旅行社可以为十一黄金周提供专门的旅游服务，文具企业可以为新学期开始提供学习用品。有不少产品如新郎西服、喜临门酒就是时机细分的产物。

小思考：

1. 餐饮业一般选择什么时机开张比较恰当？

2. 旅游公司如何利用不同时期的市场需求来细分市场？

·利益。利益细分是根据消费者从品牌产品中追求的不同利益的一种分类方法。美国曾有人运用利益细分法对钟表市场进行研究，发现手表购买者可分为三类：大约23%侧重价格低廉，46%侧重耐用性及一般质量，31%侧重品牌声望。当时美国各大钟表公司都把注意力集中于第三类细分市场，制造豪华昂贵的手表并通过珠宝店销售。唯有TIME公司慧眼独具，选定第一、二类细分市场作为目标市场，全力推出一种价廉物美的“天美时”牌手表并通过一般钟表店或大型综合商店出售。该公司后来发展成为世界第一流的钟表公司。

营销小故事

美国学者Haley曾运用利益细分法对牙膏市场进行细分而获得成功就是一例。他把牙膏需求者寻求的利益分为经济实惠、防治牙病、洁齿美容、口味清爽四类。牙膏公司可以根据自己所服务的目标市场的特点，了解竞争者是什么品牌，市场上现有品牌缺少什么利益，从而改进自己现有的产品，或另外再推出新产品，以适应牙膏市场上未满足的利益需要。

·使用者状况。许多品牌可以按使用状况将消费者分为曾经使用者、未曾使用者、潜在使用者、初次使用者、偶尔使用者和经常使用者等类型，针对不同使用群体应采用不同的营销策略和方法。市场占有率高的品牌特别重视将潜在使用者转变为实际使用者，如领导型品牌；一些小企业则只能以经常使用者为服务对象。

·品牌忠诚度。消费者的忠诚是企业最宝贵的财富。美国商业研究报告指出：多次光顾的顾客比初次登门者可为企业多带来20%~85%的利润；固定客户数目每增长5%，企业的利润则增加25%。根据消费者的品牌忠诚度，可以将消费者分为四种类型：专一忠诚者、潜在忠诚者、迟钝忠诚者和缺乏忠诚者。专一忠诚者：这四个类型中最高的一层，是构成顾客群体的最重要的部分。例如，瑞士万用刀的爱好者，会不断地告诉他们的朋友和邻居这种刀的好处、用途以及他们每天、每个星期、每个月的使用频率。这些专一的忠诚者会成为品牌的免费宣传者，并不断地向别人推荐。对任何企业而言，这都是他们最欢迎的顾客类型。潜在忠诚者：顾客高度偏好与低度重复购买的结合，意味着潜在忠诚。例如，美国有一个标准的中国食物迷，而且她的住家附近就有一家她很喜欢的中国餐馆。但她的先生却对中国食物不感兴趣，所以她只是偶尔光顾这家中国餐馆。如果该餐馆了解潜在忠诚者的这些情况，就可以采取一些应对的策略。比如该餐馆可以考虑增加一些美式餐点，以吸引像她先生这样顽固的顾客。迟钝忠诚者：顾客低度偏好与高度重复购买的结合，便形成了迟钝忠诚。这类顾客的购买原因不是因为偏好，而是“因为我们经常用它”或“因为它方便”。大多数经常购买产品的顾客都属于这种类型。比如有人总在一条街上购买日常用品，在另一条街上的干洗店干洗衣物，至于修鞋子，则是就近到自己住家的隔壁。如果能积极争取这类客户，提高产品或服务质量，形成自己的特色，这类顾客就可能会由迟钝的忠诚度转变为高度的忠诚度。缺乏忠诚者：由于不同的原因，某些顾客就是不会对某些品牌产生忠诚。一般来说，企业应避免将目标针对缺乏忠诚的顾客，因为他们永远不会成为真诚的顾客，他们对企业的发展只有很少的贡献。

·使用率。可以根据品牌的轻度、中度和重度等使用者情况来细分市场。品牌重度使用者一般在市场上所占比例不大，但他们的消费量在全部消费量中所占的比例却相当高。以啤酒为例，有人曾做过调查，啤酒消费者中，大量消费者与小量消费者各占一半，其中大量消费者的消费量占总销量的88%，而小量消费者的消费量只占12%。又据调查，啤酒的大量消费者多为劳动阶层，年龄在25～50岁。而年龄在25岁以下和50岁以上为小量消费者。这种细分有助于企业作出相应的对策。

·态度。消费者对品牌的态度大体可以分为五种，即热爱、肯定、冷淡、拒绝和敌意。态度是人们生活方式的一种体现，态度决定着成败，也决定着品牌定位。企业可以通过调查、分析，针对不同态度的顾客采取不同的营销对策。例如对抱有拒绝和敌意态度者，就不必浪费时间去改变他们的态度；对冷淡者则应设法去争取他们。

名人语

营销广告界的巴莱多定律是说，20%的品牌重度使用者的消费量却占该品牌消费量的80%。

——巴莱多

（2）生产者市场细分的依据。

很多用来细分消费者市场的标准同样也可用于细分生产者市场。例如，根据地理、追求的利益和使用率等变量加以细分。不过，由于生产者与消费者在购买动机与行为上存在差别，所以，除了运用前述消费者市场细分标准外，还可用一些新的标准来细分生产者市场。

① 用户规模。在生产者市场中，有的用户购买量很大，而另一些用户的购买量则很小。企业应当根据用户规模大小来细分市场，并根据用户或客户的规模不同，制订不同的营销组合方案。例如，对于大客户，宜于直接联系、直接供应，在价格、信用等方面给予更多优惠；而对众多的小客户，则宜于让产品进入商业渠道，由批发商或零售商去组织供应。

② 产品的最终用途。产品的最终用途不同也是生产者市场细分的标准之一。例如，工业品用户购买产品，一般都是供再加工之用，对所购产品通常都有特定的要求。

③ 工业者购买状况，即根据工业者购买方式来细分市场。如前所述，工业者购买的主要方式包括直接重购、修正重购及新任务购买。不同的购买方式的采购程度、决策过程等都不相同，因而可将整体市场细分为不同的小市场群。

小思考：

1. 对比消费者市场、生产者市场的细分变量，说说两种市场在细分依据上的异同。

2. 你认为哪一种市场更容易进行细分，原因是什么？

2. 类型

著名学者兰晓华认为市场细分有两种极端的方式：完全市场细分与无市场细分，然而完全实现细分和完全无细分都只是理论模型里的理想状态。所谓完全细分就是市场中的每一位消费者都单独构成一个独立的子市场，企业根据每位消费者的不同需求为其生产不同的产品。理论上说，只有一些小规模的、消费者数量极少的市场才能进行完全细分，这种做法对企业而言是不经济的。尽管如此，完全细分在某些行业，如飞机制造业等行业还是大有市场，而且近几年开始流行的“定制营销”就是企业对市场进行完全细分的结果。无市场细分是指市场中的每一位消费者的需求都是完全相同的，或者是企业有意忽略消费者彼此之间需求的差异性，而不对市场进行细分。

实际上在该两极端之间存在一系列的过渡细分模式，这些细分模式才是企业经营者和销售者在实际运作中能够真正运用的。如何对市场进行细分需要企业对环境进行考察，结合企业实际，作出科学准确的判断。市场的多元化细分维度如图4-6所示。

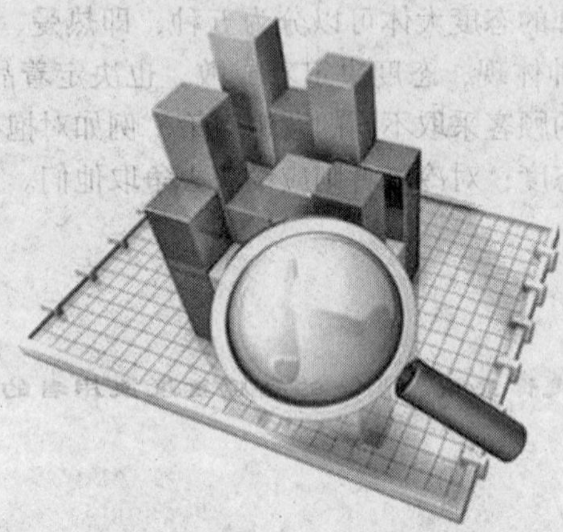

图4-6 市场的多元化细分维度

小思考：

1. “定制营销”这种完全细分的市场细分模式适合于哪类商品？
2. 企业如果对产品实施“完全无细分”的策略，有可能遇到哪些问题？

小探索

肯德基把全球市场细分为不同的子市场，它采用的依据是什么？而在中国这个市场上，根据消费群体的差异性，如年龄、身份等，它又是如何继续细分的？

让我告诉你

中国很多企业已经涉足定制化营销的新领域，善于制造噱头借势营销的中国彩电品牌创维，在2014年最受关注的贺岁电影《私人订制》上映期间，同步推出行业首台私人定制4K电视65E900U，率先在彩电行业开启定制化营销模式。同时在淘宝网上，很多店主都开展了定制业务，业务范围涵盖茶叶、日用品等礼品，而在网上下单定制礼品的很多消费者都是80后、90后。对于这群追求个性和时尚的年轻人来说，在生日、节日或特别的日子里送亲人、朋友现成的礼物已经OUT了，商场中琳琅满目的礼品已经无法激起他们购买的欲望，个性十足的创意礼品正成为他们的最爱。图4-7为KFC系列广告之承诺。

图 4－7　KFC 系列广告之承诺

4.2　市场细分的标准和方法

4.2.1　市场细分的原则和标准

营销小故事

果汁市场进一步细分

果汁饮料市场细分正在进一步升级。国内首款超级 VC 营养饮料“奇异王果”在世纪联华、华润万家等杭城超市陆续上柜。与传统果汁饮料产品不同，汇源旗下的“奇异王果”首次撇开橙、苹果、葡萄等消费者接受程度比较高的大众水果，转向小众水果猕猴桃。据说“奇异王果”果汁饮料的 VC 含量超过普通果汁饮料的 8 倍。

在业内人士看来，作为国内果汁行业第一品牌汇源抢占果汁饮料市场的新拳头产品，“奇异王果”的出现就像是一个风向标，实际上开辟了果汁饮料的一个新品类“超级水果”饮料。“这标志着国内果汁饮料市场细分将进一步升级。最近两年，杭州果汁饮料市场竞争越来越激烈，从最初的几种一下子增加到几十种，为了尽可能抢食市场份额，饮料品牌都很重视细分市场，希望打入市场空当，以实现错位竞争。”细分一直是果汁饮料市场一个很重要的概念，是把整个行业推上快车道的加速器。未来几年，国内果汁饮料市场的细分将继续升级，目前国内市场大概有 350 种不同品牌的果汁饮料产品，总产量每年都在以两位数递增。

1. 市场细分的原则

企业可根据单一因素，亦可根据多个因素对市场进行细分。选用的细分标准越多，相应的子市场也就越多，每一子市场的容量相应就越小。相反，选用的细分标准越少，子市场就越少，每一子市场的容量则相对较大。如何寻找合适的细分标准，对市场进行有效细分，在营销实践中并非易事。一般而言，成功、有效的市场细分应遵循以下基本原则。

（1）可衡量性。可衡量性指细分的市场是可以识别和衡量的，亦即细分出来的市场不仅范围明确，而且对其容量大小也能大致作出判断。有些细分变量，如具有“依赖心理”的青年人，在实际中是很难测量的，以此为依据细分市场就不一定有意义。

（2）可进入性。可进入性指细分出来的市场应是企业营销活动能够抵达的，亦即是企业通过努力能够使产品进入并对顾客施加影响的市场。一方面，有关产品的信息能够通过一定媒体顺利传递给该市场的大多数消费者；另一方面，企业在一定时期内有可能将产品通过一定的分销渠道运送到该市场。否则，该细分市场的价值就不大。比如，月球是一个让人们充满向往的地方，如果用“月球旅行”开发高端消费市场是很有前景的，但是从技术操作层面还很难实施。

（3）有效性。有效性即细分出来的市场，其容量或规模要大到足以使企业获利。进行市场细分时，企业必须考虑细分市场上顾客的数量，以及他们的购买能力和购买产品的频率。如果细分市场的规模过小，细分工作烦琐，成本耗费大，获利小，就不值得去细分。就好像一个家庭做饭，没有必要每顿饭都照顾到家里每个成员的每一个细小要求，不然需要耗费巨大的成本，但收益却不大。

（4）对营销策略反应的差异性。对营销策略反应的差异性指各细分市场的消费者对同一市场营销组合方案会有差异性反应，或者说对营销组合方案的变动，不同细分市场会有不同的反应。一方面，如果不同细分市场顾客对产品需求差异不大，行为上的同质性远大于其异质性，此时，企业就不必费力对市场进行细分。另一方面，对于细分出来的市场，企业应当分别制订独立的营销方案。如果无法制订出这样的方案，或其中某几个细分市场对是否采用不同的营销方案不会有大的差异性反应，便不必进行市场细分。

小探索

雀巢公司的市场细分

瑞士雀巢公司，是以生产和销售优质食品闻名于世的企业。它生产的食品属于差异性大、市场变化快的产品。咖啡是雀巢公司系列产品中的骄子，为适应不同消费者的口味，它针对四种消费市场制作了四种咖啡：专为特殊口味人士制作的金牌咖啡；为嗜好厚重口味者制作的特浓咖啡；为满足爱喝咖啡却嫌弃咖啡因的消费者需要，制作不含咖啡因但又保留咖啡因味的特制咖啡；用玉米糖、植物油、乳脂等制作的咖啡伴侣，冲在咖啡中，让人感到甜润适口，适于那些喝不惯咖啡苦涩味的人饮用。

此外，雀巢公司还生产奶类、谷类速溶营养饮品、烹调食品、巧克力、婴儿系列食品等。公司紧紧跟随消费者需求的变化，不断改进和开发营养丰富、品质高级的食品，使企业不断发达，享誉世界。

小思考：1. 试借鉴雀巢公司的经验，对自己熟悉的某种食品市场进行细分，设计出你的细分方案。

2. 你认为雀巢公司对咖啡市场还可以进行哪些细分，试想出三种以上方案。

2. 标准

（1）有一定的规模和发展潜力。企业进入某一市场是期望有利可图，如果市场规模狭小或者趋于萎缩状态，企业进入后难以获得发展。此时，应审慎考虑，不宜轻易进入。当然，企业也不宜以市场吸引力作为唯一取舍，特别是应力求避免“多数谬误”，即与竞争企业遵循同一思维逻辑，将规模最大、吸引力最大的市场作为目标市场。大家共同争夺一个顾客群的结果是，造成过度竞争和社会资源的无端浪费，同时使消费者的一些本应得到满足的需求遭受冷落和忽视。

（2）细分市场结构的吸引力。细分市场可能具备理想的规模和发展特征，然而从盈利的观点来看，它未必有吸引力。波特认为有五种力量决定整个市场或其中任何一个细分市场的长期的内在吸引力。这五个群体是：同行业竞争者、潜在的新参加的竞争者、替代产品、购买者和供应商。他们具有如下五种威胁性。

① 细分市场内激烈竞争的威胁：如果某个细分市场已经有了众多的、强大的或者竞争意识强烈的竞争者，那么该细分市场就会失去吸引力。如果出现该细分市场处于稳定或者衰退，生产能力不断大幅度扩大，固定成本过高，撤出市场的壁垒过高，竞争者投资很大，那么情况就会更糟。这些情况常常会导致价格战、广告争夺战，新产品推出，并使公司要参与竞争就必须付出高昂的代价。

② 新竞争者的威胁：如果某个细分市场可能吸引会增加新的生产能力和大量资源并争夺市场份额的新的竞争者，那么该细分市场就会没有吸引力。问题的关键是新的竞争者能否轻易地进入这个细分市场，细分市场的吸引力随其进退难易的程度而有所区别。

③ 替代产品的威胁：如果某个细分市场存在替代产品或者有潜在替代产品，那么该细分市场就失去吸引力。替代产品会限制细分市场内价格和利润的增长。公司应密切注意替代产品的价格趋向。如果在这些替代产品行业中技术有所发展，或者竞争日趋激烈，这个细分市场的价格和利润就可能会下降。

④ 购买者讨价还价能力加强的威胁：如果某个细分市场中购买者的讨价还价能力很强或正在加强，该细分市场就没有吸引力。购买者会设法压低价格，对产品质量和服务提出更高的要求，并且使竞争者互相斗争，所有这些都会使销售商的利润受到损失。如果购买者比较集中或者有组织，或者该产品在购买者的成本中占较大比重，或者产品无法实行差别化，或者顾客的转换成本较低，或者由于购买者的利益较低而对价格敏感，或者顾客能够向后实行联合，购买者的讨价还价能力就会加强。销售商为了保护自己，可选择议价能力最弱或者转换销售商能力最弱的购买者。较好的防卫方法是提供顾客无法拒绝的优质产品供应市场。

⑤ 供应商讨价还价能力加强的威胁：如果公司的供应商——原材料和设备供应商、公用事业、银行、工会等，能够提价或者降低产品和服务的质量，或减少供应数量，那么该公司所在的细分市场就会没有吸引力。如果供应商集中或有组织，或者替代产品少，或者供应的产品是重要的投入要素，或者转换成本高，或者供应商可以向前实行联合，那么供应商的讨价还价能力就会较强大。因此，与供应商建立良好关系和开拓多种供应渠道才是防御上策。

小思考：

面对不同的威胁企业应作出何种应对？

(3) 符合企业目标和能力。有时企业会放弃一些有吸引力的细分市场，或其不符合企业长远目标，或自己缺乏足够的技能和资源，或自己缺少其他必要条件。即便某一市场具有较大的规模、良好的发展前景和富有吸引力的结构，企业也会结合自己的目标和资源进行综合考虑。还有某些细分市场虽然有较大吸引力，但不能推动企业实现发展目标，甚至分散企业的精力，使之无法完成其主要目标，这样的市场应考虑放弃。只有当企业能够提供具有高价值的产品和服务，并且切实了解细分市场的价值时，它才进入这一细分市场。另外，还应考虑企业的资源条件是否适合在某一细分市场经营。只有选择那些企业有条件进入、能充分发挥其资源优势的市场作为目标市场，企业才会立于不败之地。

让我告诉你

"全国各地都是我们企业的市场，所有人都是我们的用户和潜在用户。"在营销市场上经常会耳闻目睹这样的高论，听起来很有企业家的气魄，但这恰恰是违背市场细分原则的突出表现。不进行市场细分会致使企业丢失良机，浪费资源，丧失消费者，还可能导致企业全面失败。

名人语

一个营销活动要取得成功，首先必须要有明确的目标。

——营销箴言

4.2.2 市场细分的程序和方法

1. 程序

美国市场学家麦卡锡提出细分市场的一整套程序，这一程序包括以下七个步骤。

(1) 选定产品市场范围，即确定进入什么行业，生产什么产品。产品市场范围应以顾客的需求，而不是产品本身特性来确定。例如，某一房地产公司打算在乡间建造一幢简朴的住宅，若只考虑产品特征，该公司可能认为这幢住宅的出租对象是低收入顾客，但从市场需求角度看，高收入者也可能是这幢住宅的潜在顾客。因为高收入者在住腻了高楼大厦之后，恰恰可能向往乡间的清静，从而可能成为这种住宅的顾客。

(2) 列举潜在顾客的基本需求。比如，公司可以通过调查，了解潜在消费者对前述住宅的基本需求。这些需求可能包括：遮风避雨，安全、方便、宁静，设计合理，室内陈设完备，工程质量好，等等。

(3) 了解不同潜在用户的不同要求。对于列举出来的基本需求，不同顾客强调的侧重点可能会存在差异。比如，经济、安全、遮风避雨是所有顾客共同强调的，但有的用户可能特别重视生活的方便，另外一类用户则对环境的安静、内部装修等有很高的要求。通过这种差异比较，不同的顾客群体即可初步被识别出来。

(4) 抽掉潜在顾客的共同要求，而以特殊需求作为细分标准。上述所列购房的共同要求固然重要，但不能作为市场细分的基础。例如，遮风避雨、安全是每位用户的要求，就不能作为细分市场的标准，因而应该剔出。

(5) 根据潜在顾客基本需求差异，将其划分为不同的群体或子市场，并赋予每一子市场一定的名称。例如，西方房地产公司常把购房的顾客分为好动者、老成者、新婚者、度假者等多个子市场，并据此采用不同的营销策略。

(6) 进一步分析每一细分市场需求与购买行为特点，并分析其原因，以便在此基础上决定是否可以对这些细分出来的市场进行合并，或作进一步细分。

(7) 估计每一细分市场的规模，即在调查基础上，估计每一细分市场的顾客数量、购买频率、平均每次的购买数量等，并对细分市场上产品竞争状况及发展趋势作出分析。细分市场的相关情况如图 4－8 所示。

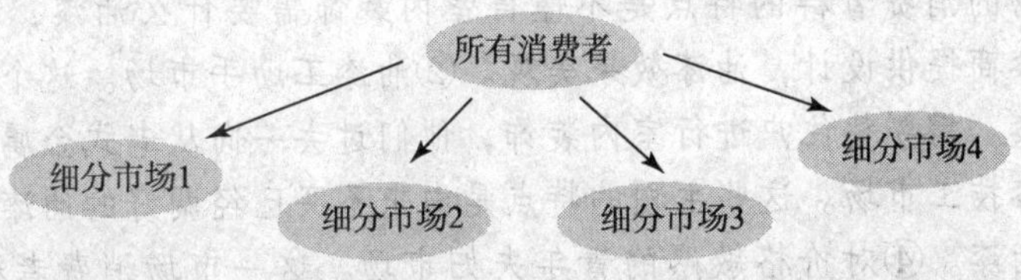

营销实践检验		业务发展实践检验	
细分市场分辨度高	细分市场	细分市场提供可持续的利润机会	细分市场增加企业自身的竞争优势
• 内部共性大 • 外部差异大 • 易于通过不同营销计划区别对待	• 便于找到和到达，无论是通过传媒还是销售 • 价值优惠清晰，易行	• 已有规模大 • 增长势头好	• 为细分市场提供的价值与供应商目前或预期的技能相匹配 • 是易于保有的细分市场

图 4－8　细分市场的相关情况

2. 方法

市场细分的方法有以下几个。

(1) 单一变量法。所谓单一变量法，就是指根据市场营销调研结果，把选择影响消费者或用户需求最主要的因素作为细分变量，从而达到市场细分的目的。这种细分法以公司的经营实践、行业经验和对组织顾客的了解为基础，在宏观变量或微观变量间，找到一种能有效区分客户并使公司的营销组合产生有效对应的变量而进行的细分。

(2) 主导因素排列法。主导因素排列法即用一个因素对市场进行细分，如按性别细分化妆品市场，按年龄细分服装市场等。这种方法简便易行，但难以反映复杂多变的顾客需求。

(3) 综合因素细分法。综合因素细分法即用影响消费需求的两种或两种以上的因素进行综合细分。例如，用生活方式、收入水平、年龄三个因素可将妇女服装市场划分为不同的细分市场。

(4) 系列因素细分法。当细分市场所涉及的因素是多项，并且各因素是按一定的顺序逐步进行时，可由粗到细、由浅入深，逐步进行细分，这种方法称为系列因素细分法。

营销小故事

英国一家小制漆厂，在投产之前对当地室内装饰用漆市场进行了调查研究，访问了许多潜在消费者，调查分析他们对产品的各种不同需求，然后对市场进行了如下细分：油漆市场的60%是一个大的普及市场，这个市场对各种油漆产品者有潜在需求，但是，这家制漆厂无力参与这个市场的竞争，因此不予考虑。另外还有四个细分市场：①没有劳动力的家庭主妇市场。这个市场的消费者群的特点是不懂得室内装饰需要什么油漆，但是要求油漆质量好，并且要求油漆商提供设计，油漆效果美观。②油漆工助手市场。这个市场的顾客需要购买质量较好的油漆。需要替住户进行室内装饰，他们过去一向从老式金属器具店或木材厂购买油漆。③老油漆技工市场。这些主顾的特点是向来不买已经调好的油漆，而是购买颜料和油料，自己调配油漆。④对价格敏感的青年夫妇市场。这一市场消费者群的特点是收入较低，租赁公寓住户在一定时间内必须油刷住房，以保护房屋。因此，这些住户购买油漆，不求质量好，只要比白粉刷浆稍好一点就行，但要求价格便宜。

该厂通过研究，根据自己的人力、物力资源条件，决定选择公寓青年夫妇这一细分市场作为目标市场，并制定了一套营销组合战略：①产品——经营少数不同颜色和大小不同包装的油漆（根据顾客喜爱，随时增加、改变或取消颜色品种和装罐大小）；②分销——分销到目标消费者住宅附近的每一个零售店（该市场地区如果出现新的零售店，立即招徕它订购本厂产品）；③价格——保持单一的低廉价格，没有任何特价（不跟随其他市场的油漆厂家调整价格）；④促销——宣传内容以“低价”“满意的质量”为号召，以适应目标消费者群的需求（定期变换商店布置和广告稿本，创造新颖形象，并变换使用广告媒体）。

这家油漆厂由于选择了适当的细分市场作为目标市场，制定了相应的营销组合战略，尽管出售的是低档产品，但是适应目标市场的需求，因此取得了很大的成功。

3. 目标市场选择

对目标市场进行选择时，应细分目标市场，市场的细分程序可参照图 4 - 9 进行。

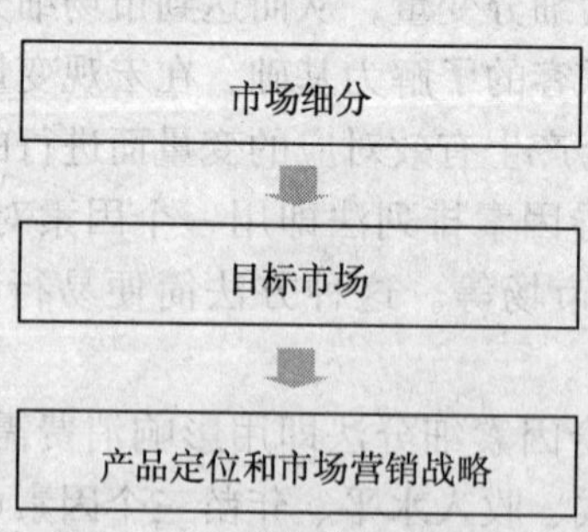

图 4 - 9　市场的细分程序

（1）目标市场模式选择。公司在对不同细分市场评估后，就必须对进入哪些市场和为多少个细分市场服务作出决策。公司考虑可能的目标市场模式有以下五种。

① 密集单一市场。最简单的方式是公司选择一个细分市场集中营销。公司通过密集营销，更加了解本细分市场的需要，并树立特别的声誉，因此便可在该细分市场建立巩固的市

场地位。另外，公司通过生产、销售和促销的专业化分工，也获得了许多经济效益。如果细分市场补缺得当，公司的投资便可获得高报酬。同时，密集市场营销比一般情况风险更大。个别细分市场可能出现不景气的情况，或者某个竞争者决定进入同一个细分市场。由于这些原因，许多公司宁愿在若干个细分市场分散营销。

② 有选择的专门化。采用此法选择若干个细分市场，其中每个细分市场在客观上都有吸引力，并且符合公司的目标和资源。但在各细分市场之间很少有或者根本没有任何联系，然而每个细分市场都有可能盈利。这种多细分市场目标优于单细分市场目标，因为这样可以分散公司的风险，即使某个细分市场失去吸引力，公司仍可继续在其他细分市场获取利润。

③ 产品专门化。用此法集中生产一种产品，公司向各类顾客销售这种产品。例如，显微镜生产商向大学实验室、政府实验室和工商企业实验室销售显微镜。公司准备向不同的顾客群体销售不同种类的显微镜，而不去生产实验室可能需要的其他仪器。公司通过这种战略，在某个产品方面树立起很高的声誉。如果产品——这里是指显微镜，被一种全新的显微技术代替，就会发生危机。

④ 市场专门化。市场专门化是指专门为满足某个顾客群体的各种需要而服务。例如，公司可为大学实验室提供一系列产品，包括显微镜、化学烧瓶等。公司专门为这个顾客群体服务，而获得良好的声誉，并成为这个顾客群体所需各种新产品的销售代理商。但如果大学实验室突然经费预算削减，它们就会减少从这个市场专门化公司购买仪器的数量，这就会产生危机。

⑤ 完全市场覆盖。完全市场覆盖是指公司想用各种产品满足各种顾客群体的需求。只有大公司才能采用完全市场覆盖战略，如国际商用机器公司（计算机市场）、通用汽车公司（汽车市场）和可口可乐公司（饮料市场）。

（2）目标市场策略类型。

① 无差异市场营销策略（见图4－10）。

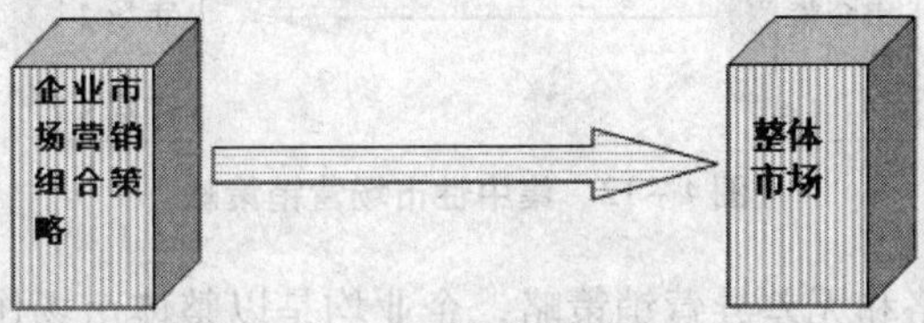

图4－10　无差异市场营销策略

无差异营销策略是指企业将产品的整个市场视为一个目标市场，用单一的营销策略开拓市场，即用一种产品和一套营销方案吸引尽可能多的购买者。无差异营销策略只考虑消费者或用户在需求上的共同点，而不关心他们在需求上的差异性。可口可乐公司在20世纪60年代以前曾以单一口味的品种、统一的价格和瓶装、同一广告主题将产品面向所有顾客，就是采取的这种策略。

无差异营销的理论基础是成本的经济性。生产单一产品，可以减少生产与储运成本；无差异的广告宣传和其他促销活动可以节省促销费用；不搞市场细分，可以减少企业在市场调研、产品开发、制订各种营销组合方案等方面的营销投入。这种策略对于需求广泛、市场同质性高且能大量生产、大量销售的产品比较合适。

② 差异性市场营销策略（见图4－11）。

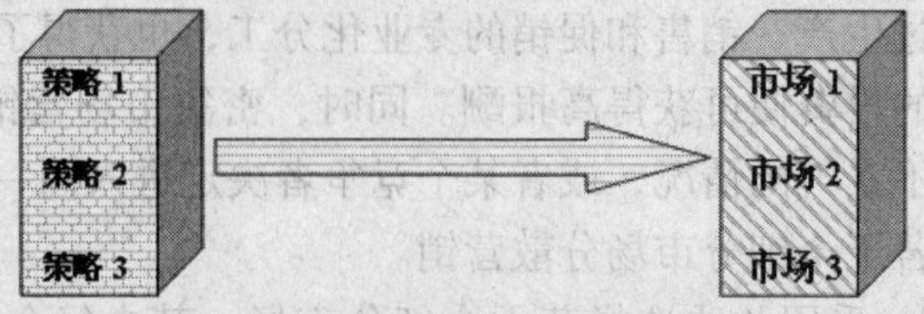

图 4 – 11　差异性市场营销策略

差异性市场营销策略是将整体市场划分为若干细分市场，针对每一细分市场制订一套独立的营销方案。例如，服装生产企业针对不同性别、不同收入水平的消费者推出不同品牌、不同价格的产品，并采用不同的广告主题来宣传这些产品，就是采用的差异性营销策略。

差异性营销策略的优点是：小批量、多品种，生产机动灵活、针对性强，使消费者需求更好地得到满足，由此促进产品销售。另外，由于企业是在多个细分市场上经营，一定程度上可以减少经营风险；一旦企业在几个细分市场上获得成功，有助于提高企业的形象及提高市场占有率。

差异性营销策略的不足之处主要体现在两个方面：一是增加营销成本。由于产品品种多，管理和存货成本将增加；由于公司必须针对不同的细分市场发展独立的营销计划，会增加企业在市场调研、促销和渠道管理等方面的营销成本。二是可能使企业的资源配置不能有效集中，顾此失彼，甚至在企业内部出现彼此争夺资源的现象，使拳头产品难以形成优势，这也是差异化自身的局限性。另外，市场调研、销售分析、促销计划、渠道建立、广告宣传、物流配送等许多方面的成本无疑都会大幅度地增加。这也是为什么很多企业做差异化营销，市场占有率扩大了，销量增加了，利润却降低了的原因所在。

③ 集中性市场营销策略（见图 4 – 12）。

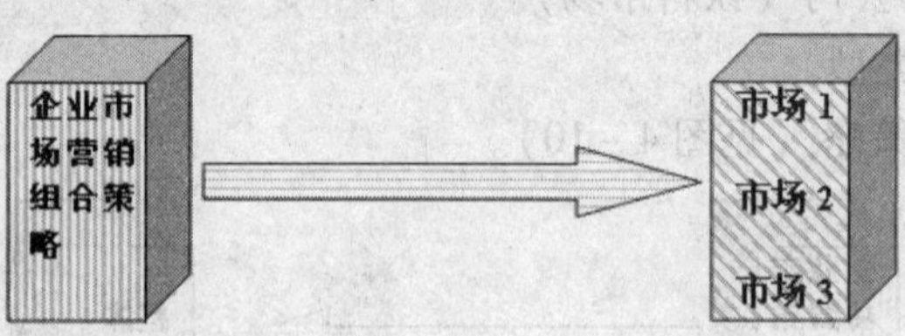

图 4 – 12　集中性市场营销策略

实行差异性营销策略和无差异营销策略，企业均是以整体市场作为营销目标，试图满足所有消费者在某一方面的需要。集中性营销策略则是集中力量进入一个或少数几个细分市场，实行专业化生产和销售。实行这一策略，企业不是追求在一个大市场角逐，而是力求在一个或几个子市场占有较大份额。

集中性营销策略的指导思想是：与其四处出击收效甚微，不如突破一点取得成功。这一策略特别适合于资源力量有限的中小企业。中小企业由于受财力、技术等因素制约，在整体市场可能无力与大企业抗衡，但如果集中资源优势在大企业尚未顾及或尚未建立绝对优势的某个或某几个细分市场进行竞争，成功的可能性更大。集中性营销策略的局限性体现在两个方面：一是市场区域相对较小，企业发展受到限制。二是潜伏着较大的经营风险，一旦目标市场突然发生变化，如消费者趣味发生转移，或强大竞争对手的进入，或新的更有吸引力的替代品的出现，都可能使企业因没有回旋余地而陷入困境。

（3）影响目标市场策略选择的因素。前述三种目标市场策略各有利弊，企业到底应采取哪一种策略，应综合考虑企业、产品和市场等多方面因素予以决定。

一是企业资源或实力。当企业生产、技术、营销、财务等方面势力很强时，可以考虑采用差异性或无差异市场营销策略；资源有限、实力不强时，采用集中性营销策略效果可能更好。

二是产品同质性。指在消费者眼里，不同企业生产的产品的相似程度。对于大米、食盐、钢铁等产品，尽管每种产品因产地和生产企业的不同会有些品质差别，但消费者可能并不十分看重。此时，竞争将主要集中在价格上。这样的产品适合采用无差异营销策略。对于服装、化妆品、汽车等产品，由于在型号、式样、规格等方面存在较大差别，产品选择性强，同质性较低，因而更适合采用差异性或集中性营销策略。

三是市场同质性。指各细分市场顾客需求、购买行为等方面的相似程度。市场同质性高，意味着各细分市场相似程度高，不同顾客对同一营销方案的反应大致相同。此时，企业可考虑采取无差异营销策略。反之，则适宜采用差异性或集中性营销策略。

四是产品所处生命周期的不同阶段。产品处于投入期，同类竞争品不多，竞争不激烈，企业可采用无差异营销策略。当产品进入成长期或成熟期，同类产品增多，竞争日益激烈，为确立竞争优势，企业可考虑采用差异性营销策略。当产品步入衰退期，为保持市场地位，延长产品生命周期，全力对付竞争者，可考虑采用集中性营销策略。

五是竞争者的市场营销策略。企业选择目标市场策略时，还要充分考虑竞争者尤其是主要竞争对手的营销策略。如果竞争对手采用差异性营销策略，企业应采用差异性或集中性营销策略与之抗衡；若竞争者采用无差异策略，则企业可采用无差异或差异性策略与之对抗。

六是竞争者的数目。当市场上同类产品的竞争者较少，竞争不激烈时，可采用无差异性营销策略；当竞争者多，竞争激烈时，可采用差异性营销策略或集中性营销策略。

让我告诉你

小品牌卡姿兰是采用精准营销集中性进攻竞争对手美宝莲成功的典范。

卡姿兰采取比附、跟随、进攻第一品牌美宝莲花的策略，是卡姿兰进攻美宝莲成功的有效策略。卡姿兰从产品开发到形象建设及部分渠道、终端建设的思维上都有效做了一个“跟进者”，这是卡姿兰成长的一大法宝。特别是卡姿兰借助自身早先从事彩妆原料的优势全面跟进美宝莲的产品开发思路，全面复制相关产品线，大力地塑造“同美宝莲等质量、相对美宝莲便宜的价格”。如卡姿兰3D星光果冰唇彩就是“跟进”美宝莲的水晶3D星光唇膏，并且价格要比美宝莲低。这种借助自身资源又有效比附第一品牌“美宝莲”的成功策略在打击竞争对手的同时又有力地推动了卡姿兰的成长。

4.3 市场定位

4.3.1 市场定位的概念及作用

目标市场范围确定后，企业就要在目标市场上进行定位了。市场定位是指企业全面地了解、分析竞争者在目标市场上的位置后，确定自己的产品如何接近顾客的营销活动。企业的目标市场如图 4－13 所示。

图 4－13　企业的目标市场

1. 市场定位的概念

所谓市场定位就是企业根据目标市场上同类产品的竞争状况，针对顾客对该类产品某些特征或属性的重视程度，为本企业产品塑造强有力的、与众不同的鲜明个性，并将其形象生动地传递给顾客，求得顾客认同。市场定位的实质是使本企业与其他企业严格区分开来，使顾客明显感觉和认识到这种差别，从而在顾客心目中占与众不同的有价值的位置。

传统的观念认为，市场定位就是在每一个细分市场上生产不同的产品，实行产品差异化。事实上，市场定位与产品差异化尽管关系密切，但有着本质的区别。市场定位是通过为自己的产品创立鲜明的个性，从而塑造出独特的市场形象来实现的。一项产品是多个因素的综合反映，包括性能、构造、成分、包装、形状、质量等，市场定位就是要强化或放大某些产品因素，从而形成与众不同的独特形象。产品差异化乃是实现市场定位的手段，但并不是市场定位的全部内容。市场定位不仅强调产品差异，而且要通过产品差异建立独特的市场形象，赢得顾客的认同。

需要指出的是，市场定位中所指的产品差异化与传统的产品差异化概念有本质的区别，它不是从生产者角度出发单纯追求产品变异，而是在对市场分析和细分化的基础上，寻求建立某种产品特色，因而它是现代市场营销观念的体现。市场定位的概念提出来以后，受到企业界的广泛重视。越来越多的企业运用市场定位，参与竞争、扩大市场。

2. 市场定位的作用

让我告诉你

品牌营销第一步——定位

当你开始自己的业务，出售产品或者服务，在这个充满竞争的市场中，你必须建立自己的品牌，才能在众多的同类产品中脱颖而出，并让顾客选择你、记住你。建立品牌的第一步就是定位。不管你愿不愿意，或者做还是不做，一旦你接触到消费者，他们都会在自己的心里给你打一个标签，这是他们给你的定位。如果你自己不事先主动引导，他们就会自己赋予你认知，如果这样，你就失去了主动，一旦你发现这个标签是负能量的，你再要去改变就很困难了。选择你的优点，你需要拿出一支笔，把你认为的优势写下来。你和竞争者肯定会有所不同，即使你和竞争者完全相同，你也必须宣称自己和他们不同，这样顾客才能有所区分，选择你的产品，而不是竞争者的产品。实际上，你会发现你的优势和特点不止一个，你需要选定其中一个作为宣传的重点，消费者不会记住很多特点，通常他们就记住一到两个，但是在开始的时候，不妨把所有的点都写下来，然后逐个检视。选择细分市场不要试图占有所有的市场，那样成本太高昂，就像试图一口吃掉一大块蛋糕一样，你可以一口一口地吃，每次吃一点。开始的时候可以是一个需求未被满足的缝隙市场，这往往意味着没有什么竞争者；或者是一大块市场中的一块分支，你的特点和优势会非常适合这一小块市场的时候，在这块市场中你就可以如鱼得水，发展得非常好。在选择市场的时候必须注意的一点是，这块市场必须足够你发展的需要，如果太狭窄，你会面临无法获得足够利润的问题。

总的看来，市场定位在两个方面为广大商家提供了制胜的法宝。

（1）市场定位有利于建立企业及产品的市场特色，是参与现代市场竞争的有力武器。在现代社会中，许多市场都存在严重的供大于求的现象，众多生产同类产品的厂家争夺有限的顾客，市场竞争异常激烈。为了使自己生产经营的产品获得稳定销路，防止被其他厂家的产品所替代，企业必须从各方面树立起一定的市场形象，以期在顾客心目中形成一定的偏爱。美国摩托罗拉公司在世界电信设备市场上，成功地塑造了质量领先的形象，从而在激烈的市场竞争中居于领先地位。在 10 年不到的时间内，由一家小公司上升到世界十大“名牌”公司之一。

（2）市场定位决策是企业制定市场营销组合策略的基础。企业的市场营销组合受到企业市场定位的制约。例如，假设某企业决定生产销售优质低价的产品，那么这样的定位就决定了：产品的质量要高；价格要定得低；广告宣传的内容要突出强调企业产品质优价廉的特点，要让目标顾客相信货真价实，低价也能买到好产品；分销储运效率要高，保证低价出售仍能获利。也就是说，企业的市场定位决定了企业必须设计和发展与之相适应的市场营销组合。

3. 市场定位步骤

我们再一次强调一下，市场定位的主要任务就是在市场上，让你的企业、产品与竞争者有所不同。要做到这一点，其实是极不容易的，让消费者从心里记住你，企业可以从以下三个方面入手：

（1）确立产品的特色。市场定位的出发点和根本要素就是要确定产品的特色。首先，要了解市场上竞争者的定位如何，他们要提供的产品或服务有什么特点。其次，要了解顾客对某类产品各属性的重视程度。显然，费大力气去宣传那些与顾客关系并不密切的产品是多余的。最后，你还得考虑企业自身的条件。有些产品属性，虽然是顾客比较重视的，但如果企业力所不及，也不能成为市场定位的目标。

（2）树立市场形象。企业所确定的产品特色，是企业有效参与市场竞争的优势，但这些优势不会自动地在市场上显示出来。要使这些独特的优势发挥作用，影响顾客的购买决策，需要以产品特色为基础树立鲜明的市场形象，通过积极主动而又巧妙地与顾客沟通，引起顾客的注意与兴趣，求得顾客的认同。有效的市场定位并不取决于企业是怎么想，关键在于顾客怎么看。市场定位成功的最直接反映就是顾客对企业及其产品所持的态度和看法。

（3）巩固市场形象。顾客对企业的认识不是一成不变的。由于竞争者的干扰或沟通不畅，会导致市场形象模糊，顾客对企业的理解会出现偏差，态度发生转变。所以建立市场形象后，企业还应不断向顾客提供新的论据和观点，及时矫正与市场定位不一致的行为，巩固市场形象，维持和强化顾客对企业的看法与认识。

（4）根据使用者类型定位。企业常常试图将其产品指向某一类特定的使用者，以便根据这些顾客的看法塑造恰当的形象。美国米勒啤酒公司曾将其原来唯一的品牌“高生”啤酒定位于“啤酒中的香槟”，吸引了许多不常饮用啤酒的高收入妇女。后来发现，占30%的狂饮者大约消费了啤酒销量的80%，于是，该公司在广告中展示石油工人钻井成功后狂欢的镜头，还有年轻人在沙滩上冲刺后开怀畅饮的镜头，塑造了一个“精力充沛的形象”。在广告中提出“有空就喝米勒”，从而成功占领啤酒狂饮者市场达10年之久。

事实上，许多企业进行市场定位的依据往往不止一个，而是多个依据同时使用。因为要体现企业及其产品的形象，市场定位必须是多维度、多方面的。

营销小故事

仅靠更多的优惠和促销并不一定能留住顾客，从2013年开始，不少商场开始花大钱建立VIP数据库，细分顾客需求，以打造美好生活方式和带来更好的客户体验为出发点，根据顾客的不同需求提供超值服务——带高端会员打高尔夫。

4月13日，丹尼斯人民店组织40名高端会员进行高尔夫体验活动。商场对此进行了精心准备，除了丹尼斯的高管到场之外，还为会员准备了精致的餐饮、趣味比赛以及丰厚的奖品。这是2014年丹尼斯人民店举办的第二场高端会员的集体活动。早在一个月前，丹尼斯人民店就已经组织了一批金卡会员去马术俱乐部观看马术表演，并让会员亲自感受骑马的乐趣。

“活动前期，我们投入了大量精力，细心安排，精心布置，只为了给高端会员打造一场愉快轻松的健康生活体验。”丹尼斯人民店总经理曹岗说。因为高端会员的贡献度是惊人的，对于这点，丹尼斯并不讳言。进入2014年，从本地各家商场的反馈信息来看，在现阶段营销费用缩减的情况下，对高端会员的维护费用却在不断增加。这是因为，会员对商场的销售贡献非常大。以丹尼斯为例，数据显示，全年销售额中，有一半以上是由会员贡献的，其中，高端会员贡献的销售额更是一个不小的数字。正因为高端会员的贡献惊人，与争取一个新的流动顾客相比，商场更愿意维护好一个固定顾客。尤其在目前的零售环境下，商场需要不遗余力地为这个群体量身打造专属服务。

4. 市场定位方法

各个企业经营的产品不同，面对的顾客也不同，所处的竞争环境也不同，因而市场定位所依据的原则也不同。总的来讲，市场定位所依据的原则有以下四点：

(1) 根据具体的产品特点定位。构成产品内在特色的许多因素都可以作为市场定位所依据的原则，如所含成分、材料、质量、价格等。“七喜”汽水的定位是“非可乐”，强调它是不含咖啡因的饮料，与可乐类饮料不同。“泰宁诺”止痛药的定位是“非阿司匹林的止痛药”，显示药物成分与以往的止痛药有本质的差异。

(2) 根据特定的使用场合及用途定位。为老产品找到一种新用途，是为该产品创造新的市场定位的好方法。例如，脑白金本是一种保健药品，可是企业定位为礼品取得了好的销售效果。

(3) 根据顾客得到的利益定位。产品提供给顾客的利益是顾客最能切实体验到的，也可以用作定位的依据。1975年，美国米勒（Miller）推出了一种低热量的“Lite”牌啤酒，将其定位为喝了不会发胖的啤酒，迎合了那些经常饮用啤酒而又担心发胖的人的需要。世界上各大汽车巨头的定位也各有特色，劳斯莱斯车豪华气派，丰田车物美价廉，沃尔沃则结实耐用。

5. 市场定位战略

市场定位是一种竞争性定位，它反映市场竞争各方的关系，是为企业有效参与市场竞争服务的。市场定位的主要战略有以下几种：

（1）避强定位。这是一种避开强有力的竞争对手进行市场定位的模式。企业不与对手直接对抗，将自己置于某个市场“空隙”，发展目前市场上没有的特色产品，拓展新的市场领域。

这种定位的优点是：能够迅速地在市场上站稳脚跟，并在消费者心中尽快树立起一定形象。由于这种定位方式市场风险较小，成功率较高，常常为多数企业所采用。例如，美国的 Aims 牌牙膏专门对准儿童市场这个空隙，因而能在 Crest（克蕾丝，“宝洁”公司出品）和 Colgate（高露洁）两大品牌统霸的世界牙膏市场上占有 10% 的市场份额。

（2）迎头定位。这是一种与在市场上居支配地位的竞争对手“对着干”的定位方式，即企业选择与竞争对手重合的市场位置，争取同样的目标顾客，彼此在产品、价格、分销、供给等方面少有差别。

在世界饮料市场上，作为后起的“百事可乐”进入市场时，就采用过这种方式，“你是可乐，我也是可乐”，与可口可乐展开面对面的较量。实行迎头定位，企业必须做到知己知彼，应该了解市场上是否可以容纳两个或两个以上的竞争者，自己是否拥有比竞争者更多的资源和能力，是不是可以比竞争对手做得更好。否则，迎头定位可能会成为一种非常危险的战术，将企业引入歧途。

当然，也有些企业认为这是一种更能激发自己奋发向上的定位尝试，一旦成功就能取得巨大的市场份额。

（3）重新定位。重新定位通常是指对那些销路少、市场反应差的产品进行二次定位。初次定位后，随着时间的推移，新的竞争者进入市场，选择与本企业相近的市场位置，致使本企业原来的市场占有率下降；或者，由于顾客需求偏好发生转移，原来喜欢本企业产品的人转而喜欢其他企业的产品，因而市场对本企业产品的需求减少。在这些情况下，企业就需要对其产品进行重新定位。所以，一般来讲，重新定位是企业为了摆脱经营困境，寻求重新获得竞争力和增长的手段。不过，重新定位也可作为一种战术策略，并不一定是因为陷入困境，相反，可能是由于发现产品新的市场范围引起的。例如，某些专门为青年人设计的产品在中老年人中也开始流行后，这种产品就需要重新定位。

营销小故事

为摆脱产品同质化造成的恶性竞争，山航货运部创新营销理念，充分发挥公司客运信息、货运保障、行李服务、客舱宣传等资源，适应旅客和货主特殊需求，在公司相关等部门的大力支持配合下，近期开发了“随机达”速运产品。9 月初，该速运产品已通过青岛机场试销。

相对于传统的逾重行李和货物运输，“随机达”是一款低标准收费、高标准服务的产品，“货运的价格、行李的便捷”是“随机达”速运产品的特色。服务的对象主要针对山航常旅客和其他与山航有协议关系的会员俱乐部成员，满足他们对时效和便捷的高端需求。山航货运部与青岛机场联合试销的“随机达”速运服务平台，目前只提供以青岛为始发站的单向服务。

本章小结

✧ 市场细分是企业根据消费者需求的不同，把整个市场划分成不同的消费者群的过程。细分后形成目标市场，目标市场相关营销将企业的营销资源集中于最有潜力的市场部分，其关键步骤包括市场细分化、选定目标市场和目标市场定位（STP 战略）。市场细分是一种把一个市场划分成不同购买者群体的行为，这些购买者群体可能值得为其提供独立的产品和营销组合。消费者市场细分的依据主要有地理、人口、心理和消费行为等；产业市场可按最终用户、顾客规模和地理分布进行细分。市场细分的有效性在于按一定标准细分的子市场具有可区分性、可进入性、可盈利性的原则。

✧ 企业将最佳的细分市场挑选为其目标市场，为此要对细分市场从潜量、盈利能力到竞争状况等方面进行评价。然后，企业可不理会细分市场的差异性，采用无差异市场营销；也可以为几个细分市场开发不同的产品，采用差异市场营销；或者可以只追求某部分细分市场，采用集中市场营销。究竟用何种目标市场的覆盖策略，企业的决策受到诸如企业资源、产品和市场的同质性、产品的生命周期阶段和竞争者的营销策略等因素的影响。

✧ 对于已确定的目标市场，企业要为自己的产品进行市场定位，其实质即是在消费者心目中标明本企业产品的特色和形象。企业可从产品、服务、渠道、人员和形象等方面建立差异化。企业在定位时要尽力避免定位不足、定位过分和定位模糊等错误。借助市场结构图，企业在明确竞争对手并研究竞争者地位的基础上，作出决定：或填补市场空白，或与竞争者比邻并存，或干脆取而代之。通过产品的市场定位，企业奠定了制订营销组合计划的基调。

请你动动手

实训 1：

(1) 实训时间：实训周期为 2 周，课堂展示时间为 2 课时/30 人。

(2) 实训地点：根据调查内容选择地点，教室内展示成果（报告）。

(3) 实训前的准备：

① 确定评估对象。

② 教师引导学生按照以下思路进行评估：

·这些是推动独特的产品和服务的独特客户需求吗？客户需要/想要什么服务？他们愿

意为之支付多少钱？目标客户希望怎样的接触方式？

·是否存在通过新的产品服务和令人激动的产品服务能够获得的独特目标客户细分市场？产品服务使用情况和不同客户的盈利性怎样？

·谁是最有价值的客户？如何区分他们？他们是否具有某些独特的使用、人口、地域特点可以刺激产生更好地为之服务的观点/新产品开发的观点？

·有没有独特的客户群可以确认其人口学特征？外部可以观察到的/确定的不同客户的特点是什么？

·客户的物流地点在哪里？客户的使用模式是否随地点变化而变化？

(4) 实训内容：组织学生对当地的商场、超市和特产专营店进行实地调查，对本地特色产品市场细分进行评估。制作一份评估报告，内容包括该细分依据、细分结果、目标市场和目标顾客等。

(5) 实训要求：

① 要求学生掌握市场细分基本理论，并做好相关的知识准备。

② 要求教师在实训过程中做好组织、管理工作，给予学生必要、合理的指导，并及时点评、总结，加深学生对市场细分的理解和认识，掌握一定的实际操作能力。

(6) 实训的方法和步骤：

① 将学生分为若干组，每组5~7人，每组设组长1名，负责组织、督促本组成员进行实训。

② 各小组讨论分析实训要求，确定各自负责的工作，并由组长确定具体人员分工。

③ 制订实地调查的工作内容及时间分配计划。

④ 按要求执行工作计划。

⑤ 组长负责定期或不定期召开组员会议，商量讨论具体工作中的问题与对策，并及时上报进度。

⑥ 组长负责组织讨论，并制作调查报告；可以幻灯片或Word文档格式制作报告。

⑦ 组长指定专门1人负责向老师和其他同学负责介绍此次调查的具体工作过程以及此次调查的结果。

⑧ 其他组同学点评，老师讲评。

⑨ 上交调查报告书。

⑩ 老师作整体总结。

(7) 实训考核方法（见表4-1）。

表4-1　实训考核表

考核内容	评分
组织工作：安排分配效率	10分
准备工作：制定工作计划表	10分
执行过程：按进度	10分
团队合作情况：团结、和谐、向上、积极	10分
评估报告展示	60分
合计	100分

实训2：

(1) 实训时间：实训周期为1周，课堂展示时间为2课时/30人。

(2) 实训地点：根据调查内容选择地点，教室内展示成果（报告）。

(3) 实训前的准备：

① 确定评估对象。

② 了解网络市场和网上销售的基本理论，结合市场细分知识点，查找相关产品或企业资料，以做准备。

(4) 实训内容：选择一个日常用品的企业网站，如资生堂网站、联合利华网站或者所在城市较大的企业网站等，浏览公司产品，分析其如何进行市场细分。

(5) 实训要求：

① 要求学生掌握市场细分基本理论，并做好相关的知识准备。

② 要求教师在实训过程中做好组织、管理工作，给予学生必要、合理的指导，并及时点评、总结，加深学生对市场细分的理解和认识，掌握一定的实际操作能力。

(6) 实训的方法和步骤：

① 将学生分为若干组，每组5~7人，每组设组长1名，负责组织、督促本组成员进行实训。

② 各小组讨论分析实训要求，确定各自负责的工作，并由组长确定具体人员分工。

③ 根据对象制订工作内容及时间分配计划。

④ 按要求执行工作计划。

⑤ 组长负责定期或不定期召开组员会议，商量讨论具体工作中的问题与对策，并及时上报进度。

⑥ 组长负责组织讨论，并制作调查报告；可以幻灯片或Word文档格式制作报告。

⑦ 组长指定专门1人负责向老师和其他同学负责介绍此次调查的具体工作过程以及此次调查的结果。

⑧ 其他组同学点评，老师讲评。

⑨ 上交调查报告书。

⑩ 老师作整体总结。

(7) 实训考核方法（见表4-2）。

表4-2 实训考核表

考核内容	评分
组织工作：安排分配效率	10分
准备工作：制定工作计划表	10分
执行过程：按进度	10分
团队合作情况：团结、和谐、向上、积极	10分
评估报告展示	60分
合计	100分

自我测试

1. 单选题

(1) 按消费者所在国籍进行市场细分属于（　　）。

A. 地理细分　B. 人口细分　C. 心理细分

(2) 对于同质产品或需求上共性较大的产品，一般应实行（　　）。

A. 集中性市场营销　B. 差异性市场营销　C. 无差异性市场营销

(3) 按消费数量来细分市场属于（　　）。

A. 地理细分　B. 人口细分　C. 心理细分　D. 行为细分

(4) 对于成熟期的产品，企业宜采用（　　）。

A. 集中性市场营销　B. 差异性市场营销　C. 无差异性市场营销

(5) 企业在细分市场的基础上，对不同的子市场提供不同的市场营销组合属于（　　）。

A. 集中性市场营销　B. 差异性市场营销　C. 无差异性市场营销

2. 多选题

(1) 消费者市场细分的依据有（　　）。

A. 地理变量　B. 最终用户　C. 顾客规模　D. 人口变量　E. 心理变量

(2) 心理细分的依据有（　　）。

A. 消费者追求的利益　B. 使用者情况　C. 生活方式

D. 个性　E. 产品使用率

(3) 市场细分有效的标志是（　　）。

A. 可持续性　B. 可进入性　C. 可测量性　D. 可盈利性　E. 可区分性

(4) 消费者对某企业的产品的态度有（　　）。

A. 热爱　B 肯定　C. 否定　D. 反对　E. 不感兴趣

(5) 目标市场营销的全过程包括的主要步骤有（　　）。

A. 市场调查　B. 市场细分　C. 目标市场选择

D. 市场定位　E. 市场预测

(6) 按消费者对新产品品牌的忠诚程度，可将消费者分为（　　）。

A. 名牌品牌忠诚者　B. 几种品牌忠诚者　C. 铁杆品牌忠诚者

D. 转移品牌忠诚者　E. 非品牌忠诚者

(7) 企业选择目标市场战略时应该考虑的因素有（　　）。

A. 企业的资源　B. 产品的同质性　C. 市场的同质性

D. 产品的生命周期阶段　E. 竞争对手的战略

3. 判断题

(1) 市场细分在企业营销活动中占有重要地位，是企业在经营过程中发现问题以后最好的补救措施。（　　）

(2) 大米市场不需要细分。（　　）

(3) 不同年龄段的消费者对于服装的需求差异性很明显，相关企业必须尊重这些差别，对市场进行细分。(　　)

(4) 女性消费品市场潜力巨大，作为完全没有女性用品经营经验的副食品经销商，也应该果断放弃竞争激烈、利润微薄的副食品行业，转而经营女性相关产品。(　　)

(5) 差异化市场策略的其中一项是产品差异化。(　　)

4. 案例分析

伊利从市场细分中求生存

从1997年夏天开始，北京街头几乎所有的冷饮网点都被“和路雪”和“雀巢”两个外国品牌所覆盖，而在如此激烈的冰激凌市场竞争中，“伊利”一枝独秀，作为国有品牌取得了极佳的战绩。

“和路雪”是世界最大的冰激凌制造商——联合利华公司和中国合资推出的冰激凌产品，上市后一股脑儿推出包装花花绿绿和名字千奇百怪的一系列产品——梦龙、可爱多……对儿童和追求时尚的年轻人极富吸引力与诱惑力。“和路雪”和“雀巢”雄厚的资金支持了其分销商的迅速增加和产品线的快速扩张：如今许多大城市街头冷饮摊店随处可见醒目的“和路雪”和“雀巢”冰柜，其广告在广播、电视、报纸上频频亮相；两大品牌下各有价格从1元到7元或8元不等的数种产品，且两个公司决定每年都针对中国市场的需求推出4~6个新品种。在如此强的攻势下，许多国产品牌被一点一点从消费者的视线中挤出。

伊利集团地处内蒙古，能源价格、工资水平都很低，铁路运输费又相对不高，低廉的成本支持了伊利的低价格策略；另外，产地临近草原牧场，牛奶供应及时、充足，保证了伊利系列奶香味足、品质高。尽管伊利的低成本优势明显，但分销网络还在建设之中，缺货状况明显，营销实力明显弱于对手。面对财力雄厚、营销经验丰富的跨国企业，伊利没有盲目跟随其推出层出不穷的营销花样，也没有拉开全面战事，而是集中有限资源，固守优势区域，通过满足特定消费者的需求获取局部胜利，为发展积聚力量。伊利因此获得了充分的发展余地。

问题1：请从市场细分的有效标志来评析伊利的市场细分有效性。

问题2：你对伊利接下来发展有何建议？

5. 综合技能题

肯德基叫卖米饭是彰显了其“立足中国，融入生活”的一贯策略，将本土化与创新研发相结合，将中式传统融入西式快餐，不断给消费者带来更多美食冲击。洋快餐的本土化步伐又迈出一大步。肯德基在推出豆浆、油条、烧饼、粥等一系列中餐后，又将目光瞄准了中式主餐米饭。推出的米饭产品主要是“培根蘑菇鸡肉饭”和“巧手麻婆鸡肉饭”两款。

如果你是肯德基区域负责人，根据广东人的饮食文化和生活习惯，针对广东这个消费能力巨大的细分市场你会推出什么市场策略呢（包括产品和服务）？

第5章　产品策略

教学目标

通过本章学习，同学们应该能够知道什么是产品、新产品、产品组合、产品生命周期理论、品牌与包装；基本理解产品组合策略、产品生命周期各个阶段的市场特点；理解产品生命周期各个阶段的营销策略、品牌策略与包装策略；了解品牌与包装相关的技术性问题，掌握产品概念、新产品概念和新产品开发程序；应用产品整体概念、产品组合策略、产品生命周期理论、新产品开发程序、产品品牌与包装理论及技能进行产品决策，制定产品营销策略。

案例导引

M城的“启梅”牌电线

在M城，很多家庭在装修房屋时，为了防火、维修及安全，基本上都选用“启梅”牌电线。由此可见该品牌在M城市场深受欢迎。该品牌在M城的市场占有率和市场份额一直居高不下，遥遥领先于其他品牌。但是在M城电线市场处于竞争领头羊的这家企业却是本地的启梅电线电缆有限公司。该企业前身是“M城电线厂”，系专业生产和销售聚氯乙烯绝缘电线电缆的老牌企业，有40多年历史。现在生产的“启梅”牌B系列产品，有各种规格的铜、铝电线电缆以及ZR系列阻燃电线等共计几十个品种。

面对实力强劲的外地竞争者，其中甚至不乏一些中国电线十大品牌，“启梅”牌电线能够脱颖而出，足以证明在M城地区“启梅”品牌总体认知度高，品牌美誉度高，品牌信誉度好。但在外地市场却因为没有系统的营销策略和足够的品牌声望，缺乏令人满意的销售状况，“启梅”品牌在很长时间内都没有根本性的改变。

请讨论：

1. “启梅”牌电线为何“墙内开花墙外不香”呢？
2. 实力强劲的外地竞争者应该如何做才能打开M城电线市场？
3. 顾客选购电线时，到底在想些什么？为什么会造成这种结果？

5.1 企业为什么生产和经营那些产品

5.1.1 产品整体的概念

什么是产品？传统的理解仅指实物产品或物质产品，如服装、玩具、汽车、电视等。但是这就满足顾客需求了吗？显然不是。那么究竟什么是产品？

随意到市场上考察任何一个现实产品，会发现同一物质产品给顾客满足的欲望和需求并不是一样的，而是全方位、多层次、多样化的。换句话说，顾客购买某种物质产品，不仅仅是为了得到该产品的物质实体，而是要通过购买该产品来获得某种利益的满足，甚至可能只是为了某种纯粹的欲望满足。由此可见，服装、玩具、汽车、电视等有形物品已不能涵盖现代观念的产品，市场营销学中关于产品的概念，无论是内涵还是外延都已经扩大了。

现代市场营销学意义上的产品，应该是广义的产品概念，或者称为“产品的整体概念”。营销大师菲利普·科特勒对产品的定义为：产品是能够提供给市场以满足人们需要和欲望的任何东西。市场上的产品包括：实体产品、服务、体验、事件、人物、地点、财产、组织、信息和观念。

对于产品整体的概念（图5－1）的理解可分为三个层次加以阐述。

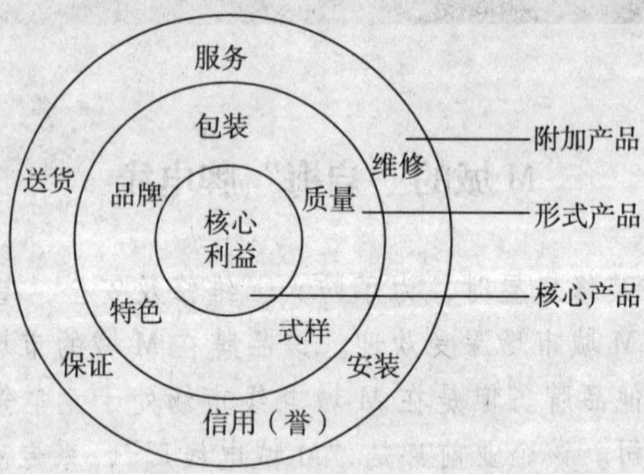

图5－1 产品整体的概念

营销小故事

苹果公司推出智能手机iPhone

2007年，从未涉足过通信领域的苹果公司推出第一代iPhone。整机看上去更像是一个

iPod，正面仅一个按键。看上去，iPhone 就像是当年流行的视频播放器而不是手机。

这是一款没有键盘的手机，金属材质，3.5 英寸 1600 万色的 TFT 触控屏，分辨率为 HVGA（320×480 像素），摄像头仅有 200 万像素，这样的硬件配置在 2007 年并不算高端。不能更换电池，不支持多任务处理、蓝牙传输等众多在当时看起来非常重要的功能。当时市面上任何一款 1000 元的手机，在通话功能方面都比 iPhone 强。

没有键盘的手机会有顾客？有不少人都在嘲笑苹果 iPhone。

但是，苹果 iPhone 上市后引发热潮及销情反应热烈，甚至被部分媒体誉为“上帝手机”。为什么会这样？

第一代 iPhone 首次加入了电容触控理念，并且将革命性的多点触控功能也融入其中。此外，iOS 系统的运用使得手机操控变得简单起来。原来，没有键盘的手机也可以这样方便。

苹果依靠强大的创新能力颠覆了手机行业，并通过独特的营销策略使 iPhone 不仅成为数码爱好者的象征，更成为时尚潮流人士的必备。2011 年，苹果成为当之无愧的行业老大。

1. 核心产品

核心产品也叫实质产品，指企业产品向顾客提供的基本效用或利益。

核心产品是产品整体概念最基本的层次，也是产品整体概念中最主要、最核心的内容。顾客购买产品实质上是为了解决某个问题而提供的使用价值或服务，并不是为了产品的实体部分。例如，顾客购买胶水粘信封，并不是为了胶水而买胶水，而是为了粘信封。换句话说，为了粘信封买糨糊也是可以的，顾客真正想购买的是胶水（糨糊）所能够给顾客带来的“效用”。又如，顾客购买电视是为满足娱乐需求，但若买到的电视没有声音、没有图像，顾客绝对会退货，因为购买电视的“利益”没有体现。再如，顾客购买空调是为了满足凉爽舒适的需求，购买手表是为了计时，购买洗衣机是为了清洗衣物，如果不能做到这些，不管是否还有多少其他方面的功能，都不能满足顾客购买该产品的基本需要，所以购买都不是为了得到物质实体。

名人语

不了解自己公司的产品，如何向客户推销？

——苹果电脑公司执行长史帝夫·乔布斯

客户最关心的是质量、服务和价值。

——世界营销大师菲利普·科特勒

不要过度承诺，但要超值交付。

——戴尔公司创办人戴尔

没有商品这样的东西。顾客真正购买的不是商品，而是解决问题的办法。

——美国著名营销专家特德·莱维特

小思考：

产品的有用性、产品的效用和利益，二者有何不同？请说出你的见解，并说明理由。

2. 形式产品

形式产品是指核心产品借以实现的具体产品实体的外部特征。包括产品的质量、式样、特色、包装、品牌等。

产品核心功能只是一个抽象的概念，需依附一定的外在形式来实现。或者说，形式产品是顾客选购商品的直观依据。不同的具体形式的产品具有不同的功能和效用。例如，购买汽车是为了出行方便，虽然购买小汽车、旅游客车、大卡车三者的“效用”是一致的，但是家庭购车只会选择小汽车，因为三者的功效根本不同。因此，营销人员在着眼于满足顾客核心利益的基础上，必须在产品形式上多动脑筋，努力寻求最合适的外在形式以满足顾客的需要。又如，劳斯莱斯轿车由著名的品牌名称、精美造型、高价位、精湛工艺、最佳顾客定位、乘坐舒适及其他属性共同构成，从而给予顾客一种作为核心利益的满足感受和高地位象征。

让我告诉你

“机器人革命”引领全球产品制造新发展

“机器人革命”不是一场独立的革命，而是以数字化、智能化、网络化为特征的第三次工业革命的有机组成部分。如果说第二次工业革命是通过装备的自动化和标准化实现了机器对人的体力劳动的替代，“机器人革命”则推动了机器对人的脑力劳动的替代。其影响不仅限于工业生产效率的提升，更在于从根本上克服了传统工业生产方式下产品成本和产品多样性之间的冲突，从而推动了从线性产品开发流程向并行产品开发流程的转变，使工业产品性能显著改善、产品功能极大丰富和产品开发周期大幅缩减。意味着在“机器人革命”浪潮的荡涤下，一国产业竞争优势的内涵、产业竞争优势所依赖的资源基础以及国家间产业分工形式都将发生深刻变化。

目前美国在工业机器人体系结构方面处于全球领先地位，其技术的全面性、精确性、适应性均超过他国，机器人语言研究水平更高居世界之首。这些技术与其固有的信息网络技术优势融合，为机器人智能化奠定了先进、可靠的基础。而日本工业机器人的产业竞争优势在于完备的配套产业体系，有力推动工业机器人朝着微型化、轻量化、网络化、仿人化和廉价化的方向发展。近年来，还呈现出以工业机器人产业优势带动服务机器人产业发展的趋势，并重点发展医疗、护理机器人和救灾机器人来应对人口老龄化和自然灾害等问题。

3. 附加产品

附加产品也叫延伸产品，是指顾客购买产品时随同产品所获得的全部附加服务与利益。包括产品的品质保证、送货上门、安装调试、维修、保养、融资信贷、退换货、提供产品使用说明书、技术培训、顾客咨询、形象和声誉，等等。

现在的市场竞争，往往是产品同质化竞争，为了吸引更多的消费者前来购买企业产品，引入附加产品竞争能给顾客带来心理满足感、信任感、产品品牌价值、企业文化价值、企业的形象价值等。例如，美国通用汽车公司为客户提供 24 小时免费服务热线，内容包括：故障电话、顾客咨询、顾客培训、信贷购车、以旧换新、无条件退换货、免费调试、上门维修、事故处理，铁路与航空时间查询、联运办理、预约住宿、预约看病等一系列服务内容。

产品整体概念充分地反映了以顾客需求为核心的市场营销观念，说明了企业和产品的竞争力主要取决于对于顾客需求的满足程度。

名人语

销售前的奉承，不如售后服务。这是制造“永久顾客”的不二法则。

——松下电器创始人松下幸之助

未来竞争的关键不在于工厂能生产什么产品，而在于该产品提供的附加价值：安装、维修、用户咨询、购买信贷、及时交货和人们以价值来衡量的一切东西。

——美国著名营销专家西奥多·李维特

小探索

品牌洗衣机在竞争方式上各展所长。例如，金羚推出8年电脑保修；荣事达推出5年整机保修；海尔推出“国际星级标准服务”；海棠推出整机5年保修，大件10年保修；小天鹅以全国唯一通过5000次无故障运行以及全国同行业中率先推出质量信誉卡、整机免费保修5年等服务承诺作为广告诉求和服务特色。这些说明了什么问题？为什么？

5.1.2　产品组合的概念及相关知识

小思考：

在一般情况下，企业需要同时经营多种产品。为什么要这样做？对于中小企业而言，你认为应该选择多角化，还是多元化？为什么？

1. 产品组合

产品组合也称产品品种搭配，是指企业生产或经营的全部产品线和产品项目的组合方式，即企业的生产经营范围和产品结构。一般来说，产品组合是由若干条产品线组成的，每条产品线又是由若干个产品项目构成的。

2. 产品线

产品线又称产品大类，是指能够满足同类需要的密切相关的一组产品。产品线就是一个产品类别，每条产品线都是由若干产品项目组成的。同属一条产品线上的各种产品在功能、用户、分销渠道、使用、销售、消费群体等方面具有相似性、密切关联性。例如，海尔公司有彩电、空调、冰箱、洗衣机、电脑、手机、吸尘器等许多产品线。

3. 产品项目

产品项目是指在同一产品线下不同品种、质量、规格、款式、质地、颜色、品牌等的特定产品。

以某公司的产品组合为例，表5－1为某公司产品组合。冰箱、彩电、空调、洗衣机、服装这五个产品大类都是该公司的产品线，A1、A2、A3、A4、A5、A6、A7这七个产品小类是冰箱产品线的产品项目。

可以这样认为，在企业产品名录中列出的每种产品都是一个产品项目。产品项目是产品线中的一个明确的产品单位，它可以依尺寸、价格、外形等属性来区分，也可以依型号、档次、品牌来区分。例如，杭州百货大楼经营的金银首饰、化妆品、服装鞋帽、家用电器、食品、文教用品、家具等各大类就是产品线，每一大类里包括的具体品牌、品种、型号为产品项目。

表5－1　某公司产品组合

冰箱	彩电	空调	洗衣机	服装
A1	B1	C1	D1	E1
A2	B2	C2	D2	E2
A3	B3	C3	D3	E3
A4	B4		D4	E4
A5			D5	E5
A6			D6	
A7				

名人语

真正的营销要从顾客的属性、现实状况、需求及价值观等方面做起。真正的营销并不是跟顾客说："这是我们所提供的产品或服务。"而应该说："这些是顾客所追求、重视及需要的满足。"

——现代管理学之父彼得·德鲁克

只有淡季的思想，没有淡季的市场。

——海尔集团首席执行官张瑞敏

我们生产的是口红，但我们的广告销售的是希望。

——露华浓创办人查尔斯·郎佛迅

4. 产品宽度

产品组合的宽度，又称产品大类，是指产品组合中包含的产品线的总体数量。或者说，拥有多少条产品线。

产品组合的宽度表明了企业经营的产品种类的多少以及经营范围的大小。例如，由表5－1可知，某公司有5条产品线，包括冰箱产品线、彩电产品线、空调产品线、洗衣机产品线、服装产品线。

企业的产品线越多，产品组合越宽，越有利于企业实施多元化经营，扩展经营范围，可以更好地发挥企业潜在优势，提高效益，分散风险。

让我告诉你

高通公司的知识产权组合授权

在传统的授权方式下，公司按照各个独立的专利收费。然而高通公司却以专利组合为基础授权其所有专利，专利授权的费率不变。虽然授权协议的结构在不断演进，但其授权专利组合的深度及广度也在显著增长。

高通公司选择了一条少有企业走过的路，并在实际上促成了其专利组合的产品化。这意味着高通公司的成功就与整个行业的成功直接相连。随着时间的推移，这个举动被大量授权的全球范围的合作伙伴充分肯定，也为他们创造了非凡的价值。通过消除他人进入市场的障碍这一模式创新，使高通公司成为整个行业的技术创新引擎。

无论是利用高通公司的芯片组解决方案或者其授权的发明，新兴和老牌的行业参与者都可以加快其新产品、服务和业务的开发周期，不断改善移动功能并缩短产品上市时间，打造具有竞争力的差异化产品。通过促进并推动一个万亿美元规模的行业的增长，并为消费者和企业提供更多选择，高通公司的商业模式为全球移动生态系统带来了益处。

5. 产品长度

产品组合的长度，是指产品组合中包含的产品项目的总体数量，即把企业所有产品线包括的所产品项目数量汇总。

产品组合的宽度表明了企业经营产品项目的多少。例如，由表5－1可知，某公司共有25个产品项目，这就是某公司产品组合的长度。

企业产品的项目总数越多，说明企业的产品品种、规格越多，产品线就越丰满充裕，能最大化货架空间，并给予消费者多样化的选择，使企业成为更加全面的产品线公司。

6. 产品深度

产品组合的深度，是指产品组合中每条产品线平均具有的产品项目数。

一般说来，加深产品组合的深度，能满足更广泛的市场需求，占领更多的同类产品细分市场，增强企业的竞争力。例如，由表5－1可知，某公司产品组合的平均深度为25/5＝5。

7. 产品相关度

产品组合的相关度，又称产品组合的黏度，是指各产品线之间在最终用途、生产条件、销售渠道、技术或其他方面相关联的程度。

一般而言，加强产品组合的相关性，有利于利用企业专业经营能力，增强竞争能力，发挥连带优势，增强企业声誉。例如，宝洁公司的产品大多为日化产品，可以使用相同的分销渠道，所以宝洁公司的产品线在渠道上具有相关度，但是宝洁公司产品的最终用途却是大相径庭，所以宝洁公司的产品线在使用上缺乏相关度。再如，由表5－1可知，某公司产品在渠道、使用上均缺乏相关度。具体来看，5条产品线中冰箱、彩电、空调、洗衣机这4个有一定的关联性，但与服装产品线的关联性就较小。

营销小故事

可口可乐公司中国区的产品组合

自从1979年重返中国市场以来，可口可乐从推出单一品牌“可口可乐”，到拥有“雪碧”“芬达”等国际品牌和“酷乐”“醒目”等中国本土品牌，其发展非常迅猛。

可口可乐公司过去实施多元化战略没有成功。后来总部规定，专注于饮料业，把主业做得精益求精，不搞多元化，但可以涉足茶、减肥饮料、八宝粥等所有饮料。可口可乐公司多品牌战略是以可口可乐这一强势品牌为核心，雪碧、健怡可口可乐、芬达为二线保护产品，其他品牌为第三线的补充产品。总的来说，可口可乐在中国的经营策略为单一化经营，产品的组合类型是市场专业型（表5－2）。

表5－2　可口可乐旗下中国区的产品组合示意

汽水类	茶饮料	包装饮用水	乳饮料	果汁饮料类	果味营养素水
可口可乐	原叶清香茉莉	冰露	美汁源 果粒奶优	美汁源 果粒橙	酷乐维他命获得 醒元素
健怡可乐	爽健美茶			美汁源 爽粒葡萄	酷乐维他命获得 夜游神
芬达	原叶翠缕绿茶			美汁源 C粒·柠檬	酷乐维他命获得 小宇宙
雪碧				美汁源 热带·果粒	酷乐维他命获得 X－防线
醒目				美汁源 爽粒·红葡萄	酷乐维他命获得 十全小补
				美汁源 滑粒·蜜桃	酷乐维他命获得 龙卷C
				酷儿	

从表5－2的数据看，可口可乐产品组合的广度为6，产品组合的长度为23，深度为3.8。我们可以看出，可口可乐诸多产品的产品关联度很强，不存在跨行业的产品经营。

小探索

查找资料，试分析说明海尔公司、美的公司、TCL公司各自产品组合的宽度、长度、深度以及相关度。

5.1.3　产品组合类型与策略

小思考：

格兰仕公司在原先生产微波炉的基础上，先后开发经营电饭煲、风扇、空调等产品。请问这属于哪种产品组合策略？为什么？

1. 产品组合类型

(1) 全线全面型。全线全面型是指企业向市场所有的消费者提供所需要的各种产品，即广度和深度都大，密度可大可小的组合。

广义全线全面型，是指尽可能提供多个行业内所必需的全部产品。即产品组合的广度和深度都大，但关联性较小或没有关联性的产品组合。例如，某化学工业公司，生产番茄酱、花生酱、草莓酱、油漆、打火机、发动机、玻璃容器等相互毫无关联性的产品。又如，百货商店经营的金银首饰、化妆品、服装鞋帽、家用电器、食品、文教用品、家具等各大类相互毫无关联性的产品。

狭义全线全面型，是指提供某个行业内所必需的全部产品。即产品线之间具有密切的关联性，其广度、深度和密度都大的产品组合。例如，奔驰公司生产各种类型的小汽车、卡车、厢型车、巴士，甚至连救护车、消防车、冲锋车等特殊用途车辆也生产。

(2) 市场专业型。市场专业型是指企业向某个专业市场（某类消费者）提供所需的各种产品。各产品线之间的关联程度可以不计。例如，遍布全国的以农业为服务对象的农业机械公司，为农业生产各种型号的拖拉机、播种机、脱粒机、锄草机、抽水机、面粉机等。又如，旅行社向旅游者提供饮食服务、住宿服务、交通服务、保险服务、社交服务、照相服务，以及一切与旅游有关的服务。再如，儿童用品商店向儿童消费者提供奶粉、纸尿布、玩具、服装鞋帽等一切与儿童有关的产品或服务。

(3) 产品线专业型。产品线专业型是指企业只生产或经营满足同类需要的某一产品线中的不同品种产品来满足市场需求。即企业只专注于某类产品的生产经营。例如，罗蒙公司只生产不同品种的服装，万科只开发不同品种的房地产，食品商店只经营各种各样的食品，李宁专卖店只经营各种各样的“李宁”牌服装。

(4) 有限产品线专业型。有限产品线专业型是指企业只生产或经营满足同类需要的某一产品线中一个或少数几个品种产品来满足市场需求。例如，法拉利公司、保时捷公司只生产小汽车中的跑车，宝马公司只生产小汽车中的家用小汽车、商务车和跑车。

(5) 特殊产品专业型。特殊产品专业型是指企业根据用户的特殊需求，凭借专长专门生产或经营特殊的产品。例如，北京章光101集团专门生产章光101养发、生发、防脱发及护肤系列产品。又如，古董商店专门经营古玩文物，珠宝金行专门经营黄金珠宝首饰。这一类产品往往能够满足市场上一部分消费者的特殊需求。

营销小故事

三星手机的产品组合创新改变了苹果

面对旧时代的功能手机，划时代智能手机领域的先锋——苹果手机 iPhone 横空出世，市场定位就是高端市场用户，这类顾客黏性相对更大，购买能力更强，但消费人数相对有限。虽然苹果是通过单一产品策略吸引大量用户，但是高端人群也有着多元化的需求。

如今的苹果 iPhone 拥有强大的品牌力量，核心用户的忠诚度，设计感、操作性和完整性方面的遥遥领先，都不是其他品牌能马上超越的。作为市场追随者的三星手机，采取了灵活多变的多元产品线、多机型的产品组合创新策略。即针对不同细分市场，开发出不同类型的产品，高、中、低端多线作战的“机海战术”。这使三星手机战线拉得很宽，市场可以覆盖到极广的范围。例如，千元内的低配手机，中高端的旗舰机，更高端的商务至尊手机，三星应有尽有。当智能手机市场发展日趋成熟，市场竞争环境日益激烈，用户需求日趋多元之时，苹果手机 iPhone 的单产品策略何去何从？

实际上，苹果追求“深度”，而三星则把产品线做得更广，集中于产品种类的多样化产品组合，于是三星成功地成为世界智能手机生产商中的重量级人物，达到与行业颠覆者苹果一起瓜分95%产业利润的光辉业绩。此外，每年一款的苹果手机更新周期相对较长，这意味着很大的风险。

大屏手机这一细分市场正在快速成长，三星公司在这一细分市场上已经取得了显著的成功，苹果公司也看中了这一细分市场的发展趋势。将 iPhone5 的屏幕尺寸增加到 4 英寸，就已经表明有意转向生产大屏手机这一趋势。2014 年上市的 4.7 英寸和 5.7 英寸的 iPhone6 大屏手机证明了苹果正在改变，“模仿”三星扩大了自己的产品线。

2. 产品组合策略

最佳的产品组合从长期来看是动态的。根据市场需求、自身的资源状况、能力水平、经营目标、市场环境、竞争态势等，企业适时进行调整是保持最佳产品组合的条件。

产品组合策略是指企业对产品组合的宽度、长度、深度和关联度进行最佳组合的过程。优化产品组合，可依据不同情况采取以下策略。

（1）扩展产品组合。扩展产品组合是指企业扩展产品组合的宽度和长度，即在原来的产品组合中增加产品线，增加新的产品项目。例如，海尔公司先是引进技术生产电冰箱，接着增加电冰箱的品种、款式；再接着进军大家电领域，增加了电视机、空调；再往后又增加了手机、电脑；现在还进入了通信、医药领域。又如，纳爱斯集团先是生产洗洁精；接着增加生产肥皂；再接着增加生产洗涤剂、消毒水；再往后又增加沐浴露、洗衣液、洗发水等。

（2）缩减产品组合。缩减产品组合是指企业缩减产品组合的宽度和长度，即在原来的产品组合中削减产品线，减少产品项目。例如，日本松下公司拥有非常广泛的产品组合，包括冰箱、空调、洗衣机、电视机等产品线，但是前几年削减了个人电脑产品线。又如，我国汽车市场缓慢增长，一汽集团主动减少产品项目，淘汰了利润小甚至亏损的车型。

名人语

21 世纪，没有危机感是最大的危机。

——斯坦福大学教授理查德·帕斯卡尔

危机不仅带来麻烦，也蕴藏着无限商机。

——美国大陆航空公司总裁格雷格·布伦尼曼

洗涤用品为什么会打价格战？在于产品差异性不大，消费者被迫在价格上作出选择。如果不能在产品上创新，这个瓶颈不突破，就难以有胜出者。

——纳爱斯集团总裁庄启传

（3）产品线延伸。产品线延伸，是指企业扩展某一产品线中产品项目的经营范围和档次。产品线延伸包括三种方式：向下延伸、向上延伸和双向延伸。

① 向下延伸。向下延伸，是指在某一产品线中增加低档产品项目。例如，施乐公司原先只生产大中型的复印机，为了挫败竞争者，推出了小型复印机。又如，五粮液集团原先只生产高档白酒“五粮液”，后来增加了“五粮春”“五粮醇”“尖庄”等高档以下的白酒。再如，湖北中烟极具开创性地推进零售价高达 1000 元/条的超高端卷烟产品“黄鹤楼（1916）”，之后向下延伸所主打的各款基础产品如零售价为 150 元/条的“黄鹤楼（硬金砂）”、170 元/条的“黄鹤楼（软蓝）”、200 元/条的“黄鹤楼（硬红）”和“黄鹤楼（硬雅香）”、240 元/条的“黄鹤楼（软红）”等。

② 向上延伸。向上延伸是指在某一产品线中增加高档产品项目。例如，中国民族产业

奇瑞公司和吉利公司，原先只生产低端经济型轿车，现在也进入中档轿车领域。又如，烟台张裕集团有限公司，原先只生产普通型的金奖白兰地，后来推出了三星金奖白兰地、四星金奖白兰地、五星金奖白兰地。

③ 双向延伸。双向延伸是指在某一产品线中既增加高档产品项目，又增加低档产品项目。即向某一产品线的上下两个方向延伸。例如，丰田汽车公司在中档汽车“卡罗拉”的基础上，对小汽车产品线采取了双向延伸策略，为豪华汽车市场推出了“凌志”，为高档汽车市场推出了“佳美”，为低档汽车市场推出了“小明星”。又如，嘉里粮油开始时推出金龙鱼小包装食用油，后来推出了定位高于花生油的“粟米油”，再往后是“1∶1∶1”调和油。

(4) 产品线现代化。产品线现代化是指企业与时俱进，适时地对产品线进行升级换代。例如，蒙牛公司和伊利公司，引进瑞典利乐公司“利乐砖”液体食品的包装技术，达到了世界牛奶生产的一流水平。又如，珠江啤酒、青岛啤酒、燕京啤酒等啤酒企业引进国际一流技术，也使产品达到了世界一流水平。

(5) 产品线号召。产品线号召是指企业在某一产品线中选择一个或少数几个产品项目，精心打造成具有某种特色的号召性产品去招揽顾客。例如，美的公司的“新节能”系列空调，以“每天只需一度电”来吸引顾客。又如，某冰箱厂宣布一种只卖750元的经济型号，而它的高档产品要卖3000元以上，从而吸引顾客购买。再如，人头马推出的路易十三的价格比正常的XO要高十几倍，茅台酒厂推出的“二十年陈酿”。这些产品都起到了“旗帜”或者“号角”的作用。

营销小故事

优化产品组合的两个重要分析

产品组合状况直接关系到企业销售额与利润水平，企业必须在不改变产品性质的情况下，对现行产品组合作出系统的分析和评价，并决定是否加强或剔除某些产品线或产品项目。这样通过产品组合结构上的调整，使产品组合具有更大的使用价值和价值。

简而言之，优化产品组合的过程，通常是分析、评价和调整现行产品组合的过程。目前，常见用于解决产品组合优化问题的方法包括环境分析法、产品系列平衡法、四象限评价法和资金利润法。

不管哪种方法，都离不开两个重要的分析：

(1) 产品线销售额和利润分析。产品线销售额和利润分析主要是指分析、评价产品线上不同产品项目所提供的销售额、利润水平，以及产品市场占有率和销售增长率，产品的资金利润率等。

(2) 产品项目市场地位分析。产品项目市场地位分析是将产品线中各产品项目与竞争者的同类产品作对比分析，分析研究每一种产品销售状况、未来的销路潜力和发展前景，从而全面衡量各产品项目现在的、将来的市场地位。

可见，优化产品组合就是围绕实现企业最终目标，从企业现有实力和市场吸引力等方面，对企业现有的产品组合结构进行综合平衡，使企业作出最优的产品组合决策。

小探索

某些便利店原先只经营日用百货，现在开始卖彩票、介绍家政服务，这属于产品组合策略吗？请问，这样做合不合适？

5.2 产品也有寿命吗

5.2.1 产品生命周期的含义

小思考：

产品的经济寿命和产品的使用寿命哪个经历的时间更长？为什么？

产品生命周期是指一种新产品从进入市场开始到淘汰出市场为止所经历的全部时间和过程。产品的生命周期这里是指产品的市场寿命，即某一产品品种在市场上存在的时间，不是指产品的使用寿命。

如同生物有机体一样，产品有一个有限的生命，不可能永远在市场上存在。受需求与技术的影响，当产品经历一段或长或短的时间后，总有一天它不再被消费者接受而退出市场时，其生命周期便至此结束。

典型的产品生命周期一般可分为四个阶段，即投入期、成长期、成熟期和衰退期。各个阶段的销售额和利润额随产品进入市场时间的不同而发生变化，通常类似一条横卧的 S 形曲线，如图 5－2 所示。

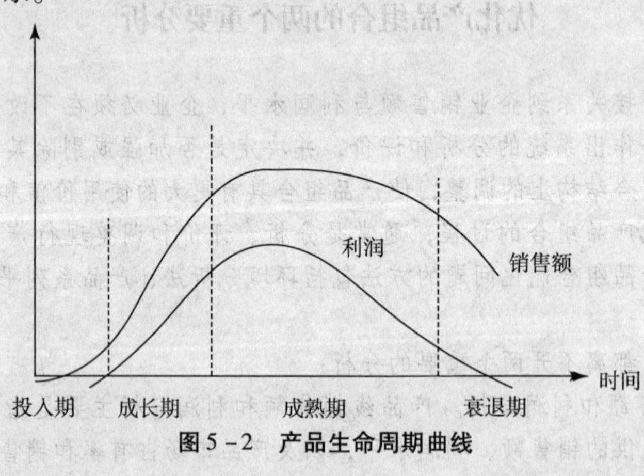

图 5－2　产品生命周期曲线

名人语

这是我一生中最悲哀的一天，对我、对我们的雇员、高级职员和董事们，甚至对美国公众，都是一个悲哀的日子。在今天的生活体系中，我们的产品显然已经不再需要了。

——《星期六晚邮报》董事长马丁·阿克曼

微软离破产永远只有18个月。

——微软公司创始人比尔·盖茨

让我告诉你

产品种类、产品形式、品牌的生命周期

产品种类是指具有相同功能及用途的所有产品。产品形式是指同一种类产品中，辅助功能、用途或实体销售有差别的不同产品。产品品牌则是指企业生产与销售的特定产品，如五叶神牌过滤嘴香烟，香烟表示产品种类；普通过滤嘴香烟是香烟的一种形式，即产品形式；五叶神牌过滤嘴香烟则专指过滤嘴香烟中的一种特定产品，一种产品品牌。

产品种类的生命周期要比产品形式、产品品牌长，有些产品种类生命周期中的成熟期可能无限延续，因为其与人口变化规律高度相关。产品形式一般表现出上述比较典型的生命周期过程，即从投入期开始，经过成长期、成熟期，最后走向衰退期。至于品牌产品的生命周期，一般是不规则的，受市场环境及企业市场营销决策、品牌知名度等影响。品牌知名度高的，其生命周期就长，反之就会显示最短的产品生命周期历史。例如，国际知名品牌“可口可乐”“香奈儿”“万宝路”“奔驰”等，多年来仍是如此受欢迎。

1. 投入期

投入期，也称介绍期、导入期，是指新产品首次进入市场的最初销售时期。一般来说，销售增长率为0~10%，产品普及率小于5%。投入期的市场特点包括以下几个方面。

(1) 企业前期研发新产品投资较大，资金压力较重。

(2) 新产品刚开始投放市场，除少数求新、求奇购买的顾客外，大多数顾客对新产品了解较少，持怀疑或观望态度，坚持自己原有的消费行为。

(3) 这时新产品的生产工艺尚不完善，生产加工的劳动熟练程度较差，相应废品率也较高。产品问题较容易引起最早采用者的不满。

(4) 新产品销售增长缓慢，销售量少，生产量小，短期内难以形成规模效应，造成单位产品成本高，产品价格高。

(5) 新产品的技术、性能、质量、服务等都还不够完善，有待于进一步改进提高。

(6) 分销网络不广，流通渠道不畅，亟待建立理想稳固的营销渠道和高效率的分配模式。

(7) 用于渠道建设费用开支较大，如广告费用、分销费用和促销费用等。

(8) 价格决策不易确定。高价可能限制购买，低价可能较长时间或难以收回成本。

(9) 竞争对手较少，某些重大创新产品可能没有竞争对手。

(10) 产品利润较少或无利润，甚至可能出现经营亏损，企业承担的市场风险较大。

名人语

中关村虽然看起来很火，但其实就是一种农村经济。因为在这里，谁推出了新的、有市

场的产品，马上就会被其他企业所效仿，就像一个农民今年种土豆赚了钱，明年全村所有人都种土豆一样，可重复性、可模仿性非常强，但都做不大，做不长远。

——原北京大学光华管理学院院长，经济学教授张维迎

2. 成长期

成长期是指产品在市场上已经打开销路，迅速为消费者所接受，销售额迅速扩大上升的销售时期。一般来说，销售增长率大于10%，产品普及率为5%～50%。成长期的市场特点包括以下几个方面。

（1）消费者对新产品已经熟悉，对产品的认知增加，产品销路已经打开，大量的早期使用者开始购买，销售量急速增长，市场逐步扩大。

（2）产品设计和制造方法基本定型，生产工艺日趋成熟，工装设备基本齐备，生产加工的劳动熟练程度较高，企业生产规模逐步扩大，规模效应开始呈现，产品单位成本逐渐降低。

（3）丰厚的利润机会和明朗的市场前景吸引新的竞争者纷纷加入，市场竞争日趋激烈，市场价格日趋下降。

（4）整个行业的销售量迅速增加，新加入新竞争者引入了新的产品特点，促进分销网点数目的增加和竞争模式的多样化。

（5）已建立了相对比较理想和比较完善的营销渠道，并继续扩大。

（6）为了适应竞争或维持市场的继续成长，企业的促销费用水平基本稳定或略有提高，但占销售额的比率下降。

（7）单位生产成本的下降快于价格下降，利润快速增长，产品普及率迅速提高。

3. 成熟期

成熟期是指大多数顾客已接受该产品，市场销售量很大，但销售增长速度明显放缓，销售额缓慢增长、维持不变或缓慢下降的销售时期。一般来说，销售增长率为0%～10%，产品普及率为50%～90%。成熟期的市场特点包括以下几个方面。

（1）随着购买产品的人数增多，过半的消费者已购买了此产品，潜在的顾客不断减少，产品普及率高，市场需求趋于饱和。

（2）销售增长速度缓慢乏力。

（3）产品销售额缓慢增长，逐步达到最高峰，然后转而缓慢下降。

（4）产品已经完全定型，生产技术已完全成熟，标准化程度高，生产批量大，产品单位成本进一步降低。

（5）企业间竞争日益加剧，追求差异化竞争的成本投入不断增加。例如，在产品质量、花色、品种、规格、品牌、包装、服务等方面的投入。

（6）竞争者众多，竞争手段层出不穷，促销费用急剧上升，利润下滑，甚至可能会出现个别企业面临被淘汰的危险。

（7）单位产品的边际利润减少，但企业获取的总利润水平达到最大。

（8）行业结构发生演变，呈现由少数几个大型企业垄断的趋势。

（9）绝大多数产品销售额属于现有消费者替换购买或重复购买，只有少数属于迟缓购买者。

（10）成熟期所经历的时间一般比其他各阶段时间要长。

4. 衰退期

衰退期是指产品销售额急剧下降，利润渐趋于零，逐渐被新产品取代而退出市场的销售时期。一般来说，此时期销售增长率小于0.1%或为负值，产品普及率大于90%。衰退期的市场特点包括以下几个方面。

（1）新产品或新的替代产品出现，已逐步开始占领市场，消费者的兴趣开始转移，消费者的消费习惯发生转变或持币待购。

（2）产品销售量明显迅速减少，下降趋势增强，市场不断萎缩，直至最终退出市场。

（3）销售利润率不断下降，利润大幅度减少，直至降到微利甚至负利。

（4）价格已经降到很低水平，成本明显上升。

（5）生产能力过剩，竞争加剧，大部分竞争者无利可图纷纷退出，留在市场上的企业通过减少产品附带服务、降低营销费用得以维持最低水平经营。

让我告诉你

宝洁广告的时间策略：持续的广告攻势

在宝洁的广告策略中，每个品牌都被赋予了一个概念，如海飞丝的去屑、潘婷的保养、飘柔的柔顺等，然后通过广告传播不断强化。例如，海飞丝使用“头屑去无踪，秀发更干净”的广告语彰显个性；潘婷采用“富含维他命原B5，能由发根渗透至发梢，补充养分”的广告语表达对头发营养保护的个性；飘柔利用“洗发护发一次完成，令头发飘逸柔顺”的广告语强调个性。

宝洁一旦确立了一个营销概念后，相应便会采取持续较长的广告攻势。即使是市场占有率很高的海飞丝、飘柔等品牌，也继续投入大量的广告费。这让人有些费解，一般认为应该随产品生命周期的变化而调整广告投入。但是，如果没有持续的广告攻势，宝洁所营销的概念是难以形成的。如果你只是推销产品，或许可以凭一个阶段轰动性的广告而速成，如果你要营销概念，就需要反复锤炼公众的观念意识，而当概念逐步转化为普遍的消费观念时，才是真正的营销成功。

当然，宝洁的无间断广告策略也与其产品特性有关，持续的广告渲染，使得概念深入人心，逐步培养了品牌的忠诚度，从而稳固了市场占有率。

小探索

手机现在正处于产品生命周期的哪个阶段？为什么？试分组讨论。

5.2.2 产品生命周期的形态

小思考：

现在手机的普及率越来越高，原先风光无限的固定电话生命周期形态会是什么样的？你与某位同学能共同合作绘制出来吗？试一试。

事先预料产品生命周期的确切形状和持续期是不容易的，典型的产品生命周期曲线只是一种理论上的描述，并不是所有产品生命周期曲线都类似一条横卧的 S 形曲线，即销售额随时间推移呈正态分布曲线。

以下是比较常见的非典型产品生命周期曲线。

1. 时尚/流行型

当前在某一领域里被接受或流行的一种风格，图 5－3 为时尚/流行型，即有些消费者为了区别其他人群，自成体系而对某些新产品感兴趣，慢慢地越来越多的其他消费者以超乎寻常的兴趣纷纷仿效这些时尚领袖，很快这种时尚非常流行，生产厂商加快了大量生产这种产品的步伐，产品迅速进入全面流行阶段。再往后消费者向另一些新时尚转移兴趣，这些产品缓慢地衰退。值得注意的是，时尚/流行的周期长度很难预料。例如，牛仔裤是当今服装的时尚，“说唱乐”是当代流行音乐的时尚。又如，短车身的汽车流行一段时间后，很多消费者感觉到短车身不太舒服，很快购买长车身汽车的人开始增多。

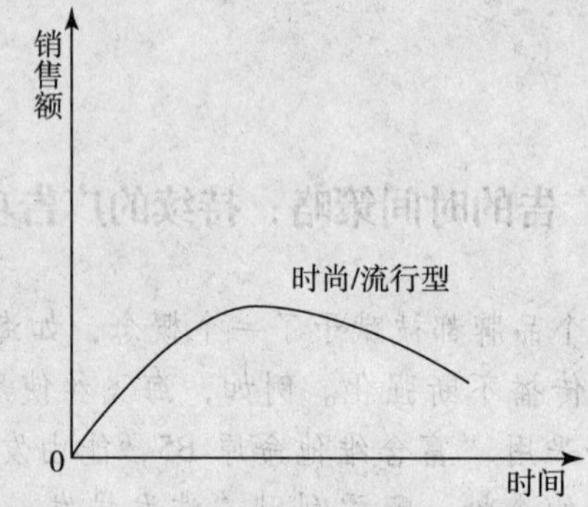

图 5－3　时尚/流行型产品生命周期曲线

营销小故事

牛仔品牌 Levi's

Levi's 是世界第一条牛仔裤的发明人 Levi Strauss（李维·施特劳斯）的名字。

加州淘金热发生时，年轻的施特劳斯带了数卷营帐及篷车用的帆布准备卖给迅速增加的旧金山居民。但他发现帆布有更好的用途，因为有一名年长的淘金人表示他应该卖的是能承受挖金粗用的长裤。于是施特劳斯把卖不完的帆布送到裁缝匠处订制了第一件 Levi's 牛仔裤。就在那一天，Levi's 的传奇诞生了。人们对这种强韧牛仔裤一传十、十传百。

不久，施特劳斯便在旧金山开了第一间店，生产了许多齐腰的紧身裤。过后，他放弃帆布，改用斜纹粗棉布，那是一种在法国纺织以不变色靛蓝染料织成的强韧棉布。

施特劳斯从 1860 年至 1940 年期间为原创设计了不少改良，包括铆钉、拱形的双马保证皮标以及后袋小旗标，如今这些都是世界著名的正宗 Levi's 牛仔裤标志。Levi Strauss 公司的确已成美国传统，对全世界的人来说，它代表的是西部的拓荒力量和精神。

2. 时髦/热潮型

时髦/热潮型是一种来势汹汹，很快就吸引大众注意但又迅速衰退、周期极短的时尚。图 5-4 所示为时髦/热潮型，即少数寻求刺激、标新立异的人，为了满足一时的好奇心或需求，对某些新产品狂热地采用；迅速引起其他追随消费者注意，很快这种产品的销量快速增长；但由于这种产品无法满足更强烈的需求，销量急速达到高峰；转眼间这种产品快速衰退销声匿迹。值得注意的是，时髦/热潮型产品的生命周期往往快速成长又快速衰退。例如，呼啦圈，“冰桶”运动，“裸体飞跑”等。

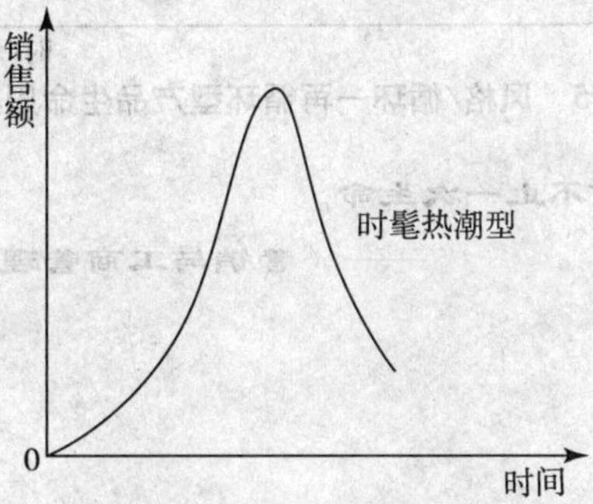

图 5-4　时髦/热潮型产品生命周期曲线

名人语

2014 年 4 月 8 日之后，我们将不再为 Windows XP 提供技术支持。但为了帮助用户完成系统过渡，我们决定将 Windows XP 的防恶意软件签名及引擎升级延期至 2015 年 7 月 14 日（即对安全产品提供更新）。

——微软公司创始人比尔·盖茨

3. 风格/循环一再循环型

呈现出时而流行，时而衰落，一种循环再循环的模式，图 5-5 所示为风格/循环一再循环型。

风格/循环一再循环型一旦产生，可能会延续数代，是某一领域里所出现的一种基本的和独特的表现方式。值得关注的是，第二个循环周期的规模和持续时间都低于第一个周期。例如，在住宅建筑中出现的风格（殖民地式、大牧场式、哥特式）；衣着（正式的、临时的、标新立异的）；艺术（现实的、超现实的、抽象的）。又如，食品、化妆品、家庭用洗剂品、药品等大多呈“循环一再循环”形态。通常制药企业积极推销新药，于是出现了第一个循环周期；然后销售量下降，处方药品到了成熟期；制药企业就会大量增加促销投资，以操纵产品生命周期，使其发生第二个循环周期。再如，在全国范围内曾一度兴起的台球运动，后来因为丁俊晖在国际上取得优异成绩，结果引发第二次兴起。

名人语

产品不同于人类之处在于，如果你在产品管理和营销方面有所创新，能找到产品再现活

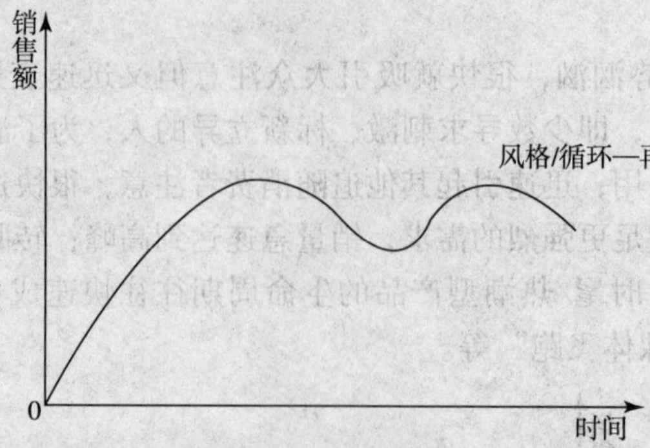

图5－5　风格/循环—再循环型产品生命周期曲线

力的方式，你的产品就能拥有不止一次生命。

——《营销与工商管理硕士》作者亚历山大和查尔斯

不创新，就死亡。

——福特公司前总裁艾克卡

4. 扇贝/多循环型

呈现出产品生命周期不断地延伸再延伸的模式，图5－6所示为扇贝/多循环型，即当产品进入成熟期时没有继续进入衰退期，反而不断沿着成熟期→成长期→成熟期的路径呈波浪式向上发展，使产品脱离了衰退期，扩大了市场，延长了生命。值得注意的是，扇贝/多循环型产品生命周期出现这种变化，往往是因为产品创新，如发现新用户、发现新的市场、发现新的用途、改变企业的市场营销策略及重新树立产品形象等造成的。

例如，尼龙的产品生命周期就是从最早的降落伞开始，接着丝袜、衬衫、地毯、绳子等，一个接一个的新的用途不时被发现，推动产品的生命周期持续向前推进，产品销售量从一个高潮进入另一个新的高潮。又如，美国的可口可乐公司和百事可乐公司在美国饮料市场上进入成熟期后，不断开拓海外市场，使得其销量不断呈波浪式向上发展。再如，阿司匹林最早用来镇痛、退热和消炎，接着发现能防治心脑血管疾病、老年性中风、老年痴呆、糖尿病、减缓偏头痛等，再接着发现能防治肠癌、胃癌和食管癌，现在又发现可以抑制艾滋病病毒，因此每一次发现该药的新用途，都使得其销量不断地呈波浪式增长。

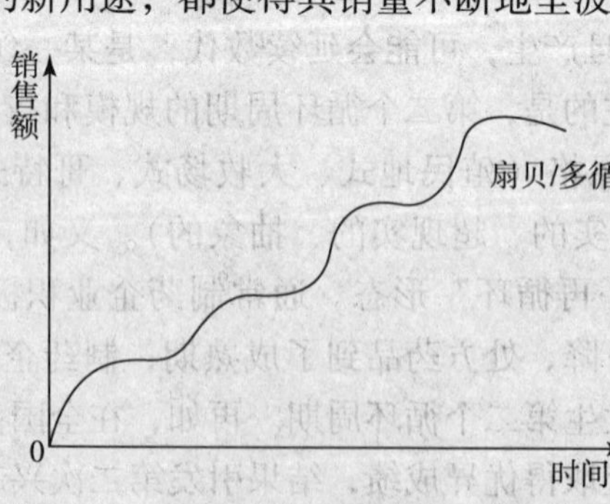

图5－6　扇贝/多循环型产品生命周期曲线

让我告诉你

国际产品生命周期

由于技术的创新和扩散，在产品生命周期的不同阶段，各国在国际贸易中的地位是不同的，导致新产品从国内生产到出口、从出口转向投资（FDI）的贸易流向变化。国际产品生命周期使公司通过把产品销到国外而延长产品的寿命，这也意味着外国公司最终学会生产同类产品并投入本国市场。

在产品生命周期的投入期、成长期、成熟期和衰退期四阶段，国家间利益的比较变化如下：在第一阶段，美国等产品创新国拥有垄断优势，新产品在满足国内消费的同时，出口到收入水平相近的国家；在第二阶段，外国开始仿制，在外国政府的支持下，产品创新国逐渐丧失竞争优势，出口竞争力逐步下降；在第三阶段，外国厂商已经获得了生产经验，制造略有差别的产品，同时他们的成本较低，开始出口该产品，并在第三国市场逐步取代创新国，经过直接投资创新国进行生产线外移；在第四阶段，产品创新国由出口国转变为进口国，同时随着技术发展和成熟，产品实现标准化，发展中国家开始逐步具备该产品的生产能力。产品生命周期说是一种动态经济理论，能够在一定程度上揭示不同发展水平国家间的梯度分工格局。

小探索

自1993年首次召开APEC峰会以来，参加APEC峰会的领导人会穿什么样的传统服饰亮相，都是一个焦点。2001年APEC峰会在上海举行，唐装理所当然成为此届峰会的领袖服装，很快带来了一股新的消费热潮。请问这种传统服饰的生命周期会出现何种形态？为什么？

5.2.3　产品生命周期各阶段的营销策略

小思考：

想一想，电影《泰坦尼克号》的生命周期各阶段会是什么样的？美国20世纪福克斯公司和派拉蒙影业公司采取了哪些策略？为什么？

1. 投入期的营销策略

投入期营销策略的重点是突出一个“快”字，即尽量以最短的时间、最快的速度使产品进入成长期。如果只考虑价格因素和促销因素，具体操作一般可选择以下几种策略：

（1）快速撇脂策略。快速撇脂战略即双高策略，指企业以高价格、高促销费用的方式推出新产品。

高价格方式是为了使企业迅速回收投资成本，并在短期内获得高额利润；高促销费用方式是为了通过各种促销手段，加快市场渗透，尽快提高产品知名度，加速打开销路，迅速占领市场。例如，宝洁公司旗下的“海飞丝”进入中国大陆地区时，除了大规模的广告宣传外，还通过登门拜访赠送小包装样品诱使消费者试用，以及在街头免费赠送等。又如，脑白金的主要成分是褪黑素，具有一定的调节睡眠的作用，在美国卖5美元一大瓶。然而脑白金推向市场时采用铺天盖地的电视广告＋卖148/250ml×2瓶的策略。

采用这种策略的条件如下：市场规模较大；目标市场大部分顾客不了解这种新产品；了解产品的人会有强烈的购买欲望而且愿付高价；产品存在潜在的竞争对手，需要尽快建立消费者对产品的偏好，树立名牌形象。

（2）缓慢撇脂策略。缓慢撇脂战略即高低策略，指企业以高价格、低促销费用的方式推出新产品。

高价格方式是为了使企业迅速回收投资成本，并在短期内获得更多的利润；低促销费用方式是为了减少营销成本费用。例如，德国大众汽车公司产品不仅具有以安全著称的德系“血统”，而且具有价格实在的特点，其他同行企业无法或难以模仿。所以没有采取使用大量的广告促销费用方式。

采用这种策略的条件如下：市场规模有限；目标市场大部分消费者了解这种新产品；大多数消费者对该产品没有过多的疑虑而且愿付高价；市场出现激烈竞争的可能性不大。

（3）快速渗透策略。快速渗透战略即低高策略，指企业以低价格、高促销费用的方式推出新产品。目的是为了先发制人，刺激起消费者的购买欲望，获得尽可能多的消费者的认可，以最快的速度渗透市场，提高市场占有率，取得尽可能多的市场份额，以便在以后的时期获得较多的利润。例如，小米手机的优越性能，智能机的超低价位，铺天盖地的广告促销宣传。

采用这种策略的条件如下：市场规模相当大；目标市场大部分消费者不了解该产品，而且对价格十分敏感；市场潜在竞争对手实力强大，对手较多，而且竞争较为激烈；产品的单位制造成本会随规模效应的扩大而迅速下降。

（4）缓慢渗透策略。缓慢渗透战略即双低策略，指企业以低价格、低促销费用的方式推出新产品。

低价格方式是为了刺激市场，避免竞争，鼓励消费者尽快接受新产品，扩大产品销售；低促销方式是为了减少促销费用，降低经营成本，确保增加企业盈利，实现更多的利润。例如，学生常用的学习用品铅笔、橡皮、直尺、练习本等。

采用这种策略的条件如下：市场规模相当大；目标市场大部分消费者了解该产品，而且对价格十分敏感；市场潜在竞争对手较多，而且竞争较为激烈；产品知名度高；目标市场上消费者的需求的价格弹性大、促销的价格弹性小。

2. 成长期的营销策略

成长期营销策略的重点是要突出一个“好”字，即目标是保持产品的品质优良，扩大市场占有率，创立名牌，提高消费者偏爱度，争取掌握市场竞争的主动权。具体操作上一般可选择以下几种策略：

（1）改进产品品质。根据市场需求，对质量、性能、式样、包装、品种等方面都应该加以改进，并且增加新产品的款式、型号、功能、用途、特色、式样等，以提高巩固产品的差异化竞争能力，最大化市场规模，构筑市场壁垒。

（2）扩展企业的分销网络，扩展新的细分市场。重新评价渠道选择决策，巩固增加原有渠道，努力开辟新的销售渠道，开拓新的细分市场，扩大产品销售，使更多的潜在消费者和现实消费者能更迅速地、更方便地购买。

(3) 择机调整产品价格。选择适当的时机，适当地降价或推出折扣价格，争取吸引更多对价格较敏感的消费者参加购买，从而阻止竞争对手的进入。

(4) 改变促销的重点，培养品牌偏好。在市场成长期，消费者对产品已经有了一定了解，产品知名度已经打开，但同时竞争品牌也增加了。因此广告宣传促销的重心不再是介绍产品、提高产品知名度，而是要转移到树立强有力的品牌形象上来，增加宣传品牌特色、性能、品牌，强化品牌认知，建立品牌信任，培养消费者的品牌偏好，从而争取更多的新老消费者。

营销小故事

奇瑞汽车冷静面对危机

奇瑞汽车销量冲高至69万辆之后，已经开始走下坡路，2011年奇瑞销售64.3万辆，虽仍扮演自主车企老大的角色，但与后一位自主品牌差距在缩小。2012年奇瑞销量下降至56.3万辆，奇瑞终被长城汽车超越，失去了自主车企老大的宝座。

面临着“外有自主市场份额持续下跌，内有营销改革阻力重重”的局面，奇瑞从营销服务角度提出四个字，就是“客户体验”，围绕如何打造或者提升良好的客户体验来再造营销体系，形成差异化的市场的竞争力。从此，奇瑞的营销活动百花齐放，无论是2014年冠名赞助的视频节目《大魔术师》，这是中国首档将演艺明星培养成为魔术师的竞技类真人秀节目；还是利用微信这种互联网平台搞新车上市，再到艾瑞泽挑战巅峰中国巡演，瑞虎羽球大师中国行，覆盖的行业领域越来越全面，无论哪一种，都有用户可以参与其中。

在2013年销售数量降10%的前提下，销售收入却实现了20%的增幅，单车售价也从此前的4万元提升至5万余元。2014年上半年更是由单车平均成交价从5万元增长到8万元，也重新回到了销量排行前十名。消费群体结构清晰、产品结构相应优化、盈利能力得到增强，奇瑞汽车营销体系的变革效应正在显现。

3. 成熟期的营销策略

成熟期营销策略的重点是要突出一个“改”字，即通过市场改良、产品改良、营销组合改良去尽量延长产品生命周期，巩固市场占有率，维持甚至增加稳定的市场份额。具体操作上一般可选择以下几种策略：

(1) 市场改良。市场改良即开发新市场，寻找新用户，以使产品销量得以扩大。

① 增加顾客的使用人数。

· 争取吸引尚未使用者成为顾客。

· 寻求进入新的细分市场，重新为产品定位，寻求新的买主。例如，美国强生公司就曾把婴儿使用的洗发精和爽身粉推广到成年人市场。又如，美国的可口可乐公司和百事可乐公司把饮料从城市拓展到农村，从国内市场推广到国际市场。

· 争取竞争对手的顾客。

② 增加顾客的使用数量。

· 刺激现有顾客，增加顾客的使用频率或使用次数。例如，把端午节品尝的粽子推广到日常食用。又如，为了取得更佳的“清洁牙齿”使用效果，牙膏企业提倡加倍使用或大量使用牙膏。

· 增加每个产品每次的使用量。例如，牙膏企业将牙膏口开大 1 毫米，不知不觉中牙膏的使用量就增加了。

· 发掘现有产品的新用途。例如，小苏打由于被顾客发现了新的用途，企业得知后大肆宣传，最终销售量大增。又如，牙膏可以用来止痒、清凉、止血、洗玻璃等。

（2）产品改良。产品改良即改变产品自身来满足顾客的不同需求，从而吸引他们购买，以使产品销量得以扩大。根据产品整体概念的理解，任何一个变量的改变都可以视为产品改良，包括品质、性能、式样、特点、包装、服务、外观等。例如，苹果公司推出的智能手机 iPhone 通过增加产品的功能特性来吸引更多的顾客购买，并且通过卓越的产品质量来塑造企业的竞争优势地位。又如，众多的电视机厂商不断增加液晶电视的新特点，尺寸越来越大、功能越来越多、重量越来越轻等。再如，韩国企业三星公司便是通过外观设计来争取较高的市场份额。当今市场，顾客需求瞬息万变，由于产品更新换代速度极快以至于整体忠诚度下降，因此产品改良对于企业的意义越来越重大。

（3）营销组合改良。营销组合改良即改变产品、价格、分销渠道、促销方式、广告、服务等。例如，国内许多汽车厂家以购买折扣、运费补贴、付款延期等方法来降价让利；通过设立“4S”店扩大分销渠道，增设销售网点；增加广告开支或重新设计广告策略，经常变换广告内容、广告媒体、广告设计、广告播出的频率和时间等，用赠券、有奖销售等刺激顾客，加强人员推销的力度，强化公共关系，服务面的拓宽和响应性的加强等。

名人语

听取客户的意见，是获得市场份额的最佳途径，而听取他们的幻想，也是开辟新市场的最佳途径。

——IT 领域著名的技术专家埃斯特·戴森

我们的销售代表耳聪目明，不断打听出顾客的新需要，把消息传给研究人员。因此，研究人员可以满足顾客的需求，又能提供新产品或新事业。

——美国 MM 公司总裁李维士·李尔

4. 衰退期的营销策略

衰退期营销策略的重点是要突出一个“转”字，即产品的衰退是不可避免的，企业应积极地转入新市场或转向研制开发新产品。具体操作上，一般可选择以下几种策略。

（1）继续维持策略。继续维持策略即未查明行业的不确定因素前，企业按照现在的细分市场，继续使用原有的营销组合策略，把销售维持在一个低水平上，直到产品完全退出市场。因为对于企业而言，有的衰退期产品前景难测但尚有希望，对企业整个业绩不会有较大影响；如果其他企业先后都退出了市场，那么留在市场内的顾客将由本企业全部接收，企业仍然可以获得一定的销量和利润。例如，福特公司的“野马”汽车，因为“收藏热”的持续，即使销售量急剧下降，但依然因价格高而获利。又如，杜邦公司的尼龙产品，当“降落伞”的使用衰退时，又被开发用在女性的裤袜上，再往后开发转向婴儿的裤袜，从而使产品出现了几个生命周期循环。再如，当彩色电视机在席卷中国大陆地区时，黑白电视机似乎已经要淘汰了，但是对非洲、中亚等地区的出口增加，使黑白电视机市场又进入了一个新的循环。

（2）集中策略。集中策略即缩短战线，企业有选择地降低投资态势，放弃前景不佳的顾客群体，同时加强对有利可图的较小细分市场的投资水平。这样，企业把资源集中使用在最有利的细分市场，最有效的销售渠道，销售最佳的品种、款式和最适合的促销方式上，从而争取优势以赢得尽可能多的利润。例如，当液晶电视、等离子电视首次推向市场时，康佳、TCL、创维等公司迅速放弃了小屏幕彩电的生产，只保留了还能盈利的大屏幕彩电，同时积极研发跟进液晶电视的生产。

（3）收缩榨取策略。收缩榨取战略即企业大幅度降低促销水平，尽量减少销售和推销费用，尽量减少在该产品上的亏损，尽快从投资中收割榨取更多的眼前利润，以便快速回收现金。例如，诺基亚公司以72亿美元的价格将诺基亚手机业务卖给微软公司。又如，联想集团收购IBM公司的PC部门，包括IBM所有笔记本、台式电脑业务及相关业务，客户、分销、经销和直销渠道，“Think”品牌及相关专利等。而IBM公司通过资源整合，将资金运用到IBM擅长的小型机、大型机和服务器上。

（4）放弃策略。放弃战略即企业对于衰退比较迅速的产品，应当机立断放弃生产经营老产品，转向新产品的生产经营，力争在新产品市场上获取更大的成功。既可采取完全放弃，也可采取逐步放弃。通常到了产品衰退期，大多数企业除非拥有强有力的理由，一般都应该迅速地退出市场。如果企业在衰退的初期能在有利的情况下处理资产，则能最大限度地获得净投资额的回收。例如，面对即将到来的功能手机产业大整合趋势，迪比特公司提前一年放弃了国内手机销售。因为迪比特公司的优势是代工，做品牌和营销没有优势，即没有核心竞争力。

让我告诉你

保持产品生命周期的秘密

想要保持顾客对一个企业产品的需求长盛不衰，就要在产品生命周期的每一阶段采取适当的策略。

动画片《小美人鱼》在迪士尼公司（Disney）沉睡10年之后，又再现其迷人魅力。它径直游到新观众的心中，并且重燃老观众的旧日激情。特百惠公司（Tupperware）突然间面貌一新，吸引人们购买其重新设计的器皿，即使他们原来使用的特百惠器皿仍然完好如初。

能做到这点并非他们拥有什么迷人的魔力，而是他们大量心血和精明策划的结晶。请看一下他们的做法：影业巨人迪士尼公司在进入其高品质动画片新纪元之时，将《小美人鱼》作为首部片子重新推出；特百惠器皿则通过拓展其产品线（泡菜坛或儿童玩具）及为其产品添加与新式厨房设计主题相得益彰的装饰色，不断为公司注入新的活力。

不论其产品已达到其生命周期的哪个阶段，企业都会千方百计重新激发和保持顾客对其产品的需求，迪士尼和特百惠器皿的上述做法只是其中的两种。但这并不是说企业推出的每种产品都有很好的运气，都能得到顾客长久的青睐。

小探索

试分组分析讨论啤酒企业在啤酒生命周期各阶段的营销策略有哪些。

5.3 企业该如何着手新产品开发

5.3.1 新产品的含义及分类

小思考：

20 世纪 70 年代末，广东顺德龙江人简广托朋友从香港买了一个电饭煲回来，每天回家后就拆开研究。当制作电饭煲的想法成熟时，他与人合伙投资生产出来顺德的第一个电饭煲。请问这属于什么类型的新产品？为什么？

从产品生命周期理论可知，企业保持市场竞争优势关键在于创新，即不断地持续开发新产品。科学技术环境里的新产品是从纯技术角度理解的，而市场营销学的"新产品"含义与外延却很广泛。既包括从纯技术角度来看第一次重大突破所推出的新产品，也包括从生产角度改变产品的功能或形态所制造出的新产品，更包括从消费者需求角度所接受的新产品，还包括从企业角度与以往原有产品有较大差别的新产品。

总而言之，从市场营销学来理解"新产品"，所谓"新"是相对的。产品整体概念告诉我们，新产品开发的实质是推出不同内涵与外延的新产品。因此，从技术、生产、消费者、企业等角度来看，相对于原产品，只要发生差异性的产品改变，并且给消费者带来新的利益、新的满足的产品，即可视为新产品。

具体来说，市场营销学中新产品可以分为以下几种。

1. 世界性新产品

这与从纯技术角度来看第一次重大突破所推出的新产品完全一致，是指企业全部采用新原理、新技术、新材料和新结构等研制出市场上从未有过的全新产品。世界性新产品通常表示科技发展史上的新突破，都是某种科学技术的新创造和新发明，可以申报取得发明专利权，受法律保护享有独占权。

世界性新产品在同类产品中首次出现，与原有的产品基本上无相同之处，具有明显的新特征和新用途，能促使以往生产、生活方式的改变，并能开创一个全新的需求市场。例如，20 世纪出现的电灯、汽车、飞机、电话、照相机、缝纫机、电视机、计算机、尼龙、复印机、打字机、随身听、CD 唱片、盘尼西林（青霉素）、不干胶贴、家庭录像机、手机等。

世界性新产品仅占新产品总数的 10%。这是因为全新产品商品化要投入大量的人力、财力、物力等资源，开发风险太大，成功率太低，绝大多数企业都难以做到。因此，大多数公司实际上着力于改进现有产品，而不是创造一个新产品。

名人语

在经历各式各样的失败之后，多少应该会有一些畅销的商品出现。

——棱备公司总经理浦上浩

制造让人模仿的商品。

——夏普公司创办人早川德次

要让目前市面上已经开发出来的商品，一件也卖不出去。

——三洋电机公司创办人井植步男

2. 换代性新产品

换代性新产品是指企业在原有产品的基础上，使原有产品的技术有重大突破性改进，性能明显飞跃性提高的产品。

和原有产品相比较，换代性新产品在产品结构、原理、性能、材质、技术特征、用途等某一方面或几方面有显著改进和提高。例如，模拟电视发展到数字电视；模拟手机发展到功能手机再发展到智能手机；普通伞发展到半自动伞、自动伞。又如，电脑问世以来，从最初的电子管到晶体管，到集成电路，再到大规模集成电路电子计算（第四代电脑）。

换代性新产品大约占新产品总数的26%。这是因为换代性新产品商品化要比全新产品容易得多，开发成本也较低，企业只需在老产品基础上做一定的延续再改变。可以说，多数换代性新产品与老产品比较，只是一种部分的质变。

让我告诉你

日本车企将联合开发环保发动机

目前全球各国都在加强对汽车的环保规定，但在新兴市场国家，价格较高的混合动力车(HV)与需要充电基础设施的纯电动汽车（EV）要想实现普及，恐怕还需要一段时间。从全球汽车行业来看，在中国市场不断增长，北美市场开始复苏的背景下，日韩欧美的大型汽车厂商之间的主导权之争愈演愈烈。发动机目前仍是汽车的主要动力源。有预测宣称，即使到了2020年，全球生产的汽车中仍有90%以上为发动机（引擎）汽车。

丰田、本田、日产等日本8家汽车厂商将设立汽车内燃机技术研究联盟，携手开展低环境负荷的汽车用发动机的基础研究工作，计划在2020年之前开发出让柴油发动机的二氧化碳排放量较2010年减少30%的燃烧技术，利用环保性能与欧洲企业等竞争对手相抗衡。作为研究方向，将探讨如何削减柴油释放的白烟，以及用于去除尾气中黑烟的催化剂装置的模拟技术等。其研究成果还将用于汽油车，由各企业推进汽车产品实用化。

3. 改良性新产品

改良性新产品是指企业对原有产品从不同侧面进行改进创新，赋予旧产品以新的功能或价值的产品。包括产品的材料、结构、性能、造型、式样、口味、外观设计、颜色、尺寸、品种、型号、规格、包装、品牌等各方面产生的差异。

和原有产品相比较，改良性新产品一般对产品的核心技术并无本质上的改进，只对技术外延进行了小的变化或改动。例如，手机的外壳用金属代替塑料，按键用金属代替硅胶，单卡单待改为双卡单待或双卡双待等。又如，手表造型从圆形到方形，又发展到椭圆形、三角形、蝴蝶形、十字形、钥匙形等各种艺术造型的新产品。再如，彩电企业、汽车企业、空调企业每年推出各种各样新型号、新尺寸、新外观设计、新品牌等的新产品。

改良性新产品大约占新产品总数的 26%。这是因为改良性新产品对于科技开发的实力要求并不高，绝大多数企业依靠自身力量就可以完成开发，而且具有实用性，能提高企业经济效益。可以说，改良性新产品与老产品比较是一种量变。例如，日本的索尼公司、东芝公司、日立公司、松下公司、三菱公司等每年研制出的新产品中，80% 属于对原产品的改良。

4. 仿制性新产品

仿制性新产品是指企业对市场上已有的产品进行模仿或引进生产，而对企业来说是第一次生产的产品。

和原有产品相比较，仿制性新产品的基本原理和结构并无本质上的改进，只是有时在仿制时可能有局部的改进和创新。例如，海尔公司刚开始引进德国技术生产仿制性新产品冰箱，后来通过兼并电视机厂生产彩电。

此种新产品一般占整个新产品总数的 20%。这是因为仿制性新产品对于技术无须进行大变化或改动，企业可以说就是依样画葫芦，风险最小。例如，目前我国市场上出现的大量新型号手机、时尚服装、电子产品、玩具等，都是模仿某些品牌已有产品生产出来的。

营销小故事

“山寨”产品

2009 年，年度中国搜索热门词汇排名第一的就是“山寨”，这里被借用来描述那些剽窃仿造的产品，后来也用来指自制的产品，如恶搞视频。

关于“山寨”，这个词最早是用来描述珠三角地区的一些厂家生产的手机，这些手机使用了一种台湾研制的低价芯片，然后以极低的价格融合市面上主流手机的所有先进功能并有所创新，价格极其低廉，大概只有普通国际品牌的 1/3 甚至更低，因此在问世之初迅速占领了中国低端手机市场的大部分份额。

美媒惊呼中国山寨走进新时代：在中国的“山寨世界”里，消费者可以在宜家家居“克隆店”里买家具，在极似赛百味（Subway）的店里吃六英寸的三明治，然后在冰雪精灵（Dairy Fairy）吃上些甜点。例如，某店有一款名为“冰雪风暴”（Ice Storm）的奥利奥口味冰激凌，其浓厚滑腻的质地毫不掩饰地借鉴了冰雪皇后（Dairy Queen）大名鼎鼎的“暴风雪”（Blizzard）。

有些精明的中国山寨店店主已不满足于对产品的简单模仿，他们提供足够以假乱真的店内体验与客户服务，甚至少数店主已经学会推出创新产品品种。

5. 重新定位性新产品

重新定位性新产品是指企业对市场上已有的产品重新定位，进入新的目标市场或开发新用途。此种新产品一般占整个新产品总数的 7%。例如，万宝路香烟通过树立牛仔形象，成功地把万宝路香烟重新定位为男性香烟，改变了过去的女性香烟定位。又如，前面提到的阿司匹林，就由医治感冒头痛开始，不断地发现它的新用途，结果该产品就一次次成为新产品。

6. 降低成本性新产品

降低成本性新产品是指企业利用新科技、改进生产工艺或提高生产效率，达到以较低的成本提供同样性能的新产品的目的。

和原有产品相比较，降低成本性新产品的原有功能与用途完全不变，只是成本略低。在所有的新产品中，降低成本性新产品是“新”成分最少的产品。此种新产品一般占整个新产品总数的 11%。例如，格兰仕在微波炉降低成本方面被同行称为“价格屠夫”，长虹在电视机降低成本方面被同行称为“价格破坏者”，此外还有大量的新推出日用小商品也是全球最低价格大量生产模式。

小探索

现有某企业从外地购入一种当地居民从未见过的商品进行销售，请问这种商品能叫作新产品吗？为什么？

5.3.2　新产品开发的程序

小思考：

据有关资料表明，新产品失败率中消费品为 40%，工业品为 20%，服务业为 18%。试思考并回答，为什么许多新产品开发会失败呢？

为了获得竞争优势，每个企业都希望能有效地进行新产品开发。然而新产品开发既可能成功，也可能失败。成功意味着获得竞争优势，甚至更多的利润；失败则意味着企业要承担很大的风险，损失惨重，甚至一蹶不振直至破产倒闭。要想减少无谓的风险损失，提高成功率，新产品开发必须严格遵循一定的科学程序。这一程序一般包括以下几个阶段。

1. 创意

所谓创意，就是开发满足顾客某种新需求而提出新产品的设计思想。

企业对新产品进行开发，主要目的是对市场上尚未满足的消费需求提供合适的产品或服务。创意是一种奇特的、富有想象力的、可行的创造性思维活动，这是新产品开发的关键。没有深入了解消费需求，就不会有好的创意；没有好的创意，就不会有好的新产品设计方案；没有好的新产品设计，就不可能制造生产出新产品实体。

并不是所有的创意都能变成新产品，但是创意越多，为新产品开发提供的机会就越多。企业通常获得产品的创意来源包括顾客、科研人员、竞争对手、中间商、营销人员、管理人员、企业职工、大学、科研机关、专利机关、咨询公司、广告公司、有关报刊媒体等。例如，海尔公司因为农民用洗衣机洗地瓜，造成排水管堵塞，灵机一动开发出“地瓜洗衣机”，价格仅为 848 元；后来延伸开发出“打酥油洗衣机”“洗龙虾洗衣机”“削土豆皮洗衣机”“洗荞麦洗衣机”等多种神器。网上书店根据顾客的需求，很快将网上商店的商品从书籍扩展到音像制品、电子书、飞机票、火车票等。又如，美国一家公司的业务经理观察到顾客喜欢金属胶纸包装的商品，很快向公司建议开发金属片作为包装材料，结果大获成功。再如，宝洁公司的科研开发人员因为照看孙子，灵感突发提议开发一次性尿布，最终产品畅销。

名人语

新产品的发明往往来自于灵感，突然闪现，且稍纵即逝。

——索尼的创始人盛田昭夫

我经常是一觉醒来就有了创意。不是我拥有创意，而是创意拥有我，这我可控制不了。

——Go 公司联合创始人切尔·卡普尔

抱怨竞争加剧，其实是在责怪自己没有太多创意。

——德国政治家 Rathenau

2. 筛选

有了创意并不一定能够付诸实施，企业有限的资源必须集中最重要的创意上，所以必须考虑企业的发展目标、长远利益、实力状况、竞争状况、市场吸引力和研发能力等因素。因此，企业从各种来源征询到足够多的创意之后，应该对这些创意加以分析、判断、论证，研究每一个创意的可行性，并挑选出可行性较大的创意方案，淘汰那些获利较少或可行性较低的创意方案。这正是创意筛选的过程。

创意筛选实质上就是“去粗取精”，这个阶段的主要目的是尽快准确发现创意是否与企业发展目标的表述相一致，是否具有足够的实现可能性和经济合理性，以保证进行创意筛选可行性分析的必要，创意筛选流程如图 5－7 所示。具体筛选时，为了做到科学、规范、准确，企业可采用加权法把企业自身各项因素细化为一系列具体指标，然后根据各指标的重要程度分别赋予相应的权数，然后计算每一个产品创意的加权平均分，以此量化数据比较优劣。

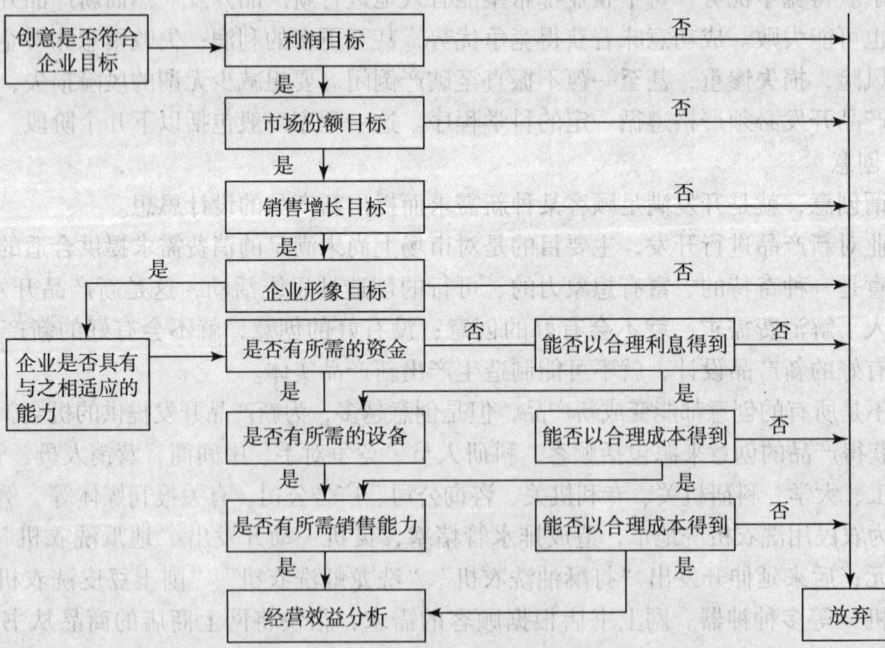

图 5－7　创意筛选流程

3. 产品概念形成与评估

产品概念是对产品创意的具体化，是从消费者角度对这种创意所作的详尽具体描述。例如，一款智能手机，从企业角度来看，会考虑手机的制造过程、管理方法、生产成本等。但是顾客根本不会考虑这些因素，顾客只关心手机的屏幕大小、CPU、运行内存、大容量的电池、品牌、配置、外形、价格、维修、适合什么样的人使用等。

消费者不会考虑购买产品的创意，企业必须根据消费者的要求把产品创意发展为产品概念。产品概念是对于产品的性能、结构、外形、具体用途、形状、优点、价格、名称、提供给消费者的利益等基本特征的详细描述，能给消费者形成一种可以理解和接受的产品形象。任何一个构思都有可能转化成多个不同的新产品概念，企业要尽可能把各种新产品概念的设计方案列出来，然后对产品概念进行精准定位，以便优选和确定产品概念。例如，某企业掌握了高真空制造鳖精的技术，产生了鳖精保健品的创意。根据产品的目标顾客、核心产品（效用或利益）等可以进一步发展成好几种产品概念。例如滋补剂，适合年老体衰者或者气血不旺者滋补强壮；康复补剂，适合病后、产后、手术后病人早日恢复；养脑补剂，适合少年儿童益智健脑生长发育。

产品概念形成后，还必须经过适当的途径提交给目标消费者，在消费者中进行评价和测试，了解消费者的反应和意见，甄别出新产品概念发展前途、开发价值、成功可能性等，以便为新产品开发的下一步指明方向。

4. 制订营销规划

产品概念形成以后，企业必须组织人员制订营销规划，拟定新产品投放市场的营销规划报告书。该规划将在未来的新产品开发各阶段中不断地补充、修正、完善。

营销规划报告书主要包括：

（1）前言。概述营销规划要达到的目的以及规划的主要过程。

（2）综合分析。简明扼要地针对目前市场状况及市场前景进行分析；针对产品市场的影响因素进行分析；针对消费者分析；针对竞争对手分析；针对企业现有产品目前营销状况进行问题分析，以及针对企业现有产品特点分析优势、劣势；新产品开发的投资规模、利润回报和市场目标等。

（3）营销规划目标。描述目标市场的规模、结构和消费者行为；新产品的目标市场定位；预计未来几年的市场占有率、利润率、销售额、利润目标等；企业不同时期的4P策略组成（新产品策略、价格策略、分销策略和第一年的促销策略及预算）；简述未来较长期的销售额和目标利润等。

（4）营销规划的具体行动方案。

（5）项目评估。

5. 商业化分析

营销规划是否可行，必须进一步分析新产品的商业化价值，即新产品的市场开发价值和投资效益。可以说，商业化分析就是新产品开发的经济效益分析。对于企业而言，如果新产品开发不能给企业带来好的经济效益，这件新产品是不值得去开发的。在企业资源有限的情况下，开发时要优先考虑那些市场情景比较好、利润回报比较高、回收期比较短的新产品。

新产品的商业化分析主要内容包括需求分析、成本分析、盈利分析三大部分。常用的方法包括盈亏平衡分析法、投资回收期法、投资报酬率法、净现值法、内部收益率法等。

6. 产品研发试制

产品研发试制就是要把那些用文字、图表、模型等描述的抽象产品变成一件具有使用价值的实体产品。企业的科研部门和生产部门主要是通过对设计试制出来的样品通过产品技术性能检测和鉴定的相关性分析来完成这一阶段工作的。主要包括：一切可能设想的产品模拟环境适应性，主要零部件功能、可靠性和使用寿命的检测，批量生产的可行性，工艺准备程度等一系列鉴定。

必须注意的问题是，产品概念详细描述的所有特征必须能在样品上体现，同时要进行包装、品牌的设计研制。因为只有通过产品概念实体化之后才能发现问题与不足，才能改进完善产品概念的内涵设计，才能证明这种产品概念具有实际推广应用的价值。

7. 市场试销

实践证明，许多新产品研发试制出来后仍有可能不被市场所接受。如果这时企业急于大批量生产供应市场，造成严重经济损失的风险可能性过大，所以企业必须对试制出来的新产品进行试销。

市场试销就是把小批量生产的新产品投放到经过精心挑选的、有代表性的、小范围的目标市场进行销售测试，以检验消费者的货币投票。实际上，市场试销就是对经销商经营产品和消费者使用产品的反应测试。这种反应测试不仅为新产品是否商品化投产上市提供全面、系统、可靠的决策依据，而且为新产品的改进完善和营销规划的补充修正提供重要启示。

市场试销主要包括：产品性能的试销；产品质量的试销；产品价格的试销；分销渠道的试销；促销方式的试销；商业广告效果的试销等。例如，宝洁公司开发的一次性尿布，第一次的试销出现产品性能和质量达不到消费者需求；第二次试销发现产品性能和质量达标，比传统的布尿布更好，但消费者认为价格太贵了；第三次试销价格定为6美分，终于获得成功。当然有些产品无须市场试销就可以直接商品化投产推出市场，如市场容量不大的高价工业品、高档消费品、价格昂贵的特殊品等。

营销小故事

开发新可乐的失败

20世纪80年代，可口可乐在饮料市场的领导者地位受到了挑战，其可口可乐的市场增长速度从每年递增13%下降到只有2%。而百事可乐却创造着令人注目的奇迹，在美国的饮料市场份额从6%猛升至14%。

市场调查表明，可口可乐独霸饮料市场的格局正在转变为可口可乐与百事可乐分庭抗礼，而味道是导致可口可乐衰落的唯一重要因素，消费者更偏好口味更甜的软饮料。旧配方似乎已经跟不上今天消费者的口感要求了。

1985年，可口可乐公司决定放弃它使用了99年的传统配方，推出新一代可口可乐。大多数媒体并未信服新可口可乐的优点，报道一般都持否定态度。但试用者中大多数的评论持赞同态度，看来决策的正确性是无可怀疑了。

但抗议更改可乐口味的怒气在宣传媒介的煽动下迅速扩展到全国。人们纷纷指责可口可乐作为美国的一个象征和一个老朋友，突然之间就背叛了他们。对一种具有99年历史的饮料配方的改变，本来是无足轻重的，可如今却变成了对人们爱国心的侮辱。在美国各地，人们开始囤积已停产的老可口可乐，导致这一“紧俏饮料”的价格一涨再涨。当销售额没有像公司预料的那样得到增长以后，中间商们要求供应老可乐。

最终可口可乐公司决定恢复传统配方的生产。这一消息立刻使美国上下一片沸腾，当天即有18000个感激电话打入公司免费热线。当月可口可乐的销量同比增长了8%，股价攀升到12年来的最高点。但是可口可乐公司已经在这次的行动中遭受了巨额的损失。

8. 商品化投产上市

商品化投产上市意味着产品市场寿命的开始，即新产品大批量生产投放市场。但这并不代表新产品开发已经大功告成，反而代表新产品真正接受市场检阅与考验的关键时期出现。因此，企业必须在适当的时机、适当的地点、适当的目标消费者、适当的价格、适当的渠道和适当的促销组合上作出正确的决策。例如，空调企业假如选择在冬天推出新款式空调，肯定难以引起消费者的关注；但如果选择在春末夏初推出新款式空调，吸引消费者注意的可能性就会大得多。又如，威尔金森·斯沃德有限公司1961年开始在美国出售不锈钢剃须刀片，由于其售价是美国普通刀片价格的2~3倍，加上产品知名度低，所以美国的批发商、零售商都不愿合作。为了打开销路，最后该公司说服园林商店和市郊的五金商店以寄售方式进行销售，最终以此在美国市场站稳脚跟，成功地挑战了美国吉列公司。

让我告诉你

未来成功开发的新产品应具有的特征

(1) 微型化、轻便化。在保证产品质量的前提下，使产品的体积变小、重量变轻，便于移动。

(2) 多功能化。使新产品具有多种用途，既方便购买者的使用，又能提高购买者的购买兴趣。

(3) 时代感强。新产品能体现时代精神，培植和引发新的需求，形成新的市场。

(4) 简易化。尽量在结构和使用方法上使使用者方便和容易维修。

(5) 利于保护环境，新产品属节能型。或者对原材料的消耗很低，或者有利于保护环境。对“三废”“三害”的消除有效。

(6) 适应性强。新产品必须适应人们的消费习惯和人们对产品的观念。

(7) 相对优点突出。新产品相对于市场原有的产品来说具有独特的长处，如性能好、质量高、使用方便、携带容易或价格低廉等。

(8) 人体工程舒适化。生活消费品要更多考虑到这一点。

此外，还有健康化、绿色化、休闲化、度假化等。

小探索

不知从何时起，免费网游进入了中国游戏玩家的生活当中。游戏免费运营，会让高品质的游戏走近所有玩家，低品质的游戏加快死亡速度。假如你是游戏厂商的高层管理人员，你能提出几条有力的新产品创意？试一试单独完成一份营销规划报告书。

5.3.3 新产品市场扩散

小思考：

针对消费者求新、求美的两种购买动机，试分析讨论可以采取哪些方法吸引消费者尽早购买。

新产品市场扩散是指一种新产品从进入市场开始，随着时间的推移逐渐被越来越多的消费者所购买的过程。

对于企业，新产品上市后更多关注的是产品生命周期中的投入期和成长期，因为这决定了新产品市场扩散的速度与效率。可以说，产品生命周期的四个阶段，某种程度上表明了广大消费者对一件新产品推出市场后的接受时间过程。在这新产品扩散过程中，不同的消费者由于个人气质、性格、能力、文化背景、受教育程度、社会阶层等因素的影响，对新产品接受的时间先后也不一样。

按照消费者接受程度快慢的差异，把新产品的采用者划分为五种类型。

1. 最早采用者

最早采用者也称为创新采用者。这类采用者约占全部潜在采用者的2.5%。这类“消费先驱”通常富有个性，有极强的个人主见，性格活跃；喜欢冒险，敢于接受新事物；收入水平、社会地位和受教育程度较高；一般是交际广泛信息灵通的年轻人。

营销小故事

高跟鞋的最早流行

15世纪的一个威尼斯商人娶了一位美丽迷人的女子为妻，商人经常要出门做生意，又担心妻子会外出风流，十分苦恼。一个雨天，他走在街道上，鞋后跟沾了许多泥，因而步履艰难。商人由此受到启发，立刻请人制作了一双后跟很高的鞋子。因为威尼斯是座水城，船是主要的交通工具，商人认为妻子穿上高跟鞋无法在跳板上行走，这样就可以把她困在家里。岂料，他的妻子穿上这双鞋子，感到十分新奇，就由佣人陪伴，上船下船，到处游玩。高跟鞋使她更加婀娜多姿，路人见之都觉得穿上高跟鞋走路的姿态太美了，讲求时髦的女士争相效仿，高跟鞋便很快盛行起来了。

2. 早期采用者

这类采用者约占全部潜在采用者的13.5%。这类消费者往往是“意见领袖”，大多在某个社会群体中具有很高的舆论影响力和威信，多在产品生命周期的投入期和成长期采用新产品。通常富于探索，自尊心强；对外界事物比较敏感但很少有成见，一般持较为谨慎的态度；适应性较好，经济状况较佳。

名人语

想要成为无可取代的人，就必须经常标新立异。

——香奈儿公司创办人 CoCo · 香奈儿

人们买的不是东西，而是他们的期望。

——营销大师特德 · 莱维特

不是广告让品牌年轻，而是新产品。

——法国经济学家 Kapterer

3. 中期采用者

中期采用者也称为早期大众。这类采用者约占全部潜在采用者的 34%。这类消费者往往是在征询了早期采用者的意见之后，才比一般人更早接受新产品。通常喜欢追赶时髦，不甘落后于潮流；有较强的模仿“意见领袖”心理；态度非常谨慎，不轻易作出决策；有较好的工作收入和教育水平；对外界事物较少有保守思想。

让我告诉你

上海电动自行车须登记上牌

目前我国电动自行车年产量已达到 3000 万辆，高居世界榜首。

2013 年 11 月，《上海市非机动车管理办法》正式公布，明确电动自行车须登记上牌。未纳入产品目录的电动自行车（含已取得外省市号牌），若是 2013 年 11 月 8 日后购买的，公安机关交通管理部门不予办理登记。据有关消息称，其他外地有多个省市即将打算跟进推出类似相关管理办法。

新国家标准《电动自行车通用技术条件》对电动自行车最主要的四个标准为：必须有脚踏能实现人力骑行；最高设计车速不大于 20 km/h；整车质量不大于 40 kg；电动机输出功率不大于 240 W。据有关资料显示，各国都对电动自行车有相应的管理规范。例如，对于限速的要求：欧盟是 25 公里，韩国是 30 公里，日本是 15 公里，美国为 32 公里。这意味着电动自行车生产企业的新一轮洗牌即将开始，这也对电动自行车采用者的未来选购或再购在一定程度上明确了目标和方向。

听闻此消息，有网友发出感慨：“高油价让我放弃了摩托车，高花费更让我对汽车望而却步，我只能选择电动车，虽然它不能为我遮风挡雨，却能跑得更快。然而就是这样一个便利的交通工具，现在也要离我而去。”

4. 晚期采用者

晚期采用者也称为晚期大众。这类采用者约占全部潜在采用者的34%。这类消费者往往是在征询周围的同事或朋友的意见之后，直到多数人都已经采用而且反映良好时，才会考虑接纳尝试新产品。通常谨慎、多疑、固执，从不主动接受新产品；收入状况和教育水平相对较差。

5. 最晚采用者

最晚采用者也称为落后采用者。这类采用者约占全部潜在采用者的16%。这类消费者往往是在创新已经变成传统后，才会尝试开始接受新产品。通常反应迟钝，思想保守；对外界事物疑心大，拘泥于传统的消费思想；收入状况和社会地位最差。

小探索

早期采用者往往是“意见领袖”，这有助于影响消费者的从众心理，提高新产品广告宣传的效果。请问企业可以采取哪些措施让“意见领袖”愿意认识或试用新产品？试分组讨论。

5.4 产品的价值如何大幅度地提高

随着产品的同质化竞争日趋加剧，产品的使用价值不再是决定性因素，企业如何才能更好地在市场交换中得到更大的价值，就成为企业重点关注的问题。产品整体概念已经告诉我们，产品的竞争不仅包括产品的核心层，还包括形式层和附加层。这里就提高产品交换价值最大的、最常见的两种形式产品竞争——品牌竞争和包装竞争，进行简要阐述。

5.4.1 品牌

小思考：

有人说：“所有的品牌都是产品，但是并非所有的产品都是品牌。”这种做法对不对？为什么？

1. 品牌的概念

品牌，即产品的牌子，是指规定用来识别不同企业、不同产品（或服务）的某种由名称、术语、标记、文字、符号、象征、图案、设计、颜色或其他识别符号要素构成，或是这些要素的任意组合运用。

品牌实质上代表着企业对消费者长期提供的产品特征、利益和服务的永久性承诺。可以说，好的品牌就是质量的保证。品牌是一个集合概念，包括品牌名称、品牌标志和商标。

（1）品牌名称。品牌名称是指品牌中可以用声音语言称呼的部分。品牌名称能在使用过程中对消费者产生听觉效果。例如，著名品牌可口可乐、百事可乐、联想、华为、蒙牛、伊利、索尼、海尔、茅台、五粮液、长虹、美的、苹果、奔驰、康师傅、耐克等。

（2）品牌标志。品牌标志又称品标，是指品牌中可以识别、易于记忆但不能用声音语言称呼的部分。主要包括符号、象征、字体、图案、颜色等要素。

品牌名称能在使用过程中对消费者产生视觉效果。例如，奥迪的品牌标志是“相连的四环”，奔驰公司的品牌标志是“单圆中的一颗三叉星”，联想公司的品牌标志是“Lenovo”，太阳神公司的品牌标志是“红太阳三角形”，雀巢公司的品牌标志是“两只小鸟在巢旁”，海尔公司的品牌标志是“有趣的海尔兄弟”，康师傅公司的品牌标志是“胖厨师”，苹果公司的品牌标志是“被咬了一口的苹果”，耐克公司的品牌标志是“红色一勾”等。

品牌标志自身能够创造品牌认知、品牌联想和消费者的品牌偏好，进而影响品牌体现的质量与消费者的品牌忠诚度，最终提高产品的附加价值。

（3）商标。商标是指用来区别不同企业、不同产品（或服务）的标记。我国《商标法》规定，经商标局核准注册的商标，商标所有者享有商标专用权，受法律保护。如果是驰名商标，将会获得跨类别的商标专用权法律保护。经注册登记的商标有“R”标记或“注册商标”的字样。

商标与品牌既有联系又有区别。其联系主要表现为：两者都是无形资产，都具有一定专有性，其目的都是为了区别于竞争对手，有助于消费者识别。两者区别主要表现在：品牌无须办理注册，但是一经注册登记，品牌就成为商标。商标经注册登记后（中国也有未注册商标），是受法律保护的一个品牌或品牌的一部分；品牌主要表明产品的生产单位或销售单位，而商标则是区别不同产品的标记。一个企业品牌和商标可以是相同的，也可以不相同；品牌比商标有更广的内涵，品牌代表一定文化，有一定个性，而商标则仅仅是一个标记。

让我告诉你

2013年全球十大最有价值品牌

（1）苹果（Apple），品牌价值1043亿美元，1年价值变动20%。

（2）微软（Microsoft），品牌价值567亿美元，1年价值变动4%。

（3）可口可乐（Coca-Cola），品牌价值549亿美元，1年价值变动9%。

（4）IBM，品牌价值507亿美元，1年价值变动5%。

（5）谷歌（Google），品牌价值473亿美元，1年价值变动26%。

（6）麦当劳（McDonald's），品牌价值394亿美元，1年价值变动5%。

（7）通用电气（General Electric），品牌价值342亿美元1年价值变动2%。

（8）英特尔（Intel），品牌价值309亿美元，1年价值变动-4%。

（9）三星（Samsung），品牌价值295亿美元，1年价值变动53%。

（10）路易威登（Louis Vuitton），品牌价值284亿美元，1年价值变动16%。

2. 品牌的整体内涵

品牌从本质上说是传递一种信息，因此，品牌的整体内涵可以从六个方面来认识：

（1）代表某种特定商品的属性。代表某种特定商品的属性即品牌代表企业或产品的品质内涵，是区别于其他企业或产品的质量、功能、工艺、特色、服务、效率、设计等最本质的特征。这是品牌最基本的含义。值得注意的是，竞争对手很容易模仿品牌属性，造成品牌属性价值下降。例如，英特尔公司的“有一颗奔腾的芯”意味着产品性能优越、质量至上、工艺精良；海尔公司的“真诚到永远”意味着服务健全、品质优良、精细制造；奔驰公司的“世界上工艺最佳的汽车”意味着工艺精湛、技术领先、昂贵耐用、精美可靠、马力强劲。

（2）体现着某种特定的利益。消费者购买的不是属性，而是从自身的角度去理解各种属性对自身所带来的利益，所以品牌属性需要转换成功能利益或情感利益。消费者会以品牌所代表的不同程度的利益象征来对品牌作出评价。例如，英特尔公司的“性能优越”会提高消费者使用效率、节约消费者的宝贵时间，“质量至上”会减少消费者维修的费用带来正常使用的利益；海尔公司的“服务健全”会减少消费者的后顾之忧、节省消费者的使用成本，“品质优良”会提高消费者使用的安全感、降低顾客的购买顾虑；奔驰公司的“工艺精湛”会减少消费者的再购车成本，提高消费者的驾驶乐趣，“昂贵耐用”会使消费者提高社会地位，受人尊重羡慕。

但是，只强调品牌的一项或几项利益存在较大风险。假如英特尔公司只强调“性能优越”，那么当竞争对手 AMD 或高通公司真的推出更优越的芯片时，英特尔公司就会面临一场巨大的灾难；如果海尔公司只强调“服务健全”，然而消费者却认为性能优良更重要时，“海尔”就必须重新调整利益定位。

（3）体现了企业的某些价值观。品牌会在消费者心目中形成不同的价值，同时也体现了企业向顾客传递的某种特定的价值观信息。例如，英特尔公司的“有一颗奔腾的芯”充分体现了其核心价值是“奔腾微处理器的强大性能”，象征着热情和永不止步的精神；海尔公司的“真诚到永远”充分体现了其核心价值是“真诚”，追求“高标准、精细化、零缺陷”和“星级服务”等都是对此的诠释和体现；奔驰公司的“世界上工艺最佳的汽车”充分体现了其核心价值是“高性能、高绩效、杰出表现、成功安全和声望”。

（4）附加特定的文化。附加体现在品牌中的文化，可使消费者产生相应的各种联想，被消费者理解和认同，并影响着消费者的思维方式和行为特征。例如，英特尔公司的附加体现在品牌中的文化是“客户服务、质量至上、结果导向”；海尔公司的附加体现在品牌中的文化是“对顾客忠诚、服务高效率高品质高标准”和“敬业报国、追求卓越”；奔驰公司的附加体现在品牌中的文化是“德国产品、组织严密、高新技术、身份与实力的象征、对生活的享受”。

（5）反映一定的个性。品牌个性是品牌特性的传播，能使品牌产生有效的识别功能，能使消费者感知联想到某种具有鲜明个性特征的人或物。消费者在社会生活或工作中也需要借助于品牌个性来延伸自我。例如，英特尔公司的“英特尔”能使消费者感知联想到“以极快的速度推陈出新”，让人感受到“创新品质、主动进攻”的品牌个性；海尔公司的“海尔”能使消费者感知联想到“两个永远快乐小伙伴——海尔兄弟”，让人感受到“真诚关爱、积极向上”的品牌个性；奔驰公司的“奔驰”能使消费者感知联想到“一位有所作为的企业家或政界要人（名人）”，让人感受到“尊贵大气、开拓进取、勇于创新”的品牌个性。

（6）暗示购买或使用产品的消费者类型。品牌往往会是某些特定的消费者群体所喜欢和选择的，因为品牌代表了消费者某种程度的社会角色象征。通常会出现购买或使用产品的消费者与某些品牌所代表的价值、文化与个性之间的适应性。例如，英特尔公司的“有一颗奔腾的芯”暗示购买或使用产品的消费者类型是“时尚新潮、追求超前领先的年轻人”；

海尔公司的“真诚到永远”暗示购买或使用产品的消费者类型是“求实理智、追求卓越的顾客”；奔驰公司的“世界上工艺最佳的汽车”暗示购买或使用产品的消费者类型是“较为成熟的成功人士”。

以上说明品牌是一个复杂的信息象征。假如企业只把品牌当成一个产品的名字，那相应的品牌认知就明显太肤浅了。上面例子中的“英特尔”“海尔”“奔驰”，因为公众可以识别其品牌整体内涵的六个方面，称之为深度品牌；反之，无法让公众完整识别品牌整体内涵六个方面时，称之为肤浅品牌。在品牌的整体内涵中，品牌最核心、最持久的就是其价值、文化和个性，这三个方面决定了品牌差异化，是影响形成消费者偏好的基础。

营销小故事

斯沃淇Swatch的品牌定位

Swatch名字中的“S”不仅代表它的产地瑞士，而且含有“second - watch”即第二块表之意，表示人们可以像拥有时装一样，同时拥有两块或两块以上的手表。Swatch作为瑞士名表的典范，有着世界名表中的青春力量。

Swatch手表采用瑞士石英机芯、人工合成材料制造，兼具防水防震、计时精确、价格便宜等出众优点。品牌定位于时尚的、运动的、音乐的、艺术的……用激情去创造。以其时髦缤纷的色彩、活泼的设计以及颠覆传统的造型，嘀嗒地随着摩登生活的节奏向前迈进。在Swatch之前，没有任何流行品牌获得这样的成就：在极短的时间内，占据全球爱好者的心，地位屹立不摇，除了维持既有的版图，同时还持续向其他领域延伸发展。

Swatch成功的原因并不是秘密。Swatch不仅是一种新型的优质手表，同时还将带给人们一种全新观念：手表不再只是一种昂贵的奢侈品和单纯的计时工具，而是一种“戴在手腕上的时装”。其高质量、低成本等品牌特点，在国外已成为青少年喜爱的便宜又时髦的手表。

3. 品牌策略

企业如何使用品牌，至少受到三种因素的制约：产品或服务、消费者习惯和公司的竞争性地位。无论选择哪一种品牌策略的方式，必须以建立长期品牌资产的目标来促销产品。品牌策略的核心就在于品牌的维护与传播。

企业在进行品牌决策时，一般可以有以下选择：

（1）品牌化决策。品牌化决策指企业产品是否使用品牌的选择。通常使用品牌优势对产品具有识别、保护、促销和增值等作用，因此大多数产品需要通过品牌塑造来提升其形象。随着商品经济和市场竞争的日趋激烈，已经很少有产品不使用品牌了。像水果、蔬菜、食盐、大米和肉制品等过去从不使用品牌的商品，现在也被放在有特色的包装袋内，冠以品牌出售。例如，我国农产品大米有“金龙鱼”“金良稻丰”“君惠”“鄱阳湖”“顾家”“香满园”“家家乐”等品牌。

然而，以法国家乐福为代表的一些欧美超市就在超市内推出一系列“无品牌”的产品，如细条面、卫生纸等一些包装简易、价格低廉的普通日常生活用品，这使得企业可以降低在包装和广告上的开支，以取得价格优势。

一般在下列情况下可以考虑不使用品牌：一是在加工中没有形成一定特色的同质性产品，消费者在购买时不会过多地注意品牌，只看重产品的式样和价格。例如，钢材、电力和一些小型零部件等。二是商品的生产是临时性、一次性或短期行为。这种特殊的细分市场不需要使用品牌，使得商品的售价便宜，满足特定消费者的需求，但有些公司仍标明厂商名称以示负责。三是商品的生产没有一定的技术标准，品质差别不大。例如，小农具、繁多的小商品。四是未加工的原料产品以及那些不会因生产商不同而形成不同特色的商品。例如，蔬菜、大豆、煤炭、矿砂等。又如，美国杜邦公司供应给可口可乐公司；阿迪达斯体育商的原材料均隐去企业名，更无商品名。

（2）品牌使用者决策。品牌使用者决策指在决定对产品使用品牌时，企业在如何使用品牌方面的选择。

① 使用制造商品牌。对制造商来说，使用自己的品牌无疑是建立品牌资产的首要途径。一般情况下，品牌是制造商的产品标记，制造商决定产品的设计、质量、特色等，从而赋予产品更大的价值，并从中获得品牌权益。例如，可口可乐、万宝路、长虹、海尔、联想和青岛啤酒等。

② 使用中间商品牌。使用中间商品牌也称为自有品牌、商店品牌或经销商品牌等，即制造商将产品以大宗方式出售给中间商，由各中间商自定品牌转卖推向市场。例如，美国的沃尔玛经销的90%的商品都用自己的品牌，可以压缩进货成本，自主定价，增强对价格、供货时间等方面的控制能力。又如，广州番禺的创新鞋业专做世界著名品牌米老鼠、史努比、耐克及中国台湾的魔术屋等的贴牌加工。再如，英国最大的食品店桑宝利的仓库里，50%是私人标签，毛利比零售商更高。

③ 混合品牌。混合品牌一般兼顾使用制造商品牌和中间商品牌。即制造商可能将某些产品标上自己的名称出售，而将某些产品标上中间商的品牌出售。例如，惠而浦公司生产的产品既用它自己的制造商品牌，又用中间商的品牌。又如，雅戈尔公司生产的衬衫除使用自己的品牌“雅戈尔”外，还为定向采购的皮尔·卡丹公司生产“皮尔·卡丹”衬衫；科龙公司生产的冰箱除使用自己的品牌“科龙”外，还为定向采购的海信公司生产“海信”牌冰箱。

在发达国家，制造商品牌和中间商品牌之间的竞争非常激烈，被誉为“品牌战”。这种竞争本质上是制造商与经销商品牌之间的实力较量。在制造商具有良好的市场声誉，拥有较大市场份额时，应多使用制造商品牌；反之，当经销商在某一市场上拥有良好的品牌信誉及庞大、完善的销售体系时，利用经销商品牌也是有利可图的。

④ 使用特许品牌。使用特许品牌即通过签订特许协议的方式付费，“租用”对消费者已拥有魅力的品牌名称进行经营。供特许使用的品牌通常有这样一些方面：由其他类别制造商想出来的名称或记号、知名人士的姓名、流行影片和书籍的人物。这在儿童玩具、游艺活动、食品、服饰等领域广泛使用。例如，“迪士尼”就是一个著名的特许品牌，它通过特许经营发展玩偶消费品，这些消费品从圆领衫、手表、家具、文具、书包、玩具、台灯、钥匙扣到蛋糕、冰淇淋，上面印有米老鼠、唐老鸭等卡通图案。

⑤ 使用购买的品牌。除了获得品牌的特许使用权外，越来越多的企业还倾向于购买或并购品牌。这的确是在某种程度上快捷占领市场的一种好方法，但新的品牌能否融入自身的

公司，是否与公司的形象、地位有冲突，公司是否有管理这一品牌的能力和经验等，都需要慎重决策。从现实来看，购买品牌将越来越流行。例如，联想公司收购IBM的PC部门，使用IBM的品牌销售个人电脑。又如，微软公司的视窗操作系统中就使用了购买的品牌Word、Excel、PowerPoint、Dos等。

（3）品牌名称决策。品牌名称决策是指企业决定其大部分或全部产品都使用自己的品牌名称，或是决定其产品分别使用不同的品牌，或是统一使用一个或几个品牌名称的选择。

① 个别品牌名称。个别品牌名称即企业决定其各种不同的产品分别使用不同的品牌名称。这样可以分散经营风险，避免某一品牌信誉下降而影响产品声誉承担较大的风险，可以适应不同产品性能和特点，有助于企业发展多种产品线和产品项目。例如，“宝洁”公司的洗衣粉使用了“汰渍”“碧浪”等；肥皂使用了“舒肤佳”；牙膏使用了“佳洁士”；洗发液有“飘柔”“海飞丝”“潘婷”“沙宣”等品牌。又如，嘉里集团拥有包括“金龙鱼”“胡姬花”“花旗”“香满园”“元宝”“鲤鱼”“巧厨”和“手标”等16个小包装食用油品牌。

② 统一品牌名称。统一品牌战略即企业决定其所有的产品统一使用一个家族品牌名称。对于那些享有高声誉的著名企业，全部产品都采用统一品牌名称策略，可以降低宣传费用开支，使企业的品牌效益最大化，建立企业对外统一的形象。例如，美国通用电气公司的所有的产品都统一使用“GE”这个品牌名称。又如，日本的“日立”“东芝”“索尼”“本田”等公司的各类产品都使用统一品牌名称。再如，中盛粮油主要生产“盛洲”牌浓香花生油、大豆油、调和油、玉米胚芽油、橄榄油、山茶籽油、菜籽油及葵花籽油等食用油系列产品。

③ 各大类产品使用不同的品牌名称。企业使用这种策略，一般是为了区分不同大类的产品，一个产品大类下的产品再使用一致的家族品牌，以便在不同大类产品领域中树立各自的品牌形象。例如，史威夫特公司生产的一个产品大类是火腿，还有一个大类是化肥，就分别取名为“普利姆”和“肥高洛”。又如，美国著名的西尔斯大型百货公司所经营的家用电器、妇女服装、家用设备等不同种类的产品分别使用不同的品牌，以免相互混淆，造成误解。

④ 企业名称与个别品牌名称并用。企业名称与个别品牌名称并用即企业决定其各种不同产品分别使用不同的品牌名称，而且各种产品的品牌名称前面还冠以企业名称。例如，美国凯洛格公司就采取这种策略，推出“凯洛格米饼”“凯洛格葡萄干”。又如，海尔公司就推出了“海尔探路者”彩电，“海尔大力神”冷柜，“海尔大王子”“海尔小王子”和“海尔小神童”洗衣机，“海尔帅王子”“海尔画王子”“海尔小小王子”冰箱。再如，通用汽车公司生产的各种小轿车，在“凯迪拉克”“别克”“雪佛莱”等品牌前都加上企业的名称“GM”。

名人语

随便哪个傻瓜都能达成一笔交易，但创造一个品牌却需要天才、信仰和毅力。

——广告大师大卫·奥格威

伟大的品牌唤起的是形象、期望和对性能的承诺。

——世界营销大师菲利普·科特勒

我们所有的工厂和设施可能明天会被全部烧光，但是你永远无法动摇公司的品牌价值，所有这些实际上来源于我们品牌特许的良好商誉和公司内的集体智慧。

——可口可乐已故CEO罗伯托·郭思达

（4）多品牌决策。多品牌决策是指企业决定在相同产品类别中，同时经营两种或两种以上相互竞争的品牌的选择。企业建立品牌组合，实施多品牌战略，主要是为了体现不同产品之间的差异，以适应不同的目标市场。各个品牌形象相互之间既有差别又有联系，不是大杂烩，组合的概念蕴含着整体大于个别的意义。这种决策是宝洁公司首创的。例如，宝洁公司为洗发水设计了多个品牌，如"飘柔""潘婷""海飞丝""沙宣"等；推出的洗衣粉牌子就有"汰渍""碧浪""洗好""欧喜朵""波特""世纪"等近10种品牌；现在宝洁公司还生产8种不同品牌的洗涤剂。又如，合兴集团旗下食用油品牌包括"狮球唛""厨宝""骆驼唛""红骆驼唛""红桃""SS""麒麟"等。再如，精工手表的高价品牌是"拉塞尔"，中档价位品牌是"精工"，低档价位品牌是"琶莎"和"洛斯"。

（5）产品线扩展决策。产品线扩展指企业现有的产品线使用同一品牌，当增加该产品线的产品时，仍沿用原有品牌的选择。这种新产品往往都是现有产品的局部改进，如增加新的功能、包装、式样和风格等，常见为新口味、新色彩、新配方、新包装等。通常厂家会在这些商品的包装上标明不同的规格、不同的功能特色或不同的使用者。例如，雀巢公司速溶咖啡先后推出雀巢咖啡1+2原味、雀巢咖啡1+2特浓、雀巢咖啡冰1+2、雀巢咖啡醇品100%纯咖啡、雀巢咖啡伴侣、雀巢金牌咖啡、雀巢卡布奇诺咖啡、雀巢丝滑拿铁咖啡、雀巢臻享白咖啡、雀巢咖啡一杯装、雀巢咖啡礼盒系列、雀巢冰爽茶雀巢咖啡礼盒——迷你、雀巢云南咖啡礼盒系列等。

新产品开发活动的绝大多数属于产品线延伸，其目的是为了满足消费者多种多样的需要和抵御竞争者，或是为了占据更多的货架空间。因此，成功的产品线延伸应是通过抑制竞争者产品的销售活动来达到本企业产品销售的增长，而不是本企业产品的自相消长。

（6）品牌延伸决策。品牌延伸策略是指企业利用其成功品牌名称的声誉，用于推出修正过的产品或新产品，以凭借现有成功品牌推出新产品的选择。品牌延伸并非只借用表面上的品牌名称，而是对整个品牌资产的策略性使用，不仅实现了品牌资产的转移，而且以新形象延续了品牌寿命。主要包括推出新的包装规格、新口味、新色彩、新配方、新香味和新式样等。这种决策使修正过的产品或新产品投放市场伊始即获得原有的品牌优势支持，可以节省宣传介绍费用，使产品能迅速、顺利地得到市场的承认和接受。例如，雀巢公司最初以生产婴儿食品起家，以巧克力棒和速溶咖啡闻名遐迩，由于消费者选择奶粉、柠檬茶、咖啡时都希望品牌能给人一种"口感好、有安全感、温馨"的感觉，因此后来品牌延伸扩展到炼乳、奶粉、奶酪、糖果、雪糕、速饮茶等。又如，海尔公司在成功推出冰箱、空调、洗衣机等后，又相继把品牌延伸到吸尘器、洗碗机、电熨斗、干燥机、电脑、电视机等产品上。再如，登喜路、都彭、华伦天奴等奢侈消费品品牌麾下的产品一般都有西装、衬衫、领带、T恤、皮鞋、皮包、皮带等，有的甚至还有眼镜、手表、打火机、钢笔、香烟等。还有，美国桂格麦片公司成功地推出桂格超脆麦片之后，又利用这个品牌及其图样特征，推出雪糕、运动装等新产品。金利来公司也是从领带开始，然后扩展到衬衣、皮具等领域。

（7）品牌更新决策。品牌更新决策是指随着企业经营环境和消费者需求的变化，品牌的内涵和表现形式随之发展改变的选择。导致品牌更新的原因有：原品牌出现了问题，打不开销路；原品牌市场位置遇到更强有力的竞争，市场占有率下降；消费者的品牌偏好转移，原品牌陈旧过时，与产品的新特点或市场的变化不相符合。例如，英国的李库柏牛仔裤是世界上著名的服装品牌之一，也是欧洲领先的牛仔裤生产商，近百年来的品牌形象在不断地变化：40年代——自由无拘束；50年代——叛逆；60年代——简单时髦；70年代——豪放粗犷；80年代——新浪潮下的标新立异；90年代——返璞归真。又如，“汰渍”洗衣粉不断推出多代新产品，产品技术水平呈升高趋势，导致众多消费者产生偏爱。再如，联想集团的联想电脑以前的品牌是“Legend”，后来更新品牌为“Lenovo”。还有，日本小汽车在美国市场的形象，就历经了由小巧、省油、耗能低、价廉的形象到高科技概念车形象的转变，给品牌的成长注入了新的生命力。

(8) 品牌再定位决策。品牌再定位决策是指某品牌在市场上最初的定位是适宜的、成功的，但是到后来企业可能不得不对之重新定位的选择。原因是多方面的，如竞争者可能继企业品牌之后推出某个品牌，定位于本企业的品牌旁边，并成功削减企业的市场份额；消费者偏好发生转移，对企业品牌的需求减少；或者公司决定进入新的细分市场等。例如，七喜公司调查发现，七喜牌饮料主要购买者是老年人，对饮料的要求是刺激性小和有柠檬味。因此七喜公司标榜自己是生产非可乐饮料的，从而获得了非可乐饮料市场的领先地位。又如，前面所述的万宝路香烟。

(9) 新品牌决策。新品牌决策是指为新产品设计新品牌的选择。当企业在新产品类别中推出一个产品时，它可能发现原有的品牌名不适合于它，或是对新产品来说有更好、更合适的品牌名称，企业需要设计新品牌。例如，春兰集团以生产空调著名，当公司决定开发摩托车时，原有女性化的品牌名称“春兰”就不太合适，于是采用了新的品牌“春兰豹”。又如，原来生产保健品的养生堂开发饮用水时，使用了新的品牌名称“农夫山泉”。

(10) 合作品牌决策。合作品牌决策又称为共同品牌或双重品牌，是指把两个或更多的品牌在一个产品上联合起来，每个品牌都期望另一个品牌能强化整体的形象或购买意图的选择。例如，富豪汽车公司的广告称，它们使用米其林轮胎；“三枪”的广告声称，其产品使用了道康宁公司的“保而爽”，一种可令纺织品保持清爽及气味清新的抗菌防臭加工技术。又如，摩托罗拉公司的一款手机使用的是“摩托罗拉掌中宝”，“掌中宝”也是该公司注册的一个商标；英特尔公司的“酷睿”和“奔腾”两个品牌的CPU合作同时宣传、同一渠道销售；日立的一种灯泡使用“日立”和“GE”两个联合品牌；索尼和爱立信联合生产的手机被称为“索尼爱立信”牌的手机。再如，“英特尔”与许多电脑公司技术合作的共同品牌化。即在计算机整机企业广告的最后，都会利用英特尔的“Intel inside”标志宣传表明其整机使用英特尔的CPU的性能。

名人语

品牌是做出来的，而不是说出来的。

——联想集团总裁杨元庆

品牌竞争是企业竞争的最高层次。

——广告大师大卫·奥格威

21世纪的工作，已经从做一份工作、追求一项事业，转变到建立专业品牌。

——美国著名营销专家汤姆·彼得斯

小探索

在消费者心目中，有人一直存在着“品牌阶梯”的观点，但也有人却坚持“品牌均势”的观点，你怎么看待这个问题？谈谈你的看法。

5.4.2 包装

小思考：

成语“买椟还珠”里的购买者为何会做出那样的买后行为？联系实际谈谈你个人的见解。

1. 包装的概念

过去包装的主要作用是容纳、保护和运输物品，现代的包装发展成为具有识别、便利、美化、促销和增值的功能。据调查统计发现，有63%的消费者是根据商品的包装来选购商品的，当中又有过半的消费者是因为精美包装吸引刺激产生新的购买欲望而发生转购行为，女性购买者因为精美的包装吸引不仅会发生转购行为，而且会增加45%的购买数量。可见，商品包装的价值会因其特定功能而得到超额补偿。

现在的商品要实现其价值与使用价值，大多数只有经过包装才能进入市场，尤其是以自助形式购买的超市。所以也被许多营销学家称为4P营销组合之外的第五个P（Package）。

随着生产的发展、商品的出现和科学技术的进步，“包装”的含义也越来越广泛，但总体上可分为三个方面的含义：

(1) 营销策划策略。主要是将某公司，或者某产品，或者某个事件，或者某个人装饰打扮或尽力帮助在形象识别方面做到完善完美。例如，演艺界的演员包装策划、美国总统的竞选包装策划、新产品上市包装策划等。

(2) 将产品盛放或包扎或装进容器、包扎物、材料、辅助物中的操作活动及装潢设计。例如，将散装糖打包，将送人的玫瑰花包装等。

(3) 按一定的技术方法为产品设计、生产和经营所用的某种容器，或者包装物，或者包扎物，或者材料，或者辅助物等的总体名称及其形象。即产品的外部形式就是包装。本节所指“包装”为最后一方面的含义。

商品包装构成要素包括商标或品牌、形状、图案、颜色、材料和标签等。

营销小故事

中秋月饼的“瘦身”

不知从何时开始，月饼的奢侈包装“花头”百变，包装盒从铁盒、纸盒升级为更为精良的红木盒、藤盒、水晶盒、镀金盒等。简易包装改成奢侈包装之后，“豪华包装月饼”的售价呈几倍甚至10倍以上疯长。

然而买的人不吃，吃的人不买。这些高档月饼已并非简单的食用功能，更多的是“增强情意”的功能，根本不愁销路。

在“三公”消费政策（指政府部门人员因公出国经费、公务车购置及运行费、公务招待费产生的消费）和反腐背景下，节俭风大行其道。以往做工精美、华而不实的“天价月饼”渐渐淡出了月饼市场，难觅踪迹。2014年，月饼以红色或金色的素雅纸盒包装为主，价格在100～300元的月饼礼盒较多，理性回归后的月饼实现了它作为食物的真正价值。

2. 包装分类

产品包装的分类方法繁多，通常根据包装在流通过程中的功能不同，产品包装可分为以下几种：

（1）接触包装。接触包装也称为初始包装、内包装或者小包装。这种包装直接接触商品的使用价值核心，是产品的直接容器或包装物，与商品同时盛装配置出现。因此必须根据产品的自然属性和理化指标来选择适当的包装材料和盛装容器，以确保产品的使用价值。接触包装通常有很少量的文字、标识或图案等。例如，香烟的小纸筒、牛黄解毒丸的蜡丸、西药片的铝塑包装、捆扎青菜的稻草、酒类的瓶子、牙膏的软管、化妆品的瓶子等。

（2）销售包装。销售包装也称为次包装、第二次包装或者组成包装。这种包装直接包容接触包装，较多表现为具有一定形状的容器或包装物，内装一件或多件相同的产品。设计目的是组成一个销售单元，方便顾客零售购买。因此必须根据商品交换的特性来选择适当的包装材料和盛装容器，以确保产品的价值体现。与接触包装相比较，销售包装的表面积较大，对造型和装潢要求也较高，可以印刷许多产品的标识物，所以通常有较多的文字、标识、图案、品牌、商标、条形码等。例如，香烟的纸盒（20支/盒）、牛黄解毒丸的纸盒（8个/盒）、西药片的纸盒、装纳青菜的塑料袋、酒类的纸盒、牙膏的纸盒、化妆品的盒子等。

（3）组合包装。组合包装也称为再包装或者第三次包装。这种包装是对产品销售包装的再一次包装，可以和销售包装分离并且不影响其特性。设计目的是组合构成一个特定数量单元，既可以方便顾客小批量购买，也可以方便为销售货架补充货物。通常有较少的文字、标识、图案、品牌、商标、条形码等。例如，一条香烟（10盒/条）、一包中性笔或铅笔（2支/包，或6支/包，或8支/包，或12支/包）、一包袜子（2双，或3双，或5双，或10双）、一联包牛奶（3包，或6包，或12包）等。

需要注意的是，并不是所有产品出现在市场上时都有第三次包装。例如，有些产品为裸装，如超市出售的蔬菜、水果、冷冻肉、散装米等；有些产品只有一次包装，即接触包装和销售包装合二为一，如塑料瓶装的饮料、水果罐头、泡面搭档、纸碗装的泡面等；有些产品只有两次包装，如牛黄解毒丸的蜡丸为第一次包装、西药片的铝塑包装为第一次包装、牙膏的软管为第一次包装，牛黄解毒丸、西药片、牙膏的纸盒都为第二次包装等。

（4）运输包装。运输包装也称为外包装或者储运包装。这种包装是商品最外部的包装，是集中大批量产品所需要的包装。设计目的是便于储运、装卸、运输、交易大量的销售单元，一般不与消费者直接见面。通常外观尺寸标准化程度高，容积较大，结构坚固，可反复使用，识别标识清晰，搬运方便和便于交接与点验等。

⑴ 单件运输包装。单件运输包装也称为第四次包装，指产品在运输过程中以箱、袋、桶、罐等容器或者包装物或者包扎物捆扎，对产品进行的包装。例如，一箱香烟（10条/箱）、一箱中性笔（1700支/箱）、一箱中性笔（中性笔套装1+12、1个空杆配12支笔芯、6个中盒、960支/箱）、一箱袜子（70双/箱）等。

② 集合运输包装。集合运输包装也称为第五次包装，指将较大数量的单件包装组合在集装袋、托盘和集装箱等大包装容器内合成的包装。

让我告诉你

产品包装盒上应该有的9个标识

根据国家《产品质量法》《商标法》等法律的规定，产品或产品包装上的标识应有以下9个：

(1) 产品要有检验合格证。

(2) 有中文标明的产品名称、厂名和厂址。进口产品在国内市场销售，必须有中文标志。

(3) 根据产品的特点和使用要求，需标明产品规格、等级，所含主要成分的名称和含量也应当予以标明。

(4) 限期使用的产品，应在显著位置标明生产日期、保质期或保存期。

(5) 对于容易造成产品本身损坏或者可能危及人身、财产安全的产品应有警示标志或中文警示说明。

(6) 已被工商部门批准的注册商标，其标志为“R”或“注”。

(7) 已被专利部门授予专利的，可在产品上注明。

(8) 生产企业应在产品或其说明、包装上注明所执行标准的代号、编号、名称。

我国现行标准分4级，即国家标准GB、行业标准HB、地方标准DB、企业标准QB。

(9) 已取得国家有关质量认证的产品，可在产品或包装上使用相应的安全或合格认证标志。

3. 包装策略

对于企业来说，可供其选择的包装策略主要以下几种。

(1) 类似包装策略。类似包装策略是指企业将其所生产的各种产品，都采用相同或近似的图案、色彩、设计风格、造型、包装材料等进行包装。这种包装表现出的共同特征使消费者或用户极易联想到这是同一家企业生产的产品，有利于节约包装设计制作成本和宣传推广费用，树立企业形象，扩大企业的影响，起到促销的作用。特别是在新产品上市时，能使消费者首先从包装上辨认出识别出本企业产品，利用企业的信誉消除消费者对新产品的不信任感，较快打开市场销路。适用于质量水平和用途相近的产品。例如，美国柯达公司、日本松下公司、日本爱华公司的系列商品，均采用类似图案与色彩。又如，中国汇源果汁集团生产的鲜橙汁、苹果汁等不同饮料汁都采取相同的设计风格和近似的图案，仅仅水果图形和色彩有差别。再如，金丝猴奶糖系列的整体设计风格都一致，只是不同口味就选用不同的颜色包装：原味就采用蓝色进行表现，红豆就用红色进行表现，香芋味就用淡紫红色表现，巧克力就用丝滑的褐色表现其特点，酸奶味用绿色表现出草原酸奶的感觉，喜庆类则选用大红色。

(2) 配套包装策略。配套包装策略是指企业根据各地消费者的消费习惯，将若干消费上有关联的产品搭配成为一套，包装在同一包装物中。既便于消费者购买、使用和携带，又可扩大销路。常见的有各种酒类、礼品、日用消费品、玩具、家用工具箱、家用医药箱、五金电工工具、文具、化妆品、服装、瓷器、家电等商品的配套包装。例如，雀巢公司的咖啡礼盒（云南）尊贵套装，包括雀巢云南咖啡 80g ×2 罐 + 雀巢咖啡精美珍藏版杯碟 ×2 套 + 雀巢咖啡专用量勺 ×1 把；雀巢金牌咖啡套装，包括雀巢金牌进口速溶咖啡 100g/瓶 + 雀巢咖啡伴侣 200g。又如，某酒厂将绍兴名酒中的加饭酒、花雕酒、善酿酒、元红酒、绍兴酒、土绍酒六种不同风味的酒，以及六只酒盅，组合配套包装出售。再如，旁氏亮采净白系列四件套，包括粉润白皙洁面乳 100g + 亮采净白柔肤水 150ml + 粉润白皙滢泽露 75ml + 粉润白皙滢泽霜 50g。还有，某玩具厂将图案新颖、装潢美观的狗、熊、兔、猫四种长毛绒动物玩具搭配成套，成组包装装盒，侧面选用明亮的玻璃纸。

（3）再使用包装策略。再使用包装策略是指企业设计选用包装时，使容器或包装物在产品使用完后还能使用或用于其他的用途。这种包装能变废为宝发挥第二用途价值，给予消费者额外的利益满足，从而吸引消费者的购买兴趣和激发重复购买意愿，而且包装上的产品名称或企业标识也起到了对产品的广告宣传作用，增强了产品的竞争力。例如，某酒厂推出 155ml 玻璃瓶装的白酒，酒喝完之后可以当茶杯或酒杯用。又如，设计精巧的各种果酱瓶，在果酱吃完后可以作调味瓶用。再如，盛装白酒的仿古瓷瓶常被再使用作插花或工艺装饰品摆饰，各种形状精美的香水瓶可作房间装饰品；5L 的食用油桶可做爬山归来盛装矿泉水的工具；喜羊羊、美羊羊、枪炮、汽车、飞机等造型的内装糖果、巧克力等食品的包装可作为儿童玩具；名牌服饰销售商采用购物袋作为包装袋等。

名人语

你说什么客户不会记多少，但你带给他们的感受，他们却永远忘不了。

——西门·海尔

物品想要转化为消费品就必须成为一种记号。

——法国社会学家杨·波德里雅尔

（4）附赠包装策略。附赠包装策略是指企业在产品包装里面附送赠品。这种包装能吸引消费者的惠顾效应，促进消费者购买和重复购买，扩大产品的销量。常见的有奖券、实物、赠券、玩具、图片等，或者包装本身可以换取礼品。例如，淘宝网上许多商家对买家买咖啡送杯子、买珍珠霜送珍珠、买教鞭送电池、买皮带送打孔器、买灯饰送省电灯泡等。又如，儿童市场上漫画书、玩具、糖果、食品等商品附赠小玩具、连环画、卡通图片、奖券等。再如，康师傅公司在每袋方便面包装内附赠一张小虎队旋风卡，里面包括各式各样卡通式的小老虎形象，诸如宝贝虎、机灵虎、冲天虎、旋风虎、勇士虎、霹雳虎等。

（5）改变包装策略。改变包装策略是指企业采用新的包装，部分改变或改进或彻底放弃原有的产品包装。这种包装能改变产品在消费者心目中的陈旧感、不良印象或者恶劣形象，给消费者带来新鲜感，重新塑造新的品牌形象价值和市场地位，以便重新挽留消费者继续购买。但同时必须配合好广告宣传工作，消除消费者的疑惑或误解。例如，金龙鱼率先使用小塑料桶（5L）来包装食用油，改变了消费者提着油瓶排队去打散装油的景象，开创了从散装油到小包装油的第一次革命。后来金龙鱼部分改变包装，第二代食用调和油上市，引领食用油消费理念从“安全”向“营养健康”跃升的第二次革命。又如，随着社会经济的发展和人们生活节奏的加快，各种方便食品相应的包装也改为可蒸煮的食品袋、可烘烤的食品盒、饮料复合纸罐和方便罐等。再如，在其他乳业企业嫌弃利乐枕成本高而多用百利包时，蒙牛公司敏锐地发现利乐枕具有“超长保质期，可以使储运周期放宽、辐射半径加大”的特性，毅然决定使用利乐枕。还有，某企业将大红枣做成浓浓的枣浆装到了大口粗瓶子里，改“吃枣”为“喝枣浆”，但是消费者见到那大瓶子就望而却步，后来改变包装，将红枣加工成口香糖式的枣片，装到烟盒式的小包装里，时尚小巧，销路迅速打开。

(6) 等级包装策略。等级包装策略是指企业依据产品的不同档次、不同用途、不同营销对象等采用不同级别的包装。这种包装策略既可针对不同的产品，也可面对相同的产品。因为消费需求的差异性和多样性会导致消费者出现不同的购买力水平或不同的购买目的，而等级包装策略可以为企业争取不同层次的消费群体。例如，浙江某月饼生产企业将完全相同的月饼包装分为三个不同的等级：高级礼品的高档豪华月饼包装，采用制作华贵精致、印刷华丽多彩的凹凸工艺印铁盒包装，内有吸塑成型的月饼金色衬垫；自己食用的低档简单月饼包装，采用只有一张印有厂标的纸将月饼裹成筒状作简单包扎；走亲访友馈送礼品的中档朴素月饼包装，采用印刷精美的纸盒装包装并配有手提袋。又如，广东某月饼生产企业也将月饼包装分为三个不同的等级，但却依据月饼生产成本、质量和价值的不同，对高档优质产品采用高档豪华月饼包装，一般产品采用普通简单包装，中档优良月饼采用中档朴素月饼包装。再如，超市卖的完全相同的金丝猴奶糖为适合不同消费者需求，包装分为袋装、盒装、散装三款。

除上述包装策略外，企业还可因地制宜，采取企业协作的包装策略、绿色包装策略、分量式包装策略、情趣式包装策略、年龄式包装策略、性别式包装策略、个性包装策略、分类包装策略、方便包装策略、礼品式包装策略、联带式包装策略、开窗式包装策略等不同的形式。在实际营销工作中，往往包装策略是可以综合运用的，即企业可以在同一包装中采取多种包装策略。包装策略如何应用，关键是看能否提高商品价值，增强消费者的购买意愿，从而最终有利于达到促进商品销售，增加企业利润。

小探索

有人认为奢侈品最能体现其价值和品位的就是包装。对奢侈品而言，包装本身不但是艺术品，也是其最大的价值所在。试分组讨论此观点是否正确？为什么？

本章小结

✧ 产品是能够提供给市场以满足人们需要和欲望的任何东西。市场上的产品包括：实体产品、服务、体验、事件、人物、地点、财产、组织、信息和观念。产品整体概念是核心产品、形式产品、附加产品三个层次有机结合的系统。

✧ 产品组合，是指企业生产或经营的全部产品线和产品项目的组合方式。包括四个变数，即产品组合的宽度、长度、深度、相关度。

产品组合类型包括：全线全面型、市场专业型、产品线专业型、有限产品线专业型、特殊产品专业型。

产品组合策略是指企业对产品组合的宽度、长度、深度和关联度进行最佳组合的过程。最佳的产品组合从长期来看是动态的。优化产品组合，可依据不同情况采取以下策略：扩展产品组合、缩减产品组合、产品线延伸、产品线现代化、产品线号召等。

✧ 产品生命周期，是指一种新产品从进入市场开始到淘汰出市场为止所经历的全部时间和过程。一般可分为四个阶段，即投入期、成长期、成熟期和衰退期。不同的阶段有不同的市场特点，应采取不同的营销策略。

典型的产品生命周期曲线只是一种理论上的描述，并不是所有产品生命周期曲线都类似一条横卧的S形曲线。比较常见的非典型产品生命周期曲线包括时尚/流行型、时髦/热潮型、风格/循环—再循环型、扇贝/多循环型四种形式。

✧ 新产品是指相对于原产品，只要发生差异性的产品改变，并且给消费者带来新的利益、新的满足的产品。新产品可以分为以下几种：世界性新产品、换代性新产品、改良性新产品、仿制性新产品、重新定位性新产品、降低成本性新产品。

新产品开发的程序包括：创意、筛选、产品概念形成与评估、制订营销规划、商业化分析、产品研发试制、市场试销、商品化投产上市。

新产品市场扩散，是指一种新产品从进入市场开始，随着时间的推移逐渐被越来越多的消费者所购买的过程。按照消费者接受程度快慢的差异，把新产品的采用者划分为五种类型：最早采用者、早期采用者、中期采用者、晚期采用者、最晚采用者。

✧ 品牌是指规定用来识别不同企业、不同产品（或服务）的某种由名称、术语、标记、文字、符号、象征、图案、设计、颜色或其他识别符号要素构成，或是这些要素的任意组合运用。主要包括品牌名称、品牌标志、商标。

品牌从本质上说是传递一种信息，因此品牌的整体内涵可以从六个方面来认识：代表某种特定商品的属性，体现着某种特定的利益，体现了企业的某些价值观，附加特定的文化，反映一定的个性，暗示购买或使用产品的消费者类型。

品牌策略的核心就在于品牌的维护与传播。企业在进行品牌决策时，一般可以有以下选择：品牌化决策、品牌使用者决策、品牌名称决策、多品牌决策、产品线扩展决策、品牌延伸决策、品牌更新决策、品牌再定位决策、新品牌决策、合作品牌决策。

✧ 包装是指按一定的技术方法为产品设计、生产和经营所用的某种容器、包装物、包扎物、材料或者辅助物等的总体名称及其形象。产品包装可分为以下几种：接触包装、销售包装、组合包装、运输包装。包装策略主要以下几种：类似包装策略、配套包装策略、再使用包装策略、附赠包装策略、改变包装策略、等级包装策略。

请你动动脑

问题1：你认为中兴、华为、酷派、联想四大手机生产商与苹果、三星这两家手机生产商相比较，产品整体内涵究竟缺少些什么？

问题2：分析讨论产品品牌与产品包装之间的关系，试举例说明。

请你动动手

实训 1：鞋类的个性研究

（1）实训时间：实训周期为 2 周，课堂展示时间为 4 课时/45 人。

（2）实训地点：

① 组织学生周末到本城区商业地段，分小组自行选定卖场进行拜访并收集相关资料。

② 教室。

（3）实训前的准备：学习本章相关知识点，查找相关资料文献，探讨与本章理论相关的真实案例，选择日常生活中较为熟悉的一种鞋子作为研究样本，自行选定准备拜访的某些卖场并准备好拜访时要询问的问题（与收集相关资料有关）。

（4）实训内容：组织学生对选定的鞋子样本进行分析和评价。具体内容包括：

① 选定鞋子的产品整体概念如何表达？

② 选定鞋子处于产品市场寿命周期的第几阶段？卖场对该选定鞋子有何营销策略？

③ 选定鞋子有何进一步开发的机会？

④ 选定鞋子的品牌整体内涵有哪些？有何不足之处？可以选择哪些品牌策略做好品牌的维护与传播？

⑤ 选定鞋子的包装是否需要调整？如果需要，如何进一步调整？

（5）实训要求：

① 要求学生掌握产品整体概念、产品生命周期不同阶段的市场特点和营销策略、品牌、包装等各个方面的相关理论知识点，并做好实训前的各项准备工作。

② 要求学生深入学习、分析、探讨实训内容。

③ 要求教师在实训过程中做好组织、管理、辅导工作，给予学生必要、合理的指导，并及时分析、点评、总结，加深学生对本章相关理论知识点的理解和认识，掌握一定的实际营销操作技能。

（6）实训组织与步骤：

① 将学生分为若干项目组，每组 3～5 人，每组设组长 1 名，负责组织、督促本组成员进行实训。

② 各小组讨论分析实训时间、地点，实训前的准备、内容和要求，然后确定各自负责的工作，最后由组长确定最终的具体人员分工。

③ 制定实地调查自行选定卖场及选定鞋子样本的工作计划表。

④ 按要求执行工作计划。

⑤ 组长负责定期或不定期召开组员会议，商量讨论具体工作中的问题与对策，并及时上报进度。

⑥ 实地考察工作完成后，组长负责召集组员分析、研究、讨论，并最终对选定的鞋子样本研究形成统一意见。

⑦ 按预先安排，部分组员负责制作调查报告，组长负责审核，报告形式可以选择幻灯片或 Word 文档格式。

⑧ 组长指定专门1人负责向老师和其他同学介绍此次调查的具体工作过程以及此次调查的结果。

⑨ 其他组同学点评，老师讲评。

⑩ 上交1份800~1200字的调查报告书。

(7) 实训考核方法（见表5-3）：

表5-3 实训考核表

考核项目	评分
组织准备工作	10分
组织管理工作及团队合作	10分
完成实训具体内容	30分
课堂展示	10分
自我点评	10分
其他小组点评	10分
老师讲评	10分
制作调查报告书	10分
合计	100分

实训2：新产品开发

(1) 实训时间：实训周期为1周，课堂展示时间为3课时/45人。

(2) 实训地点：教室。

(3) 实训前的准备：学习本章“新产品”的相关知识点，查找相关资料文献，探讨与此理论相关的真实案例；让学生自由组成3人以上的创业小组，选择日常生活中较为熟悉的一种生活用品（如食品、服装、饮料等）作为研究样本，自行选定准备收集的相关资料。

(4) 实训内容：组织学生自拟新产品开发项目，制定新产品开发程序。具体内容包括：

① 选定新产品的创意来源如何选择？如何筛选创意？

② 选定新产品的产品整体概念如何表达？如何寻找目标顾客进行评价和测试？

③ 选定新产品的营销规划如何制订？

④ 选定新产品的商业化价值如何进一步分析？市场定位是否准确？目标市场是否明确，规模多大，潜力如何？是否值得创业小组成员孤注一掷？

⑤ 选定新产品的研发试制如何开展？产品设计是否出奇，或者是否优雅，或者是否足够人性化？产品生产是否担心技术被仿制？是否想设立工厂自己生产？

⑥ 选定新产品的市场试销如何安排？

⑦ 选定新产品如何推动商品化投产上市？如何卖这个产品？

⑧ 选定新产品的开发程序是否完整？是否可行？

⑨ 选定新产品进入市场后，请各创业小组帮忙制定该产品投入期的具体营销策略，以使其尽快过渡到成长期。

(5) 实训要求：

① 要求学生掌握新产品概念、新产品开发的程序、新产品市场扩散等各个方面的相关理论知识点，并做好实训前的各项准备工作。

② 要求学生深入学习、分析、探讨实训内容。

③ 要求学生运用所学知识，分析、研究、判断、讨论、评价选定新产品。

④ 根据自拟新产品开发项目，制定新产品开发程序。

⑤ 教师在实训过程中做好组织、管理、辅导工作，给予学生必要、合理的指导，并及时分析、点评、总结，以加深学生对本章相关理论知识点的理解和认识，提高实际的营销操作技能。

(6) 实训组织与步骤：

① 将学生自由组合为若干项目组，每组3~6人，每组设组长1名，负责组织、督促本组成员进行实训。

② 各小组讨论分析实训时间、地点，实训前的准备、内容和要求，然后确定研究样本，最后由组长确定最终的准备收集的相关资料。

③ 安排新产品开发项目的具体人员分工。

④ 确定新产品开发项目，制定新产品开发程序。

⑤ 制定新产品开发项目的工作计划表，按要求执行新产品开发项目的工作计划。

⑥ 组长负责定期或不定期召开组员会议，商量讨论具体工作中的问题与对策，并及时上报进度，完成实训具体内容。

⑦ 新产品开发项目完成后，组长负责召集组员分析、研究、讨论，并最终对自拟新产品开发项目和新产品开发程序形成统一意见。

⑧ 按预先安排，部分组员负责制作新产品开发项目报告，组长负责审核，报告形式可以选择幻灯片或Word文档格式。

⑨ 组长指定专门1人负责向老师和其他同学介绍此次新产品开发项目的具体工作过程以及此次新产品开发的结果。

⑩ 其他组学生点评，老师讲评，并帮助各创业小组完善实训报告。每个创业小组上交一份800~1200字的实训报告。

(7) 实训考核方法（见表5-4）：

表5-4 实训考核表

考核项目	评分
组织准备工作	10分
组织管理工作及团队合作	10分
完成实训具体内容	30分
课堂展示	10分
自我点评	10分
其他小组点评	10分
老师讲评	10分
制作新产品开发项目书	10分
合计	100分

自我测试

1. 单选题

(1) 产品整体概念中最基本、最主要的部分是（　　）。

A. 核心产品　B. 形式产品　C. 附加产品　D. 机会产品

(2) 产品组合的长度是指企业所拥有的（　　）的数量。

A. 产品品种　B. 产品线　C. 产品项目　D. 产品品牌

(3) 当产品处于产品生命周期的（　　）时，市场竞争最为激烈。

A. 投入期　B. 成长期　C. 成熟期　D. 衰退期

(4) 把用直流电的电熨斗改成充电式的电熨斗，这类新产品属于（　　）。

A. 换代性新产品　B. 改良性新产品　C. 仿制性新产品　D. 重新定位性新产品

(5) “被咬了一口的苹果”属于苹果公司的（　　）。

A. 品牌名称　B. 品牌标志　C. 商标　D. 包装

2. 多选题

(1) 对于产品生命周期衰退阶段的产品，可供选择的营销策略包括（　　）。

A. 继续维持策略　B. 扩张策略　C. 竞争策略

D. 集中策略　E. 收缩榨取策略

(2) 品牌名称决策包括（　　）。

A. 使用制造商品牌　B. 个别品牌名称　C. 统一品牌名称

D. 使用中间商品牌　E. 企业名称与个别品牌名称并用

(3) 下列属于早期采用者的特征有（　　）。

A. 约占全部潜在采用者的13.5%

B. 往往是“意见领袖”

C. 多在产品生命周期的投入期和成长期采用新产品

D. 富于探索，自尊心强

E. 深思熟虑、决策时间较长

3. 判断题

(1) 消费者在购买商品时只能从实体产品中得到利益。（　　）

(2) 产品延伸策略包括向下延伸策略、向上延伸策略、向左延伸策略和向右延伸策略。（　　）

(3) 企业采取快速渗透策略，即企业以低价格高促销方式推出新产品。（　　）

(4) 商品包装不仅可以保护商品在流通过程中品质完好和数量完整，而且还可以增加商品的价值。（　　）

(5) 新产品开发过程的第四个阶段是商业化分析。（　　）

4. 案例分析

“英雄钢笔”无奈收场

“英雄钢笔”曾经风光无限、身价亿万，鼎盛时期在国内金笔市场和自来水笔的市场占有率均超过50%，处于绝对垄断的地位，制笔技术也已接近当时国外的最高水平，产品更是远销欧洲、北美、东南亚等60个国家和地区。

进入20世纪80年代，国内外笔类市场竞争愈发激烈，“英雄钢笔”对产品结构进行了一次较大的调整，由以中低档为主转向中高档为主。然而各种竞争对手不断开发新产品、推出新举措。以万宝龙国际为代表的多家钢笔制造厂家经过多年研究，先后推出了多种以商界人士为销售对象的高档钢笔及其他新一代的书写工具，开始蚕食“派克”和“英雄”高档钢笔市场。另一头，却是日本的新款式、低价格的一次性使用的中性笔开始打入各国市场，迅速大量销售。再加上电子产品的普及，钢笔的市场需求在不断减少。

到了90年代，“英雄钢笔”发起多起并购，并启动多元化战略，如投资煤气厂、钢琴厂，甚至还进入房地产行业。盲目的多元化让“英雄”欠下了很多债务，但销售额毫无起色，仓库里堆满了卖不出去的商品，“英雄钢笔”的主业也由此不断萎缩。90年代中后期，迫于经营压力，“英雄钢笔”甚至开始为一些民营笔厂做代工，而当时的“英雄”已无资金和精力建设自己的品牌和渠道了。

“英雄钢笔”尝试过重走高端路线，但是以失败告终，究其原因：一方面是缺乏充足的资金支撑，没有充分的广告投入，没法提升品牌价值；另一方面是技术储备的不足，制笔业的快速发展，表明其过硬的技术含量是“英雄钢笔”所不具备的；再一方面，经营管理不当。

现在，美国派克钢笔在中国市场销量不断增长，每支钢笔零售价均在200元以上，最贵的达到4500元以上，而德国的万宝龙钢笔零售价更是在6000元以上。

最终，创业80多年的老品牌——“英雄钢笔”，终以“贱卖”收场。

问题：

（1）试分析“英雄钢笔”的品牌整体内涵。

（2）从“英雄钢笔”的新产品开发中，你有何体会？

（3）如果你是现有“英雄钢笔”品牌的企业决策人，你认为怎样做才能让“英雄钢笔”重新真正走入中国人的生活和工作中？

5. 综合技能题

背景资料：300多年前，有“M城高原”之称的清凉山就开始种植高山绿茶。目前茶园主要分布在海拔近800米高、终年云雾缭绕、湿气大、昼夜温差大、漫射光强、植被良好的高山畲地上，这种环境极适宜茶树生长并有利于茶叶中有机物质的积累及蛋白质、氨基酸等含氮化合物的形成，而且有利于增进茶叶香气。茶树品种是灌木型小叶种，采用特有的手工二炒二揉精制制茶工艺，制成的绿茶条索紧结匀整，气味芳香馥郁，汤色碧绿清澈，滋味甘醇。饮之滋味甘醇爽口，沁人心脾，香气清高味浓，口齿留香，提神醒脑，舒血健脾，回味无穷，因此质地优良的清凉山茶逐渐成为地方名茶，远销东南亚各地，享有传统声誉。

问题：

如果清凉山茶在目前的状况下，打算开拓国际茶叶市场。你认为清凉山茶在产品整体概念上有没有不足之处？试探讨企业可以选择采取何种产品策略开拓国际茶叶市场。

第6章 定 价

教学目标

通过本章学习，同学们应该能够：了解影响企业定价的因素——企业的定价目标；理解企业的三种定价导向；掌握企业可供选择的几种定价技巧；理解企业的价格调整策略与企业面对竞争调价时的应对措施。

案例导引

一巴掌的价格

M城有一对年轻夫妻经营了一间服装店，一天中午，一位一身名牌的东南亚富人张小姐到店选购衣服，当时张小姐拿起一件喜欢的衣服问老板娘多少钱，“这件衣服238元”，张小姐没有多看一眼，就放下了。又拿起另一件裙子问价格，“这条裙子180元”，老板娘回答说，张小姐听到老板娘的回答惊呆了，因为全场的衣服款式新颖、质量好，同种款式的服装在其他店需要千元以上的价格才能购买。此刻一旁观察的老板急了，走过来就是一巴掌打到老板娘身上，争吵着说：“你是中午没睡醒吧，这件衣服1380元，这条裙子980元。”张小姐听出了老板的意思，爽快地买下了那两件衣服，并且建议服装店应该装修得更上档次。根据张小姐提供的信息，年轻夫妻重新将服装店装修了一番，再将衣服价格重新上调，价格上调后反而顾客盈门，生意越做越大。

请讨论：

1. 服装可以采取哪些方式制定商品价格？
2. 老板改变价格时，那个东南亚富人张小姐为什么会相信老板的话？
3. 你认为价格是一门科学还是一门艺术？为什么？

6.1 产品定价需要考虑哪些因素

小思考：

苹果手机的定价要考虑哪些市场因素？

名人语

定价是一门艺术，是一种投机游戏，是营销战略家们的游戏，其重要性在于各种营销手段最终都会聚焦于定价决策。

——科里·哈沃德教授

6.1.1 产品成本因素

企业产品成本是定价的基础，在进行产品定价前要考虑到整个生产流通过程中的各项成本因素，如生产成本、仓储成本、产品流通成本。这些是产品定价的底线，定价需要考虑成本。企业生产成本还可以分为固定成本、变动成本。一般情况下，固定成本是不会因产量的变化而变化的，如固定资产折旧、管理费等，变动成本会因产品销量变化而成正比例变化。

让我告诉你

中东石油危机

石油被称为"黑色的金子"，是百业之母。石油的用途，除了一般人熟知的加工成各种成品油（如汽油、柴油、航油、燃料油、润滑油等）外，它还是化工产品重要的基础原料，目前约有5000种化工产品的原料来自石油及天然气，特别是有机化工的8种基本原料有7种来自石油，其中的乙烯是与钢铁、水泥并称的工业化三大基础材料之一。同时，石油还对农业生产起至关重要的作用，化肥、农药、农机等都对石油有很高的依赖性。

20世纪50年代以后，先后爆发了三次石油危机，这种人为造成的能源短缺对世界经济造成了巨大影响，迫使绝大多数国家的人民改变了生活方式。面对世界"能源危机"问题，全世界认识到必须采取开源节流的战略，即一方面节约能源，另一方面开发新能源。但是无论采取哪种方式，都需要各个国家、企业加大投入的资金成本，这意味着企业经营风险提高了，而最终的投资成本还是要转嫁到每一个顾客身上。换句话说，顾客将要花比以往更多的金钱，才能买到相同的产品。

6.1.2 产品市场竞争与市场需求因素

小思考：

市场需求是否决定了企业产品的定价？

在当今市场环境下，企业产品质量相当，更多的竞争来自对产品定价的把握和对市场需求的预知。

1. 产品市场竞争

产品价格竞争是营销竞争的主要手段和内容。企业产品定价除了要考虑产品成本因素外，还要考虑市场竞争对手的产品价格，每一次价格的变动都会引来竞争对手的关注，企业要根据竞争对手的多少和竞争的强度采取相应的策略，制定自己的产品价格。一般情况下，如果产品在市场竞争中处于优势，可适当采取高价策略，反之，就应该考虑采取低价策略。同时企业还要密切关注市场动态，随时应对市场竞争对手价格变动，并及时作出调整价格的措施。

营销小故事

快的打车 PK 嘀嘀打车

2014 年 1 月开始，“花坐公交的钱享受打车待遇”，南昌市场上出现了嘀嘀打车和快的打车软件，只要使用其中一个软件打车付费，每单可优惠 10 元钱，此举导致两大打车软件的竞争愈演愈烈。2014 年 3 月，嘀嘀打车将优惠额度降低到了 5 元，但快的打车仍然是 10 元的优惠补贴，不过这种状况维持了不到 10 天，3 月 17 日开始，嘀嘀打车立减的金额从 5 元涨回 10 元。快的打车不甘示弱，宣布从 2014 年 2 月 18 日开始乘客用快的 APP 打车并用支付宝付款，每单立减 11 元。两家竞争激烈的打车软件 PK 战又开始升级，2014 年 2 月 18 日上午 10 时，嘀嘀打车将优惠金额上调至 12～20 元，18 日下午 3 时，快的打车紧跟其后将优惠金额上调至 13 元，这样步步紧跟的态势引起了极大的关注。

2. 市场需求

市场需求会随着产品价格的变化而相应地发生变化。当产品供大于求时，价格下降；当产品供小于求时，价格上升，价格和需求之间成反比关系。因此，企业定价必须根据市场供求情况，及时制定或调整价格，才有利于供给与需求的平衡，企业才能够更好地把控市场。

在价格与需求的关系方面，营销者还需要了解需求的价格弹性。例如，北方的苹果在南方很热销，有很大的需求量，但价格却比北方高出很多。需求的价格弹性指需求量对产品价格变动的影响，公式如下：

需求的价格弹性 = 需求量变动的百分比/价格变动的百分比

当需求的价格弹性大于 1 时，说明该产品的需求价格弹性较大，需求富有弹性，可以通过降低价格、薄利多销来实现盈利的目的；反之，提高价格可能会造成需求量减少，影响企业盈利。

当需求的价格弹性小于 1 时，说明该产品的需求价格弹性较小，需求弹性小，企业提高或降低价格对需求量的增加或减少影响较小，企业一般会在这种情况下采取提高价格策略，以增加企业盈利。

当需求的价格弹性等于 1 时，为标准需求弹性，说明该产品的需求价格弹性与其需求数量的变化相同，这种情况下，可以增加需求量，也可以提高产品的价格以减少市场对产品的需求。

小思考：

某企业生产高档陶瓷工艺品，故企业对产品的工艺及质量要求较高、产品定价较高，并且针对市场高端消费群体，此类产品的需求价格弹性为（　　）。

A. 等于1　　　　B. 大于1　　　　C. 小于1

让我告诉你

亚洲市场上帝的成功定价

亚洲的消费者对价格波动的反应如何？A. C. 尼尔森公司的2013年的调查表明，不同地区之间的差异很大，营销者必须注意到这一点。

其中，马来西亚以及中国香港地区的消费者对价格波动最为敏感，在所调查的450个品牌中，这两个地区的平均价格弹性均为3.8，这意味着价格如果下降1%，需求就会上升3.8%。接下来是中国台湾、新加坡，其价格弹性分别为3.1和3.0。泰国的平均弹性为2.3，而菲律宾、韩国和印度尼西亚的弹性分别为1.3、1.2和1.2，这表明了这些国家的消费者对价格变动不太敏感。A. C. 尼尔森公司认为价格弹性的差异是因为每个地区市场零售结构的性质不一样，这与消费者的可支配收入和购买习惯相关。

在很多乡村或城市近郊的地方，消费者没有能力同时购买很多有吸引力的产品，他们只能在需要时才进行购买；相反，在发达的零售市场上，现代超市和高级百货连锁商店占主导地位，它们更加强调价格促销。在这些地区，很多消费者在作出购买决策时，把定价和便利性作为首要考虑的因素。

对于营销者而言，最关键的问题在于价格促销可以带来什么样的好处，什么样的价格定位可以使它们的品牌获利最多。一些品牌通常进行盲目促销，不考虑长期的品牌忠诚度、品牌资产和分类动态的问题。确实，相比于其他形式的店内促销（如陈列展示和优惠券酬宾等），价格促销所带来的回报并不是最好的。既然大多数亚洲市场是不断变化，并且国家或地区之间（之内）对价格变动的反应差异比较大，那么，持续的评估对区域营销的成功就非常关键。

6.1.3　消费者心理因素

小思考：

你会在新款手机刚上市时就去购买吗？为什么？试分组讨论。

企业产品定价一定要考虑消费者的心理价格，消费者的购买行为和消费行为受心理价格的影响。

（1）预期消费心理。消费者在选购产品时，会对产品价格进行预测。如果该产品是一种涨价趋势，消费者就会争先购买，反之，则会持续观望。

例如，2014年我国房地产市场持续走弱，房地产开发投资额增速变缓。相关政府职能部门全面放宽限贷政策等，刺激房地产消费。在这种情况下，消费者预期未来地产价格是下行趋势，很多时候就会观望，期待最低价格购买。

(2) 认定价值心理。认定价值是指消费者心理上对产品价值及对企业相应的产品定价的一种认可。它以消费者对相关产品知识、消费经验及市场行情的了解为前提。消费者在购买产品时会把产品价值和消费者心理价值进行比较，如果产品价值超过心理价值，消费者就会做出购买决策，产生购买行为。

例如，消费者在购买金银首饰时，会选择周大福、六福珠宝等知名品牌，虽然这些品牌珠宝店的产品价格都会比一般珠宝店要高，但是消费者还是愿意支付较高的价格购买。原因是到品牌店购买有保障和更有面子。

(3) 追求廉价心理。追求廉价主要是收入水平和消费水平低的群体，他们希望用较少的钱购买到实惠、物美价廉的产品。这种心理表现在对一些生活必须用品上。所以，经营者在制定产品价格时要考虑消费者这种求廉心理，来增加经营收益。例如，消费水平低的群体在购买洗发水、袜子等生活必需品时，都会货比三家，选择产品质量好、价格又实惠的商店购买。

(4) 对比价格心理。对比价格心理是指消费者根据产品的性能、质量、外观等所有的产品信息，判断产品的价格是否合理，是否物有所值，然后作出决定购买的心理。一般情况下，消费者都主张求新、求实、求廉。愿意购买中低档产品，既体现它的使用价值，又体现自身的身份和地位。当然，这种消费心理是和经济收入等有一定关系的，在研究中应多加注意。例如，消费者在选购抽油烟机时，有方太、老板、火王、万和、德意等品牌，其价格和品牌知名度都不同，消费者会根据自己的消费能力对比价格选择购买。

(5) 其他因素。国家的政策法规、货币价值、通货膨胀、国内外市场竞争等因素也同样会影响到企业产品定价，企业在制定价格时，必须充分地通过市场调查和研究价格的多种因素，定出最合理的产品价格。

营销小故事

“您满意了，再付款”

罗西经营了一家家庭餐馆。餐馆菜单上的菜无标价，广告牌上有7个字：“您满意了，再付款。”他规定：“让顾客根据饭菜和服务的满意程度自定价格，可以分期付款，给多给少，悉随尊便；若不满意，也可分文不付。”罗西这一绝招，使全城好奇的食客闻风而至，罗西餐馆顿时顾客爆满，应接不暇，甚至要提前一周预约订位，收入大增。许多食客心甘情愿地提前付款预订，甚至付出比实际价格高许多的价款。虽然难免有个别无赖之徒，但对餐厅的整体经营却不伤筋骨，最终使他名利双丰收。

名人语

价格是价值规律的表现，价值是价格的规律。

——列宁

小探索

在日常生活中，可以发现这样的现象：质量相当，只是外观包装不同的产品，价格却相差很大，很多消费者却争抢着购买高价的产品。一些处理品、清仓大甩卖的产品，降价幅度越大，消费者的疑心越重，越不会购买，这是为什么呢？分小组讨论。

6.2 产品定价目标与定价方法

6.2.1 产品定价目标

小思考：

企业的定价目标都是为了获得最大利益？

名人语

一个企业将定价权委托给谁，即意味着企业命运维系于谁。

——亚瑟·马歇尔

产品定价目标是指企业对其生产或经营的产品制定一个短期、中期或长期的目标价格，这个价格是为了实现企业在不同时期，应对不同的市场条件所制定的。一般情况下，定价的目标主要有以下几种。

1. 树立品牌形象

在当今社会，生产资料更透明的今天，企业产品定价决定了产品的市场定位。产品的价格更多的不是考虑产品自身的成本因素，而是为了实现产品的市场地位及树立产品的品牌效应，提高产品的附加价值，将这些因素融入产品定价目标中，实现企业树立品牌形象目的。例如，劳力士手表，身份地位的象征，从1980年7月劳力士注册至今，纯手工制造，世界公认的顶级手表品牌“劳力士”，劳力士即代表着精确，它的价格也是与品牌同步从几万到几十万。

营销小故事

怀庄烧坊酒道馆之“真不二价”

怀庄烧坊酒道馆是茅台镇第一民营酿酒企业怀庄酒业集团成立最早的一家子公司。茅台镇台粮酒业有限公司为传承博大精深的中国酒道文化而开设酒道馆，是真正以中国酒道为载体的酒道馆。怀庄烧坊酒道馆采用“真不二价”的销售原则，以文化营销和体验营销两种营销模式并驾齐驱，真正做到中国酒道文化的继承、发扬和创新。

怀庄酒业认为商家对于市场的竞争不能通过简单的压价，而应“选料务优，酿制务精”确保酒质，才能赢得市场。怀庄酒业采取“真不二价”的销售原则，以怀庄烧坊酒道馆专卖店的形势全国招商，实施全国统一管理，全国统一价，不断赢得大众的信赖和喜爱。

“真不二价”倒过来读就是“价二不真”，同一件商品，价格不尽相同，质量也就值得怀疑。压价赢得市场只是暂时的，在降低价格的同时就要降低质量，质量保证不了，如何赢得信誉，那不是商家搬石头砸自己的脚吗？怀庄烧坊酒道馆就是以“真不二价”的销售原则，传承中国酒道文化。“真不二价”就是现在市场的一面镜子，告诫人们要创造货真价实的产品，以高质量实价格才能赢得市场。

2. 抢占市场份额

市场份额又称市场占有率，它在很大程度上反映了企业的竞争地位和盈利能力。企业产品在市场上所占的份额决定了企业能否做大做强，能否在经营过程中获得长期利润。所以企业为了保持或增加市场份额，采取薄利多销的原则，制定出对潜在客户有吸引力的较低价格。例如，康师傅2004年才加入瓶装水的市场竞争中，他们定出了1元的低价。目的就是为了尽快占领更多的市场份额，而根据调查机构及企业2007年中期业绩报告数据，康师傅以17.3%的市场份额，3年就成功地成为国内水市场的第一品牌。

3. 维持企业生存

在同质产品众多、产品更新换代速度加快、竞争日趋激烈的当今社会，企业为了维持生存，更多时候产品定价目标采取低价或打折让利，只求收回成本获得微利。从长远来看，企业要生存发展，就必须设法提高产品附加值，提高产品品牌效应，保证企业持续发展。例如，凡是有淡旺季之分的产品，通常旺季赚钱，淡季就会维持经营价格，保持生产稳定，只要能收回固定成本和变动成本就行。往往有实力的经销商会趁此进货，以待来年旺季时获取更高的利润。空调、服装等季节性产品多采用此定价方式。

营销小故事

锐志为何要如此定价

一汽丰田的锐志2005年9月初公布了价格，21.38万到30.83万元。此价一经公布，媒体便广泛赞扬其为“震撼上市”，纷纷议论接下来是否会引发中级车市场价格崩盘，锐志在配置方面有所改观呢？首先汽车的心脏发动机不同了，改为非直喷的，连带着最大功率和扭矩等也相应地减少了。在主动安全方面的配置可就少得离谱了，除了ABS和EBD，2.5和3.0都有外，AVS系统、VSC系统和带坡路启动控制的TRC，这些丰田公司先进的主动安全系统只有在顶级3.0车型上才会有，而2.5车型则不提供。少了这么多东西，把价格拉下来点儿也就没什么可称道的了。

丰田这个中国市场的迟到者逐渐开始发力中国市场，为了在中国市场占有一席之地，它通过不间断地推出新车型，把20万~30万的市场彻底地搅乱，把竞争对手的阵脚打乱。就拿这次锐志上市来说，它的定价就卡死了中级车市场，它让前面的车型岌岌自危，让即将推出的车型都要重新考虑定价问题。

4. 利润最大化

利润最大化，对企业而言并不是对产品制定最高的销售价格，而是根据市场同类产品的价格进行相应的产品定价，从而获得长期利润。制定过高或过低的价格会引起各种替代产品或竞争对手介入，影响企业的长期获利。例如，商品价格是基于供求关系。一栋豪华精装修的房子，连续发生不吉的死亡事件，被传为“凶宅”，引起恐慌，价格可能会暴跌甚至无人过问。和它相邻两条街的小平房，简易装修，可能卖得比它还高。可见，成本并不能决定价格。

名人语

全世界没一个质量差、光靠价格便宜的产品能够长久地存活下来。

——华硕中国总经理 徐世明

小探索

手机市场品牌众多，作为市场新秀的“小米”手机是如何在市场上树立自己的形象的？分小组讨论。

6.2.2 产品定价方法

小思考：

高档产品多采用哪种定价法？

产品价格（Price）的意义：狭义是指为了取得产品需付出的金额，每个消费者为了获得精神上或物质上的满足所付出的金钱。广义是指获得产品付出的代价（金钱、精力、时间）。产品价格的意义如图 6－1 所示。

图 6－1 产品价格的意义

例如，在学校购买五羊香草雪糕 3.5 元，五公里外的小卖店只卖 2 元，消费者只会根据自己方便在哪里购买，不会因为这个差价选择更实惠的价格购买。

1. 成本导向定价法

成本导向定价法：以产品的成本为中心，制定对企业最有利的价格的一种。具体方法有以下几种：

（1）成本加成定价法。成本加成定价法是按产品单位成本加上一定比例的利润制定产品价格的方法。成本加成定价法，是以全部成本作为定价基础，首先要估计单位产品的变动成本，并按照预期产量把固定费用分摊到单位产品上，加上单位变动成本，求出全部成本，最后在全部成本上加上按目标利润率计算的利润额，即得出价格。其基本公式如下：

单位产品成本 =（固定成本 + 变动成本）/销售量

产品价格 = 单位产品成本 + 单位产品成本 × 成本利润率

　　　　 = 单位产品成本（1 + 成本利润率）

例：某企业经营某种产品，其固定成本为10000元，变动成本为4000元，销售量为5000件，成本利润率为20%，则该产品价格是多少？

解：单位产品成本 =（固定成本 + 变动成本）/销售量

= （10000 +4000） ÷5000

=2.8（元/件）

产品价格 = 单位产品成本（1 + 成本利润率）

=（固定成本 + 变动成本）/销售量 ×（1 + 成本利润率）

=2.8 ×（1 +20%）

=3.36（元/件）

成本加成定价法的优点是简易，企业可根据市场情况调整成本利润率，以适应不同情况下的市场竞争。其缺点是同一产品在不同时期、不同市场其需求弹性都不同，因此产品价格在成本的基础上，加上固定的成本利润率，不能适应迅速变化的市场要求，缺乏市场竞争能力。

（2）目标收益定价法。目标收益定价法是根据企业预期的总销售量与总成本，确定一个目标利润率的定价法。其计算步骤如下：

产品售价 =（总成本 + 目标利润）/预计销售量

总成本 = 总固定成本 + 总变动成本

例：某产品的单位固定成本为50元，单位变动成本为10元，预计销售量为2000件，该产品的目标利润为40000元，那么该产品的售价是：

总成本 =50 ×2000 +10 ×2000 =120000（元）

产品售价 =（120000 +40000） ÷2000 =80（元/件）

目标收益定价法定价的好处是企业可以通过预期收益制定产品价格和明确产品市场定位，有了明确的目标，企业为了完成目标收益会积极组织开拓市场。不足之处在于价格是根据估计的销售量计算的，而实际操作中，价格的高低反过来对销售量有很大影响。销售量的预计是否准确，对最终市场状况有很大的影响。企业必须在价格、销售量及产品品牌形象之间寻求平衡，从而确保所定价格可以实现预期销售量的目标。这种方法一般适用于在市场上具有一定影响力的企业、市场份额较高或是垄断型企业。

小思考：

某企业经营某产品5000件，固定成本为20万元，变动成本为10万元。经营8000件时，变动成本增至15万元，每件产品价格为12元。某顾客在订购5000件产品的同时，提出再订购3000件，但价格必须是原价的7.5折。试问该企业是否应该降价销售？

（3）盈亏平衡定价方法。盈亏平衡定价方法是指企业以生产某产品总成本和销售收入相抵为零的原则来制定产品的保本价格的一种方法。企业在销售淡季时，考虑到维持企业的正常运作或为转型生产做准备，会采用这种定价方法，这种方法多适用于生产企业定价。其基本公式如下：

盈亏平衡点销售量 = 固定成本总额/（单位产品价格 - 单位变动成本）

例：某企业全年生产某种产品为120万件，企业投入固定成本400万元，单位变动成本

8 元，如果盈亏平衡生产为 80 万件，请计算盈亏平衡点时的产品价格。

解：单位产品价格 = 固定成本总额/盈亏平衡点销售量 + 单位变动成本

$= 4000000 \div 800000 + 8$

$= 13$（元）

（4）边际贡献定价法。边际贡献定价法又叫变动成本定价法，是指在变动成本的基础上，加上预期的边际贡献确定价格的定价方法。其计算公式是：

产品价格 = 单位变动成本 + 边际贡献

边际贡献 = 产品单价 - 产品单位变动成本

边际贡献的作用是补偿固定成本。生产量达到盈亏平衡点时，说明固定成本补偿完毕，企业做到了收支平衡。可见，只要边际贡献大于零，每多出售一件产品，就能对固定成本有所补偿。在市场竞争激烈，企业订货不足，存在剩余生产能力时，可以考虑采用边际贡献定价法。

例：某企业生产洗衣机的能力为每年 2 万台，固定成本为 600 万元，单位变动成本为 1200 元，产品原售价是 2000 元。目前订货只有 8000 台。现一家外商提出订购 2000 台，但其出价最高只有 1600 元。问这笔订货是否可以接受？

解：单位产品总成本为 $= 6000000 \div 20000 + 1200 = 1500$（元）

外商出价 1600 元，每台要亏损 100 元。但如果我们做进一步分析，就会发现：每台变动成本为 1200 元，每多销售一台的边际贡献为 $1500 - 1200 = 300$（元），如果接受这笔订货，可获边际贡献 $300 \times 2000 = 60$（万元）。固定成本 600 万元总是要支出的，而且已分配到已订货的 8000 台中去，这个企业由于生产能力有闲置，因此如果接受这笔订货，不仅不亏本，反而可以增加利润 60 万元，或者可以增加 60 万元补偿固定成本。

所以，由于该企业订货不足，存在剩余生产能力，按边际贡献原则分析，接受这笔订货是有利可图的。

2. 需求导向定价法

需求导向定价法是企业以消费者对产品价值的理解和需求强度为依据的定价方法。具体方法如下：

（1）理解价值定价法。理解价值定价法是根据消费者对商品的理解认识程度和需求程度来决定价格的一种定价方法。

企业要在市场上推出一种新产品时，应首先从产品的质量、功能、款式、服务以及广告宣传等方面为产品树立一个完整的形象，并估计出消费者对这种产品的认识程度和需求程度，即理解价值，以此定出产品的初始价格，然后估算这个初始价格水平下的销售量、成本和盈利，最后确定实际价格。可见，理解价值定价法的关键是企业要对消费者理解产品价值的感受及理解程度有一定的估计和判断。例如，“朵彩”通过整体品牌动作以及“天然彩棉、植物羊绒、纤维皇后”的品牌诉求，引导了消费者对彩棉价值的认知，在坚持高档次、高品位的同时，推行多层次价格体系，在 2003 年于彩棉产品、非彩棉产品的市场竞争中取得了显著的效果。这个结果不仅使经销商获得了更多营业利润，同时，还有助于“朵彩”树立彩棉内衣第一品牌地位。

（2）反向定价法。反向定价法是指企业根据产品的市场需求状况，通过价格预测和试销、评估，先确定消费者可以接受和理解的零售价格，然后逆向倒推批发价格和出厂价格的定价方法。例如，在电脑组装行业，商家会根据消费者提出的标准和愿意接受的价格，为顾客组装电脑；在旅游行业，消费者也可以根据自身的时间和对旅游支出的意愿，将相关需求反馈给旅行社，旅行社根据消费者的意愿做好相关的时间和其他消费安排。

（3）需求差异定价法。需求差异定价法是以销售对象、销售地点、销售时间等条件变化所产生的需求差异为依据，尤其是以需求强度差异作为定价基本依据的一种定价方法。主要有下面两种方式：

① 因销售地点而异。例如，特产专卖店销售的地方特产价格就高过小卖店销售的地方好几倍。

② 因销售时间而异。季节性的农产品，在反季节销售时，国家法定的五一、国庆、春节等假期时，产品的价格比平时要高。例如，电影院在白天和晚上的票价有区别，白天的价格低，晚上的价格高；供电局在用电高峰期和闲暇期制定不同的电费标准。

（4）比较定价法。比较定价法是根据企业对产品需求弹性的研究和市场营销调研结果来决定价格的一种方法。例如，在房地产开发商楼盘定价时，同一栋楼面积相同的套房价格会有区别。相对电梯房而言，楼层越高，价格越高，反之略低。

3. 竞争导向定价法

竞争导向定价法指以市场上处于相互竞争的同类产品为定价依据，随竞争对手对产品价格的调整而相应调整，不过多考虑成本及市场需求因素影响的定价方法。主要有以下两种方式：

（1）通行价格定价法。通行价格定价法也叫随行就市定价法，就是将本企业产品价格与同行业产品的现行市场价格水平保持一致的一种定价方法。例如，蔬菜、大米、食油等日常用品的价格多采用此定价方法。

（2）竞争价格定价法。竞争价格定价法指根据本企业产品的实际情况及与竞争对手的产品差异状况来确定价格的一种定价方法。定价的步骤是：首先，将市场上的竞争产品价格与企业估算价格进行比较，分为高于、等于、低于三个价格层次；其次，将本企业产品的质量、性能、成本、产量等与竞争企业进行比较，分析造成价格差异的原因；再次，根据以上综合指标确定本企业产品的特色、优势及市场地位，并在此基础上，按企业定价目标确定产品价格；最后，跟踪竞争产品的价格变化，及时分析原因，相应调整本企业的产品价格。例如，以2500元的空调为例，格力空调比其他品牌的空调价格就高出300~500元，但是很多消费者都愿意接受这个价格，因为格力空调50%以上的市场占有率及其在消费者心中的口碑，值得消费者付出更多的消费者剩余价值。

让我告诉你

亚洲市场的洋酒斗价

24.88万新币（1新币约等于5元人民币）的700毫升装轩尼诗（Henessey）百年禧丽干邑，30万新币的700毫升装大摩（Dalmore）1926年份威士忌；25.4万的2瓶700毫升格兰芬迪（Glenfiddich）一对一佳酿威士忌；25.2888万的700毫升装尊尼获加（Johnnie

Walker）英女王登基60周年水晶限量威士忌，这一“名酒斗价”的场面在2012年4月出现在新加坡樟宜国际机场内。著名的免税店集团——DFS集团在此呈现第二届“传世佳酿”（Master Of Spirits）珍品展，特邀全球50个顶尖品牌为此次活动特制84件名酒，不少都是该品牌历史上单价最贵的陈酿“新作”，正是在亚洲新兴市场对于高价名酒的追捧的产物。

这些参展名酒在定价方面，更是针对中国人爱“8”的心理，一眼望去，“8”几乎连成片：比如8888新币的3瓶3L装碧尚男爵（Chateau Pichon Baron）2000年份葡萄酒；23888新币的6L装武当酒庄（Chateau Mouton Rothschild）1996年份葡萄酒；29888新币的3L装玛歌酒庄（Chateau Margaux）2000年份葡萄酒；12888新币的1L装黑水晶条纹酒瓶绝对（Absolut）伏特加；18.8888万新币高登麦克菲（Godon&Macphail）酒厂世代系列莫特拉克70年珍酿威士忌。

尽管市场形势一片火热，DFS集团公司总裁邵峰立（Philippe Schaus）仍坚持说：“这次展览主要是提供一种关于奢华美酒的体验，而不是为了销售。”

4. 投标定价法

投标定价法就是买方引导卖方通过竞争成交的一种定价方法。一般由买方（招标人）发出招标公告，卖方（投标人）竞争投标，密封递价，招标人从中择优选定。一般而言，报价高，利润大，但中标机会小；报价低，中标机会大，但利润小，其机会成本可能要大于其他投资方向。因此，报价时不仅要考虑实现企业目标利润，也要结合竞争状况考虑中标概率。一般来说，投标报价时，应预测对手的报价，计算本企业的费用和预测利润，然后提出自己的报价。最佳报价应是预期利润达到最高水平的价格，预期利润是指目标利润与中标概率的乘积。投标定价法最大的困难是估计中标概率，这需要及时了解竞争对手的投标情况。只能通过市场调查及对以往投标资料进行分析估算。例如，一家采购机构刊登广告说要采购某种规格的产品，邀请供应商在规定的日期投标。采购机构在规定的日期开标，选择与报价最低、最有利的供应商成交。而供应商如果想做成这笔生意，就要在规定日期内将标单填好，并且密封送达采购机构。这种报价一般低于对手报价，将赢得签约合同。

小思考：

企业在投标工程时，价格定得最低，就能赢得工程项目吗？

营销小故事

“说服人的价格”

有家生产销售挖掘机的公司，它的定价方法十分奇特。一般挖掘机的价格均在130万元左右，然而该公司却报价143万元，每台比同类产品高13万元，即10%，但它的销路却很好，缘由何在？原来他们有一套说服人的账单：130万元是与竞争者同一型号的机器价格；5万元是产品更耐用而必须多付的价格；3万元是产品可靠性更好多付的价格；3万元是本公司服务更佳而多付的价格；3万元是保修期更长多付的价格；144万元是上述应付的价格的总和；1万元是折扣；130万元是最后的价格。

这样一算，加深了客户对该公司产品性能价格比的理解，使众多消费者宁愿多付13万元，结果是该公司的挖掘机在市场上十分畅销。

小探索

企业生产的新产品为了能够快速抢占市场，你会采用哪种产品定价方法？分小组讨论。

6.3 产品定价技巧

6.3.1 新品定价技巧

小思考：

超市的生鲜类产品多采用哪些定价技巧？

企业新产品推出市场时，都想快速抢占市场份额，获得稳定甚至最大的利润。为了能更合理地制定新品价格，有以下定价技巧。

1. 撇脂定价技巧

撇脂定价技巧是指在新产品刚刚投入市场时，把产品的价格定得很高，以便其在短期内赚取最大利润的一种定价技巧。撇脂本意是指从牛奶中撇取奶油，在此比喻赚取利润。所以又称为高价厚利策略。主要是利用了顾客的求新心理。例如，电器类产品更新换代快，对相关企业而言，如果在产品刚推出市场时不采取最大利润制定价格，很快就会因竞争者的加入或更新换代给企业带来损失。手机市场是最明显的，2013 年 9 月苹果 5S 手机刚发行的时候 5480 元，当 2014 年 9 月苹果 iPhone 6 手机上市时，5S 的价格直线下降到 4000 元左右。

2. 渗透定价技巧

渗透定价技巧是指企业以微利、无利甚至亏损的低价全力推出新产品，以达到在短时间内迅速打开销路，尽快占领市场的目的，在获得对市场的一定控制之后，根据情况变化，再逐步提高价格的一种定价技巧。其目的在于使新产品迅速向市场渗透，通过牺牲短期利益来取得巨额销售量和市场占有率。例如，小米手机采用网上直销订购，控制了营销成本，在提供高性价比的产品的同时，通过价格优势获得顾客的认可，在竞争激烈的手机市场迅速确立了自己的品牌。

让我告诉你

通用汽车分类定价

通用汽车公司的雪佛兰汽车（Chevrolet Camaro）的定价水平是相当大一部分市场都承受得起的，市场规模远远大于愿意支付高价购买它的“运动型”（Sporty）外形的细分市场。这种满意定价策略，甚至当这种汽车的样式十分流行，供不应求时仍数年不变。为什么呢？因为通用汽车的跑车生产线上已经有一种采取撇脂定价的产品——Corvette，再增加一种产品是多余的，会影响原来高价产品的销售。将大量顾客吸引到展示室尝试驾驶 Camaro 的意义远比高价销售 Camaro 能获得的短期利益要大得多。

3. 满意定价技巧

满意定价技巧是指企业为产品制定不高不低的价格，既能对顾客产生一定的吸引力，又能使企业在弥补成本后还有盈利，使企业和顾客双方都感到满意的一种定价技巧。例如，顾客经常购买的日常生活必需品等，因市场上品牌众多，价格弹性比较大，所以产品定价较低。

营销小故事

格兰仕的“刚性价格战略”

在中国的家电行业中，有一个也许并不是很知名的企业，至少与康佳、长虹、海尔或者TCL、LG 等这些在中国乃至世界市场上人们都耳熟能详的企业的名字相比是这样。但是，就市场的成功来说，就其发展历程来说，就其参与市场竞争的“老道”来说，是绝对可以和那些企业相提并论的，这就是中国市场微波炉“龙头老大”——格兰仕。

格兰仕在市场上一直实行的是“刚性价格战略”，即格兰仕拿出的产品都是市场大多数人能接受的价格，不是先高后低，最后再甩卖收摊了事。格兰仕是推出任何新款微波炉产品，价格几乎是没有竞争对手敢再来领教的。这使格兰仕一直成为国内财经类媒介关注的热点。

小探索

我国冰激凌需求市场巨大，雀巢、和路雪、哈根达斯为在冰激凌大战中抢占更多属于自己的市场份额，推出多种不同口味的新品，满足市场不同的需求，并且采取灵活的定价技巧，你能想到的有哪些呢？

6.3.2 心理定价技巧

小思考：

手机生产商常取用哪种定价技巧？

名人语

最大的智慧存在于对事物价值的彻底了解之中。

——法国作家 拉罗什富科

心理定价技巧是利用消费者在购买过程中的特点来设计价格，有意识地将价格定高一些或低些，以满足消费者心理的需求，通过消费者对企业产品的偏爱和忠诚来扩大销售，获得最大利益。结合企业的特点，心理定价技巧有以下几种。

1. 尾数定价技巧

这种把商品零售价格定成带有零头结尾的定价做法，销售专家称之为“非整数价格”，这是一种极能激发消费者购买欲望的价格。这种策略的出发点是认为消费者在心理上总是存在零头价格比整数价格低的感觉。尾数定价技巧多适用于低价值的产品，如生鲜、蔬菜、水果、副食品类等，超市常用此定价技巧对相关产品定价。例如，一家商店进了一批货，以每件2元的价格销售，可消费者并不踊跃。无奈商店只好决定降价，但考虑到进货成本，只降了1分钱，价格变成1.99元。想不到就是这1分钱之差竟使局面陡变，消费者络绎不绝，货物很快销售一空。售货员欣喜之余，慨叹一声，只差1分钱呀。如图6－2所示。

图6－2　尾数定价技巧

让我告诉你

心理学家的研究表明，价格尾数的微小差别能够明显地影响消费者的购买行为。一般认为，10元以下的商品，末位数为9最受欢迎；10元以上的商品，末位数为95效果最佳；100元以上的商品，末位数为98、99最为畅销。尾数定价法会给消费者一种经过精心计算的、最低价格的心理感觉；有时也可以给消费者一种原价打了折扣，商品便宜的感觉；同时，消费者在等待找零钱期间，也可能会发现和选购其他商品。

2. 整数定价技巧

整数定价技巧是指企业把原本应该定价为零数的商品价格改定为高于这个零数价格的整数，一般以“0”作为尾数。这种定价技巧实质上是利用了消费者按质论价心理、方便心理。例如，汽车定价，分别标价49800元、49800.88元，消费者可能认定49800元价。而定价49800.88元，会让消费者感到商家太做作了。一般来说，整数定价技巧适用于高档工艺品、电器、汽车等高档、耐用商品等。

3. 招徕定价技巧

招徕定价技巧又称特价产品定价，是一种有意将少数产品降价以招徕吸引消费者的定价方式。产品的价格定得低于市价，一般都能引起消费者的注意，这是适合消费者“求廉”心理的。例如，超市、零售店、服装店等行业为了吸引顾客入店消费，多采用此定价技巧，将特价产品陈列在店铺的显眼处招徕生意。

4. 最小单位定价技巧

最小单位定价技巧是指企业同种产品按不同的数量包装，以最小包装单位量为基数定价，通常单位包装愈小，实际数量产品价格愈高，单位包装越大，实际数量产品价格越低。例如，市场上质量较好茶叶的包装即是如此，为了消费者每次泡茶方便，茶商特推出5克/

包。这样包装后，既方便了消费者，更提高了茶叶的档次，同种茶叶包装后的价格比未包装的价格贵了50%～80%。满足不同消费者的心理需求的同时也为商家带来更高的利润。

5. 声望定价技巧

声望定价技巧是指企业利用消费者仰慕名牌产品或名店的心理来制定产品价格，有意把价格定成整数或高价。例如，金利来领带，一上市就以优质、高价定位。对质量有问题的金利来领带，他们绝不让上市销售，更不会降价处理。给消费者这样的信息，即金利来领带绝对不会有质量问题，低价销售的金利来绝非真正的金利来产品。从而很好地维护了金利来的形象和地位。

6.3.3 折扣定价技巧

1. 现金折扣技巧

现金折扣技巧是指企业为了缩短货款结算时间，为提早付款的消费者给予价格折扣的定价技巧。例如，消费者必须在10天内付清的货款，如果在3天内付清，则给予8%的折扣。如不能按时付款，超过10天的付款期，则需要加付利息。这种做法能更好地约束消费者，并鼓励消费者提前付清货款可以享受一定的折扣优惠，减少了企业收账费用和坏账损失。

由于现金折扣的前提是商品的销售方式为赊销或分期付款，因此有些企业采用附加风险费用、治理费用的方式，以避免可能发生的经营风险。同时，为了扩大销售，分期付款条件下买者支付的货款总额不宜高于现款交易价太多，否则就起不到“折扣”促销的效果。

2. 数量折扣技巧

数量折扣技巧又称批量作价，是企业对大量购买产品的消费者给予的一种折扣优惠。一般购买量越多，折扣也越多，鼓励消费者根据预期需要增加购买量，提前大批量购买。数量折扣技巧分为非累进折扣和累进折扣两种。

（1）非累进折扣是指消费者购买产品的数量或金额不逐笔进行累计，并达到商家制定的标准时所给予的价格折扣。

例如，某品牌服装店推出促销活动，只要办理会员卡，凭会员卡消费，每次购物达到500元，给予9.8折优惠。

（2）累进折扣是指消费者在规定的时间内多次购买并且累计消费金额达到一定的标准时所给予的价格折扣。

例如，某品牌服装店提出的，已办会员卡的消费者一年内到店累计消费达到8800元以上，可以全场服装免费任选一件，这就是商家的累进折扣定价技巧。

数量折扣的促销作用非常明显，企业因单位产品利润减少而产生的损失完全可以从销量的增加中得到补偿。此外，销售速度的加快使企业资金周转次数增加，流通费用下降，产品成本降低，从而导致企业总盈利水平上升。

3. 季节折扣技巧

季节折扣技巧指企业为刺激淡季市场销售，减轻仓储压力，加速资金周转，对季节性的产品在淡季时给予买方一定的折扣，保证企业正常生产运作。例如，快到秋季了，夏天的短袖衬衫以买一送一等促销方式进行季节性折扣。

季节折扣比例的确定，应考虑成本、储存费用、基价和资金利息等因素。季节折扣有利于减轻库存，加速商品流通，迅速收回资金，促进企业均衡生产，充分发挥生产和销售潜力，避免因季节需求变化所带来的市场风险。

4. 职能折扣

这种价格折扣又叫功能折扣，是中间商在产品分销过程中所处的环节不同，其所承担的功能、责任和风险也不同，企业据此给予不同的折扣称为职能折扣。对生产性用户的价格折扣也属于一种职能折扣，职能折扣的比例，主要考虑中间商在分销渠道中的地位、对生产企业产品销售的重要性、购买批量、完成的促销功能、承担的风险、服务水平、履行的商业责任以及产品在分销中所经历的层次和在市场上的最终售价等。职能折扣的结果是形成购销差价和批零差价。

鼓励中间商大批量订货，扩大销售，争取消费者，并与生产企业建立长期战略伙伴的合作关系，是实行职能折扣的一个主要目的。职能折扣的另一个目的是对中间商经营的有关产品的成本和费用进行补偿，并让中间商有一定的盈利。例如，生产企业在开发中间商时，供货给省一级经销商的价格比地级市经销商的价格和代理商的价格都要低。

小思考：

超市对将到保质期的产品多采用哪些定价技巧？

6.3.4　地理定价技巧

1. 产地交货价格

产地交货价格是卖方按出厂价格交货或将货物送到买方指定的某种运输工具上交货的价格。在国际贸易术语中，这种价格称为离岸价格或船上交货价格。交货后的产品所有权归买方所有，运输过程中的一切费用和保险费均由买方承担。产地交货价格对卖方来说较为便利，费用最省，风险最小，但对扩大销售有一定影响。例如，梅州的金柚，外地的采购商都喜欢先预订，然后在收获季节到果园现场组织采摘。这样可以根据需要挑选优质的金柚，获得更优惠的价格，还可以更合理地安排运输。

2. 目的地交货价格

目的地交货价格是由卖方承担从产地到目的地的运费及保险费的价格。在国际贸易术语中，这种价格称为到岸价格或成本加运费和保险费价格。还可分为目的地船上交货价格、目的地码头交货价格以及买方指定地点交货价格。目的地交货价格由出厂价格加上产地至目的地的手续费、运费和保险费等构成，虽然手续较烦琐，卖方承担的费用和风险较大，但有利于扩大产品销售。例如，京东商城网上购物，为了更方便消费者购买产品，该网站的商品几乎都是货到付款。这种结算方式商家已经将运费、保险费等都计入产品成本，消费者验收货物无误时，直接将货款与快递员结算。但是货到付款也有弊端，如果商家不能提供货板相符的商品，买家可能会在验收商品时拒绝付款。这种目的地交货的方式，需要商家更高的信誉和提供更有保障的商品质量。

3. 统一交货价格

统一交货价格也称送货制价格，即卖方将产品送到买方所在地，不分路程远近，统一制定同样的价格。这种价格类似于到岸价格，其运费按平均运输成本核算，这样，可减轻较远地区消费者的价格负担，使买方认为运送产品是一项免费的附加服务，从而乐意购买，有利于扩大市场占有率。同时，能使企业维持一个全国性的广告价格，易于管理。该策略适用于体积小、重量轻、运费低或运费占成本比例较小的产品。例如，快递公司寄送的快件，相同重量下，在一个区域内，不论远近的距离，收费标准都是一样的。

4. 区域运送价格

区域运送价格也称区域价格，指卖方根据客户所在地区距离的远近，将产品覆盖的整个市场分成若干个区域，在每个区域内实行统一产品价格。这种价格介于产地交货价格和统一交货价格之间。实行这种办法，处于同一价格区域内的消费者，就得不到来自卖方的价格优惠；而处于两个价格区域交界地的消费者之间，就得承受不同的价格负担。例如，在家具店购买家具时，销售员会对消费者说明，规定的距离内送货是免费的，超过了这个距离，另外加收运费。

5. 运费补贴价格技巧

运费补贴价格技巧是指为弥补产地交货价格策略的不足，减轻买方的运输、管理等费用负担，由卖方补贴其部分或全部运费。该策略有利于减轻郊区顾客的运费负担，使企业保持市场占有率的同时，不断开拓新市场。例如，商家为了开拓市场，为了让边远地区的消费者更方便地购买到与同质市场相同价格的产品，提供运费补贴或免运费的策略促进销售。

6.3.5 组合定价技巧

1. 产品大类定价

当企业生产的系列产品存在需求和成本的内在关联时，为了充分发挥这种内在关联性的积极效应，就可以采用产品大类定价技巧。

产品大类定价技巧在定价时，首先，确定某种产品的最低价格，它在产品大类中充当领袖价格，以吸引消费者购买产品大类中的其他产品。其次，确定产品大类中某种商品的最高价格，它在产品大类中充当品牌质量和收回投资的角色。最后，产品大类中的其他产品也分别依据其在产品大类中的角色不同而制定不同的价格。营销者的任务就是确立认知质量差别，来使价格差别合理化。例如，某品牌电视机价格 1000 ~ 10000 元不等，一般情况下，10000 元最高定价是企业的形象定价，3000 ~ 8000 元的价格区间才是企业获得市场销量、效益的部分。1000 ~ 3000 元是招徕定价。

2. 任选品定价

任选品定价是指对那些与主要产品密切相关的可任意选择的产品的定价技巧。市场上企业为体现产品实惠价格，对主要产品与密切相关的任选产品进行分别定价。例如，消费者到手机专卖店购买手机，除了购买手机之外，可能还要购买手机套、手机膜等。手机是主要产品，手机套、手机膜是任选品。手机专卖店为任选品定价很多时候定低价，用来招徕消费者。

3. 捆绑产品定价

捆绑产品定价是指将两种或两种以上的相关产品捆绑打包销售，并制定一个合理的价格。这种销售方法企业多运用在促销捆绑定价上。根据捆绑定价的性质，可以分为以下两种形式：

（1）同质产品捆绑定价。同质产品捆绑定价按照产品的组合不同，可以分为单一产品组合定价和混合产品组合定价。

① 单一产品组合定价，如家装油漆必须成套购买。

② 混合产品组合定价，如航空公司对往返的机票定价。

（2）非相关性产品捆绑定价。企业将非竞争性的产品捆绑组合定价，被捆绑的产品不一定是和它一起销售的产品的互补品。非相关性产品捆绑定价在生产企业和一些商场促销活动中较多采用。例如，超市做桶装花生油促销时捆绑酱油定价。

小探索

如果你是自己当老板经营企业或商铺，你在产品定价时，会选择哪种定价技巧？分小组讨论。

名人语

判断对错并不重要，重要的在于正确时获取了多大利润，错误时亏损了多少。

——美国金融投资家索罗斯

6.4 为何对产品价格定期调整

小思考：

产品降价调整对谁有利？

6.4.1 价格调整策略

企业为某种产品制定出目标价格后，并不意味着大功告成。随着市场需求的变化，企业必须对现行价格予以适当的调整，以适应社会同质产品的竞争。企业调整价格策略有两种：降价策略和提价策略。

1. 降价策略

企业产品降价的原因有很多，有市场需求及竞争对手因素的变化，也有企业运营成本变化或战略考虑等。这些原因具体表现在以下几个方面：

（1）企业通过降价开发新市场。在同质产品的市场竞争中，在降价不会影响产品质量的前提下，通过降价方式占领更大的市场份额。例如，手机生产企业，在推出新产品一段时间后，会通过降价调整满足消费者需要，同时为推出新品做准备。

（2）企业新产品推出前兆。在推出新产品前，企业为了将库存产品尽快销售，会推出一系列促销优惠措施，通过降价将老款产品清仓。例如，汽车行业，在新款车型即将推出前，会对老款车型降价促销，在满足消费者购买的同时，拉开老款车型与新款车型的价差。

（3）由于企业生产效率提高，成本降低，费用减少，使企业降价成为可能，因此企业为提高市场占有率和竞争力，可以适当降价。例如，企业引进智能化生产线，生产效率提高了，人工、管理等费用下降，这时企业可以降低产品价格，提升市场竞争力。

（4）企业急需回笼现金。为了筹集资金进行新产品开发或转移产业市场，而资金借贷来源中断。此时，企业可以通过对某些需求价格弹性大的产品予以大幅度降价，从而增加销售量，获取现金。例如，企业刚推出新产品时，为了能更快速地推向市场，需要大量的资金做市场推广，此时对将淘汰或市场饱和的产品降价销售，获得更多的资金。

降价最直接的方式是将企业产品的目录价格或标价下降，但企业更多的是采用各种折扣优惠形式来降低价格，如数量折扣、现金折扣、回扣等形式。此外，变相的降价形式有：允许消费者分期付款；赠送样品和代金券，推行有奖销售；给中间商提供推销奖金；免费提供增值服务等。由于这些方式具有较强的灵活性，在市场环境发生变化时，即使取消也不会引起消费者太大反感，同时又是一种促销策略，因此在现代经营活动中运用越来越广泛。

确定何时降价是调价策略的一个难点，要综合考虑企业实力、产品在市场生命周期所处的阶段、销售季节、消费者对产品的态度等因素。比如，即将退市的产品，由于消费者失去了消费兴趣，再加上替代产品的出现，为了吸引对价格比较敏感的消费者和低收入需求者，维持一定的销量，降价就可能是唯一的选择。由于影响降价的因素较多，企业决策者必须认真分析和判断，并根据降价的原因选择适当的方式和时机制定产品降价策略。

小探索

我国电视机品牌有康佳、TCL、海信、长虹等，为什么长虹能一枝独秀？分小组讨论。

2. 提价策略

小思考：

企业产品提价的原因是什么？

提价确实能够增加企业的收益，但却会引起市场竞争力下降、中间商抱怨，消费者不满，甚至还会受到政府的干预和同行的指责，从而对企业产生不利影响。虽然如此，在企业实际运营中仍然存在着较多的提价现象。其主要原因有以下几个方面：

（1）受产品供求关系的影响，在供不应求的情况下，对于某些产品来说，企业生产规模不能及时扩大，可以通过提价来遏制需求，同时可以获取高额的利润。在缓解市场压力、使供求趋于平衡的同时，为扩大生产准备。例如，2010 年，市场上出现了关于吃绿豆可以治疗高血压、糖尿病等疾病的言论。一时间市场上出现了抢购绿豆热潮，因供不应求，导致绿豆价格一路飙涨。

营销小故事

“丰古”牌子牛皮凉鞋

有一家生产“丰古”牌子牛皮凉鞋的公司，当“丰古”牌子问世时，该公司为了了解消费者的心理，采取了一种独特的试销方法：先把 100 双鞋无偿送给 100 位顾客试穿 4 周，并记录了每一位顾客的联系方式。4 周后，公司以短信的方式和派人登门通知顾客收回鞋子，若想留下，每双鞋子 15 元。但是没有人把鞋子送回来，都交了 15 元购买。并且开始在朋友圈里宣传该公司的做法，无形中起到了广告宣传作用，引来了不少新顾客。该公司也将鞋价从 15 元提高到 18 元，但并没有因价格提高而影响销售。

（2）抓住顾客心理，树立品牌效应。通过提高产品价格，企业可以营造品牌形象，使顾客产生价高质优感，这种策略提高了企业知名度和产品声望。生产规模受限而难以扩大的产品、高档商品，这种效应表现得更明显。例如，因为生产高端白酒的窖池是稀缺的，20万吨的产量中差不多只有1万吨是高端酒。在这种情况下，2003年9月五粮液将主流产品提价百元，涨幅达到25%。同年10月，茅台跟进，价格涨幅达到23%，但市场并没有因为涨价销量下滑，反而大幅增长。

让我告诉你

2003年“非典”格力逆势而上

2003年初，家电主要原材料价格都出现了不同程度的上涨，首先是由于国际贸易争端导致我国对钢材实施最终保护措施，从而使家电用钢价格大幅上涨；此外，2002年末伊拉克形势紧张，导致国际油价飙升，从而带动下游的塑料等化工材料价格上涨；同时铜、铝的价格也在上涨。祸不单行，一场突如其来的“SARS”，先后入侵广东、北京等城市，刚刚欢度完春节，全国就陷入了恐慌之中。SARS打乱了空调企业的销售节奏，即便是在五一黄金周，很多空调企业的销量依然不见起色。不过，正是在这样艰难的外部环境，同时格力空调比其他国产品牌贵三五百的情况下，迎来了丰收的一年，其实现销售收入100.42亿元，同比增长42.86%；实现净利润3.37亿元，同比增长13.48%。2003年被很多业内人士称为“空调洗牌年”，包括原材料价格上涨、“非典”以及天气因素，当时格力没有明显感觉到原材料价格上涨的压力。2003年格力空调销售收入首次突破了100亿，实现净利润3.37亿。

(3) 由于原材料价格上涨，或者生产管理成本提高，企业为了保证产品质量和一定的利润，会采取提价策略。例如，2012年11月中旬，光明乳业武汉地区部分鲜奶制品提价5%～7%，原因是饲料价格不断上涨，从而推高原料奶的价格。

(4) 在通货膨胀条件下，即使企业仍能维持原价，但随着时间的推移，其利润的实际价值也呈下降趋势。为了减少损失，企业只好提价，将通货膨胀的压力转嫁给中间商和消费者。例如，市场上面包店可以一块钱买的面包，在通货膨胀后，就需要三块钱买了。

为了保证提价策略的时效性，提价时机可选择在以下几种情况：①竞争对手的产品提价；②产品进入成长期；③季节性产品在销售旺季。

在选择提价的方式上，企业应尽可能多采用间接提价，如减少服务项目、增值服务等。把提价的不利因素减到最低，做到企业即使提价也不影响销量和利润。同时，企业提价时应通过各种渠道向消费者说明原因，并帮助消费者寻找节约途径，减少消费者不满，维护品牌形象。

让我告诉你

黄石公园用90年涨15美元

闻名海外的美国黄石国家公园，门票价格提高15美元，足足用了90年的时间。值得一提的是，其间，美国的人均 GDP 从 6892 美元升至 47109 美元（按照 2008 年美元汇率计算）。公开资料显示，1916 年开门营业时，黄石公园的门票是个体游客每辆车 10 美元，有效期一周，这一价格一直维持了 80 年。历经两次世界大战和美国经济的腾飞，到 1996 年，黄石公园迎来 80 年来首次涨价，门票价格涨至 20 美元。2006 年，其个人门票的价格涨到每辆车 25 美元，黄石公园用了 90 年的时间，把门票价格提高了 15 美元。

小探索

假如市场上的日常用品价格不断上涨，会对人们的生活造成怎样的影响？分小组讨论。

6.4.2 消费者对企业产品调价的反应

1. 消费者对企业产品提价的反应

（1）产品畅销，供不应求。

（2）产品无竞争对手，各方面的技术已远远超过竞争对手。

（3）生产成本增加、产品功能增加。

让我告诉你

洋奶粉涨价不失人气

国家质检总局发布的新版《进出口乳品检验检疫监督管理办法》规定，从 2014 年 5 月 1 日起，未经注册的境外生产企业的婴幼儿配方乳粉不允许进口；进口婴幼儿配方奶粉报检日期到保质期截止日不足 3 个月的，不予进口；进口的婴幼儿配方乳粉必须已灌装在向消费者出售的最小零售包装中。按照国家质检总局发布的第 133 号公告，从 2014 年 4 月 1 日起，婴幼儿配方奶粉的中文标签必须在入境前直接印制到最小销售包装上，不得在境内加贴。这一系列新政，特别是境外生产企业注册评审的启动实施，将对进口商造成较大影响。

和超市卖场进口奶粉的波澜不惊相比，奶粉新规在网购和海淘方面已带来一连串的反应：国内主要的电商平台、洋奶粉官方旗舰店、代购店，“第 133 号公告”发布以来销量增幅明显，不少店家还趁机提高价格。像一家标明“荷兰版”牛栏的某官方旗舰店，其中一款产品的月销量已突破 1.6 万笔；另一家洋奶粉代购店的客服说，2014 年 4 月份以来，他们店的洋奶粉销量环比足足涨了 10 倍；某德国奶粉的价格一个月内就涨了 15%。

2. 消费者对企业产品降价的反应

（1）产品滞销。

（2）产品准备停产。

（3）竞争对手产品降低。

（4）服务项目的减少。

本章小结

✧ 企业产品定价决定了企业的市场定位。定价的意义在于使价格成为促进产品销售的有效手段。制定合理的产品价格，决定了企业长期生存发展的空间。

✧ 从实现企业的市场战略目标考虑，选择适合的定价目标，灵活运用定价技巧，综合分析产品营销成本、市场竞争对手状况、消费者心理等因素。

✧ 营销定价组合的灵活运用，能为企业带来稳定的甚至是最大的利益。

✧ 企业定价目标。

请你动动脑

问题1：手机和大白菜都可以薄利多销吗？为什么？

问题2：超市产品定价与小卖店产品定价有哪些区别？

请你动动手

实训1：超市电器类产品价格

(1) 实训时间：实训周期为1周，课堂展示时间为4课时/40人。

(2) 实训地点：

① 组织学生周末到本城区商业地段，分小组自行选定超市卖场进行调查并收集相关资料。

② 电教室。

(3) 实训前的准备：学习本章“定价方法”课程相关内容，查找相关资料文献，探讨与本章理论相关的真实案例；选择日常生活中较为熟悉的电器类产品作为研究样本，自行选定准备调查的某些卖场并准备好拜访时要询问的问题（与收集相关资料有关）。

(4) 实训内容：组织学生对选定的电器类产品定价进行分析和评价。具体内容包括：

① 超市电器类产品有哪些品牌？

② 超市电器类产品的定价有哪些特点？

③ 超市电器类产品是如何促销定价的？

④ 超市电器类产品正常定价和促销定价有哪些区别？

(5) 实训要求：

① 要求学生掌握产品定价概念、了解电器市场的众多品牌，结合电器类产品在生命周期不同阶段的市场特点和定价技巧等各个方面的相关理论知识点，并做好实训前的各项准备

工作。

② 要求学生深入学习、分析、探讨实训内容。

③ 教师在实训过程中做好组织、管理、辅导工作，给予学生必要、合理的指导，并及时分析、点评、总结，加深学生对本章相关理论知识点的理解和认识，掌握一定的实际营销操作技能。

(6) 实训过程设计：

① 将学生分为若干项目组，每组5～8人，每组设组长1名，负责组织、督促本组成员进行实训。

② 各小组讨论分析实训时间、地点，实训前的准备，实训内容和要求，然后确定各自负责的工作，最后由组长确定最终的具体人员分工。

③ 制订实地调查自行选定超市及选定电器样本的工作计划表。

④ 按要求执行工作计划。

⑤ 组长负责定期或不定期召开组员会议，商讨调查工作中的问题与策略，并及时上报进度。

⑥ 实地调查工作完成后，组长负责召集组员分析、研究、讨论，并最终对选定的电器样本研究形成统一意见。

⑦ 按预先安排，部分组员负责制作调查报告，组长负责审核；报告形式可以选择幻灯片或Word文档格式。

⑧ 组长指定专门1～2人负责向老师和其他同学介绍此次调查的具体工作过程以及此次调查的结果。

⑨ 其他组学生点评，老师讲评。

⑩ 上交一份800～1000字的调查报告书。

(7) 实训考核方法（见表6－1）：

表6－1 实训考核表

考核项目	评分
组织准备工作	5分
组织管理工作及团队合作	20分
完成实训具体内容	25分
课堂展示	20分
自我点评	5分
其他小组点评	5分
老师讲评	10分
制作调查报告书	10分
合计	100分

实训2：新产品定价

(1) 实训时间：实训周期为2周，课堂展示时间为6课时/40人。

(2) 实训地点：

① 教室。

② 电教室。

(3) 实训前的准备：学习本章“定价技巧”课程的大部分知识点，查找相关资料文献，探讨与此理论相关的真实案例；在同学中自由组成3~6人以上的新品定价小组，选择日常生活中较为熟悉的一种食品或日用品作为研究样本，自行选定准备收集的相关资料。

(4) 实训内容：组织学生自拟新产品项目，制定新产品定价程序。具体内容包括：

① 选择哪类新产品进行新产品定价?（食品、日用品）

② 新产品定价前期需要做哪些工作?

③ 新产品的市场如何定位?

④ 新产品的竞争对手有哪些?

⑤ 新产品采取什么定价技巧?

⑥ 新产品如何制定促销定价?

⑦ 新产品定价完成在销售一段时间后，如何对价格进行调整?

(5) 实训要求：

① 要求学生掌握产品定价技巧概念，并做好实训前的各项准备工作。

② 要求学生运用所学知识，分析、研究、判断、讨论、评价新产品定价。

③ 根据自拟新产品定价，制定新产品定价的程序。

④ 教师在实训过程中做好组织、管理、辅导工作，给予学生必要、合理的指导，并及时分析、点评、总结，以加深学生对本章相关理论知识点的理解和认识，提高实际营销操作技能。

(6) 实训过程设计：

① 将学生自由组合为若干项目组，每组3~6人，每组设组长1名，负责组织、督促本组成员进行实训。

② 各小组讨论分析实训时间、地点，实训前的准备，实训内容和要求，然后确定研究样本，最后由组长确定最终的准备收集的相关资料。

③ 安排新产品定价的具体人员分工，确定新产品定价的程序。

④ 制定新产品定价的工作计划表，按要求执行新产品定价的工作计划。

⑤ 组长负责定期或不定期召开组员会议，商量讨论具体工作中的问题与对策，并及时上报进度，完成实训具体内容。

⑥ 新产品定价完成后，组长负责召集组员分析、研究、讨论，并最终对自拟新产品定价的程序形成统一意见。

⑦ 按预先安排，部分组员负责制作新产品定价报告，组长负责审核；报告形式可以选择幻灯片或Word文档格式。

⑧ 组长指定专门1~2人负责向老师和其他同学介绍此次新产品开发项目的具体工作过程以及此次新产品定价的结果，其他组同学点评，老师讲评，并帮助各新产品定价小组完善实训报告。

⑨ 每个新产品定价小组上交一份800~1000字的实训报告。

⑩ 老师对此次实训做整体总结。

(7) 实训考核方法（见表6-2）：

表 6-2 实训考核表

考核项目	评分
组织准备工作	5 分
组织管理工作及团队合作	20 分
完成实训具体内容	25 分
课堂展示	20 分
自我点评	5 分
其他小组点评	5 分
老师讲评	10 分
制作新产品开发项目书	10 分
合计	100 分

自我测试

1. 单选题

(1) 新款手机上市时，商家都会采用（　　）。

A. 满意定价技巧　B. 撇脂定价技巧　C. 渗透定价技巧

(2) 当市场产品需求不受产品价格上涨影响时，商家应该（　　）。

A. 提高产品价格，获得更多利益　B. 降低产品价格，扩大市场占有率

C. 保持价格不变　D. 加大生产，满足市场需求

(3) 通信行业由少数几家大公司垄断了服务商品的市场价格，这一市场结构类型属于（　　）市场。

A. 寡头垄断　B. 完全竞争　C. 垄断市场　D. 完全垄断

(4) 蔬菜类商品的需求价格弹性（　　）。

A. 大　B. 小　C. 适中　D. 不变

(5) 超市电器类产品多采用（　　）定价技巧。

A. 整数　B. 尾数　C. 招徕　D. 最小单位

2. 判断题

(1) 科技含量高的电器产品，企业一般采用撇脂定价技巧。（　）

(2) 在激烈的市场竞争中，企业应有意识地通过渗透定价应付和避免竞争。（　）

(3) 所谓"买跌不买涨"是消费者预期心理的作用。（　）

(4) 保持产品价格不变，将原来提供的附加产品从产品中整体分解出来，另行定价，对企业而言是一种降价行为。（　）

(5) 渗透定价策略适宜于需求弹性小的商品。（　）

3. 案例分析

以“价”取胜的丰田

在企业竞争中，价格竞争只是其中的一部分，是企业竞争中的一招“险棋”，走不好，会造成竞争双方两败俱伤，大伤元气，甚至会自毁财路，自断前程！美国市场上有一种名为“雨戈”的汽车就曾因低价竞争不奏效，导致企业陷入困境。而丰田公司，则较好地利用了低价策略，赢得了汽车市场竞争的胜利。丰田的低价策略，是以降低成本为前提的，并没有放松对质量的严格把关，因此才能在低价竞争中取胜。

由于多年美日贸易的巨额逆差，导致美元大幅度下跌，日元急剧升值。这样一来，日本汽车的廉价的优势不仅荡然无存，甚至每辆汽车还要比美国汽车贵 2000 ~ 3000 美元，于是，美国汽车的市场占有率开始稳步回升，日本汽车则连年下降，丰田汽车公司在国内外市场的份额均减少了。为了再度取得优势地位，丰田开始致力于技术改造，以降低成本。他们重新安排了引擎舱，使用更少的电线及材料，将方向盘种类由原来的 22 种减至 6 种……所有这些工作使得一辆轿车的平均成本大概下降了 10%，使丰田汽车在材料和生产成本方面每年可节约 16 亿日元。

要让消费者明白丰田的低价决不等于低质，这一点他们非常清醒地认识到了。所以他们订立的目标是：开发与奔驰质量相同的新型汽车，但具有更优越的价值，让购买丰田的人认为自己作出了明智的选择，而不是为了显示地位而大量花费。

在广告宣传上，丰田将其“凌志”车的图片和奔驰放在一起，并加以大标题：“用 36000 美元就可以买到价值 73000 美元的汽车，这是一个千载难逢的机会。”让人们从心里认为“凌志”车与“奔驰”车在性能、质量上并无差别，只是价格低了，以刺激、引导消费者的购买欲望。

在价值创造上，丰田确实是个行家，它不仅考虑了价格，同时考虑到质量问题，有效地将二者结合在一起，为消费者提供了一种他们理想中的汽车模式：一辆小汽车，具有奔驰的质量，具有丰田的价格，更重要的是，他们在营销中赢得了市场与消费者的信赖。

问题：

1. 在企业竞争中可以使用哪些价格技巧？
2. 丰田公司是如何运用价格技巧赢得市场的？

第7章　渠道策略

教学目标

通过本章学习，同学们应该能够：知道分销渠道的基本类型与作用；基本理解分销渠道涉及的核心概念；理解中间商的概念与类型；了解分销渠道的选择与管理，掌握分销渠道模式分析方法和决策技巧；应用所依赖的环境、企业和产品特点选择分销渠道和制定分销渠道策略。

案例导引

塔牌集团的成功模式

广东塔牌集团股份有限公司所实行的是“市场份额客户”销售模式。那么，何谓“市场份额客户”？

首先，水泥企业产品品种比较少，属于有最低生产规模要求的行业，从停产到开机生产的成本相对较高，因此连续性生产的要求比较高。一旦开工，销量就必须维持在一个额度之上，低于这个数字，企业必亏无疑。其次，水泥企业产品库存方式独特，仓库资源不能与其他行业的仓库资源实现共享。这就要求销售部门必须按照企业的库容和生产的现状，保障常规销售量。否则，企业就有可能因为“胀库”而停产。如果是短期“胀库”，企业可以借机安排生产与设备检修。如果因为销路不畅通而导致较长时间的“胀库”停产，那损失可就大了。

因此，大中型水泥企业（年产量超过100万吨）销售管理的重点之一，就是如何围绕企业的产能来开展销售活动——通过稳定的日常销量，以保持生产的稳定性。

于是，“市场份额客户”的概念应运而生。企业通过这种客户，可以获得相对稳定的市场份额和销量，保障产销平衡。其主要包括三大类型客户（大型商混公司、大型房地产开发商、市场能力很强的经销商）。

塔牌正是靠着这种全新的销售模式（图7－1），使得企业水泥生产规模连年位居广东省本土行业第一位。2014年塔牌营业收入达44.57亿元，同比增长16.79%，创历史新高，其中水泥业务收入41.2亿元，同比增长17.64%，占总收入的比重从2013年的91.73%提高到92.4%。

请讨论：

1. 广东塔牌集团依据什么来确认公司的主要客户？
2. 大型建筑公司、水电站开发商算不算水泥企业的主要客户？为什么？
3. 你认为水泥行业的销售模式还可以有哪些？试举例说明。

图7－1 塔牌销售主要区域

7.1 产品如何到达消费者手中

在现代企业营销过程中，由于市场的广阔和生产企业本身销售能力的差别，各生产企业将其产品送到消费者手中的途径也各不相同，这样就形成了各种不同的营销渠道。企业生产出来的产品很难做到直接供应给每一个消费者，因此，只有通过一定的营销渠道，才能在适当的时间、地点，以适当的价格供应给广大消费者或用户，从而解决生产者与消费者之间的矛盾，满足市场需要，实现企业的市场营销目标。

7.1.1 分销渠道的概念

小思考：

市场营销渠道与分销渠道是否相同？为什么？

1. 分销渠道的定义

（1）美国市场营销协会（AMA）1960年的定义。分销渠道是指企业内部和外部代理商和经销商（批发和零售）的组织机构，通过这些组织机构，产品才得以上市销售。

（2）肯迪夫和斯蒂尔的定义。分销渠道是指当产品从生产者向最后消费者或产业用户移动时，直接或间接转移所有权所经过的途径。

（3）科特勒的定义。分销渠道是指某种货物或服务从生产者向消费者移动时取得这种货物或服务的所有权或帮助转移其所有权的所有企业和个人。

（4）本书的定义。分销渠道也称销售渠道或者简称为渠道，是指产品从生产者转移给消费者或用户所经过的由企业和个人连接起来形成的通道。分销渠道的起点是生产者，分销渠道的终点是消费者或用户，中间环节为中间商，包括批发商、零售商、代理商和经纪人。他们都是分销渠道的成员，共同构筑起分销渠道。此外，它还包括作为销售渠道的起点和终点的生产者和消费者，但是，它不包括供应商、辅助商等。分销渠道如图7－2所示。

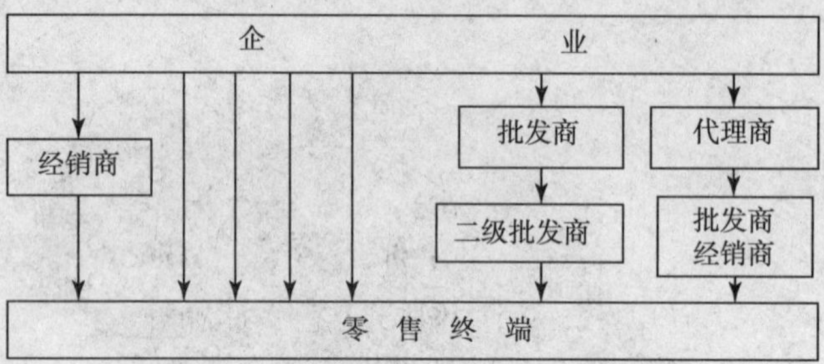

图7－2　分销渠道

2. 分销渠道的特征

（1）分销渠道的起点是生产者，终点是消费者（生活消费）和用户（生产消费）。例如，嘉应制药公司生产药品供应居民治病，绅浪服装公司制作服装提供居民穿衣，三菱化工制造化学原料供给前两者作为原材料等。

（2）分销渠道的参与者是商品流通过程中各种类型的组织或个人。具体变现为制造商、代理商、批发商、零售商和消费者。

（3）分销渠道的前提是商品所有权的转移。其存在着五种以物质或非物质形态运动的“流”。分销渠道“流”如图7－3所示。

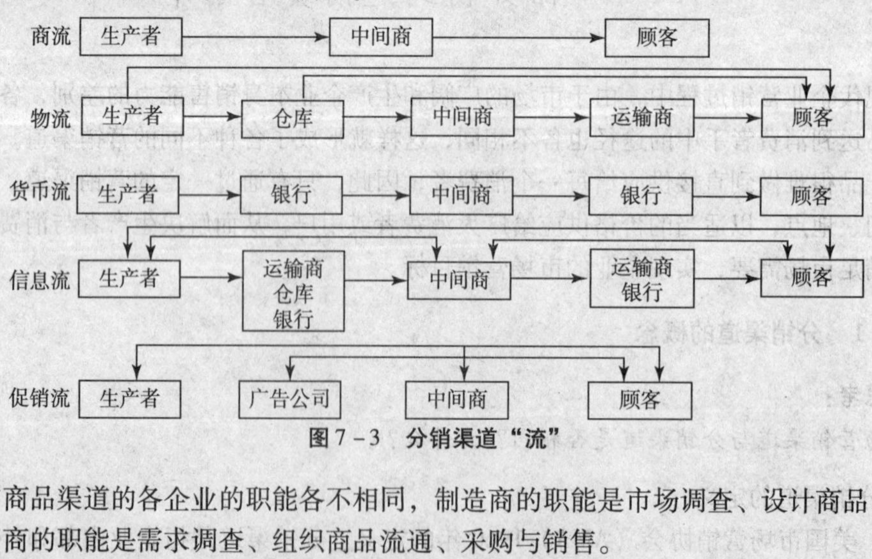

图7－3　分销渠道“流”

参与商品渠道的各企业的职能各不相同，制造商的职能是市场调查、设计商品、生产商品；中间商的职能是需求调查、组织商品流通、采购与销售。

在商品实际流通过程中，制造商、中间商和消费者三者之间针对某一商品的最终消费，不可避免地采用协商、讨价还价等形式，最终达到符合三方经济利益的要求而实现商品的转移。因此，他们之间存在共同利益关系。

营销小故事

比亚迪的精准分网销售模式

据中国汽车工业协会统计，比亚迪F02009年10月销量为11434辆，已连续3个月“破万”；F6销量达到5203辆，稳居中高级车第一阵营；而公司的主打车型F3，当月更是热销30008辆，成为我国汽车史上第一款月销3万辆以上的车型。

比亚迪的不俗表现，一方面取决于主打车型良好的性价比，另一方面则得益于精准分网销售模式，不仅和其他品牌避免形成恶意价格竞争，而且更好地促成良性竞争态势。

所谓精准分网销售模式，是指汽车厂家将旗下不同系（品牌）汽车授权给不同经销商进行独立销售的渠道模式。调查发现，自主品牌阵营中近年来出现了一种大有愈演愈烈之势的新变化：同样是一个厂家的车型，在终端渠道上却给了不同的汽车经销商。从企业市场细分的角度来看，汽车厂家如果有不同的品牌产品，由于市场定位不一样，那么其目标市场客户也不一样。精准分网销售模式有利于厂家清晰定位目标市场客户，充分挖掘经销商营销管理内涵空间，增强厂家对渠道终端的控制和管理，做到有力地支撑汽车厂家销售量的快速增长。

业内人士表示，分网模式有利于经销商集中精力练好内功，更专业化地进行品牌推广和为客户服务。过去的并网销售模式，不利于经销商集中资源和实力经销好所有的品牌和车型，而只销售一个品牌，更有利于把市场做精做细，从而提高盈利能力。

3. 分销渠道的意义

市场营销的真谛是要以消费者能接受的价格，在其需要的时候、需要的地点提供其需要数量的所需产品和服务。那么，如何使消费者在需要的时候、需要的地点轻而易举地获得其产品和劳务呢？这就是渠道策略要研究并解决的问题。分销渠道在整个市场营销中具有重要意义，其理由有四个。

（1）分销渠道是最基本的市场营销组合因素4P之一，是不可分割的一部分。

（2）分销渠道会较大程度地影响产品、价格、促销等其他市场营销组合因素，甚至决定一个产品在市场上能否获得成功，因为它担负着将产品及时转移到市场并引导消费者购买产品的重要功能。

（3）分销渠道的性质决定了它与整个市场营销处于一种长期关系，不能轻易变动，因为它的决策意味着对其他公司的一种比较长期的承诺。例如，当一个汽车制造商和独立的经销商签订了合同，由后者经销前者的汽车以后，汽车制造商从合同规定之日起就必须尊重其经销权，不得以本公司的销售网点取而代之。可以说，一个分销系统是一项关键性外部资源，它的建立通常需要若干年，并且不是轻易可以改变的。它的重要性不亚于其他关键性的内部资源。

（4）分销渠道具有运输、储藏等提高产品价值的功能，并通过其功能的发挥而在适当的时候、适当的场所，将适当数量的产品提供给批发、零售业者和消费者。例如，广东的香蕉运到湖北的经销商手中，经销商一般都会将其中的大多数份额储藏至防空洞，之后根据市场需要，逐月取出适当数量熏烤催熟，供应市场。

让我告诉你

直销不告诉你的四件事

直销究竟是一个什么样的行业？人们对这个行业的争论只怕会持续到它消失的那一天。直销企业自己的评价是，它们只是给人们提供“一个普通事业机会”——他们真的不是在谦虚，不过这只是结论，原因请容慢慢道来。

1. 直销并非“暴利行业”

直销产品高昂的价格并不代表暴利，或者说，这只是“属于公司的暴利”，由于直销的特殊属性，暴利与普通从业人员无关。

2. 直销不是销售理念的革命

即使直销业的反对者，也常常承认直销是一种销售方式的巨大变革，但这种变革至少没有直销行业宣称的那么高明。

3. 直销“追不上”电子商务时代

有得必有失，直销企业生产和销售一体化，看似将中间商的利益也收入囊中，但却难以壮士断腕，承受中间商的转型损失。

4. 直销让人迷恋，其实与财富和机遇无关

评论家不想把“洗脑”这一名词加诸直销企业身上，但确实，他们与宣扬“狼性”的所谓“成功学”有类似之处。

小探索

淘宝网帮助中国成千上万的企业销售产品，请问淘宝网是不是分销渠道成员？为什么？

名人语

在产品同质化的背景下，唯有“渠道”和“传播”能产生差异化的竞争优势。销售渠道已成为当今企业关注的中心，并日渐成为它们克敌制胜的武器。

——唐·舒尔茨教授（美国），整合营销传播理论创始人

7.1.2 分销渠道的作用

小思考：

在买方市场条件下，控制渠道的是厂家还是商家？为什么？

1. 社会分工和商品经济发展的产物

分销渠道是产生企业实行专业化生产，利用规模经济效益来达到企业经济目标的前提条件。使用中间商的经济效果如图7-4所示。

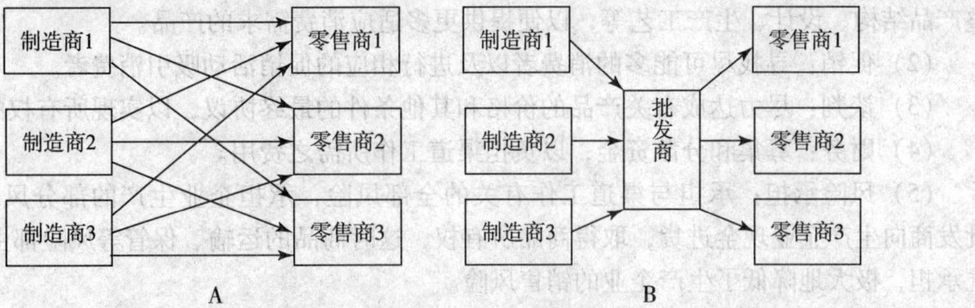

图7-4 使用中间商的经济效果

从图7-4中我们可以得知：如果不使用批发商，3个制造商和3个零售商之间将发生总共9次的交易行为，而使用了批发商后，交易行为只有6次，其经济效益显而易见。

例如，以安全剃须刀而闻名的吉列公司通过约4000家批发商向50万家零售商，再由50万家零售商向1亿消费者出售其产品。由于其中间商的存在，大大减少了吉列公司的交易次数，也降低了成本和节约了时间。

营销小故事

晨光文具的渠道驱动力

近几年，晨光文具的发展势头很猛，而给人留下深刻印象的是其如雨后春笋般遍布城乡的渠道终端。其创办人陈升明对渠道的特点和操作手法相当熟悉，为了在较短的时间内以最少的人力取得最好的渠道铺设效果，他想到了借力：将快速消费品的渠道分销模式引入文具行业，结合保险行业的直销模式，创造性地推出了“快速消费品大流通模式+直销模式”，构建了一个伙伴金字塔式的销售网络。在具体执行上，晨光文具先是以省级为单位培育一级市场的经销商。在站稳一级市场之后，由一级市场的经销商培育二级市场的经销商，层层递进，之后……

早在2009年，晨光文具就拥有28个省级配送中心，1800多个二、三级渠道合作伙伴，3.5万个直控零售终端。同时，晨光文具与家乐福、沃尔玛、乐购、易初莲花、罗森等大型超市与便利店建立了长期合作关系。强大的营销网络确保晨光文具的产品能够在7天内抵达中国的每一个城市。由于率先在全国各地建立了蜘蛛网般的渠道网络，晨光文具将会在很长的一个时期内保持竞争优势。

2. 解决生产者与消费者的矛盾

生产的均衡性与消费的季节性，供给与需求在品种上、数量上的矛盾可以通过分销商来解决。生产者为了提高生产率，采用专业化的生产方式使企业生产出大量单一的产品，但消费者通常需要数量有限但品种丰富的产品，分销商通过自己的工作把产品汇集在一起，适时适地供消费者选择，极大地方便了消费者的日常购买。

3. 渠道成员执行的重要功能

（1）调研：为计划和促进交换收集有关信息。例如，零售商与消费者之间的双向信息沟通，详细了解消费者的需求状况和发展趋势，及时传递给生产企业，从而使得厂家随时调整产品结构、设计、生产工艺等，以便提供更多适应消费需求的产品。

（2）促销：寻找尽可能多的消费者以及进行相应的促销活动吸引消费者。

（3）谈判：尽力达成有关产品的价格和其他条件的最终协议，以实现所有权的转移。

（4）财务：募集和分散资金，以负担渠道工作所需之费用。

（5）风险承担：承担与渠道工作有关的全部风险，承担企业生产的部分风险。例如，批发商向生产企业现金进货，取得商品所有权，这时商品的运输、保管等风险都由批发商独立承担，极大地降低了生产企业的销售风险。

4. 提升企业的核心竞争力

为了谋求更强的竞争优势，多数企业并不像以前那样追求规模，在做大与做强中往往选择后者，所以中间商的介入可以使企业更能集中有限的资源着力于自己的主营业务、强势领域，确保企业的市场竞争地位。

让我告诉你

离开外贸中间商

香港商人、国内的外贸公司等曾在大陆出口企业与海外市场之间架起了不可或缺的贸易桥梁。但是随着中国内地出口商的成长发展，许多出口商逐渐走上了直接出口的道路，有效地提升了企业的核心竞争力。

从一开始离不开外贸中间商做出口至离开外贸中间商做出口，实际上经历了“三部曲”：

第一步，只走外贸中间商。内地出口商的产品刚走出国门时，由于在海外买家心目中信誉度不高、形象不佳，双方相互了解很少，所以只能通过外贸中间商间接出口产品，从而逐渐让海外买家了解内地出口商的产品，逐步增强双方的认识与了解，渐渐减少各种各样的沟通障碍。同时，只有通过与外贸中间商不断做外贸业务，才能学习更多更新的推销知识和手段，才能慢慢熟悉国际市场，获取海外市场信息，了解海外买家，了解国际贸易惯例等国际贸易技能，这是一个在做的过程中潜移默化的过程。

第二步，“三方坐到了一起”。随着相互了解的加深，外贸中间商和海外的买家对内地出口商信任感不断加强，业务规模不断扩大。但是贸易全球化和市场的激烈竞争，迫使外贸中间商不得不同意三方一起坐下来共同商谈紧密合作，以应付市场快速按需生产的竞争要求。

第三步，直接与买家合作。随着海外买家数量越来越多，为了更好地降低成本、提高效率、增加效益，内地出口商与海外买家共同努力，绕开香港的中间商、国内的外贸公司等一些中间环节直接合作、直接出口。这样的合作方式使双方合作更加紧密、效率更高、问题更少、成本更低。双方通过对目标市场信息更全面、更透彻的分析和了解，共同研发符合市场需求的新产品、新款式，按需生产时就可以随时调整产品结构和设计，以增加产品的附加值。

7.1.3　分销渠道的类型

小思考：

分销渠道的层次是否越少越好？为什么？分销渠道可以按照不同的标志划分为不同的类型。

1. 按照企业的分销活动是否有中间商划分

按照企业的分销活动是否有中间商参与，可以将分销渠道分为直接渠道与间接渠道。

（1）直接渠道。直接渠道是指生产者不经过任何中间环节，将产品直接销售给最终消费者或用户的分销渠道。这种分销渠道主要用于产业市场的产品销售。比如鲜活商品、某些手工业品以及少数使用复杂、维修不便的高档电器产品，可以在一定程度上采用直接销售。

（2）间接渠道。间接渠道是指生产者通过流通领域的中间环节把商品销售给消费者的渠道。基本模式为生产者—中间商—消费者。这种分销渠道主要用于生活消费品的销售。比如经销商、代理商、批发商、零售商等。

直接渠道与间接渠道的区别如表7－1所示。

表7－1　直接渠道与间接渠道的区别

类型	中间商	产销关系	适用商品
直接渠道	无	产销合一	鲜活商品、体大笨重商品
间接渠道	有	产销分离	日用消费品

营销小故事

辐射销售法

丽展日用化工有限公司专业生产牙膏、洗洁精、去污剂、消毒水等日用化工产品。企业刚刚起步时，由于产量较低，企业产品销售采取“一点辐射”销售法，即企业把产品直接销向市场。随着企业生产规模的扩大，企业改变政策，选择了在全省各地设立十几个办事处、总经销的“多点辐射”销售法，并制订了《奖励用户方案》，根据年销售额多少确定奖励等级。2013年春节过后，深圳、广州、佛山等地20余家丽展产品销售大户各自获得价值10万余元的奖品，极大地调动了经销商的积极性。

2. 按照流通环节或层次的多少划分

按照流通环节或层次的多少，可以将分销渠道分为长渠道和短渠道（图7－5）。

一般来说，短渠道是指产品直接到达消费者或只经过一道中间环节的渠道，而长渠道则是指经过两道以上中间环节到达消费者手中的渠道。分销渠道的长度取决于商品在整个流通过程中经过的流通环节或中间层次的多少，经过的流通环节或中间层次越多，分销渠道就越长，反之分销渠道就比较短。这种划分，有利于营销人员集中考虑对某些中间环节的取舍，形成或长或短，甚至是长短结合的多种渠道策略。

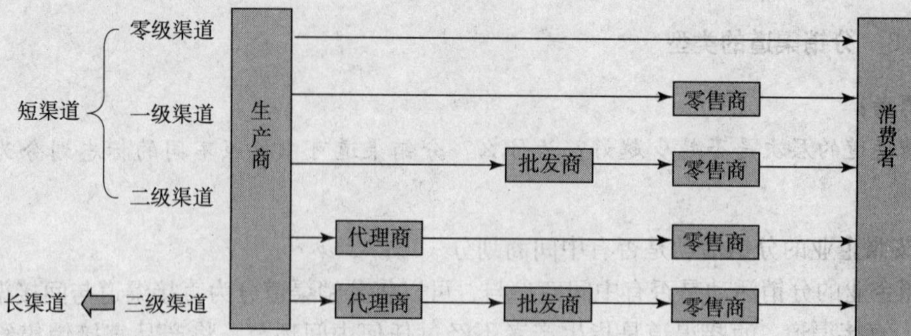

图 7-5　长渠道和短渠道

3. 按照渠道中每个层次的同类中间商数目的多少划分

按照渠道中每次层次的同类中间商数目的多少，可以将分销渠道分为宽渠道和窄渠道。

（1）宽渠道。宽渠道是指生产者在某一环节选择两个以上的同类中间商销售商品。比如，价格低、购买频率高的日用消费品，工业用品中的标准件、通用小工具等，多采用此种分销方式。

（2）窄渠道。窄渠道是指生产者在特定市场上只选用一个中间商为自己推销产品的分销渠道。比如，生产和经营名牌，高档消费品和技术性强、价格较高的工业用品的企业多采用这一形式。

宽渠道和窄渠道的区别如表 7-2 所示。

表 7-2　宽渠道和窄渠道的区别

类型	中间商	分销商	适用商品
宽渠道	较多	广泛	必需品
窄渠道	较少	狭窄	专业用品

4. 按照制造商所采用的渠道类型的多少划分

按照制造商所采用的渠道类型的多少，可以将分销渠道分为单渠道和多渠道（图 7-6）。

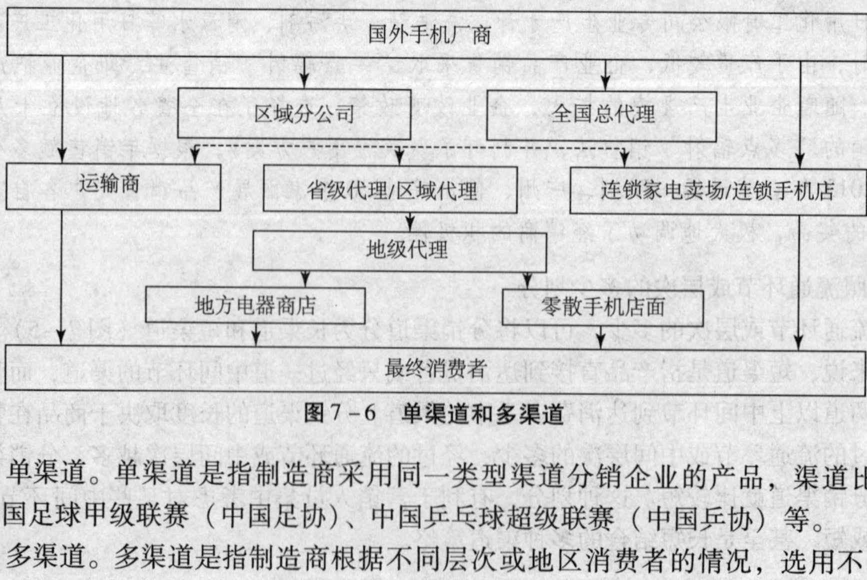

图 7-6　单渠道和多渠道

（1）单渠道。单渠道是指制造商采用同一类型渠道分销企业的产品，渠道比较单一。比如，中国足球甲级联赛（中国足协）、中国乒乓球超级联赛（中国乒协）等。

（2）多渠道。多渠道是指制造商根据不同层次或地区消费者的情况，选用不同类型的分销渠道。比如，中国联通公司、欧洲足球联赛等。

企业对分销渠道进行分析，目的在于选择有利于企业产品销售的分销渠道策略。

让我告诉你

鸡蛋和篮子的游戏

在经济学界有个通俗的理论："不要把所有的鸡蛋都放在一个篮子里"，这对营销渠道的设计和选择也同样适用，因为鸡蛋和篮子的关系就如同产品与渠道的关系。具体如下：

第一，选择一家有实力的经销商作为总经销，重点负责传统渠道和批发市场的市场开发。

第二，选择一些专业的小经销商，专门负责一些特殊的渠道，如商店、企业、超市等。这样，无论是在传统渠道、现代渠道还是特殊渠道，都能达到较高的见货率。

小探索

据说钛白粉的未来市场潜力非常可观，你认为制造商一般会选择哪种渠道来销售商品？为什么？

7.2　我们熟知的商品流通桥梁

7.2.1　中间商的定义

中间商指参与商品交易，促使商品从生产领域转移到消费领域，并在当中起到流通桥梁作用的经济组织或个人。它是社会分工和商品经济发展的必然产物，在营销渠道中像一座桥梁，把生产者和消费者连接起来。主要包括商人中间商和代理中间商。中间商的角色如图7－7所示。

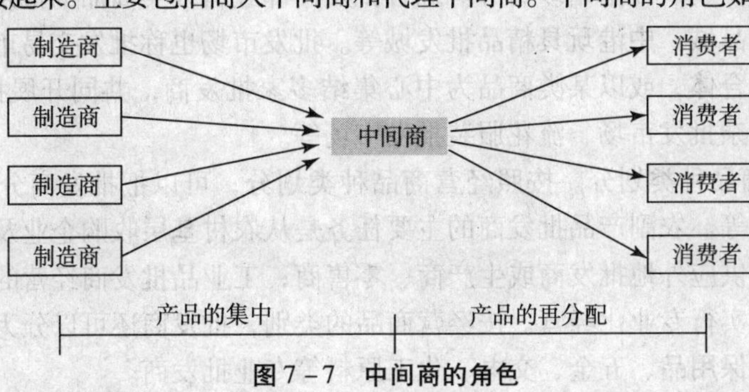

图7－7　中间商的角色

1. 商人中间商

商人中间商也称经销商，是指从事商品交易业务，在商品买卖过程中拥有产品所有权的中间商，其利润主要来自商品的购销差价。商人中间商又可分为批发商和零售商（图7－8）。

一旦买进商品，则意味着商品所有权从厂家转移到经销商手中，以后出现的商品销售风险与利益均由经销商独立承担。例如，A城的经销商万盛贸易行向科龙公司买入一批风扇，当交易完成，这批风扇归万盛贸易行所有，一切盈利或损失均与科龙公司无关。

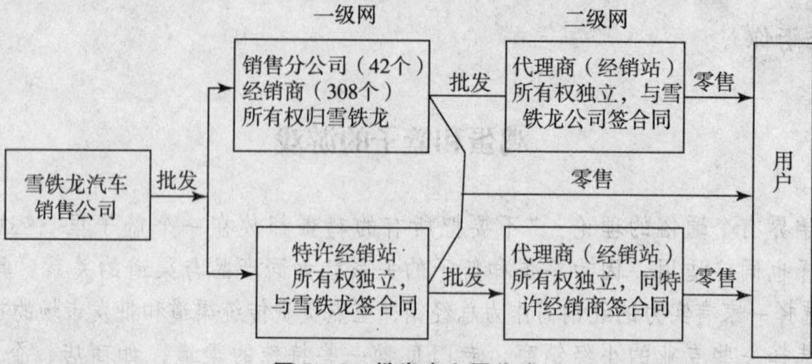

图7－8　批发商和零售商

（1）批发商。批发商是指向制造商或经销单位购进商品，批量供应其他单位（如零售商）进行转卖或供给制造商进行加工制造产品的中间商。批发商通常是独立经营、自负盈亏，销售商品数量一般比较大，销售的频率相对较低，设点较少。

批发商按照不同的标准，可分为以下几种类型：

① 按照服务范围划分。按服务范围可把批发商分为完全服务批发商和有限服务批发商。完全服务批发商执行批发商业的全部功能，提供诸如存货、推销、顾客信贷、送货以及协助管理等服务。它包括批发中间商和工业分销商：前者主要是向零售商销售，并提供全面服务，如从事食品批发的广州食商联食有限公司、有厘可贸易有限公司等，后者是向生产者提供生产性消费的商品或服务。有限服务批发商是指批发商为了减少费用，降低批发价格，只对其消费者提供有限的几项服务，如现货自运批发商、直运批发商、卡车批发商、货架批发商、邮购批发商等。

② 按照经营业务内容划分。按照经营业务内容划分，可以把批发商分为专业批发商、综合批发商和批发市场。专业批发商即专门经营某一类或某一种商品的批发商，如广州的亚细亚高级时装皮具商场、江南婚纱街等。综合批发商即经营多类商品的批发商，如广州的高雅月历礼品文化精品城、中港玩具精品批发城等。批发市场也称批发交易市场，它是由多种批发组织组成的联合体，或以某类商品为中心集结多家批发商，共同开展批发业务。例如，广州市瑞宝粮油食杂批发市场、流花服装批发市场等。

③ 按照经营商品种类划分。按照经营商品种类划分，可以把批发商分为农副产品批发商和工业品批发商等。农副产品批发商的主要任务是从农村基层收购企业及其他农副产品批发商处调入商品，供应外地批发商或生产商、零售商；工业品批发商经营的商品包括生产资料和日用工业品，实行专业化经营。按经营商品的类别，批发商还可以分为百货、文化、纺织、针棉织品、劳保用品、五金、交电、化工原料等专业批发商。

（2）零售商。零售商是指把商品直接销售给最终消费者，以供应消费者个人或家庭消费的中间商。零售商处在商品流通的最终环节，直接为广大消费者服务；零售商的交易对象是最终消费者，交易结束后，商品脱离流通领域，进入消费领域；零售商销售产品的数量比较小，但销售频率高；零售商数量多，分布广。目前国内外的有店铺零售商，根据其经营特征可分为如下几种类型：

① 小型零售商店。这是最常见的，一般开设于居民区附近，以销售日常生活所需的一种小规模商店，如食品店、衣料品店、日用杂品店、服装店、书店、药店、面包店等。

② 专业商店。专卖店一般位于繁华街道上，经营鞋、女装、装饰品、钟表、珠宝、家具、家用电器、体育用品等专门用品，或者专门销售较高级的衣料、食品等选购品；或者专门经营某一品牌产品，如宝姿专卖店、比利牛仔专卖店、雷俊专卖店等。这类店有两个特点，一是产品线较少而产品项目较多；二是较一般零售店具有高级店铺氛围，店铺营业员以丰富的产品知识和训练有素的姿态为顾客提供咨询和其他服务。

③ 百货公司（或商场）。百货商店是器皿，是人类发明得非常好的，文化、文明、都市性的器皿，它形成了装有各种各样产品、文化、服务、信息、游戏（消遣）等要素的都市空间。百货公司的特色是：第一，齐全的产品，产品组合广、深、长，能让顾客实现一次性购物；第二，优美的环境，能使其成为顾客轻松、享受、游玩的场所；第三，方便，为顾客提供购物咨询、购物指导、信贷购物、配送制度等。例如，合肥百货大楼集团股份有限公司、重庆百货大楼股份有限公司等。

④ 超级市场。国际自助服务机构定义超级市场为“商场面积 $400m^2$ 以上主要销售食品的自助服务式商店”。超市起初是经营食品，现在无论是经营规模还是经营产品品种都发生了很大的变化。从规模上来看，既有营业面积为 $120m^2$ 以下的超市，也有 $1500m^2$ 以上的大型超市。从经营品种来看，既有经营单一或少数品种的专门超市，如食品超市、衣料超市，也有经营各种产品的综合超市，甚至量贩店也算在其中。超级市场最大的特点就是自助服务，扩大购买者的自由度，使其从中获得自由选购产品的乐趣。例如，沃尔玛（中国）投资有限公司、家乐福（中国）管理咨询有限公司。

⑤ 购物中心。购物中心是指一种由多家商店组合而成的大型商品服务中心。一般设在公共建筑物内，以一家或数家百货商店、超级市场为骨干，由各类专业商店、书店、餐馆、旅馆、银行、影院等组合而成，融购物、服务和娱乐休闲于一体。例如，广州的天河城购物中心、珠江新城购物中心等。

⑥ 连锁店。连锁店是指由多家出售同类商品的零售商店组成的一种规模较大的联合经营组织。其特点是：由中心组织统一向生产者进货（选购商品），以较大的订购批量获得最大的价格优待；采取薄利多销的方针，争取顾客；商品价格经常浮动，有竞争对手时减价争取顾客，无竞争对手时则提价争取多盈利。例如，苏宁云商集团股份有限公司、国美电器有限公司等。

此外，还有很多形式的零售商，诸如方便商店、折扣商店、街头摊贩、外汇商店等。再如，无店铺零售商，如直接推销、直复营销（邮购、电话订购、电视购物、网络购物等）、自动售货机等。

营销小故事

央视购物

央视购物依托中央电视台品牌优势，整合央视 CCTV 开路、数字、网络组成的三位一体的立体传播营销平台资源，全部品牌厂家直接供应合作，独有订制式进货方式，创造让消费者安心消费的购物平台，打造无店铺销售通路，保证相同商品最低价，降低消费者购物成本，让消费者真正体验便携、舒适、安全的购物体验和生活方式。

央视购物是以电视台的专门购物频道为平台，24 小时全天候、不间断地以直播或录播的方式播出商品信息，以“教买不叫卖”的理念播出节目，将信息性、娱乐性与知识性结合在一起，寓购于乐，提供给观众全新的视听享受与多样性选择的一种家庭购物方式。

央视购物的目的在于通过电视推动一种全新的消费方式，打破电视过分依赖广告收入的盈利模式，由此带动厂商、媒体、物流、金融等多个产业链的发展，使之成为消费者普遍接受的新消费模式。央视购物的市场定位是：厂商与消费者直接沟通的桥梁，是迅速扩大商品销售，拓展消费市场，建立品牌的优质渠道。

2. 代理中间商

代理中间商是指接受生产者委托从事销售业务，但不具有商品所有权的中间商，其利润主要来自被代理企业的佣金，但商品的销售风险与利益一般由被代理企业承担。又可分为企业代理商、销售代理商、寄售商、经纪商和采购代理商。

（1）企业代理商。企业代理商是指受生产企业委托签订销货协议，在一定区域内负责代理销售生产企业产品的中间商。企业代理商和生产企业之间是委托代理关系：代理商负责推销产品，履行销售商品业务手续；生产企业按销售额的一定比例付给企业代理商酬金。

（2）销售代理商。销售代理商是指和许多生产企业签订长期合同，替这些生产企业代销产品，但它们与企业代理商有显著不同的特点，即每一个生产企业在委托给某一个销售代理商以后，不得再委托其他代理商代理其产品，甚至也不能再派推销员去推销产品；销售代理商替委托人代销全部产品，而且不限定在一定的地区内代销。它在规定销售价格和其他销售条件方面也有较大的权利，因此销售代理商实际上是委托人的独家全权企业代理商。

（3）寄售商。这是经营现货代销业务的中间商。生产企业根据协议向寄售商交付产品。销售后所得货款扣除佣金及有关销售费用后，再支付给生产企业。寄售商要自设仓库或铺面，以便储存、陈列商品，使顾客能及时购得现货。

（4）经纪商。经纪商俗称掮客，指不直接参与商品买卖活动，而通过一定关系为买卖双方牵线搭桥，协助谈判，促成商品交易的一种代理商。其既无商品所有权，也不持有和取得现货，由委托方付给佣金，不承担产品销售的风险。

（5）采购代理商。采购代理商是指与买主有比较长期的合作关系，为买主采购商品，并提供收货、验货、储存、送货等服务的机构。例如，广州、杭州、义乌等地大规模服装市场上有一种常驻买客，专门物色适合于小城镇的一些零售商经营的服装。他们经验丰富，可向其委托人提供有益的市场情报，并为其采购适宜的优质商品。

让我告诉你

中国电信的“香港中间商”

以用户数衡量，中国是世界上最大的电信市场。但是外国投资者极难进入中国的电信领域，可是总部位于香港的中信 1616 集团有限公司认为，该公司已通过扎根中国市场边缘，找到了进入该市场的立足点。

该公司是一家国际通信线路容量转销商，主要承担电信运营商之间的中间业务，负责为这些运营商客户提供互联服务，以及帮助客户减少处理国际通信的成本。目前通过其枢纽服务，已经帮助中国的电信运营商与遍布全球 50 个国家超过 240 个电信运营商进行国际同行互连。这项业务意味着外国企业已经可以通过这条途径，从中国日益增长的电信市场中获利，并在很大程度上避免潜在的监管风险，以及与本土运营商正面交锋。

该公司首席执行官阮纪堂表示："我们并不像运营商那样在中国经营，而是正好处在国际门户的位置。"

7.2.2　中间商的功能

中间商的产生是商品流通的需要，中间商的介入可以起到方便消费者、扩大商品销售区域、减少生产企业销售成本等作用。

1. 提高销售活动的效率

当代是跨国公司和全球经济迅速发展的时代，如果没有中间商，产品由生产制造厂商直接销售给消费者，工作将非常复杂，而且工作量特别大。对消费者来说，没有中间商会使购买的时间大大增加。例如，中间商可以同时销售很多厂家的产品，消费者在一个中间商那里就能比较很多厂家的产品，比没有中间商而要跑到各个厂家观察产品要节约大量时间。

营销小故事

康师傅釜底抽薪"挤压"统一

统一近几年通过老坛酸菜牛肉面向方便面市场发起攻击，让康师傅深感同质商品竞相进场的压力。为了阻截统一，康师傅采取了一系列的"封杀"措施：①经销商专属。康师傅方便面的经销商一般都有良好的渠道资源，康师傅希望其专属政策能够在销售道路上封锁统一。②买断货架。在一些地方，康师傅抢先和销售终端签订合同，买断不少方便面货架，造成可用陈列面积所剩无几。因为方便面品牌除了康师傅还有华龙、白象等，统一鉴于高昂成本只能放弃部分终端。③占用经销商资金。康师傅有时候会通过一些促销手段最大限度地占用经销商的资金，让其没有富余的资金进其他品牌的货。

2. 储存和分销产品

中间商从不同的生产厂家购买产品，再将产品分销到消费者手中。在这个过程中，中间要储存、保护和运输产品。比如，农贸公司从农户手里收集农副产品，通过各种途径再流转到消费者手中的一系列过程。

3. 监督检查产品

中间商在订购产品时就考察了厂商的产品设计、工艺、生产、服务等质量保证体系，或者根据生产厂商的信誉、产品的名牌效应来选择产品；进货时，将按有关标准严格检查产品；销售产品时，一般会将产品划出等级。这一系列的工作起到了监督检查产品的作用。

4. 传递信息

中间商在从生产厂商购买产品和向消费者销售产品的过程中，将向厂商介绍消费者的需求、市场的信息、同类产品各厂商的情况；也会向消费者介绍各厂家的特点。这样，传递了信息，促进了竞争，有利于产品质量的提高，有利于引导生产面向消费需求，更好地满足消费需求。中间商购买是为了直接转卖，中间商的需求更为直接地反映消费者的需求，即消费者需要什么，中间商就购买什么，经营什么。

让我告诉你

沃尔玛中国

沃尔玛百货有限公司是一家美国的世界性连锁企业，致力通过实体零售店、在线电子商店、以及移动设备移动端等不同平台不同方式来帮助世界各地的人们随时随地能够节省开支，并生活得更好。它有8500家门店，分布于全球15个国家。主要有沃尔玛购物广场、山姆会员店、沃尔玛商店、沃尔玛社区店等四种营业态式。

沃尔玛对中国经济和市场充满信心，并致力于在中国的长期投资与发展。沃尔玛于1996年进入中国，在深圳开设了第一家沃尔玛购物广场和山姆会员商店。截至2015年3月31日，沃尔玛已经在全国19个省、2个自治区、4个直辖市的165个城市开设了412家商场、9家干仓配送中心和11家鲜食配送中心。

沃尔玛在中国的经营始终坚持本地采购，目前，沃尔玛中国与超过7000家供应商建立了合作关系，销售的产品中本地产品超过95%。同时，沃尔玛中国注重人才本土化，鼓励人才多元化，特别是培养和发展女性员工及管理层。目前沃尔玛中国超过99.9%的员工来自中国本土，商场总经理100%由中国本土人才担任，女性员工占比超过60%，管理团队约40%为女性。

2014—2016年，沃尔玛将加速在中国的发展，新设110个新址，包括商场及配送中心。加大在新兴市场的发展，新创造超过19000个工作机会，以更好地服务在中国城镇化进程中新兴的消费群体。这些新举措将把沃尔玛中国带入新的发展阶段。公司将进一步强化企业文化，夯实各项基础工作，加强食品安全监管，强化价格优势，强调合规，提升员工队伍建设，并将继续专注于经营好每一家店，为顾客提供优质的商品和服务，实现沃尔玛在中国业务的可持续发展。

名人语

企业应该从市场驱动型转变为驱动市场型。

——菲利普·科特勒（美国），美国西北大学凯洛格管理学院国际营销教授

7.2.3　中间商的选择

1. 选择的重要性

（1）中间商是渠道功能的重要承担者，中间商可以全部或部分参与分销渠道的实物流、促销流、市场信息流。可以说，相对独立的中间商积极参与商品流通业务，能够有效地实现商品价值，提高商品交易效率和效益，增强生产企业市场竞争力，实现厂商双赢格局。例如，我国的杂交水稻，通过选择各地市场拓展能力较强的农贸公司、种子站等，顺利地把优质稻种推广到广大农户手中。

(2) 中间商客观上存在资源和能力的差异，认识其差异，并据此选择中间商，至关重要。例如，联华超市、苏宁电器、国美电器、沃尔玛等零售巨头，凭借强大的计算机网络系统和完善的配送体系，极好地推动了生产企业和消费者之间的商品流通效率，不断扩大市场销售量和市场份额。反而有些因循守旧或先天条件不足等状况的中间商，市场影响力不断下降。

(3) 中间商的合作目标和意愿各不相同，只有选择那些具有较强合作意愿的中间商，才能减少摩擦和降低风险。生产企业和中间商之间往往都是松散型的经济组织联合，各自都有自己的利益诉求。渠道冲突实质上就是双方对利润分割的纠纷。例如，长虹、格力、美的公司等都曾与中间商之间发生过不愉快的纠纷。这些中间商与生产企业合作度过“蜜月期”后，经常会发起试探性的举动，希望提高利润分成。其中大部分中间商的主要意图是实现厂商双赢，而不是生产企业单赢；少部分中间商却仅仅考虑自己的利益，并不具备真诚合作的态度。

营销小故事

太阳雨的“永久经销商”

在渠道选择上，太阳雨一直坚持“永久经销商”的理念，也就是要和经销商“结婚”，而不是一时的“约会”。与经销商合作的达成不是一锤子买卖，而是要建设长久耕耘的互利共赢关系，在这样稳定的前提下，双方才能摸索出渐入佳境的合作模式。

在双方确定“婚姻”这种长久的模式之后，相互的选择就更加慎重，一方面，要让有意向的客户感知到选择太阳雨是对的，并且要有强烈的加盟意愿；另一方面，在准经销商的选择上有一套严格的标准。

渠道好比一个人的血液，需要适时更新，但常态不是频繁换血，而是要透过内在养分的传递和吸收，让渠道生生不息。

2. 选择的原则

选择中间商应把握以下几个原则：

(1) 到达目标市场的原则。这是选择中间商的基本原则。因为企业选择中间商的目的就是要将自己的产品打入目标市场，方便消费者购买。根据这一原则，企业在选择中间商时，应了解所要选择的中间商是否在企业产品的目标市场拥有销售渠道、销售场所。例如，某家灯饰公司准备开发台湾市场，经过市场调查和分析后，决定从台湾本地最有实力的几家灯饰分销商中选择中间商，因为只有他们才能够实现产品在当地迅速地获得较大的商场覆盖率。

(2) 角色分工原则。这是指所选择的中间商应当在经营方向和专业能力方面符合所建立的分销渠道功能的要求。明确角色分工，既是合作的前提，也是选择中间商的原则与标准。例如，前面例子的优质稻种选择各地的农贸公司、种子站等，就是因为这些中间商能顺利地将产品转移农户手中；但若选择经营日常生产消费品的百货公司，就会出现销售阻碍。

再如，宝洁公司、联合利华、纳爱斯等日化企业，往往选择在当地较有声誉、有能力的日化产品大分销商，然后通过明确各自的责、权、利进行管理。

(3) 共同愿望原则。分销渠道作为一个整体，只有所有的渠道成员具有合作愿望，才能建立起一个有效的分销渠道。在选择中间商时，要分析中间商参与有关商品分销的意愿，以及与其他渠道成员合作的态度等。例如，作为“咖啡快餐业”的星巴克与美国联合航空公司携手，互相促销产品。不仅使自己的产品覆盖到更广的市场业务空间，而且双方的优势合作使他们在各自领域中的市场价值得到了更大的提升。再如，英特尔公司与微软的合作，为它们带来了高企的市值、丰厚的利润回报和最具实力品牌的确立。

让我告诉你

航空公司的渠道调整

2014 年 10 月，机票代理市场发生了涉及航空公司与代理人关系的两件较大事情：其一是某中型航空公司因某大型 OTA 代理违规占座，果断采取措施，停止授权其机票销售业务。其二是广州某特大型代理因资金链问题，国际航协停止授权机票销售业务。无论是停止授权还是倒闭，航空公司航班销售一切正常，折射出航空公司与代理的关系发生了根本性的变化，代理价值需要重新审视，航空公司在分销渠道管理策略上要有新的变化。

长期以来，航空公司对于代理人是既恨又爱。恨的是为了鼓励代理多卖客票，竞相投放优惠促销政策，使得促销费用居高不下，大代理对航空公司的政策需求得寸进尺，使得航空公司受制于代理；爱的是代理对于航班销售起着举足轻重的作用，对代理宠爱有加，航班销售高度依赖代理。

但是，实践表明航空公司与代理的关系已经发生了微妙的变化，代理不再是航空公司机票销售的生命线，航空公司对代理的依赖大为减弱。会发现两者关系的变化，实质上是移动互联网技术、电子商务发展和旅客购票行为共同起的作用。移动互联网时代，互联网巨头纷纷涉足在线旅游，跨界合作以及一批有技术优势的代理的兴起，极大地冲击着传统代理的秩序。同时，“千禧一代”（1984—1995 年出生）逐渐成为乘机消费主体，他们更愿意接受新事物，为电子商务发展创造了条件。电子商务的发展，使得整个机票销售环节发生了天翻地覆的变化：销售主体边界模糊化，销售产品模糊化，销售方式边界模糊化，销售地域限制被打破。

总之，代理的价值在于满足和创造旅客需求，通过对旅行上下游资源的整合，为旅客提供一揽子出行解决方案。航空公司对于分销渠道的管理，要重新审视不同类型代理的价值，在分销代理选择上要有所取舍。同时，根据代理的价值差异性，适当调整渠道资源投放，切实提升促销费用的效能。

3. 选择的条件

(1) 中间商的市场范围。市场是选择中间商最关键的原因。首先要考虑预先定的中间商的经营范围所包括的地区与产品的预计销售地区是否一致。比如，产品在东北地区，中间商的经营范围就必须包括这个地区。其次，中间商的销售对象是否是生产商所希望的潜在消费者，这是个最根本的条件。因为生产商都希望中间商能打入自己已确定的目标市场，并最终说服消费者购买自己的产品。

(2) 中间商的产品政策。中间商承销的产品种类及其组合情况是中间商产品政策的具体体现。选择时一要看中间商有多少“产品线”（即供应来源）；二要看各种经销产品的组合关系，是竞争产品还是促销产品。一般认为应该避免选用经销竞争产品的中间商，即中间商经销的产品与本企业的产品是同类产品，如都为 21 英寸的彩色电视机。但是若产品的竞争优势明显，就可以选择出售竞争者产品的中间商。因为消费者会在对不同生产企业的产品作客观比较后，决定购买有竞争力的产品。

(3) 中间商的地理区位优势。区位优势即位置优势。选择零售中间商最理想的区位应该是消费者流量较大的地点。批发中间商的选择则要考虑它所处的位置是否利于产品的批量储存与运输，通常以交通枢纽为宜。

(4) 中间商的产品知识。许多中间商被规模巨大而且有名牌产品的生产商选中，往往是因为他们对销售某种产品有专业产品知识。选择对产品销售有专业产品知识的中间商就会很快地打开销路。因此生产企业应根据产品的特征选择有经验的中间商。比如，专业外贸公司在从事国际贸易方面具有突出优势。他们拥有大量精通国际贸易、外语、法律等方面的专门人才，业务能力非常强；与国外客户有很广泛的联系，有较为稳定的销售渠道。

(5) 预期合作程度。中间商与生产企业合作得好会积极主动地推销企业的产品，对双方都有益处。有些中间商希望生产企业也参与促销，扩大市场需求，并相信这样会获得更高的利润。生产企业应根据产品销售的需要确定与中间商合作的具体方式，然后再选择最理想的中间商。

(6) 中间商的财务状况及管理水平。中间商能否按时结算包括在必要时预付货款，取决于财力的大小。整个企业的销售管理是否规范、高效，关系着中间商营销的成败，而这些都与生产企业的发展休戚相关，因此这两方面的条件也必须考虑。

(7) 中间商的促销政策和技术。采用何种方式推销商品及运用选定的促销手段的能力直接影响销售规模。有些产品广告促销比较合适，而有些产品则适合通过销售人员推销。有的产品需要有效的储存，有的则应快速运输。要考虑到中间商是否愿意承担一定的促销费用以及有没有必要物质、技术基础和相应的人才。选择中间商前，必须对其所能完成某种产品销售的市场营销策略的现实可能程度作全面评价。

(8) 中间商的综合服务能力。现代商业经营服务项目甚多，选择中间商要看其综合服务能力如何，有些产品需要中间商向顾客提供售后服务，有些在销售中要提供技术指导或财务帮助（如赊购或分期付款），有些产品还需要专门的运输存储设备。合适的中间商所能提供的综合服务项目与服务能力应与企业产品销售所需要的服务要求相一致。

小探索

零售商与批发商之间的区别是什么？

M 城某水泥生产企业一直以来与 S 地包销商签有其产品的独家经销协议。后来看到该产品有较大的涨价空间，感到原包销利润低估了，于是又与当地另一家代理商签订代理协议，委托其以新价格代理销售该产品。但不久，代理销售情况很差，原包销商又提出违约索赔，使得生产企业赔了夫人又折兵。那么，问题究竟出在哪里？试分组讨论。

7.3 如何选择产品的“命运共同体”

7.3.1 影响分销渠道的因素

分销渠道的选择和构筑是企业的重要决策事项，它对市场营销影响极大。选择和构筑什么样的分销渠道要根据本公司的总体市场营销战略进行综合判断和决策。尤其是分销渠道的选择和构筑，一定要适合或最能接近企业所确定的目标市场。因此，在选择和构筑分销渠道时不仅要对渠道成员的中间商本身进行多方面的分析和研究，而且要考虑和研究对分销渠道的长度和宽度造成影响的其他一些主要因素。

其中，对分销渠道营销较大的因素有产品因素、市场/消费者因素、企业本身因素、营销环境因素、中间商因素等。

1. 产品因素

（1）产品的价格。单价高的产品一般采用短渠道，生产者直销或只通过零售商销售。如汽车、家电、高档服装等产品。相反，单价低的产品一般采用长且宽的渠道如一些大众化的日用消费品。

（2）产品的体积重量。体积大且重量重的笨重产品往往意味着高装运成本和高重置成本，一般采用短渠道，如大型农机器、大型建筑机械等。

（3）产品的自然属性。生鲜易腐坏的产品应尽量缩短分销途径，迅速地把产品出售给消费者，一般采用直接渠道或尽可能短的渠道，如肉、鱼、水果和其他食品等。

（4）产品的技术和服务要求。技术要求比较复杂或对售后服务要求较高的产品，最好选用直接渠道或尽量减少中间环节，如大型机电设备、微机、现代办公用品等。

（5）产品的时尚性。时尚性强的产品，即式样或较容易发生变迁的产品，如家具、时装等，分销渠道应尽量缩短，以免流转环节较多、周转时间较长。而过时或时尚性不强、款式不易发生变化的商品，分销渠道可以适当长一点儿，以便广泛销售。

（6）产品的标准化程度。通用标准产品的产量大，消费者广泛而且分散，宜采用间接销售渠道。专用性较强的产品，一般采用直接销售渠道。

（7）企业开发的新品种。为了尽快地把新品种投入市场，通常应采取强有力的推销手段去占领市场，生产企业往往不惜为此付出大量的资金成本或推销队伍，直接向消费者推销。在情况许可时，也应考虑利用原有的分销途径。

营销小故事

苹果手机的实体渠道策略

2014 年秋，苹果 iPhone 6 发布会如期而至，令人感到吃惊的是，iPhone 6 首发国家并不包括中国内地，这让苹果的渠道商几家欢喜几家愁。其实体渠道可以分为三个层次：第一个层次是直营渠道，标识为Store，由苹果公司自行经营。直营店一般建设在一线城市的核心商圈。从2008年7月北京三里屯店开业，到2014年8月无锡恒隆广场店开业，已经建设直营店12个，覆盖北京、上海、深圳、成都、重庆、无锡等6个重点城市。第二个层次是直供渠道，分成三等级，分别带Premium、Shop及没有标识，由苹果公司直接供给产品。其中，标识Premium的是APR店（苹果优质经销商），主要包括英龙华辰、酷动、鸿华世纪等几家优质经销商。苏宁、国美等家电连锁一般标识为shop。直供店主要覆盖一二线城市。第三个层次是分销渠道，苹果授权分销商共10+3家，面向全国进行分销。其中10家是传统分销商，以天音、爱施德、中邮普泰3家传统国代商为主。另外3家是指运营商的终端公司，包括电信天翼终端、移动终端公司、联通华盛公司。苹果在运营商的营业厅销售，并不是由苹果直供，而是通过运营商终端公司（也有传统分销商）进行供给。除此之外，苹果还有授权企业客户经销商、授权教育经销商等，规模较小。

2. 市场/消费者因素

（1）无论是消费品生产企业还是产业用品生产企业，首先都必须考虑目标市场的规模和地域的宽广程度。市场规模大且分散时介入中间商分销，能提高效率，降低成本；市场局限、集中时，则宜限定或排除中间商。

（2）生产者和消费者之间的距离越远，采用间接渠道比直接渠道更能节省费用。

（3）对消费者的正确理解是所有市场营销活动的基础。分销渠道的选择和构筑也不例外，必须清楚地掌握消费者特性，具体地说，至少应明确以下一些项目：①购买者、使用者是谁？②为什么购买？③在哪儿购买？④何时购买？⑤买什么？⑥买多少，购买频率，购买单价？⑦购买行为是否有计划且慎重？⑧习惯性还是冲动性？⑨采取什么样的生活方式？⑩最能接近目标顾客的最佳分销渠道是什么？

名人语

在一个产品泛滥而客户短缺的世界里，以客户为中心是成功的关键。

——菲利普·科特勒（美国），美国西北大学凯洛格管理学院国际营销教授

3. 企业本身因素

分销渠道的选择和构筑不仅受外部因素的影响，受企业自身各种因素的影响也很大。

（1）企业的总体规模决定其市场范围、消费者规模以及中间商的合作程度。

（2）经营者的经验和能力。如果经营者不能直接设立、管理销售部门，就必须利用中间商和代理商。

（3）财务能力。短渠道较长渠道需要更多的固定费用，必须投入更多的资金。因此，渠道的选择必须分析公司的财务能力。

（4）企业竞争力（知名度、品牌力、技术力、销售力等）的强弱，对渠道的选择建立及管理、指导力的发挥具有很大影响。在市场、行业界处于有利的情况下，选择、开发分销渠道的幅度较大，既可建立独自的分销渠道，也可选定中间商来对应现有渠道。如果企业保持着强大的竞争力，既可以整合分销系统，实现分销的垂直一体化，也可以确定销售公司制度或多渠道并存等。

（5）企业的产品组合也会影响其渠道类型。一般来说，产品组合广度越大，与消费者直接交易的能力越大；产品组合的深度越深，则使用独家专售或选择代理商就越有利；产品组合的关联性越强，则越应使用性质相同或相似的分销渠道。

(6) 生产者对最终购买者是否需要进行管理也影响渠道长短的决定。如果生产者希望对产品开展积极的促销活动，就应选择可利用的最短渠道。

营销小故事

杉杉：失败的渠道变革

很多企业在渠道变革时折戟沉沙。生意产生于渠道，想获得生意上的超常规增长，变换渠道魔方，是企业不得不玩的游戏，只是并不是每个企业都能这么幸运。当年杉杉总裁郑永刚正是因为在渠道变阵时操之过急，才让雅戈尔迎头赶上，从服装业第一宝座上跌落下来，甚至一度在行业前十排名榜上不见其影踪。

杉杉渠道变革是一个典型的失败案例。郑永刚曾靠着自己遍布全国的销售公司直控终端，登上了国内服装业龙头老大的宝座。但由于企业扩张步伐太快，其管理、资金、人力、新品研发等开始无法支撑直营网络的发展速度，于是郑永刚痛下决心，砍掉销售分公司，将直营网点转给经销商，由经销商运作市场。

然而，郑永刚将市场网点的开拓与维护交给经销商，解散了自己庞大的销售队伍，运营成本是降低了，但随之而来的一系列销售问题开始日益突出。经销商坐享其成，不再主动开拓网点，打折买赠等扰乱价格体系和破坏品牌形象的促销行为屡禁不止。经销商竭泽而渔，只注重眼前盈利，杉杉集中力量推出的新产品被他们频频拒绝，新的利润增长点始终未能培育起来，老产品的利润空间却在日益萎缩。

郑永刚不得不再次调整渠道，开始根据各区域适销网点覆盖率与单点的销量提升市场空间，采用协销与直控终端的方式进行运作。郑永刚的具体做法是：在经销商强势、网点拓展与单点销量提升较好的区域，派驻专人协助销售；在网点空白或经销商实力较弱的地方，则直接发展直营店。尽管直营店与经销商的加盟店之间时不时会有客源之争，但通过区域分割、价格体系统一、促销政策与活动一致等手段，郑永刚挑起的渠道战火日渐平息，销售额稳步回升。然而，经此一役，杉杉渠道体系的精锐损伤大半，要么被竞争对手挖走，要么对杉杉失去信心改做其他生意，杉杉昔日龙头老大的风光一去难复返。

4. 营销环境因素

在渠道的决策过程中，生产者必须考虑竞争状况、生态、经济状况、技术、社会、法律等市场营销环境。

(1) 分销渠道的选择要受到竞争者所采用渠道策略的影响。在了解、分析竞争者渠道策略的基础上，结合本公司情况决定其渠道类型，有的生产企业为了与竞争者抗衡，选择与竞争者相同或相近的分销渠道；有的则设法避开竞争者所使用的渠道策略，如日本J公司在厨房用洗洁剂领域市场占有率居第一。它避开竞争，没有使用行业界一般使用的代理商，而是采取直接渠道策略，选派推销人员直接访问饭店、餐厅等用户，并向其推销产品，确保了市场占有率。

(2) 技术的进步大大地改变了分销系统，出现了诸如电话销售、电视销售、电子商务、网络营销等一系列新的分销模式。

(3) 经济的制约作用，如经济萧条时，生产者希望降低分销成本，使最终消费者获得低廉价格的实惠，这意味着用较短的渠道。

(4) 政府有关产品流通的各种政策、法规也限制渠道的选择。

5. 中间商因素

选择分销渠道时还必须考虑在分销过程中承担不同职能的各种中间机构的优缺点、规模、地理位置、信誉、分销能力、愿意合作的程度等。渠道选择的影响因素如图7-9所示。

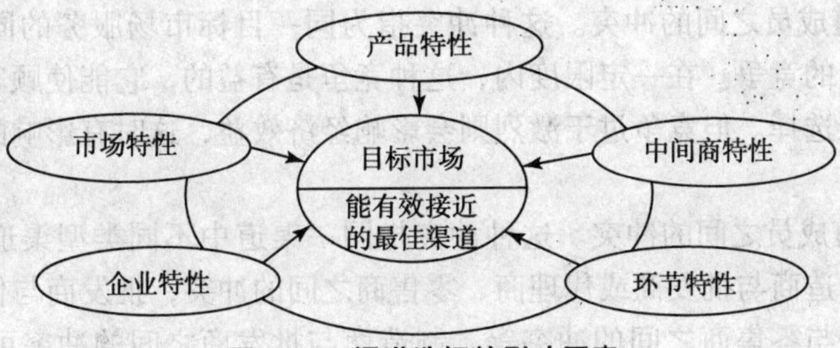

图7-9　渠道选择的影响因素

小思考：

假如你是营销区域经理，你能说出在你周围的某一商品分销渠道选择的案例吗？

让我告诉你

中小企业营销渠道模式策划

(1) 对于生产经营的产品是工业品（工业原料、半成品、生产机器设备等）的中小企业，可供选择的营销渠道模式，直销渠道模式，借用大企业已有渠道模式。

(2) 提供消费品（包括服务产品）的中小企业可供选择的营销渠道模式：

①直销渠道模式（直营专卖店模式、人员直销模式、邮购方式）。

②代理渠道模式（经销、代销、代理销售的总代理制，区域代理制，混合代理制）。

③特许经营或连锁加盟渠道模式（特许经营、连锁加盟）。

小思考：

生产企业在与中间商的关系管理上，直接有效的管理方法有哪些？

7.3.2　分销渠道管理

制造商与中间商之间，在一定程度上他们是“命运共同体”，即所有成员的利益，只有在谋取共同利益目标下才能更好地实现。但由于制造商与中间商是独立的，有着各自的利益，因而渠道成员之间容易产生各种矛盾和冲突。这就需要对分销渠道进行管理。

1. 明确渠道成员的职责与权利

这是建立高效率渠道的基础。渠道成员之间的合作，具体表现在他们履行各自的职责上。制造商考虑的是销售区域、产品供应、市场开发、定价、贷款结算与回收、服务和市场情报等，它的职责是向中间商保证供货、产品质量。退换货、价格折扣、广告促销协助等；中间商的职责是向制造商提供商场情报和业务统计资料、保证实行价格政策、及时足额付款、达到服务水准等。

2. 渠道冲突管理

渠道成员之间的矛盾冲突，本质上是各自独立的渠道成员之间的经济利益的矛盾表现。其中一些冲突是正常的、健康的，另一些冲突则需要进行协调，以免给渠道成员造成损失。一般来说，渠道成员之间在营销过程中会产生下列冲突：

（1）横向渠道成员之间的冲突。这种冲突指为同一目标市场服务的同类渠道成员之间为争夺顾客而发生的竞争。在一定限度内，这种竞争是有益的，它能使顾客在产品价格和服务等方面获得广泛选择。但竞争过于激烈则会影响经济效益，这时有影响的制造商需要出面协调。

（2）纵向渠道成员之间的冲突。这种冲突指同一渠道中不同类型渠道成员之间发生的利益冲突。包括制造商与批发商或代理商、零售商之间的冲突，批发商与代理商或零售商之间的冲突，代理商与零售商之间的冲突等。制造商与批发商之间的冲突可以由多种原因引起，比如制造商认为批发商未积极推销自己的产品，没有发挥储运功能或服务质量太低等；而批发商要求过高，扩大了不属于批发商职责范围之内的工作，或制造商越过批发商直接向零售商或用户销售产品，或制造商只顾自己利益，把顾客比较集中的市场划拨给自己直接经销，而顾客比较分散的地区交给批发商等。这时就需要双方坐下来通过谈判求得解决。

营销小故事

奥康的多渠道品牌分工策略

在国内鞋业市场需求逐渐相对饱和的情况下，国内鞋业市场竞争日趋激烈，厂家大打产品战、价格战、品牌战，其背后暗藏的渠道竞争也浮出水面，成为各方比拼的焦点。

奥康深知“卖出去才是硬道理”，毅然采用多渠道品牌分工策略。意图构筑立体市场网络，应对细分市场的激烈竞争，全面阻击竞争品牌，为其多品牌战略服务。奥康现在国内推出了奥康、康龙、美丽佳人3个品牌，各品牌采用独立的渠道，从而明确渠道成员的职责和权利，减少渠道冲突。

（1）奥康，定位于A、B级城市。奥康锁定的是工薪阶层，消费者量大面广，因此该品牌的进攻方向以大中城市为主，零售点多设在地市级城市的繁华商业街，零售终端以连锁专卖店与店中店为主。

（2）康龙，定位于C级市场，为大众旅游休闲鞋。康龙的消费人群注重价格实惠与款式新颖。因此在渠道上采取专卖为主、代理为辅的做法，其进攻方向为农村和乡镇，零售点设在一些乡镇的主要街道或城市的普通商业街。

（3）美丽佳人，定位于A级市场，满足白领女性的时尚要求。美丽佳人的进攻方向是大的中心城市和沿海开放城市，零售点设在白领阶层经常光顾的注重品牌的繁华商业街或各大“名牌”商场终端。

3. 激励渠道成员

(1) 制造商与中间商的关系。中间商作为一个独立的法人，有其自身的利益，因此，中间商在处理与制造商之间的关系时，往往存在下列情况：

① 中间商认为自己是顾客的采购代理，往往先考虑顾客的需要，然后再考虑制造商的期望。因此，中间商感兴趣的是销售给顾客想购买的任何商品，即更多考虑需要的产品组合而较少注意单项产品，或者说较多考虑某类产品而较少注意某品牌产品。除非制造商额外给予一定利益，中间商才会为某一单项产品付出特别的促销努力，才会重视某些只对某项产品感兴趣的顾客。

② 中间商出于自身利益考虑，只注重自己的广告宣传，往往不能充分利用制造商提供的广告素材。

③ 中间商往往不愿记录和提供某一特定品牌商品的销售资料，以方便制造商改进产品、定价、包装、服务和宣传推广等。

(2) 处理与中间商关系的方式。渠道管理者必须以对待其最终使用者的方式看待中间商，加强沟通，提供支持，激励各成员达到最佳绩效。一般来说，独立的中间商往往首先从自身利益出发，视自己为顾客的采购代理人，向供应商讨价还价，然后才考虑供应商的期望。中间商十分重视依据已形成最佳销售业绩的商品组合，个别商品（品牌）项目订单只有在利于其整个商品组合时才会得到额外重视。对此，供应商必须了解并给予有效和足够的激励。

(3) 制造商对中间商的主要激励措施。针对这些情况，制造商对中间商要采取措施，加以激励。基本的激励法有两种：

① 着眼于与中间商建立长期的伙伴关系。

② 有计划地与中间商进一步合作。

制造商可以设立一个“中间商关系部”，其任务是探求中间商的需要，增进彼此的了解和合作。制造商通过这个机构与中间商共同规划销售目标、存货水平、商品陈列、员工培训、广告宣传等，增进友好合作关系，使中间商认识到，作为制造商分销渠道的一员，积极做好相应的分销工作，就可以从中得到更大的利润。

值得注意的是，对中间商的激励要适度，过分的激励可能造成越俎代庖，影响中间商独特功能的发挥，也可能因太过优惠引起自身利润过低，得不偿失。

(4) 激励渠道成员的方法实例。

① 天琼公司（滚珠轴承）要求其销售代表对经销商包括其总经理、采购经理和销售人员进行多层次的访问。

② 施奎亚·D公司（断路器、配电盘）要求其销售代表用一天时间与每一位经销商一起“站柜台”，以便了解经销商的经营情况。

③ 杜邦公司建立了一个经销商营销指导委员会，定期集会讨论有关问题和趋向。

④ 戴伊可公司（工程用塑料和橡胶制品）实行每年一次为期一周的休养周制度，由20个经销商的年轻高级管理人员和20个戴伊可公司的年轻高级管理人员参加，以便通过研究讨论会和旅游活动来加强互相联系。

⑤ 派克·汉尼芬公司（液压动力产品）每年一次发出邮寄调查表，要求其经销商对公

司主要方面的绩效进行评估，该公司还通过业务通讯和录像带向其经销商通报有关新产品和用途的情况。该公司收集和分析经销商发货单的影印本，并建议经销商如何改进他们的销售。

⑥ 柴雅利电器公司（电气开关和电子键盘乐器）指派一位与经销商联系工作的经销经理负责制订正式的经销商市场营销计划。公司还专门指定两名内部推销人员负责与每一经销商进行电话联系，以便建立迅速反映系统。

以上是不断进取的制造商曾成功地使经销商转变为工作伙伴的几种方法。

4. 评估渠道成员

（1）制造商要想对中间商进行适当的激励，首先需要按一定的标准衡量中间商的表现，并将这种衡量长期化。这些标准可以根据中间商的不同而不同。这种标准往往包含以下几个方面的内容：中间商的渠道营销能力是每一个制造商在选择中间商时首先考虑的问题，也往往是衡量中间商的能力与参与程度的第一个标准。其中也包括销售额的大小、成长和盈利记录、偿付能力、平均存货水平和交货时间等内容。

（2）中间商的参与热情也是评价中间商的一个重要标准。一个十分有能力的中间商不积极配合制造商的营销活动，其结果可能比一个普通的中间商积极配合制造商的活动的效果要差许多，甚至可能会危害到制造商目标的完成。衡量中间商参与程度的内容包括对损坏和遗失商品的处理，与公司促销和培训计划的合作情况以及中间商应向顾客提供的服务等。

（3）通过对中间商经销的其他产品进行调查来衡量中间商的能力。由于中间商往往经营多种品牌或多种类型的产品，因此也可以通过对中间商经销的其他产品进行调查来衡量中间商的能力。如果中间商的经营品种多，总体的销售量大，那么说明该中间商是十分具有实力的。同时，还可以从中了解到自己的产品销量在中间商销售的产品总量中占有多少比例，处于什么样的地位。从而决定对中间商进行的激励着重于哪一个方面。

5. 分销渠道调整

市场营销环境是不断变化的。为了适应这种变化，分销渠道往往需要从以下三个方面进行调整：

（1）增减中间商。制造商在作出这种调整决定时，需要依据企业的整体战略规划和渠道成员的评估做具体分析。例如，格兰仕公司在 1992 年微波炉新上市时，浙江只有杭州百货批发站一家做批发商，第二年由于微波炉销售前景看好，浙江的另一家大批发商杭州交电批发积极参与，于是格兰仕公司在浙江增加了一家中间商，从而使产品的市场覆盖面扩大到浙江的绝大多数小家电零售网点。再如，美的公司决定在东北大连增加一家批发商，不仅要考虑这样做将有多大的直接收益，而且要考虑对沈阳的批发商的效益、成本与情绪会带来什么样的间接影响。

（2）增减某一分销渠道。当制造商在某目标市场只通过增减个别中间商不能解决根本问题时，往往就需要对渠道进行大的调整，或者增加一些新的渠道，或者减掉一些老旧的不适应目前市场形势要求的渠道。否则就会有失去这一目标市场的危险。例如，某化妆品公司经营妇女和儿童两条产品线，但是发现湖南长沙的独家经销商只注意成人市场而忽视儿童市场，导致儿童护肤品销路不畅。为了促进湖南省儿童化妆品市场的开发，该公司就直接与湖南省各大小超市直接联系供应儿童化妆品，从而增加了一条新的分销渠道。

（3）调整分销渠道模式。对以往的分销渠道做通盘调整时，这类调整难度是最大的，因为要改变制造商的整个渠道策略，而不是在原有基础上修修补补。例如，汽车制造厂放弃原来的直销模式，而采用通过代理商推销的方式。分销渠道的通盘调整，不仅仅是渠道改变，而且会带来其他营销组合策略的一系列变动。因此，这类调整通常由最高管理层来决策。

上述调整方法中，第一种属于结构调整，它立足于增加或减少原有分销渠道的某些中间层次。后两种属于功能性调整，它立足于将一条或多条渠道的分销工作在渠道成员中重新分配。制造商的分销渠道是否调整，调整到什么程度，取决于分销渠道的整体分销效率。如果矛盾突出且无法协商解决，一般就应当进行调整。

让我告诉你

PC渠道取消“窜货、跨区销售”

联想在一些地区零售店面可以跨区域向上游分销商拿货，这意味着“炒货”“窜货”“跨区销售”……这些曾被PC厂商明令禁止的行为将慢慢被允许。在这些调整的背后，是联想渠道倾斜力度从代理商向掌控最终用户的零售渠道商转变。

如今，PC市场日薄西山，并逐渐向移动互联终端领域延展，最大限度地扩大PC销量，抢占日益饱和的市场空间，成为各大PC厂商关注的重点。而随着电子商务平台、3C店面、直营旗舰店等新兴渠道百花开放，曾经强硬的传统PC渠道也逐渐失去了向品牌厂商叫板的勇气和资本。

“我的地盘，我做主!”十多年前，传统渠道商或许敢这么和品牌厂商叫板，那时大部分的渠道资源都掌握在这些渠道商手里。如今，PC市场早换了一片天。电子商务已经成为一种趋势，3C数码连锁店面承担着更多的分销职能，在IT消费化的趋势下，PC品牌厂商需要更近距离地接触消费者。于是品牌厂商的渠道选择正变得多样化——电子商务平台、直营旗舰店、3C专卖店、体验店等。

新渠道的兴起势必会挤压传统渠道的空间，但像十多年前那样，渠道商们动辄集体强烈抵制厂商的渠道政策的行为已很少见。原因是，对于这些渠道变化，他们已经习以为常，更为重要的是，在和品牌厂商合作的过程中，他们的话语权正变得越来越小。

名人语

企业应该全力以赴地发现分销渠道，分销渠道越多，企业离市场越近。

——菲利普·科特勒（美国），美国西北大学凯洛格管理学院国际营销教授

小探索

企业选择增加中间商时，你认为应该选择实力强的还是选择实力弱的？为什么？试分组讨论。

本章小结

✧ 分销渠道是指产品从生产者向消费者或用户转移过程中取得产品所有权或帮助转移所有权的所有组织和个人。分销渠道的起点是生产者，终点是消费者，中间环节是中间商。

✧ 中间商是指介于生产者与消费者或用户之间，参与交易业务，促使买卖行为发生和实现的经济组织和个人。企业利用中间商组织市场营销活动，可以减少产品交易次数，提高工作效率，节省时间和人力耗费，降低成本，增加效益，但必须科学、合理地选择中间商。

✧ 企业进行分销渠道选择前，必须综合分析产品、市场、企业自身、经济效益、营销环境及中间商等因素。

请你动动脑

问题1：一家电池厂为了处理其生产过剩的电瓶车专用电池，通过咨询有关专业机构后，决定采取以下方案：(1) 选择原厂委托制造。该电池厂可与一家或多家电瓶车生产企业签订合约，使其购买本企业的电池并安装在工厂原来生产的电瓶车设备上。(2) 选择电瓶车经销商市场。企业可以把电池销售给各种经销商，以便其在维修电瓶车时替换旧电池。(3) 选择电瓶车零部件经销商。企业可经由这些经销商把电池销售给广大消费者。

请问：

(1) 案例中不同市场的经销方案的优、缺点。

(2) 作为营销策略者策划一套最佳渠道方案，并说明理由。

问题2：在某地有两个种植沙田柚的果农。柚子成熟季节，A果农把柚子运到当地的一个农贸批发市场销售；而B果农为了节约租场费用，每天自己运到城里销售。一个月后，B果农因为违规乱摆摊位被执法人员逮个正着，而A果农的柚子却在农贸市场卖得很好。

请问：

(1) 如果你是B果农，你会怎么做？

(2) 从这个小故事中，你觉得中间商有什么作用？

请你动动手

实训1：梅州金柚的销路

(1) 实训时间：实训周期为1周，课堂展示时间为2课时/40人。

(2) 实训地点：

① 组织学生分小组自行选定合适农企，预约时间登门拜访并收集相关资料。

② 教室。

(3) 实训前的准备：学习本章相关知识点，查找相关资料文献，探讨与本章理论相关的真实案例；选择愿意配合调查的一家农企作为研究样本，与农企预约好拜访时间，并准备好拜访时要询问的问题（与收集相关资料有关)。

(4) 实训内容：组织学生对选定的农企样本进行调查、分析和评价。具体内容包括：

① 选定的农企本身的基本状况如何?

② 选定农企的领导人如何看待“市场营销”? 该农企的产品或服务是什么? 现有市场有多大? 顾客是谁? 未来市场和顾客将会有何变化?

③ 选定农企的领导人对面临的现状有何认识?

④ 选定农企是如何选择分销渠道的? 对此有何经验和心得? 采取了哪些措施改进?

(5) 实训要求：

① 要求学生掌握分销渠道、中间商及商品实体分销等各个方面的相关理论知识点，并做好实训前的各项准备工作。

② 要求学生深入学习、分析、探讨实训内容。

③ 教师在实训过程中做好组织、管理、辅导工作，给予学生必要、合理的指导，并及时分析、点评、总结，以加深学生对本章相关理论知识点的理解和认识，提高实际营销操作技能。

(6) 实训组织方法和步骤：

① 将学生分为若干项目组，每组4~6人，每组设组长1名，负责组织、督促本组成员进行实训。

② 各小组讨论分析实训时间、地点，实训前的准备，实训内容和要求，然后确定各自负责的工作，最后由组长确定最终的具体人员分工。

③ 制定实地调查选定农企样本的工作计划表。

④ 按要求执行工作计划。

⑤ 组长负责定期或不定期召开组员会议，商量讨论具体工作中的问题与对策，并及时上报进度。

⑥ 实地考察工作完成后，组长负责召集组员分析、研究、讨论，并最终形成统一意见。

⑦ 按预先安排，部分组员负责制作调查报告，组长负责审核，报告形式可以选择幻灯片或 Word 文档格式。

⑧ 组长指定专门1人负责向老师和其他同学介绍此次调查的具体工作过程以及此次调查的结果。

⑨ 其他组学生点评，老师讲评。

⑩ 上交一份1500~2000字的调查报告书。

(7) 实训考核方法（见表7-3)：

表 7－3　实训考核表

考核项目	评分
组织准备工作	10 分
组织管理工作及团队合作	10 分
完成实训具体内容	30 分
课堂展示	10 分
自我点评	10 分
其他小组点评	10 分
老师讲评	10 分
制作调查报告书	10 分
合计	100 分

实训 2：请为某大型名牌家具生产企业设计产品分销模式

(1) 实训时间：实训周期为 2 周，课堂展示时间为 4 课时/40 人。

(2) 实训地点：

① 组织学生分小组登门拜访某大型名牌家具生产企业并收集相关资料。

② 教室。

(3) 实训前的准备：学习本章相关知识点，查找相关资料文献，探讨与本章理论相关的真实案例；选择某大型名牌家具生产企业作为研究样本，自行选定准备收集的相关资料，并准备好拜访时要询问的问题。

(4) 实训内容：组织学生对选定的某大型名牌家具生产企业样本进行调查、分析和评价。具体内容包括：

① 选定的某大型名牌家具生产企业采取了什么样的产品分销渠道？它们对企业的影响力如何？

② 选定的某大型名牌家具生产企业可否不通过中间批发环节，直接对零售商供货，或供应专营店？

③ 选定的某大型名牌家具生产企业如何把营销中心、零售商的设立和城市的辐射范围与销量结合起来？

④ 对选定的某大型名牌家具生产企业的渠道进行疏通，并运用所学的知识分析其合理性，指出存在的问题，提出改进的意见。

(5) 实训要求：

① 要求学生掌握分销渠道、中间商及商品实体分销等各个方面的相关理论知识点，并做好实训前的各项准备工作。

② 要求学生深入学习、分析、探讨实训内容。

③ 教师在实训过程中做好组织、管理、辅导工作，给予学生必要、合理的指导，并及时分析、点评、总结，以加深学生对本章相关理论知识点的理解和认识，提高实际营销操作技能。

(6) 实训过程设计：

① 将学生分为若干项目组，每组 5～7 人，每组设组长 1 名，负责组织、督促本组成员

进行实训。

② 各小组讨论分析实训时间、地点，实训前的准备，实训内容和要求，然后确定各自负责的工作，最后由组长确定最终的具体人员分工。

③ 制订实地调查某大型名牌家具生产企业的工作计划表。

④ 按要求执行工作计划。

⑤ 组长负责定期或不定期召开组员会议，商量讨论具体工作中的问题与对策，并及时上报进度。

⑥ 实地考察工作完成后，组长负责召集组员分析、研究、讨论，并最终形成统一意见。

⑦ 按预先安排，部分组员负责制作调查报告，组长负责审核；报告形式可以选择幻灯片或 Word 文档格式。

⑧ 组长指定专门 1 人负责向老师和其他同学介绍此次调查的具体工作过程以及此次调查的结果。

⑨ 其他组学生点评，老师讲评。

⑩ 上交一份 1200 ~ 1600 字的调查报告书。

(7) 实训考核方法（见表 7－4）：

表 7－4 实训考核表

考核项目	评分
组织准备工作	10 分
组织管理工作及团队合作	10 分
完成实训具体内容	30 分
课堂展示	10 分
自我点评	10 分
其他小组点评	10 分
老师讲评	10 分
制作调查报告书	10 分
合计	100 分

自我测试

1. 单选题

(1) 汽车生产企业在推销产品时，宜选择（　　）分销渠道。

A. 较宽的　B. 较窄的　C. 较长的　D. 集团联合

(2) 分销渠道的组成除了中间商和制造商以外，还有（　　）。

A. 供应商　B. 顾客　C. 零售商　D. 批发商

(3) 按照批发环节和层次的多少，分销渠道可分为（　　）。

A. 长渠道和短渠道　B. 单渠道和多渠道

C. 长渠道和多渠道　　D. 单渠道和短渠道

(4) 中间商按其是否有所有权分为（　）。

A. 经销商和批发商　　B. 经销商和代理商

C. 批发商和零售商　　D. 代理商和零售商

(5) 从事商品流通业务，拥有商品所有权的中间商是（　）。

A. 零售商　B. 代理商　C. 寄售商　D. 经纪人

2. 多选题

(1) 某一商品的未来市场潜力非常可观，制造商一般选择（　）来销售其商品。

A. 长渠道　B. 宽渠道　C. 窄渠道　D. 短渠道　E. 直接渠道

(2) 中间商的基本职能是（　）。

A. 需求调查　B. 组织商品流通　C. 产品设计　D. 改变市场大小　E. 商品制造

(3) 自动售货机一般设置于（　）。

A. 车站、巷口和机场　　B. 医院　　C. 交通发达的沿街

D. 超市附近　　E. 人口密集地

3. 判断题

(1) 分销渠道越长，商品流转速度越慢，因此中间环节越少越好，没有更好。（　）

(2) 制造商在选择分销渠道时，最主要的是要考虑企业本身因素。（　）

(3) 分销渠道中有可能存在着物质和商品形态运动的“流”。（　）

(4) 密集型分销渠道不适用于价值较高的、消费者重视品牌的商品。（　）

(5) 分销渠道一经确定，就不需要再进行调整。（　）

4. 案例分析

当新闻媒体报道了M城的华超科技有限公司成功研制出一种节能环保新产品的消息后，国内外厂商纷纷要求购买该产品。其中不少国外进口商表示愿意代理或包销，并提出了诱人的条件。那么，华超公司应该怎样选择交易渠道？

5. 技能训练

在当地选择一家蔬菜生产基地，对其销售渠道进行调查，并运用所学知识分析其合理性以及存在的缺陷，然后提出改进方案。

第8章 促 销

教学目标

通过本章学习，同学们应该能够：知道促销的定义；基本理解促销组合的内容，理解促销的各种方式（人员推销、广告宣传、公共关系、营业推广）的具体定义；掌握促销各种方式的使用方法；应用各种促销形式的相关知识、结合实际形成简单的促销方案。

案例导引

M城碧桂园的各项活动

2006年，碧桂园成为中国房地产行业最早的两家驰名商标企业之一。2007年，碧桂园在香港联交所主板挂牌上市。2011年，碧桂园被评为2011福布斯亚太上市公司50强。现在，碧桂园已是国内最大的房地产开发企业之一，进入超过100个城市。

2010年12月18日，M城江北“梅江碧桂园”奠基典礼盛大举行。

2013年5月31日梅江碧桂园特邀M城摄影协会、M城大地幼儿园开展外拍游园活动。主题：幸福家园外拍游园；时间：2013年5月31日9：00—12：00；地点：梅江碧桂园销售中心及泳池后花园。

2014年7月，梅江区委组织部、梅江区团委、梅州碧桂园党支部在M城福利院联合举办了“党建带团建，拉手献爱心”活动。在M城碧桂园党支部的组织下，该公司党员与志愿者服务队带着价值超过1万元的慰问品走进了M城福利院，亲手将慰问品送到每一位老人和孩子手上。党员、志愿者与老人们促膝谈心、帮助整理内务，陪孩子们做游戏、讲故事，每一位老人和孩子的脸上都挂满了笑容。

请讨论：

1. M城碧桂园都举行了哪些活动？
2. 这些属于促销吗？为什么？
3. 这些活动对碧桂园的销售起什么作用？

8.1 你知道节假日促销有哪些吗

名人语

我觉得其实“双十一”经过第五年，我们去年（2012年）开始制定，把“双十一”变成整个中国消费者和厂家的感恩节，真正把它变成一个消费者日。

——马云（阿里巴巴集团董事局主席和首席执行官）

小思考：

在节假日的时候，经常看到商店门口或户外广告出现“促销”这二字或与这二字有关的字眼，比如：举行“买一送一”“买满即送”“参加抽奖”“免费体验”等活动。这些是促销吗？

美国IBM公司创始人沃森说过：“科技为企业提供动力，促销则为企业安上了翅膀。”在市场竞争日趋激烈的今天，产品同质化程度较高，开展适当的市场营销活动，是促进产品销售的重要因素。产品适销对路，对于现代市场营销运作是不够的，还需要利用优惠的价格、免费的礼品或服务，根据目标顾客的消费特点或习惯，通过适宜的途径，满足目标顾客的消费需要。同时加强企业与社会公众彼此之间的信息交流和传递，建立良好的关系，开展成功的促销活动，因此，促销活动对于企业的发展有重要的作用。

那么，到底促销具体是指什么呢？让我们来了解一下促销的定义及其相关知识。

8.1.1 促销的定义

促销就是企业通过人员或非人员的方式，向顾客传递有关本企业及产品或服务的各种信息，说服或吸引顾客购买其产品，以达到扩大销售的目的。

促销实质上是一种信息沟通活动，企业通过各种渠道或方式发出信息，并把信息传递到一个或更多的目标对象，激发购买欲望，促进销售。比如，企业近期的目标是同比提高20%的营业额，需要推出一些优惠措施来吸引顾客购买，那么企业必须把这些信息告诉顾客；而顾客在接收到优惠信息之后，有一个反馈的过程，是非常赞同、喜欢当前的优惠措施呢，还是觉得仍然不够优惠，这些都会在企业的推销人员和顾客交流的过程中反映出来。

当然，促销并不是只针对顾客，也可以针对中间商、推销人员。

8.1.2 促销方式

小思考：

促销就是推销商品、降价优惠？

无论在街头上，还是在电视里，或者在网络上，都能看见商家在无所不用其极地进行各种宣传介绍，今天告诉你有打折活动，明天告诉你有抽奖，后天告诉你能跟某明星共进晚餐……无论以哪一种方式进行，其最终目的都是促进销售。以下介绍促销的具体方式。

1. 人员推销

人员推销是指企业安排工作人员与顾客进行面对面的沟通，宣传介绍产品、沟通信息、维系感情、实现购买。无论是大宗的购买，还是小型的销售，都需要推销员与顾客进行耐心而细致的沟通和交流，而沟通交流的效果好与坏，则直接影响到企业销量的增减、企业形象的好坏。因此，推销员的工作是任何一个企业都必须非常重视的环节。

2. 广告宣传

广告是指企业为了提高销售或提升形象，通过一定的媒体，公开而广泛地向社会公众介绍产品相关信息或企业本身的宣传手段。在市场经济发达的今天，基本上不做广告宣传的企业很少。广告以非人员的方式，通过各种媒体，付费进行信息沟通活动。其效果是大面积、快速的传播，能在短时间内给企业带来良好的宣传推广效果，因此，广告宣传也是很重要的一个促销方式。

3. 公共关系

公共关系也可称公众关系，是指企业通过各种活动，向公众传递有关企业本身的信息，同时获取公众对企业的看法，双方沟通并适应，从而为企业树立良好形象。在今天，公共关系也是企业的一个重要促销辅助手段。

4. 营业推广

营业推广是指除人员推销、广告宣传、公共关系以外的用以促进消费者大量购买的促销活动，诸如限期打折、产品陈列、巡回展销等非常规的、非周期性发生的销售活动。顾客通常比较喜欢此类活动，效果基本不错，也是企业不定期使用的促销手法。

营销小故事

晓记家电重拳出击搞促销

在2014年国庆节到来之际，M城家电产品的销售旺季已经来到，家电市场上竞争激烈：国美、苏宁、晓记、罗记、恒盛美的等商家纷纷磨刀霍霍，实行新的促销策略。如何比竞争对手抢先一步发力，扩大销售，抢占市场份额成为晓记家电商场的头等大事。为此，晓记家电商场策划了以下活动。

媒体方面

《梅州日报》是M城第一大报，全市报刊发行量首屈一指，民众关注度为同类报纸中的翘楚。为了让促销活动更有影响力，效果更明显，登载报刊广告成为必要。在活动前晓记家电就开始在《梅州日报》投放半版《晓记家电十一黄金周特卖惠》广告。

活动安排

(1) 指定品牌型号抢购价优惠，优惠程度大，主要指电视、洗衣机、空调、热水器等家电，品牌包括三星、格力、西门子等国内外知名品牌。

(2) 消费金额超过一定数额赠送礼品，礼品包括电视、DVD 机、电压力锅、落地扇、精美礼品。

(3) 提供免费保养服务，如空调保养、电热水器清洗等。

8.1.3 促销组合

在企业促销活动中，绝对不会纯粹只采用其中任何一种促销方式来促进销售，而是根据不同的需要，处于不同的时期，面向不同的市场，对四种促销方式采取组合的办法来进行不同的搭配，务求效果和效益兼顾。比如，某企业新推出一个即冲即食型的粥食品，着重利用广告宣传和人员推销两种方式结合进行促销：在电视、旅游杂志、报纸上分别推出广告宣传新型粥食品，突出宣传食用方便、营养可口；同时，非常注重在卖场的工作安排：跟卖场沟通，获得最好的展位，并请专人设计卖场的陈列，强调卖场人员态度和善；同时派人手免费派发试吃装。

8.1.4 如何选择促销策略

我们经常看到超市举行促销活动时，经常通过派发印刷品广告告知顾客；而一所学校的电教平台的建设，却是通过企业技术人员上门来介绍产品而达成交易的。那么，这四种促销方式确实各有所长，适应于不同对象，企业在进行促销活动时，要有针对性地进行选择，应根据不同的产品、市场、自身条件进行优化组合。具体分析如下。

1. 产品的性质

产品不同，用途也不同，使用者也不同，需要采取不同的促销组合。产品按用途分为消费品和工业品，其采用的促销组合各有偏重。一般来说，消费品面对的是个人及家庭用户，市场广，消费人数多，主要以广告宣传为主，辅助手段是人员推销、公共关系和营业推广；而工业品面对的用户比较集中，产品比较专业，高技术的工业品尤其以人员推销为主，辅助手段是广告宣传、公共关系、营业推广。图 8－1 所示为工业品与消费品的不同促销组合。

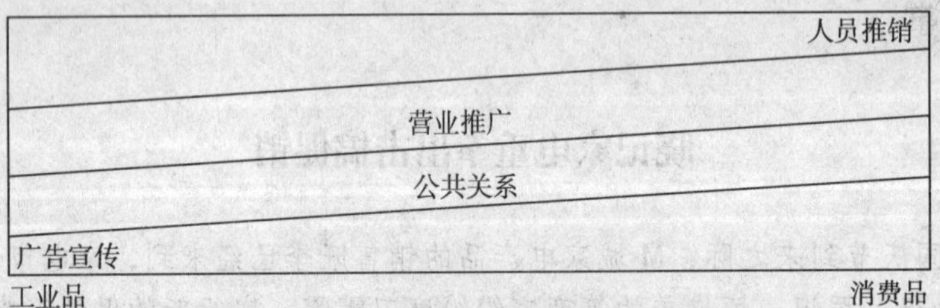

图 8－1 工业品与消费品的不同促销组合

小思考：

如果你是雀巢咖啡的销售经理，你会选择哪种促销方式为主？为什么？

2. 产品市场生命周期

产品的市场生命周期不同，促销目标不同，促销组合也就不同。表 8－1 所示为产品生命周期与促销目标、促销组合的关系。

表 8－1　产品生命周期与促销目标、促销组合的关系

产品生命周期不同阶段	促销目标	促销方式组合
投入期	建立知名度	广告、人员推销、CIS
成长期	提高知名度	广告、公共关系
成熟期	增加美誉度	广告、公共关系、营业推广
衰退期	维持忠诚度	营业推广为主，辅助广告
整个阶段	消除不满意	公共关系

小思考：

从产品生命周期理论来看，背投电视机应该采用何种促销方式为好？

3. 市场性质

市场不同，特点也不同，促销组合也需要区别设计。小规模市场，以人员推销为主；大规模市场，以广告宣传为主。消费品市场顾客多且分散，以广告宣传和营业推广为主；工业品市场顾客少且销量大，以人员推销为主。此外，促销组合的设计还受到市场中买主的经济水平、地理位置、风俗习惯、文化水平等的影响。比如，京东商城面对全国市场销售，让人明显感觉到京东商城的广告总是出现在我们的生活周围，在大型网站、电视媒体，甚至在三、四线城市的公交车外观上都能看见它的广告。

4. 促销费用

企业的经济规模不同、盈利水平不同，势必影响到企业在促销费用上的支出水平。经济规模较大、实力雄厚，则可以多做各种广告宣传；反之，则需要综合考虑。一般来说，费用支出数额从高至低的顺序依次是：广告宣传、人员推销、营业推广、公共关系。企业可以根据实际情况来选择搭配。

5. 顾客待购的不同阶段

顾客待购的不同阶段一般分为认识产品、了解产品、产生兴趣和准备购买。不同阶段，促销方式的效果也不一样，表 8－2 所示为顾客待购不同阶段的促销方式。

表 8－2　顾客待购不同阶段的促销方式

阶　段	促销目的	促销方式
认识产品	能知道产品	广告宣传为主
了解产品	宣传产品各项信息	广告宣传、人员推广
产生兴趣	进一步了解产品	人员推销为主
准备购买	刺激实施购买	人员推销为主

6. 其他

顾客购买时间的不同、市场的竞争激烈程度与否、促销方式的特点不同等都将影响到企业进行促销组合的设计。因此，企业应该综合各方面因素全盘考虑而进行选择、设计促销组合。

让我告诉你

促销也流行强强联合

以往促销活动的开展，往往是一个商家单打独斗，或者各自为战，而现在的促销活动有一种新形势——强强联合，强大的商家与强大的商家联合起来，共同策划一次促销活动。

广州的天河商圈包括正佳广场、天河城、万菱汇、广州购物中心、时尚天河、天娱广场、广百中怡店、摩登百货、天河电脑城等，人气一直较旺，但2014年上半年的零售情况却不甚理想，天河商圈在2014年国庆节前到来之前，联合商圈内的12个商家，展开丰富多彩的主题促销和购物折扣活动，主打英伦风尚。

“英国品牌购物节”在正佳广场内举行，40余个英国精品品牌参与活动，包括鞋服包、家居、配饰、母婴、食品、银器等。为增加人气，周末还安排有音乐、美食、亲子、时尚、教育等多种具有英伦风情的表演与活动举行。

天河城百货举行中英文化亲子嘉年华活动，与英领联合，邀请华南区英国机构、官员、家庭共同参与英国特色互动亲子游戏、英式下午茶、节目表演、礼品派送等商家促销活动。

摩登百货全力投入购物节相关活动，其间新货200换400，相当于5折酬宾。联手区内大型商户的微信公众号传播购物节的信息，通过赠礼方式回馈顾客。

天娱广场全场货品5折起，任意消费即可免费换领丽特百货会员卡一张，天娱卡会员全场消费满68元即可获得精美礼品一份。

广州国际购物节的确给天河路商圈带来优势。据统计，2013年购物节期间人流和销售量都分别有30%的增长。

小探索

请你找找生活中出现的比较有意思或者新奇的促销方式，是否促销方式越新奇越好？

8.2 推销员都要干些什么

名人语

推销的要点不是推销商品，而是推销自己。

——乔·吉拉德（世界最伟大的销售员）

我也怕推销，但我更怕穷。

——冯两努（香港著名营销导师、商业作家）

8.2.1　人员推销的特点

人员推销是人与人之间的交流、沟通，可以是面对面地交谈，也可以通过电话、一对一聊天软件等其他形式进行对话；不单只是对话，也可以展示产品、演示流程等。具体包括以下几个特点。

1. 操作的灵活性

在沟通过程中，可以根据顾客需要，就时间、地点、形式采取灵活多样的形式，不拘一格。比如，医生平日里上班是非常忙的，上班时间不适宜拜访医生职业的顾客，反之，有些单位的职工是弹性工作制，平常的上班时间是可以自由支配的，所以应该灵活处理；可以直接展示产品，并且进行示范表演；可以及时观察顾客的反应，随时调整策略，满足不同类型的顾客需要。

2. 内容的完整性

从市场调查开始、顾客分析、选择目标市场、设计产品、定出价格、选择渠道、进行销售、提供售后服务等整个营销过程，都可以通过人员推销这个工作来实现。

3. 交往的情感性

推销人员与顾客打交道，不可能完全的公事公办，或者说只谈公事，否则，交流效果不会理想。在通过公务接触互相认识之后，随着交往的频繁，推销人员从工作、学习、生活上关心顾客，两者之间是可以增加信任、建立友谊的。而友情建立之后，顾客会产生惠顾动机，继而成为企业的品牌忠诚者，实现后续购买。

4. 信息传递的双向性

在交流、沟通过程中，推销人员可以向顾客宣传介绍产品、企业等信息，也可以收集到顾客关于产品、企业的意见和建议，这是其他三种促销方式所没有或者效果没那么好的一个显著特点。

让我告诉你

世界最伟大的销售员

乔·吉拉德，(原名约瑟夫·萨缪尔·吉拉德，1928 年 11 月 1 日出生于美国密歇根州底特律市)，是美国著名的推销员。他是吉尼斯世界纪录大全认可的世界上最成功的推销员，从 1963 年至 1978 年总共推销出 13001 辆雪佛兰汽车。乔·吉拉德是世界上最伟大的销售员，连续 12 年荣登《吉尼斯世界纪录大全》世界销售第一的宝座，他所保持的世界汽车销售纪录：连续 12 年平均每天销售 6 辆车，至今无人能破。他说："不论你推销的是任何东西，最有效的办法就是让顾客相信——真心相信——你喜欢他，关心他。"这告诉我们，在推销过程中，应该逐步与顾客建立信任与友谊，把顾客当成自己真正的朋友来看待。

小思考：

M 城市政府于 2015 年 3 月正式成立招商局，专门负责在国内及国际上寻找愿意在 M 城内投资建厂或开店的企业，并为此组织人员开展或参加诸如客家产品推介会、广货网上行、赴香港推介会等，深入到相关企业或市民中宣传推介M城优势及特点。请分析M城的政府人员行为，是否属于人员推销。

8.2.2 人员推销的功能

推销员，基本上任何一个企业都有这样的工作岗位的安排，也很重要。那么，人员推销到底做些什么方面的工作呢？

1. 寻找、识别顾客

在推销中，既是推销人员介绍产品、实现购买的过程，也是寻找、识别现实顾客和潜在顾客的过程，为下一步的推销共组打下良好基础。比如，买桃子的大婶，在与其交谈的过程中可能发现她女儿喜欢吃的是榴莲。

让我告诉你

个人信息的泄露，也成为寻找目标顾客的一种办法

2014年9月21日讯　这两天是一年一度的国家司法考试日。小王本是低调报考，从未对外人说起此事，考前两日却接到一家名为“新三国”司考培训机构一名“陈老师”的“绝密押题试卷”推销电话。

据了解，小王报名此次司考，只是在司法部的官网上进行了相关的个人身份信息登记，“陈老师”又是如何得知他的报考信息和手机号码的？

福州省司法厅相关部室工作人员表示，从去年起，我国司法系统就对司法考生的个人报考信息予以屏蔽，从中央到地方，即便是司法系统的工作人员有事想联系考生，如果没有解码器，也无法得知考生电话。据分析，这名“陈老师”及其组织可能是得到了小王前年或更早报考司法考试时的信息，今年侥幸再打一次，碰巧成功了。小王表示，虽然他之前他曾报名参加司考，但往年并未接过类似电话。

2. 传递信息

推销人员在和顾客的交流中，主要是向顾客传递产品和企业的相关信息为主，激发购买兴趣；也可以将顾客反馈的信息传递给企业的其他相关部门，及时处理。

3. 推销产品

通过推销技巧的运用，根据顾客的需要，及时提供有关产品的信息，展示产品、对比产品，演示使用方法，提供购买诱导，促使顾客实施购买行为。

4. 收集信息

既收集顾客关于产品、企业的反馈信息，也收集市场上本行业供求信息、价格信息，竞争信息、新产品开发和新技术使用信息、国际市场变化信息及其他有关信息。

5. 提供服务

顾客实现购买行为的前、中、后，推销人员都一直在旁边提供服务，根据与顾客交流的情况来选择性地介绍恰当产品或服务满足顾客需要，帮助顾客解决问题。比如，主动致电顾

客告知有新品上市；在顾客倾听介绍时能及时提供样品或说明书或视频进行演示示范；在顾客使用产品一段时间之后主动致电或上门询问了解使用情况以及需要解决的问题，这一点格力公司做得非常好，顾客在经销商处购得空调，使用格力空调一段时间之后，格力公司配有专门的回访员直接致电顾客询问购买空调的一些具体情况、登记顾客资料、提供售后服务资料等，让顾客有被充分尊重的感觉。

8.2.3 人员推销形式

小思考：在生活中，你遇到过哪种形式的推销？你是否实施了购买？

人员推销很重要，无论是一个大型工厂还是一个小型商店，无论是日常生活使用的洗发水还是高层建筑使用的电梯，都需要安排特定的人员进行推销工作，负责产品的介绍和销售。因此，人员推销在一个企业或组织中占据很重要的地位。而具体的人员推销包括以下几种形式。

（1）上门推销。这是非常常见的形式，可以在顾客的家里，也可以在顾客的办公场所拜访顾客；在拜访的时候，把样品、资料、合同等带上，容易促成交易。

（2）柜台推销。也叫售点推销，是最常见的形式。基本上每家店铺都会有售货员站在柜台或货架旁边，主动与顾客搭讪，介绍宣传产品、企业，促成交易。

（3）电话推销。近几年来出现一种新型推销形式，通过电话，推销员跟顾客实现一对一的交流、沟通，介绍宣传产品、企业，直接在电话里下订单，促成交易。

（4）网络推销。主要是在电子商务交易中体现，通过计算机或手机登录互联网，下载、安装聊天软件，推销员实现跟顾客的一对一地交流、沟通，演示产品，教授使用，实施支付，完成交易。

让我告诉你

淘宝在电子商务中的地位

近几年来，电子商务发展得相当迅速，国内电商代表阿里巴巴旗下的淘宝网就是其中代表，请看一组数据：2013年，“中国零售平台”的交易总额（GMV）达到15420亿元，约合2480亿美元。这一规模，远超eBay和亚马逊，成为全球第一。2013年，大约有113亿笔的交易在阿里巴巴旗下的“中国零售平台”达成，平均每个买家购买了49笔，每一笔的成交额约136元。这一平台占据了中国网络零售的绝大部分市场份额。2013年，淘宝和天猫共产生了50亿个包裹，占中国当年包裹总量的54%。

（5）会议推销。企业邀请现实或潜在的目标顾客参加会议，推销人员在会上介绍宣传产品、企业，可当场完成交易。比如，展销会、交易会等，尤其是近年来出现得比较多的一个词语——会展营销，凸显了会议营销正日益重要的作用。像广东省每年举行的春、秋二季进出口商品交易会就吸引了非常多的国内外卖家和买家参加，2014年春季成交额为310.51亿美元，秋季成交额为291.60亿美元，成交数额巨大。

让我告诉你

会议营销和老年人保健品

目前来看，会议营销在我国做得最成功的，全都是在老年健康市场上，都是瞄准老年人保健品来做，上自省会城市，下至三、四线城市，老年保健品会议营销都做得红红火火。为什么做老年人保健品市场能成功呢？从营销市场三要素来分析，我国正步入老龄化社会，老年人越来越多；老年人除了有自己的社保工资收入以外，还有后辈交纳的营养费、生活费、利是费等，老年人口袋里是有钱的；老年人因为自然规律的原因，大部分有或重或轻的慢性疾病，医院难以短时间内治好或根本没法根治，导致老年人不信医院信保健，保健品又总是夸大其词地介绍其产品功能、效果——“彻底根治”“一个疗程见效”，这就符合老年人的购买需求，也能够刺激老年人的购买欲望。再说，城市里的老年人退休了，空闲时间一大把，你让他们去开个会，他们还乐悠悠的——正愁没事可干呢！年轻人可就没这闲情。所用会议营销的形式来做老年人保健品当然可以成功了。

8.2.4　人员推销过程

不管是工业品，还是消费品；不管在顾客办公室，还是在店堂，人员推销一般都包括以下几个步骤。

1. 寻找并识别目标顾客

推销绝不是盲目地随便找个人就开始推销，而是首先要确定目标顾客的特点是什么，可以通过什么方法寻找或接触到。你可以通过查找资料，比如当地黄页、电话号码簿，也可以通过现场观察、访问，当然也可以通过发放广告吸引、朋友介绍引荐，方法没有固定不变的，只要能找到目标顾客就行。

2. 前期准备

确定好哪种类型或具体谁是目标顾客之后，就是做接触前的准备工作了，一包括目标顾客背景资料、产品知识、竞争对手情况等；二包括接触技巧的学习，选择恰当的时间、地点、话题或方式接触顾客，务求增加好感。

3. 介绍和示范

在打开话题以后，逐步步入推销的主体部分——介绍和示范产品阶段，可以介绍产品的功能、型号、材质、作用、市场地位、售后服务、与竞争对手产品的对比优势、未来此产品发展趋势等；对于展示样品能取得好感的产品，应该现场展示产品；对于使用较复杂的产品，应该现场示范操作并教授顾客使用。通过这些方法，增加顾客对产品的信心，激发购买欲望。

营销小故事

李嘉诚推销洒水器

20世纪50年代，李嘉诚在塑胶公司上班时，主要负责推销塑胶洒水器。有一天在上班时间到达以前，李嘉诚就已经来到一家批发行，等待职员上班后见面洽谈业务。这时，李嘉诚看见清洁工正在打扫卫生，他灵机一动，就主动拿出洒水器帮清洁工洒水。李嘉诚这样做的目的，是希望在遇到提前上班的职员时，他们可以亲眼看见洒水器的优点，眼见为实，切身体会，比说什么都有效。当有职员提前来到时，看到了塑胶洒水器的使用效果。结果，李嘉诚很顺利就达到了目的，实现了销售。

4. 应付异议

在推销过程中，不出现异议的情况很少，顾客或多或少都会表达对产品的异议。无论是对产品的功能、作用，还是对产品的价格、提供的服务，都会提出反对或质疑，推销人员要做的不是急着否认，而是通过自己掌握的知识、经验，对症下药，耐心讲解，帮助顾客一一解决问题。

5. 达成交易

当顾客提出的问题被解决之后，推销人员可适时提出一些额外的优惠或保证，诱导顾客实施购买行为，促成交易达成。切忌被动等待顾客主动提出成交提议。比如，适时提出“我记下您订的货物型号数量了，现在开单子给您吧”，间接提出成交提议。

6. 后续追踪服务

乔·吉拉德有一句名言：“我相信推销活动真正的开始在成交之后，而不是之前。”成交的完成，是本次推销活动的结束，也是下次推销活动的开始。推销人员在成交完成之后，要通过各种方式坚持联系、关心顾客，比如电话、微信、QQ、e-mail、上门拜访等，这样既能继续获得老顾客支持，又能吸引新顾客交易，生意就会越做越大，客户也会越来越多。

营销小故事

把斧子推销给美国总统

美国总统，位高权重，生活无忧，你能向他成功推销一把斧子吗？一般人都会摇摇头，表示这很难。

而在2001年5月20日，美国一位名叫乔治·赫伯特的推销员，成功做到了！他把一把斧子推销给了小布什总统！布鲁金斯学会得知这一消息，把一个刻有“最伟大的推销员”的金靴子给了他。这是自1975年以来，该学会的一名学员成功地把一部微型录音机卖给了尼克松之后，又一学员向总统推销成功。

布鲁金斯学会创建于1927年，以培养世界上最杰出的推销员而闻名。像一些世界名校一样，总有一个传统：在每期学员毕业时，都设计一道最能体现推销员实力的实习题，让学生去完成。克林顿当政期间，他们出的题目是：请把一条三角裤推销给现任总统。克林顿执政的8年间，有非常多的学员想尽办法，最终都失败而归。克林顿卸任后，布鲁金斯学会把题目改成：请将一把斧子推销给小布什总统。

有了前8年的失败，许多学员都主动放弃了。

可是，乔治·赫伯特在困难面前没有退缩、放弃，而是做到了，并且没有花多少工夫。一位记者在采访他的时候，他是这样说的：我认为，把一把斧子推销给小布什总统是完全可能的。因为小布什总统在得克萨斯州有一座农场，那里长着许多树。于是我给他写了一封信。信中说，有一次我有幸参观您的农场，发现那里长着许多矢菊树，有些已经死掉，木质已变得松软。我想，您一定需要一把小斧头，但是从您现在的体质来看，这种小斧头显然太轻，因此您仍然需要一把不甚锋利的老斧头。现在我这儿正好有一把这样的斧头，正是我祖父留给我的，很适合砍伐枯树。倘若您有兴趣的话，请按这封信所留的信箱，给予回复……最后他就给我汇来了15美元。

8.2.5 人员推销的技巧

推销人员在推销过程中，针对不同的顾客，必须使用不同的方式、方法、技能、谋略等综合措施，来达成交易，这就是推销技巧的运用。推销技巧运用得好与否，关系到交易能否顺利达成。以下就按照推销的一般步骤来简单介绍一下推销技巧。

1. 自我介绍

推销人员认识的人越多，越好办事，因此推销人员避免不了必须经常认识一些人。不管是面对新顾客，还是面对一些能帮你达成交易的人，在见面之初，推销人员都需要进行自我介绍，因此要注意：一是心态要调整好，不紧张；二是面部表情与态度要自然、轻松、和蔼；三是注意语速不过快；四是先递名片再作介绍，言简意赅；五是自我介绍的内容，应当包括本人姓名、供职的单位及其部门、担负的职务或从事的具体工作三项，比如“你好！我叫张小溪，是大连市梅花公司销售部经理”。

小思考：

你懂得怎样自我介绍吗？

2. 交谈开始的技巧

除了态度、表情、动作要符合时宜之外，能否跟顾客顺利地交谈下去并趁机介绍宣传产品或企业的一个要点是，必须注意找出能够吸引顾客兴趣的话题，比如称赞顾客的某个方面很美好，或者针对顾客感兴趣的事物提出问题，又或者是直接对顾客表明某产品的明显优点或优势。

营销小故事

巧用问题搭讪

李东是一名保险推销员，这是他与一个顾客进行接触时的对话：“哇，这么可爱的小姑娘是谁家的啊？多大了啊？上学了吧？”“9 岁，上三年级了。”“哦！已经三年级了啊！小孩子很快长大的，一转眼可能就读大学了呢！”“是啊！时间过得好快的！都不知道能否读到大学呢！”“你要有信心！准备好学费就行啊！不过，就是学费也是笔不小的开支。”“是啊！如果考上 B 线大学，就更贵了呢！”“噢！也是！但是您可以先做好准备，我们有个保险产品就是专门为小孩子的成长、读书设计的。将来您和先生退休了也有能力供孩子顺利地帮孩子交学费，就算下岗了，也仍然有能力供孩子顺利读完大学。”“哦？那我看看是怎样的保险产品……”而后就进入正式介绍产品的阶段了。

小思考：

请你选择你周围的某一个人为推销对象进行搭讪练习，将搭讪的话题写出来。

3. 正式交谈的技巧

正式交谈有三个原则要注意。

（1）兼顾双方的利益。交易的成功应该是能够为双方带来好处，只有一方有好处的交易是不能长久的，也缺乏可持续性的发展。比如，企业为了扩大销量，盲目无原则地降价，不仅使企业减少收入甚至给企业带来亏损，也阻碍了行业的整体发展，损害的是整个行业的利益。长虹电视机就曾经打过价格战，利用降价来扩大销量，导致整个行业的跟风降价，你降我也降，到最后就有可能看谁降得多降得厉害亏损得厉害，损害的是整个电视机制造业的利益，而长虹身在其中也避免不了受到损害。

（2）要谈感情。在谈判或推销过程中，无论交易能否达成，都必须注意维护双方的友谊和信任，不能为了达到目的而不惜损害顾客的利益，必须把顾客当作自己的亲戚、朋友、同事来看待，切切实实地为顾客着想。长此以往，顾客也会把推销人员当作自己的亲戚、朋友、同事来看待，当他有购买需求时第一个总会想到与他有友谊和信任的推销人员。

（3）要注意现场气氛。真诚、友好、轻松、活泼、幽默，永远是人们之间交往喜欢的交谈气氛，推销过程也一样。买卖不成仁义在，就算顾客现在不购买，也不必给顾客脸色看。

4. 面对异议的处理

在推销过程中，绝少是推销人员刚开头讲了一两句话顾客就满意接受的情况，大部分情况下，就算产品是顾客需要的，顾客也都要提一到两个异议来拖延成交，推销人员要先做好准备，推销之前先想好顾客可能提出的异议的解决办法。

让我告诉你

不及时处理顾客不满的后果

据调查研究，一位不满的顾客会把他的抱怨转述给 8 ~ 10 个人，而推销人员如果能当场为顾客解决不满的话，95% 的顾客以后还会再次交易，但会有 5% 的顾客流失；如果拖延解决的话，处理得好，会有 70% 的顾客再次交易，但顾客的流失率增加到了 30%。有效预防并及时处理顾客的不满，对企业来说，意义非常重大。

针对顾客主要的异议有如下处理方法。

(1) 需求异议。顾客自称不需要某种产品，但这种不需要有真实的、虚假或有需求而没有意识到的两种情况之分。当顾客真的不需要时，不要强买强卖。比如，顾客已经说了“类似的产品我家还有几瓶，目前不需要”，但某推销人员还在说，“看看啊，这个比你家那个更好”，这样就起反效果了，这时应该面带友好感情地“送客”；当顾客的不需要是虚假的或有需求但没有意识到的时候，就应该这样处理，告诉顾客让他相信“你有这样的需求，这个产品就是帮你解决问题的”，比如，顾客说“这个财务软件太先进了，可是我不会用这个软件，不要了”，推销人员紧接着应该说“这个不要紧，我可以教您怎么使用，直到您熟练操作为止”，帮顾客解决了后顾之忧，当然能达成交易了。

(2) 产品异议。顾客对产品的品牌、型号、材质、功能、外形等提出的异议，受其本身文化程度、阅历水平、生活习惯等的影响，会带有一定的主观或偏见的色彩，推销人员要做的准备工作就是充分了解自己产品的特点、优点、缺点，甚至是竞争对手的产品特点、优点、缺点，再根据顾客具体提出的异议进行处理。方法有：现场示范、现身说法、邀请考察、鼓励试用。比如，顾客说“这件上衣有点短了”，推销人员可以这样说，“今年夏天韩国比较流行短款上衣，这个品牌的设计师就是韩国人，这是非常时髦的一件上衣，你看，我穿也是短装款的。”现身说法将顾客对产品的不满转化为产品的优点。

营销小故事

澳柯玛——“断电100小时有热水”

为了将澳柯玛电热水器（图8-2）一举成功地推出市场，澳柯玛热水器有限责任公司1998年策划了一场“断电100小时有热水”的促销活动，在当年3月15日消费者权益日举行。具体活动内容是当天同时在青岛市七大商场、一个中心布置了澳柯玛热水器展柜，先测出初始温度79摄氏度，而后每隔一小时或半小时邀请顾客与工作人员共同测试水温。经过全体工作人员和热情的消费者的共同努力，在经历了五天四夜的测量见证工作之后，测出800个实验数据，最后得出100小时后的平均水温为34.6摄氏度。

图8-2　澳柯玛电热水器

这一测试结果真正体现了澳柯玛电热水器杰出的保温性能和经济节省的特点。许多参与活动的顾客纷纷表示，这种高保温性能在所有品牌的电热水器中是非常突出的。

此次促销活动取得了良好的效果，澳柯玛热水器公司仅在5天活动期间就售出热水器302台，3月份青岛地区的产品销量较以前翻了近6番，超出了预期目的，并使澳柯玛电热水器优良的保温性能达到了广泛的宣传，提升了产品的知名度和美誉度。

（3）价格异议。最常见的异议就在于此了。我国目前的经济发展水平和消费习惯来看，顾客一般对商品都会发出价格异议。“太贵了”“其他店的都比你的便宜”，是顾客经常用来拒绝成交或讨价还价的理由之一，一般来说，能提出价格异议，就代表对产品的其他方面没有异议了，想购买产品了，只是还有一点不满意——嫌贵。

面对这样的异议，推销人员及时处理好的话，交易就能成功了。这时，推销人员要证明价格不高或者物有所值。具体方法有以下四种：

①巧用产品附加值，先谈价值后谈价格，价值不单从产品本身优点来谈，还可以从提供的服务内容和水平来谈。比如，六福珠宝的足金饰品比一般店铺的要稍微贵一点，推销人员可以这样说，“六福珠宝是香港的大品牌，全国包括香港和澳门都有连锁店，如果购买的项链佩戴一段时间之后不喜欢的话，可以去六福珠宝的任何一家连锁店自由更换款式，能保证您的项链永不过时，这是其他小金铺所不能相比的”，顾客一般都会为了享有以后自由更换款式的服务而选择成交。

②善用比较，可以跟更贵的其他产品或者价格相当但使用期限更短的产品来比较，表明本产品物有所值。

③小计量单位报价，例如，一盒产品内含100件内容物，应该着重向顾客强调该产品“才1元一个”，而不是“100元一盒”。

④“为难”的让步，推销人员手里掌握的让价权力不能一次性用尽，而且进行让价时要表现出想卖又没权卖的尴尬为难的状态。

让我告诉你

太贵了，有时只是一句口头禅

有的人无论对任何一种产品在推销人员报价时都张嘴即说太贵了，这话其实是这人在买东西时的口头禅，并不一定就是真的嫌贵。有两个好朋友一起逛街买衣服，A无论在哪家店，试穿玩衣服后，在讨价还价时第一句话讲的都是：“太贵了！其他店都没那么贵！”B心里觉得很奇怪，怎么就没有一家店的价格是实惠的吗？在私底下经过询问之后才知道，原来A也不一定知道贵还是不贵，反正要还价，第一句话都这样讲，希望能还个好价钱。所以见到这种人说“太贵了”的时候，先有理有据地指出价格高的理由，然后就告诉他你可以先比较一下再来。

（4）货源异议。分析是否是真实的货源异议。已使用品和推销品是同类型的，则一是强调推销品的优点，可以找佐证材料，比如本企业资质证明、证书及知名企业的订货合同等；二是强调竞争的好处，是可以让质更优、价更廉，购买者是受益的。如果已使用品和推销品不是同类型的，则不是真正的货源异议，着重说明两种产品的不同点，推销成功的机会更大。

营销小故事

业绩突出的小李与 TCL 荣誉

作为 TCL 的卖场业绩最好的售货员，小李经常告诉顾客关于 TCL 公司产品优点的有关佐证材料、获奖的荣誉称号及证书、发展过程中的大事及其代表意义。

比如：

2005 年，薄典 BO3 液晶电视获得“CCTV2005 最佳自主创新设计大奖”。

2006 年，炫律 H61 荣获法国 Janus2006 设计大奖。

2006 年，炫律 H61 荣获 CCTV 创新盛典最佳自主创新设计奖。

2006 年，炫律 H61 荣获法国设计界权威机构 A. P. C. I 的“设计之星 2007”大奖。

2006 年，Verone 电脑荣获 2006 年德国红点工业设计大奖。

2007 年，在美国 CES 展上，TCL“屏幕菜单式调节方式”（OSD）电视技术荣获美国国家电视学院颁发的艾美奖，该奖项为电视核心技术领域中的最高荣誉，这是中国公司历史上首次获得该奖项。

2007 年，E72 液晶电视荣获 2007 年德国红点工业设计大奖。

2007 年，E72 液晶电视和锐翔 S 家庭电脑同荣获“IF Design Award China”大奖。

2007 年，TCL 增强型液晶电视动态背光技术通过国家鉴定，该技术属国内外首创，并成功授权日本瑞萨科技。

2007 年，在中国闪联标准成为全球首个 3C 协同国际标准的同时，TCL 推出首款具有鲜明家电特点的闪联盒子。

2008 年，由 TCL 工业研究院独立研发的 TCL 闪联中间件平台正式有偿授权给深圳纵横信科技有限公司，这是国内消费电子厂家首次实质性地完成了互通互联技术授权。

2008 年，在美国 CES 展上，TCL X9 系列液晶电视荣获全球年度创新平板电视大奖。

2009 年，C10 液晶电视荣获 2009 年德国红点设计大奖。

大家都觉得奇怪，为什么要跟顾客说这些呢？小李回答，除了平时掌握的产品的优、缺点知识之外，知道自己所销售产品的获奖荣誉称号及证书也是很重要的，尤其是家电行业类很讲究技术含量或技术等级，一般顾客都有种心理，希望能买到当时最先进或比较先进技术水平的电器。

（5）购买时间异议。在推销人员费尽心思介绍推销完产品而顾客也没有明显的其他不满之后，本来应该顺利到达成交的时候，这时却听到顾客说“先看看吧”“再说吧”“考虑一下先”等，一般情况下这时顾客是有购买欲望的，推迟购买时间，有可能顾客还没有真正下决定购买（性格比较优柔寡断）、资金有问题等。具体处理方法可以有以下几种。

一是利用购买时机优良进行诱导，比如提出现阶段购买能提供打折或者送货上门或者其他优惠措施，诱导购买。

二是提示不实施购买则存在潜在风险，比如原材料可能要涨价、国外买家逐步进入国内市场等。

三是表明存在竞争性购买者，比如厂家提供的货物数量有限，已经有其他购买者在进行接触了。

四是利用时间细分法计算一定时间内分摊成本或费用，比如一部价值 3000 元的手机，是耐用消费品，按照 1 年的使用时间来分摊费用的话，是 8 元/天，按照两年的使用时间来分摊费用的话，是 4 元/天，一折算的话，让顾客感觉便宜了，容易实现购买。

小思考：

请进行推销异议演练。先列举某种商品可能出现的异议，再讨论这些异议如何进行处理。

5. 携带的资料

推销过程，切忌只是空口说白话，最好能带一些资料或工具帮助推销成功。包括：样品、演示或示范的视频、产品介绍书、荣誉证书复印件、合同或订单、发票或收据、钢笔、计算器、销售印章等。

8.2.6　推销人员的组织管理

在一个企业中，一般聘请的推销人员的数量是各部门之中最多的，其工作的业绩如何，直接影响到整个企业的利润及运作。因此，对推销人员需做妥善科学的组织和管理。有以下几种方式可供选择。

1. 按区域管理

这是指按一定的区域标准将推销人员进行分派或分组，每个或每组推销人员具体负责其辖区内的所有的推销业务。一般适用于产品单一或产品类似性较高的、市场较大的企业。比如：生产洗发水、沐浴露、香皂供个人或家庭日常生活用途的企业。

2. 按产品管理

这是指每个或每组推销人员具体负责某一类产品的推销业务。适用于产品技术较复杂、产品种类繁多、市场区域不大、买主不尽相同的情况。比如：学校教学用的电教平台、工厂生产用的锅炉等。

3. 按顾客管理

这是指每个或每组推销人员具体负责某一个或某一类顾客的推销业务。适用于产品差别不大、但顾客需求差异较大的情况。比如，银行的信贷产品，按个人或企业来分别指定推销人员。

4. 复合型管理

将上述几种方式综合起来考虑和组合，可以其中的任意两种搭配，也可以三种同时搭配。适用于多元化经营的大型企业，其业务种类复杂、市场区域庞大。比如宝洁公司，其所属产品种类繁多、市场区域较大，其必须采取复合型管理方式。

营销小故事

完美的火车鸡腿推销

坐火车的人似乎都有这样一个共识，那就是火车上的食物价格很贵，而且不好吃，卫生可能也不那么让人放心。

很多人宁愿一桶一桶地泡自己带来的康师傅，也不愿购买餐车上提供的快餐。所以很多时候列车服务人员用手推车叫卖非主食类食物的时候，销量往往都是不容乐观的。

而有个火车饭餐推销员却完美地完成了推销工作。请看：

吃饭时间到了，一个列车服务人员推着手推车经过，喊了句“该吃饭了啊……”，他在叫卖鸡腿、猪脚和豆腐串。

过了一会儿，他又从车厢另一端推着手推车过来了。这次他没有叫卖，而是时不时地和乘客说话，说的是相同的话“刚才的鸡腿味道怎么样，猪脚味道怎么样”，被问到的乘客纷纷点头说不错。这时候有些乘客开始主动购买他卖剩下的鸡腿和猪脚。这时他手推车上只剩下两三个被挑剩的鸡腿和4个猪脚。

大约过了半个小时，他又出现了。

他看上很憨厚，一看就是个真诚的人。他还是以那句话开始：“该吃饭了啊……”然后是“又一锅猪脚、鸡腿熟了哦，现在优惠，五块的鸡腿只卖四块，六块的猪脚也只卖四块了，四块钱不仅可以吃好，而且可以吃饱。比外面的还要便宜了”。

这么简单，他的脸上一直挂着真诚的笑容，还是那样时不时地向第一次购买的乘客问一句“味道怎么样”。

也许你觉得他和别人卖的没有什么区别，然而仔细想想，你就会发现其实他无形中将销售的艺术应用得很完美：

(1) 顾客至上。

(2) 强调畅销。

(3) 产品利益点诉求。

(4) 适当地回访，既利用口碑宣传，又保持了顾客忠诚度。

8.3 怎样为你的产品或企业做广告宣传

名人语

真正的广告不在于制作一则广告，而在于让媒体讨论你的品牌而达成广告。

——菲利普·科特勒（现代营销学之父）

小思考：

在你曾经看过的广告里，最喜欢、印象最深刻的是哪个？为什么？

8.3.1 广告宣传的特点

美国著名的PG宝洁公司已故负责广告事务的副总裁罗伯特·戈尔斯曾经说过：“我们发现效率最高、影响最大的推销办法就是广泛地做广告。”该公司无论是推出一个全新产品，还是产品的更新换代，无论是企业形象的宣传还是经营理念的表述，都投入巨大的广告费用进行全方位、多角度的宣传，宝洁公司每年的广告费用，可以达到占销售额10%～

11%的水平，这一预算相当高。著名品牌都需要经常大量地做广告宣传，而我们身边众多的中小型企业也会经常使用广告宣传这个方式来促进销售。那么，广告宣传具有什么特点呢?请看以下内容。

1. 信息的群体传播

广告，一般通过报纸、杂志、广播、电视、网络等大众传播媒体进行信息的传播，而信息接受者是一个范围非常广泛的群体。社会生活中，人总要归入某一类群体，而且可能同时分属于好几个群体，如家庭群体、地域群体、民族群体、社会团体，群体内部互相传播信息。反映到营销学里面，则这个群体可以是区域性的顾客，也可以是全国性的顾客，甚至可以是世界性的顾客；可以是男性顾客，也可以是女性顾客；可以是老年顾客，也可以是中青年顾客；不单只是现有的顾客，也包括潜在的顾客。因此，在针对适宜采用广告宣传的产品或市场进行促销方式选择的时候，还是可以兼顾效果和效益的。

让我告诉你

群体传播效应

群体传播中的成员之间容易产生心理互动，一传十，十传百，产生共同的心理情绪反应。例如：2011 年 3 月 11 日日本东北部地区突发 9.0 级大地震后，位于本州岛福岛的核电站发生爆炸并出现核泄漏，盛传服用碘盐可以抵抗核辐射，谣言在中国内地民众之间疯狂传播，引发民众疯狂大量抢购、囤积碘盐，群体传播的效用被发挥到极致。

2. 信息传播的快速性

现代广告宣传的媒体，除了传统的四大媒体报纸、杂志、广播、电视之外，还多了一个网络。网络广告正在成为日益强大的媒体之一，其传播速度之快，令人咋舌。

营销小故事

微信——新型信息传递工具

2012 年 12 月 11 日，杜蕾斯微信推送了这样一条微信活动消息：“杜杜已经在后台随机抽中了十位幸运儿，每人将获得新上市的魔法装一份。今晚十点之前，还会送出十份魔法装！如果你是杜杜的老朋友，请回复‘我要福利’，杜杜将会继续选出十位幸运儿，敬请期待明天的中奖名单！悄悄告诉你一声，假如世界末日没有到来，在临近圣诞和新年的时候，还会有更多的礼物等你来拿哦。”活动一出，短短两个小时，杜杜就收到几万条“我要福利”，10 盒套装换来几万粉丝，从广告宣传效果上来分析的话，这是非常划算的，微信广告营销的魅力也在这里得到尽力体现。

3. 信息传递的单向性

从广告制作、投放的特点来看，一般是广告主把自己的产品或企业的相关信息告知广告受众，而广告受众对广告主的产品或企业信息的反馈，不能通过广告来表达。因此，信息的传递只是单向流动的。

4. 促销效用滞后

顾客对广告的接收和实施购买的时间往往是不一致的，一般是通过广告先行接收到产品或企业的相关信息，留下印象，而后在选择商品时会想起曾经接触过的某产品或某企业，进而决定是否购买。所以，广告宣传对消费者购买态度和购买行为的影响，不是立竿见影的。

8.3.2 广告宣传的原则

1. 计划性和效益性

作为一个企业，是讲究经济效益的，因此，在制作广告之前必须就费用和效果进行一个评估，衡量付出与收益是否对等，当然，效益应该从长远眼光来看待。

2. 真实性

广告制作得再好，但是里面宣传的内容如果是虚假的，带来的也只能是眼前利益，而不是长远利益。在市场竞争中，虚假广告宣传只会给企业带来伤害。比如：《东方早报》报道，2014 年 3 月 10 日，上海市工商局发出 2014 年第 1 号虚假违法广告公告，曝光上海工商部门去年查处的 12 件典型案例，其中“好丽友·薯愿”因宣称“100% 不含反式脂肪”被罚款 5 万元。

3. 思想性

制作广告，可以讲求创意，但是创意的选择，必须以符合国家和党的政策、方针、路线为前提，切忌盲目追求创意创新，而违背了正确的思想道德水平。比如，“自杀”二字标新立异，“泻停封”“流得滑”模仿名人名字，可以吸引眼球，但是在广告里进行宣传，没有正面意义。

让我告诉你

“创意”的“鬼屋”，违法的广告

在一间黑暗的房屋内，突然不知从哪里冒出一个披头散发的“鬼”，制造出恐怖氛围，吓人一跳。这是 2014 年秋在江苏省南京市火爆的“恶灵研究所”（又称“鬼屋”）内的场景。该“鬼屋”位于南京市雨花西路某公寓，门外贴着“鲜血”泼洒的砖墙贴纸，并写着诡异的“废弃医院”几个字。在其“恶灵研究所”巡展门口海报中宣传“中国最大的鬼屋来南京了”；售票网页上宣传“恐怖医院主题鬼屋，南京最大恐怖鬼屋病院，解剖室、存尸间，血腥、鬼影交错，僵尸潜行，众多枉死的幽灵鬼怪，惊悚的机关，光是想象就令人毛骨悚然”等相关文字以及制作广告宣传视频……这样的宣传手法确实非常吸引眼球，“创意十足”。

但是，工商执法人员检查过程中，判定以上宣传内容及手法均违反《广告法》第七条第二款“广告不得有下列情形：使用国家级、最高级、最佳等用语；含有淫秽、迷信、恐怖、暴力、丑恶的内容”的规定。

同年9月，南京市工商部门对该“鬼屋”立案调查。

4. 艺术性

广告的表现、投放都通过影、声、画来实现，必须讲究文艺创作的特点，务求给人带来的是各种感官的享受。好的广告，可以通过一个优美的场景、一段感人的故事、一段精彩的对话等，引起顾客的注意，给其留下深刻的印象，即将实施购买。比如，麦当劳有一个广告，主题是朋友之间的情谊，画面是通过读书时经常4人一起聚会于麦当劳餐厅、毕业后求职时经过曾经聚会的麦当劳餐厅与陌生而友好的同龄人同桌两个画面的对比，表达了麦当劳是年轻人消费喜爱的场所以及麦当劳与年轻人共同成长这样一个诉求，既符合人们的审美要求，又充分引起了目标顾客的共鸣，激发了购买欲望。

营销小故事

一个鞋店的广告

从前有家鞋店，店名叫鹤鸣鞋店，已经做了很久了，却没有多少人上门购买。突然老板发现有不少商店通过做广告来推销商品，他也想做广告来宣传一下。

但怎样的广告才能吸引人呢？老板想来想去，没有一个答案。这时，老板的账房先生提出建议：商业竞争与打仗一样，只要你舍得出本钱在城里最大的报纸登3天的广告。第一天只登个大问号，下面写一行小字：欲知详情，请见明日本报栏。第二天照旧，等到第三天揭开谜底，广告上写“三人行必有我师，三人行必有我鞋——鹤鸣皮鞋”。

老板一听，觉得不错，非常特别。果然，广告一登出来吸引了广大读者，鹤鸣鞋店顿时声名鹊起，生意火爆。

鼎鼎有名的老商号通过这个特别的广告，也显示出雄厚的实力。从此，鹤鸣鞋店便在北京、上海的鞋帽业中鹤立鸡群了。

这告诉我们一个道理，广告可以制作得很简单，但要突破传统、勇于创新，才能够取得成功。

8.3.3　广告的种类

根据不同的媒体划分，广告主要有以下几种。

(1) 视听广告。通过电台、电视、电影、广播、互联网网站等媒体传递。

(2) 印刷广告。通过报纸、杂志、印刷品等媒体传递。

(4) 交通广告。在汽车、船、火车、地铁、飞机内设置或张贴的广告。

(5) 售点广告。商店、商场橱窗内设置的广告。

(6) 实物广告。利用馈赠实物进行的广告宣传。

(7) 数据库营销广告。利用网络、短信、彩信等进行广告宣传，属于数据库营销。

8.3.4 制定广告的过程（图 8 -3）

企业在决定制作广告来宣传介绍产品或企业之后，必须实施一连串的行为来达到目的，一般制作广告需经过以下六个步骤。

图 8 -3 广告过程

1. 确定广告目标

做广告，要达到什么目标，是必须首先确定的事情。企业发展的不同阶段，广告宣传的目标是不一样的。一般来说，广告目标有三种。

（1）告知。告知又称为开拓性广告。通过广告告诉、通知目标顾客有关产品或企业的信息。比如告诉目标顾客将有一种新产品上市行销，介绍某种产品的新用途或新用法，告知公众某企业即将进入某市场，告知公众一些虚假现象，避免其上当。

（2）说服。说服又称为诱导性广告。企业通过广告活动突出宣传本企业产品特点和优势，建立本企业的品牌偏好，引导顾客对本企业产品持肯定态度，鼓励顾客购买本企业品牌，诱导顾客实施购买。有些企业使用跟竞争对手对比产品的方法来达到目的，比如厨邦酱油声称“厨邦酱油天然鲜，晒足 180 天”，海天酱油则宣传“真正晒出来的好酱油，不仅晒足 180 天哦”。

（3）提醒。提醒又称为提示广告。企业通过广告活动提醒顾客在不远的将来将用得着某产品（如当前国家房价调控政策变宽，可提醒人们不久房价将要提价，需尽快购买），并提醒他们可在何时何处购买何品牌产品。例如，广告词的内容也可以充分表达以上三种目标。

小思考：

如果让你在自己家附近开一家小吃店，请问你认为需要进行广告宣传吗？需要的话，你认为应该准备花多少钱呢？应该怎样做这个广告？

2. 制定预算

企业要懂得算账，懂得算自己能收入多少，也要懂得算自己必须支出多少。因此，必须了解制作广告要花费哪些支出。包括：市场调研费、广告设计费、广告制作费、广告媒体使用费、其他杂费（邮电、运输、差旅、劳务）。到底总体的广告费用支出多少，怎样确定呢？以下有几种方法。

（1）量力而行法。没有具体确定多少费用支出才算合理，在市场营销学上也没有正式定义，但不少企业正在使用，特别适合实力不雄厚的一般企业。

（2）销售（利润）百分率法。这是以一定时期的销售额或利润额的一定比率来确定广告费用数额的方法，包括销售额百分率法和利润额百分率法。比如，销售额（利润额）10%，即每卖出（获得）100 元商品（利润），就拿出 10 元来作为广告费用。

（3）竞争对抗法。了解竞争对手的广告费用数量或比例，比照竞争者的广告开支决定本企业广告预算为多少，以保持竞争不处于劣势。

（4）目标（任务）法。根据企业的总目标和销售目标，确定广告目标，在根据广告目标的实际需要来决定广告预算。适用于实力较雄厚企业。假如广告目标设定要增加 100 万名男性看广告，经调查计算出每增加一名男性看视听广告，平均要花费 0.1 元，一个月预计重复 30 次，则每月广告费为 300 万元。

确定广告预算后，要根据实际情况按广告的商品、媒体、地区、时间等进行分配。比如，预算资金 100 万，准备在华南区的省级电视台的黄金时间段投入 A 商品的广告。

小思考：

如果在你就读学校开设服装服务中心，提供缝制、修改、清洗、服装的服务，你会选择什么媒体或者通过什么途径进行宣传？

3. 选择广告媒体

（1）企业及产品的特点。根据企业及产品的不同特点来选择广告媒体。电视、互联网络媒体，具备影、音、画功能，形象生动，感官效果好，如需要同时展示画面及声音则可选择其，如手机、汽车、房地产等；通过听觉就能获取信息的产品，企业更愿意选择广播媒体，如由原广州白云国际机场候机楼改建而成的购物广场——5 号停机坪，经常在广播里进行推广宣传。

（2）消费者的媒体习惯。不同消费者，工作、学习、生活习惯不同，可根据其特点来选择媒体。比如，私家车主习惯在上下班途中收听广播，针对私家车主的广告可选择广播媒体；老年人精神精力没那么充足，相比电视、报纸杂志，更喜欢收听广播，针对老年人的广告也可以选择此媒体。

（3）媒体的影响力。媒体传播范围不同，发行数量不一，会影响媒体受众人数和范围；媒体社会地位的高低，会影响广告的影响力和可信度等，这些都会在一定程度上影响广告效果。

让我告诉你

2014 年 9 月媒体网络热度排行榜

网络，正在成为人们日常生活、工作、学习的一个重要组成部分。随之，人们信息的获得和传播也会越来越依靠网络工具，下面请看一份调查数据——媒体网络影响力排行榜（表 8－3）。

表 8－3　媒体网络影响力排行榜

名次	媒体
1	人民日报
2	京华时报
3	新京报
4	广州日报

续表

5	北京青年报
6	证券日报
7	法制晚报
8	21 世纪经济报道
9	羊城晚报
10	北京晨报

（4）竞争对手选择的媒体。了解竞争对手使用广告媒体的选择情况和广告成本费用情况，对企业的媒体工具选择有着显著影响。比如，跟竞争对手使用的媒体一样，能削弱对手的宣传效果。

（5）广告预算费用与广告效果。广告费用的承担，与广告效果要进行对比，务必做到既在企业能力承担范围之内，又能达到预期效果。例如，一些效益不佳的中小企业，因广告费用的限制，就很少采用全国性等费用高昂的广告媒体，而一些效益好的大型企业，像报纸、杂志、广播、电视四大媒体就是其经常采用的媒体方式。

让我告诉你

2013 年广告刊登额下降

中国广告协会报刊分会、央视市场研究媒介智讯发布《2013 年度中国报纸广告市场分析报告》。报告显示，2013 年报纸广告刊登额下降 8.1%，降幅超过了 2012 年的 7.5%，这表明报纸广告的衰退在进一步加剧。而投放广告增长的品牌企业里面，增幅最大的富力增长 115.9%，表明房地产行业大幅增加报纸广告投放。

4. 确定广告推出时间

（1）提前推出。广告早于产品进入市场，通过事先制造声势，达到先声夺人的效果，让消费者在商品未上市时就了解、认识产品，引起兴趣，刺激购买欲望，等到商品在市场就出现时，即可大量销售。这种策略适用较广泛，新老产品皆可用。

（2）即时推出。广告与产品同时推向市场。适用于之前消费者已经熟悉的产品，一经推出广告，马上让消费者有购买冲动；适用于稍微供小于求的产品。

（3）延时推出。广告迟于产品进入市场。一般来说，适用于还没有把握的新商品，为求谨慎，让产品先行推出市场，根据市场反馈情况再有针对性地做广告。

5. 确定广告投放形式

广告已经制作出来了，时间也确定好了，那究竟应该以怎样的频率来投放市场呢？以下是投放的几种形式：

（1）集中投放。在特定情况下，密集、大量地投放各种形式广告，务求广告效果明显。适用于市场对产品能快速、清楚认识，同时市场上同类产品竞争激烈，小打小闹广告投放很难见效果的情况，也适用于新企业开张、新产品上市。比如，M 城房地产开发商喜欢同时在电视、报纸、户外、流动广告等几种媒体进行开盘通知广告的投放。

（2）连续投放。产品有生命周期，每个不同阶段，宣传重点不一样，因此，企业通过连续的广告投放，能从产品投入市场开始，逐步树立良好的品牌形象。比如，苹果手机广告，一直出现在人们的视线里，产品型号从iPhone1到iPhone6。

（3）间歇投放。市场上已经有非常高的品牌知名度、非常畅销的产品，并不是不需要广告宣传了，而是广告目标变了，不再是树立品牌知名度，而是唤醒消费者与产品之间的情感沟通，避免消费者忘记该产品或品牌。

营销小故事

薇姿与广告

薇姿简介

巴黎欧莱雅是欧莱雅集团里知名度最高、历史最悠久的大众化妆品品牌之一，是世界化妆品行业的领头羊，其经营活动遍及150多个国家和地区，在全球拥有283家分公司、42家工厂、100多个代理商，以及5万多名员工，成为世界第一大化妆品公司，它还是最受赞赏的法国公司。薇姿是其旗下品牌。

薇姿于1998年7月开始进入中国市场，在随后的两年里，薇姿在北京、上海、广州、深圳、南京、苏州、杭州、大连、哈尔滨、昆明、成都、重庆、武汉等地的两百多家大型药房开设了护肤专柜。其发展速度之快、销售业绩之好，引起了业内人士的极大关注。

广告的使用

薇姿的广告按其使用媒介划分可以分为两阶段。第一阶段：平面广告与线下广告（非电视广告）的配合。第二阶段：电视广告。

平面广告。主要利用的是杂志。原因是直接接近目标市场。目标消费者是那些理性的、更加容易接受新事物，注重品牌带来健康的，同时又不太在意价格的女性。健康薇姿在一些专业媒体和时尚类杂志上做专栏文章，传播薇姿专业小医生的形象，主要针对皮肤保养、皮肤护理等方面的内容。

线下广告。薇姿将全国区域的1300余家终端药房专柜的形象悉数进行了系统升级和形象改进。

薇姿在进入市场初期所采用的宣传方式多为线下广告，发展到后期，逐渐增加线上广告的投入。

目前，我国市场上的几个外资药妆品牌中，也仅有欧莱雅旗下的薇姿有电视广告进行投放，而且投放额亦有明显的上升趋势。

6. 测定广告效果

（1）促销效果比较法。实际调查广告推出前和退出后的销售额的变化。

（2）小组比较法。分三组人员，两组看不同广告，一组不看广告；测评已看广告的二组合不看广告的一组的销量差别；再测评二组看不同广告的销量差别。

（3）其他。包括接触率、注目率、阅读率、好感率、知名率的测评。

让我告诉你

做广告宣传，就必须懂得消费心理

(1) 好奇心。人，天生具有对事物好奇的心理，在购买过程中对事物产生好奇而多加关注的心理同样存在，在做广告宣传时注意要利用好这个特点。请看：M城某房地产公司，安排一人在下班高峰期时，举着楼盘的广告牌站在加油站外面的公路边，经过的人、加油的人，都会忍不住看一眼，心想，那人在那里干嘛呢？进而多看几眼。

(2) 求趣。M城新开一家以Hello Kitty为主题的咖啡厅，整家店从装修的风格、装饰的图画、摆放的饰品、使用的餐具、烹调的食品，都是围绕着Hello Kitty的形象和特点来进行的，非常有趣。而它的店面招牌，就已经是一个有意思的广告牌了。果然开业第一天消费的人群就爆满，人气非常旺。

(3) 逆反心。"别和陌生人说话，别做新鲜事，继续过平常的生活。胆小一点，别好奇，就玩你会的，离冒险远远的，有些事想想就好，没必要改变。待在熟悉的地方，最好待在家里，听一样的音乐，见一样的人。重复同样的话题。心思别太活，梦想要实际，不要什么都尝试。就这样活着吧！""别……别……没必要……不要……"当你的耳边一遍又一遍地响起这样似曾熟悉的"唠叨"时，你会有怎样的感受？是不是别人让你别做，心里会弹出一个想法：不让我做的，我偏要去试一下！原来这是"陌陌"不断塑造新形象、正话反说、最新的TVC文案。实际上陌陌的用户确实是越来越多，已经超过1.5亿用户了！

8.4 如何建立良好的公共关系

名人语

利人为利己的根基，市场营销上老是为自己着想，而不顾及他人，他人也不会顾及你。

——梁宪初（中国销售界杰出人物，曾著《商用孙子兵法》）

收入可以以其他形式出现，其中最令人愉快的是顾客脸上出现满意的微笑，这比什么都值得，因为它意味着他的再次光顾，甚至可能带个朋友来。

——雷·克洛克（麦当劳创始人）

公共关系是一门企业管理艺术，运用得好，能够为企业解决内忧外患，促进企业良性发展。比如，可以向社会公众宣传本企业的正面新闻或事件，树立良好形象；也可以在本企业面临一些不良事件发生时消除恶劣影响。

营销小故事

英明而睿智的本田

在科技和信息都非常发达的现代社会中，企业发展受到许多环境因素的影响，而企业在遇到突发事件时，能否及时处理及运用好，意义十分重大。一般来说，美国的环保运动与日本的工业是没有什么关系的，所以，在1975年时，有几个从美国来的环保主义者到日本去谈论汽车废气问题，当时受到了日产、丰田这些大汽车公司的冷落。但是，本田公司当时的总裁却非常睿智，他从这些人的活动中发掘到有用的信息。为此，本田公司派人把这批人请到公司，非常热情地招待，并且奉为上宾，特地请他们给设计人员讲解环保主义者的要求以及美国国会1970年通过的净化空气法案的内容。在这样的前提下，本田公司开始了新型汽车的设计，确定下来的设计目标就是要突出“减少排废”和“节省汽油”这样两个优势。而在本田的新产品——主气缸旁有一辅助气缸的“复合可控旋涡式燃烧”汽车面世一个月后，就遇上了第一次石油危机。本田汽车凭借排废少、省汽油的优势，一举打进美国市场，本田公司总裁因此赢得了日本福特的声誉。

8.4.1　公共关系的特点

1. 信息传递的全面性

企业通过公关活动，可以把所有有关企业的信息传递给社会公众，包括企业的观念、品牌的内涵、产品的信息，上到企业负责人、下到一般员工的工作理念、生活信仰、学习境况等，都可以进行有计划的挑选后告知公众，务必达到企业与公众互相了解和适应。

2. 对公众影响的多元性

企业存在于社会上，必然跟多方面的公众打交道，其中包括顾客、供应厂商、社区、媒体、政府、职工。比如，企业与顾客的关系是首等重要的，处理不好，带来负面影响直接导致销量下降；企业与媒体的关系处理不好，媒体经常曝光企业的负面事件，必然导致企业的公众形象受损，长久下去必然影响销量。

3. 应注重长期效应

公共关系不是直接开展推销，而是通过积极参与各种社会公益活动借以宣传企业。同时，沟通感情、提升形象，内求团结、外求发展，为企业创造良好的营销环境，为以后相当长的时期内促进销售打下良好基础。

8.4.2　公共关系的对象

小思考：

朋友不一定是生意伙伴，但你一定要把生意伙伴变成朋友。对吗？

公共关系的对象，主要是指能够与企业发生直接或间接联系的组织和个人。包括企业内部与外部的公众：顾客、供应厂商、分销商、竞争者、新闻媒体、社区、上级主管部门和企业内部职工等。

营销小故事

梅瑞百货公司指引顾客去同行处购买

美国的梅瑞百货公司向顾客宣称：如果您在我公司没有买到自己想要的商品，可以到公司服务部询问，服务部会指引您到另一家有这种商品的公司购买。这种一反“同行是冤家”的做法，不仅向竞争对手表达了友谊和诚意，也获得了顾客的赞许。因此，梅瑞百货公司的生意非常兴旺。

8.4.3 公共关系的活动方式

小思考：

请谈谈本地知名企业的知名事例，并说明是从何种途径得知的。

1. 加强新闻宣传

企业在平时必须非常注意发现和创造对组织及其产品有利的新闻，以吸引新闻媒体和公众的注意，增加新闻报道的频率，扩大企业及其产品的影响和知名度。

2. 开展公益性活动

企业必须积极参与各种赞助活动、捐赠活动、救灾扶贫活动，树立企业关心社会公益事业、承担社会责任和义务的良好形象。比如，麦当劳就建立一个基金，专门为中国患小儿先天性心脏病的儿童提供免费治疗资金，此举获得社会公众对麦当劳具有良好社会责任心的肯定。

3. 收集、处理、反馈公众意见

企业在与公众的沟通过程中，应该坚持及时收集和处理公众提出的意见与建议，并通过相关途径将处理的结果告知公众，以取得公众的肯定和谅解。

4. 介绍情况、回答问题和发表演讲

企业人员要利用各种场合和机会，介绍企业和产品，或发表演讲、回答问题，以提高企业知名度。

5. 建立全方位的联系

企业平时应该注意建立好与消费者、社会团体、政府机构、银行、商业等单位的联系，可以通过上门拜访、电话联络、微博或微信信息发布、节假日礼品赠送等方式来操作。比如，银行对于客户经理的其中一个工作要求就是每天固定拜访一定数量客户，并将拜访内容记录在案，定期检查。

6. 策划专门性公共关系活动

企业可通过组织或举行记者招待会、展示会、联络会、重大庆典、开放参观等专门性公共关系活动，介绍企业、宣传产品、沟通感情、增进理解、提升形象。

营销小故事

IBM金环庆典

美国IBM公司每年都要举行一次规模隆重的庆功会，对那些在一年中作出过突出贡献的销售人员进行表彰。这种活动常常是在风光旖旎的地方，如百慕大或马霍卡岛等地进行。对3%的作出了突出贡献的人所进行的表彰，被称作“金环庆典”。

在庆典中，IBM公司的最高层管理人员始终在场，并主持盛大、庄重的颁奖酒宴，然后放映由公司自己制作的表现那些作出了突出贡献的销售人员工作情况、家庭生活，乃至业务爱好的影片。在被邀请参加庆典的人中，不仅有股东代表、工人代表、社会名流，还有那些作出了突出贡献的销售人员的家属和亲友。整个庆典活动，自始至终都被录制成电视或电影片，然后被拿到IBM公司的每一个单位去放映。

金环庆典，一方面是为了表彰有功人员，另一方面也是同企业职工联络感情、增进友情的一种手段。通过此举，增强了企业内部的凝聚力与向心力，促使员工家庭和睦、健康，使企业员工的积极性更高，提升了企业形象。

7. 导入CIS

导入CIS即“企业的识别系统”：理念识别、活动识别、视觉识别，三个要素是相互联系的统一整体。通过实施CIS战略，使企业通过完整的系统创意将企业的经营观念、企业的个性，通过动态和静态的传播方式，引起公众的关注，树立良好的形象，使广大消费者产生对企业及其产品的信任和好感。

让我告诉你

CIS战略的起源

CIS战略最早起源于第一次世界大战前德国的AEG公司。20世纪50年代，美国著名的IBM公司首先引进美国，以蓝色为公司形象的标准色，并在各种产品包装、广告宣传、公司标志、员工制服等中广泛应用这种“IBM蓝”。当IBM公司发展成为全世界最大的计算机生产经营企业时，美国的许多公司纷纷效仿，如东方航空公司、西屋电气公司、3M公司等。被誉为“美国国民共有财产”的可口可乐耗巨资历3年之久实施“阿登计划”，以激烈的红色，与动感条文所构成的“COCA－COLA”标志，在全球消费者心中成功地塑造了老少皆宜、风行世界的品牌形象。

8. 组织参观

在有充分准备的情况下，可以组织、安排消费者、分销商、新闻媒体等到企业的生产车间、原料供应点、储存仓库等地参观，让社会公众充分了解企业生产运作过程，消除疑惑，增加好感，提升形象。

9. 建立健全内部公共关系制度

明确两个原则——整体一致、全员公关。即在发生一些意外事件时，企业上下必须步调一致地执行企业的相关政策，并且全体员工都有这样的义务按照企业的统一要求执行政策，公共关系并非只是企业公关部门的工作。

让我告诉你

危机公关的72小时

危机公关具体是指机构或企业为避免或者减轻危机所带来的严重损害和威胁，从而有组织、有计划地学习、制订和实施一系列管理措施和应对策略，包括危机的规避、控制、解决以及危机解决后的复兴等不断学习和适应的动态过程。

危机公关的黄金72小时理论，即72小时是企业危机公关的黄金时期，一旦过了72小时，企业的危机会随着新信息的出现而替代成为旧新闻。所以，企业如能坚持在72小时内不受到更大的负面影响，对于旧新闻就可以不回应了；如果72小时后信息仍在继续膨胀，说明这次危机的危害程度比较高。所以，企业处理危机公关，时间把控至关重要。

危机公关5S原则，是指危机发生后为解决危机所采用的原则。其包括承担责任原则、真诚沟通原则、速度第一原则、系统运行原则、权威证实原则。

让我们看看知名品牌怎么做72小时危机公关：

2014年8月18日下午柯震东吸毒的消息被证实，当天23:33分，妮维雅男士通过官方微博发布关于柯震东先生违反《中华人民共和国治安管理处罚法》事件的声明。在该声明中妮维雅男士对此事件感到震惊和惋惜，希望柯震东承认错误，积极改正，并重申品牌态度和价值观。随后，其代言的炫迈口香糖、肯德基、阿迪达斯、美宝莲、和路雪、强生隐形眼镜等都在72小时之内向公众发表了对此次事件的看法和未来的做法，以尽量消除负面影响。

小探索

假如我是……

广州市委、市政府先后举办过直接为市长做参谋的“假如我是广州市长”征文活动(后定名为“市长参谋活动”)，为政府职能部门出谋献策的“房改方案千家谈”“菜篮子工程千家谈”等“千家谈系列活动”，讨论广州市风和广州人精神的“羊城新风传万家”和“羊城居委新形象”等大型公众活动，等等，运用报纸、杂志、广播、电视等媒介，动员了成千上万的市民参政议政，各抒己见，都收到了良好的社会效果，强化了政府对市民的凝聚力。

问题1：假如你是你所在班级的班长，你会怎样建立好你自己班的公共关系？

问题2：假如你是某超市的总经理，你会怎样建立好超市的公共关系？

8.5　怎样推广产品或企业

名人语

没有降价两分钱抵消不了的品牌忠诚。

——菲利普·科特勒（现代营销学之父）

周末或者节假日时，经常有商家在街上商店橱窗打出巨大宣传字幕“国庆大特惠”“巨额大奖等着你”“买一送一”等，并且有些商家还在门口搭建一个舞台，载歌载舞，引来大批群众驻足观看……这些场景，其实都是企业营业推广形式的一部分。商家经常采用营业推广来为自己的产品或企业提升知名度、扩大销售等。

8.5.1　营业推广的特点

营业推广具有以下特点。

（1）非常规性和非周期性。营业推广并不是企业经常做的促销活动，也没有一定的规律，而是根据企业的阶段性的目标而策划的活动。

（2）促销效果明显。专门针对企业某一阶段的目标而策划，比如为了提高市场占有率、为了打败竞争对手、为了快速提高知名度……因此为了吸引消费者大量购买，促销力度必须大。

（3）短期辅助。具有辅助性、临时性的特征。

（4）形式灵活。可以针对消费者，也可以针对中间商、推销人员进行；既可以从价格上进行优惠，也可以从数量上进行赠送；既可以实施购买优惠，也可以用表演节目、体验活动等非购买优惠的形式吸引消费者。

8.5.2　局限性

营业推广在短期内能起到明显的促销效果，提高销量，但是也不能随便乱用，特别是在选择和运用推广的形式上必须注意恰当，否则会贬低产品和企业本身的形象地位，带来负面影响。比如，买一送一的赠品质量非常差，会引起消费者的反感；每天都搞促销，消费者也就不相信了。

8.5.3　营业推广的形式

1. 针对消费者进行的营业推广

（1）送赠品。可以是样品，也可以是另外准备的礼品。

（2）参加抽奖。可以是不限定购买金额，也可以限定超过一定金额才可以参加抽奖。

（3）免费试用（尝）。免费的东西，总是可以吸引消费者眼球和刺激购买行为的。

（4）廉价包装。企业可以采用简单包装、把小包装换大包装、除去精美包装等方式，降低成本费用而降低价格销售，吸引注重价格的消费者。

（5）组合销售。可以将消费习惯上有关联性的产品，组合在一起销售，使得一次性购买的数量或金额比单个产品购买大或多，而达到薄利多销的目的。

（6）免费赠送服务。比如，比国家规定的“三包”期限增加“三包”的时间，免费送货上门安装调试，保价服务……

（7）优待券。凭此券可以在指定地点减去部分金额或能优惠买到指定商品。

（8）其他。现场文艺表演、免费体验活动、与消费者互动等，形式灵活多样。

小思考：

在自己所居住的城市，选择一个比较知名的连锁经营企业，总结其曾经出现过的针对消费者的营业推广形式具体有哪些。

2. 针对中间商进行的营业推广

（1）批发折扣。在指定时间内购买一定数量的产品，可给予中间商一定折扣。

（2）推广津贴。请中间商帮助推销产品，支付一定金额的补助。

（3）购货折扣。对某种产品短期内减价销售，刺激中间商购进。

（4）推销奖励。请中间商特别推销本企业产品而不是竞争对手产品，而给予额外的金钱或礼品。

（5）随购赠物。为帮助中间商提高销量，发放赠品给中间商赠送给消费者。

（6）发放刊物。为帮助中间商强化宣传效果，发放本企业或产品的宣传刊物给中间商。

（7）展销会。通过参加展销会，展示企业产品，帮助中间商推销产品或提高知名度。

（8）举办联营专柜。共同分享利润。

小探索

如果你是厂家代表，为了鼓励中间商更多销售你的产品，你有没有更好的激励措施推行？

3. 针对推销人员的营业推广

营销小故事

用非现金措施鼓励销售代表

用非现金措施鼓励销售代表，就好像向比赛获胜者授予奖杯一样，能够培养员工的忠诚度，也吸引新的加入者。《销售营销》杂志曾经对335个经理进行了调查。结果显示，71%的经理相信，现金依然是最好的激励工具。但是根据某招聘网站的一次调查显示，44%的销售员却感觉公司没有重视自己，33%的人说自己的领导不善于鼓励下属。

这表明，企业领导更需要花心思去设计一个恰当的非现金奖励措施来鼓励推销人员提高业绩。

霍尼威尔建筑解决方案公司的非现金奖励做法就很有代表性。2008年一开始，公司副总裁凯文·曼登请来一群战斗机飞行员对自己的销售员进行培训，帮助他们树立一种战斗的意识，学习如何执行计划，如何向经理层报告收入和损失，以及如何提高业绩等。

随即，他对自己的销售代表发表了鼓动性的讲话，安排部署了非现金奖励计划。半年后，50位表现最佳的代表被送到科罗拉多州享受荣誉度假。那儿不仅能玩高尔夫、骑马等，还能参加公司的策略讨论。“人人都很兴奋，公司不可能付给员工这样的东西。”曼登说。

到了年末，表现最佳的销售代表可以与公司CEO和总裁们一起，参加总裁俱乐部旅行。他认为这些措施提高了员工的投入程度，公司2004第二季度销售量增长了11%。

另外，为配合“商场就是战场”的主题，曼登每个月、每个季度都会对表现突出的代表进行表彰。比如，表现稳定的代表获得“老A奖”；总是超过目标的代表获得“神枪奖”；帮助支持别人的代表获得“参谋奖”等。

(1) 推销比赛。定期或不定期举办销售业绩比赛，对优胜者进行额外奖励，可以是金钱，也可是其他，比如欧洲旅游。

(2) 超额提成。销售任务远远超过指定任务额度，可以给予高额度的提成。

(3) 参股。对于非常优秀的推销人员，可以给予参股的奖励。

(4) 精神奖励。对于有突出表现的推销人员，可给予荣誉，比如，某公司年度最佳推销员……

营销小故事

优乐美奶茶　温暖你的心

香飘飘作为国内率先进入杯装速溶奶茶领域的品牌，经过强势的广告宣传攻势后，已经在广大消费者心目中建立了一定的品牌形象。而优乐美奶茶作为跟随者，销售量缓慢增长。如何在短时间内，实现品牌知名度提升，抢占市场份额成为急需解决的问题。

优乐美奶茶的既定目标顾客群体是15~25岁的年轻消费者，非常期待美好爱情的来临，而且喜欢上网，其交友、购物、休闲、学习、工作等都可以在网上完成，主要以城市为主。

针对目标顾客群体特点，优乐美奶茶做了以下策划。

(1) 创意故事——寒冷天气里的爱情。讲述的是年轻男女的爱情场景，用“奶茶暖暖的温度、甜中带涩的滋味和手捧奶茶等待的感觉”来塑造温馨的品牌形象。

(2) 代言人——周杰伦。其代表了年轻、才华、帅气、时尚的形象，跟优乐美想要表达的品牌形象、想要占领的市场特点是相符合的。

(3) 广告媒体——电视广告。寒假期间，优乐美奶茶选择在中央一台、湖南卫视、星空卫视、华娱卫视等各大电视台的黄金时段热播广告。

(4) 建立品牌忠诚度——在互联网建立品牌社区，创建优乐美学院，以周杰伦为校长，设置了与周杰伦、优乐美奶茶相关的“导演系、音乐系、表演系”三大主题活动，让消费者积极参与到社区中，充分交流、分享品牌故事，以聚集网站人气。

(5) 推广平台——互联网。选择腾讯网、校内网、优酷网、56网、PPLive、杰迷中文网为优乐美奶茶官方网站的推广平台。

(6) 赠品。在产品包装上放入随机码，消费者凭优乐美奶茶上的产品序列号可以在学院中兑换优乐美学分，累计足够的学分即可兑换各种丰富的奖品，从而有效促进销售。

在短短3个月的推广期间，优乐美销量在短时内呈井喷式增长，造就了40多万杯奶茶的销售量，大幅提升了品牌知名度和市场份额，实现了此次目的。

8.5.4 进行营业推广时应该注意的内容

进行营业推广，一般来说首先有个策划过程，策划时应该考虑以下内容（图8-4）。

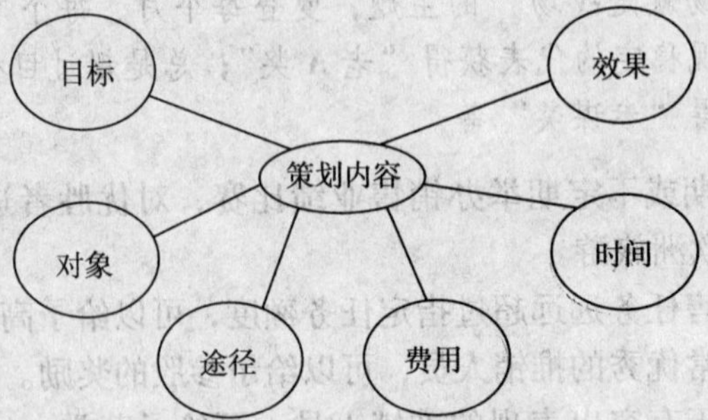

图8-4 营业推广策划内容

1. 目标

首先考虑营业推广必须达到什么目的，实现什么效果。一般来说，目标可以是吸引消费者购买，也可以是建立消费者品牌忠诚度、奖励品牌忠诚者，甚至可以是鼓励中间商购买折扣商品……当然这些目标，都必须跟企业的长远目标和短期目标结合起来制订。

2. 对象

针对的对象不同，营业推广的形式也不同，效果肯定也就不同。为了避免出现失误，增加额外支出，因此，必须确定好具体的对象，到底是针对消费者、中间商还是推销人员，是针对已有顾客还是潜在顾客。

3. 途径

企业必须通过具体的途径来向外传播营业推广的信息。可以通过电视、报纸、杂志、广播、网络的媒体来传播，也可以通过在公众场所进行现场文艺表演来传播，也可以将信息印刷成广告随产品包装一起出售的方式来传播……总之，无论哪种途径，都必须考虑目标受众的接收率。

4. 费用

做营业推广，无论是折扣让利，还是赠送礼品，或者是现场表演，都会增加企业的费用支出，企业必须综合考虑营销内外环境因素来选择或搭配营业推广的形式。

5. 时间

一是确定什么时间进行营业推广，针对不同产品、不同消费者，时间的选择是不一样的。二是确定营业推广持续时间的长短，太长，则让消费者感觉这是忽悠人的；太短，则消费者可能还没反应过来已经结束了而难以取得显著效果。

6. 效果

一个完整的营业推广策划活动，到了结束的时候，必须对整个营业推广活动做一个效果评估，以检验该次营业推广活动的实施是否能完成目标任务，从而肯定成绩，改正不足，为下次的营业推广活动累积经验教训。至于怎样进行效果评估，可以对比营业推广活动前后的销售额变化，可以做市场调查取得消费者的意见和建议等。

让我告诉你

阿里巴巴——淘宝开店推广

21 世纪，是一场技术的革命，也是一场产品的革命，更是一场营销的革命。产品的销售已经从单一的实体模式发展为虚拟和实体双轨并行的模式。而阿里巴巴，作为中国最大的电商企业，大部分的网络虚拟购买都在其名下的淘宝网上进行。在 2013 年底的时候，在淘宝网上的开店的店铺数量就已经超过 260 万家了。那，究竟在淘宝网上开店做销售有没有什么技巧？推广！看谁做得好，谁就成功机会较大！淘宝网有专门帮助推广的营销产品推出市场，让我们来了解一下吧！

产品包括：

淘宝直通车：在最优位置展示产品给目标顾客群体！功能有：搜索营销产品，直接进行商品的精准推广，站外投放推广信息，一般店铺推广，明星店铺推广，参加淘宝网首页热卖单品。

钻石展位：为淘内外商家提供海量优质资源位和多元化创意的自助精准展示营销平台。

淘宝客推广：简称 CPS，属于效果类广告。区别于淘宝直通车的按点击付费，淘宝客是按照实际的交易完成（买家确认收货）作为计费依据的。

达摩盘：达摩盘数据管理平台通过连接商家数据、媒体数据和消费数据，帮助用户实现多维度人群定向和受众管理，实现精准营销。

网销宝：优先排名服务、置顶排名服务。

智无线：淘宝直通车无线端推广，是淘宝直通车在移动互联网时代的重要拓展。它为商家量身定制按点击付费的效果营销。

品牌实效：基于大淘宝的独特基因，以大数据洞察为核心，围绕客户品牌推广，消费者互动，电子商务三大核心需求，提供全景式电子商务营销解决方案，打造高效的闭合式营销链条。

小思考：

在互联网发达的今天，如果你作为销售部经理，你会选择网络销售或者进行网络促销吗？为什么？

本章小结

✧　促销是企业通过人员或非人员的方式，向消费者传递有关本企业及产品或服务的各种信息，说服或吸引消费者购买其产品，以达到扩大销售的目的。

✧ 常用的促销方式有人员推销、广告宣传、公共关系和营业推广四大方式。

✧ 人员推销是指企业安排工作人员与顾客进行面对面的沟通，宣传介绍产品、沟通信息、维系感情、实现购买。

✧ 广告是指企业为了提高销售或提升形象，通过一定的媒体，公开而广泛地向社会公众介绍产品相关信息或企业本身的宣传手段。

✧ 公共关系，也可称公众关系，是指企业通过各种活动，向公众传递有关企业本身的信息，同时获取公众对企业的看法，双方沟通并适应，从而为企业树立良好形象。

✧ 营业推广是指除人员推销、广告宣传、公共关系以外的用以促进消费者大量购买的促销活动，诸如限期打折、产品陈列、巡回展销等非常规的、非周期性发生的销售活动。

✧ 通常企业是根据实际情况综合运用四种方式，这就叫促销组合的运用。

请你动动脑

问题1：如何选择促销策略？请结合本地实际，就某种具体商品应该如何选择促销策略进行分析。

问题2：请收集本地或全国、全世界知名企业的成功事例，并选择其中一个知名企业总结其在促销方面成功的做法和原因。

请你动动手

实训1：推销角色扮演

（1）实训内容：组织学生以韩国三星集团的业务员的身份，与某手机销售公司经理洽谈，说服该经理同意以专卖店的形式代销三星手机N9100；组织学生以某手机销售公司营业员的身份，向消费者推销三星N9100产品。

（2）实训要求：

① 要求学生掌握推销过程、推销技巧等相关内容，并做好准备。

② 要求教师在实训过程中做好组织、管理工作，给予学生必要的、合理的指导，并及时点评、总结，加深学生对推销工作的理解和认识，并掌握一定的实际操作能力。

（3）背景资料：

韩国三星集团企业与产品简介

一、企业介绍

三星集团成立于1938年3月1日，是韩国第一大企业，同时也是一家大型跨国企业集团，世界500强排名第13位（2014年），利润289亿美元（2013年）。

三星集团从创立最初的将韩国的干鱼、蔬菜、水果等出口到中国的北京及满洲里开始，发展到今天，业务涉及电子、金融、机械、化学等众多领域。三星旗下30多家公司中已有

23 家在中国投资，包括三星电子、三星 SDI、三星 SDS、三星电机、三星康宁、三星生命、三星火灾、三星证券、三星物产等，设立的机构有 155 个，雇用员工数量达 102000 余名。

电子是中国三星最大的业务部分。中国三星电子在北京、天津、上海、江苏、广东、成都、山东、海南、辽宁、香港、台湾等地区设立了数十家生产和销售部门，主要生产半导体、移动电话、显示器、笔记本、电视机、电冰箱、空调、数码摄像机以及 IT 产品等。

数字时代为全球业务带来了革命性的机遇和革新。三星集团一直紧随这些变革，并不断地更新自己的业务结构、经营理念以及公司文化，以满足世界信息时代日益变化的需求。其坚信在数字领域，完全可以成为世界公认的领导者之一。目前，三星领先全球市场的产品包括半导体产品、TFT-LCD、显示器和 CDMA 移动电话等。

同时，也在积极地提升企业品牌价值，因为它是公司发展的核心动力。三星的品牌价值已经由 2009 年的 175 亿美元增长为 2011 年的 234 亿美元，并且被 Interbrand 公司评选为发展最快的国际品牌。

展望未来，三星将力争成为引领席卷全球的数字革命的领导者。期望用先进的技术、富于竞争力的产品，以及专业的人力资源领导社会的数字化革命。

二、产品介绍

三星 Galaxy Note 4 于 2014 年 9 月底在全球范围内正式上市，目前在中国内地已经推出公开版，即 N9100 型号，而国内三大移动通信运营商的定制版则稍后推出。具体规格参数请看表 8-4 至表 8-13 介绍。

表 8-4　三星 NOTE4 公开版　基本参数

基本参数	
型号	N9100
手机类型	智能手机，3G手机，4G手机，平板手机
上市时间	2014年

表 8-5　三星 NOTE4 公开版　网络支持

网络支持	
2G/3G网络	GSM，WCDMA(联通3G)，TD-SCDMA(移动3G)，双卡双待
4G网络	联通4G，FDD-LTE，TD-LTE
手机频段	GSM 850/900/1800/1900MHz，TD-SCDMA 1880-1920/2010-2025MHz，WCDMA 850/900/1900/2100MHz，TD-LTE 2300-2320 MHz/2555-2575 MHz(联通4G)，FDD-LTE B1/B3/B7(联通4G)，双卡双待

表 8-6　三星 NOTE4 公开版　屏幕

屏幕	
主屏尺寸	5.7英寸
屏幕分辨率	2560×1440像素
像素密度	515ppi
屏占比	74.2%
屏幕技术/材质	Super AMOLED
主屏色彩	1600万色
触摸屏	电容屏，多点触摸

表 8－7　三星 NOTE4 公开版　硬件参数

硬件参数	
系统	Android 4.4
电池容量	可更换，3000mAH
CPU品牌	高通骁龙
CPU	高通骁龙805 2.7GHz(4核)
GPU	Adreno 420
运行内存	3GB RAM
内置容量	32GB
扩展卡	支持TF卡(microSD卡)
SIM卡类型	Micro SIM卡
其他特性	重力感应，距离感应，光线感应，NFC，陀螺仪

表 8－8　三星 NOTE4 公开版　拍照功能

拍照功能	
后置摄像头	1600万像素
前置摄像头	370万像素
传感器类型	CMOS传感器
光圈	f/1.9
闪光灯	LED补光灯
照片质量	支持最大4224×3168分辨率照片拍摄
拍摄特色	自动对焦，全景拍摄，笑脸快门
数码变焦	支持
视频拍摄	支持1080p(1920×1080，30帧/秒)视频录制

表 8－9　三星 NOTE4 公开版　外观

外观	
手机外形	直板
键盘类型	虚拟触摸键盘
外壳颜色	黑色，白色，粉色，金色
尺寸	153.5×78.6×8.5mm
重量	176g
标准配置	锂电池，说明书，充电器，数据线

表 8－10　三星 NOTE4 公开版　数据应用

数据应用功能	
蓝牙	蓝牙v4.0，A2DP蓝牙立体声
数据业务	GPRS，EDGE，HSDPA，HSPA+，TD-LTE
数据线	micro USB接口
WiFi (WLAN)	支持WiFi
GPS定位系统	支持GPS，支持A-GPS

表 8－11　三星 NOTE4 公开版　基本功能

基本功能	
通讯录	名片式管理
信息功能	SMS短信
输入法	手写输入，笔划中文输入法，拼音中文输入法
主要功能	内置天线，时钟，内置震动，情景模式，通话时间提示，免提通话，待机图片，来电图片识别，来电铃声识别
附加功能	闹钟，日历，计算器，日程表，记事本，备忘录，世界时钟，单位换算

表 8－12　三星 NOTE4 公开版　多媒体娱乐功能

多媒体娱乐功能	
多媒体	FM收音，MHL输出，3.5mm耳机接口，电子书
MP3播放器	支持MP3播放，支持MP3，AMR，AAC等格式
视频播放	支持视频播放，支持MPEG4，H.264/AVC，H.263/3GP等格式
图形浏览	支持JPEG，PNG，GIF，BMP等格式

表 8－13　三星 NOTE4 公开版　其他

其他	
产品质保信息	
客服电话	400-810-5858
质保政策	全国联保，享受三包服务
质保时间	主机1年，电池6个月，充电器1年，有线耳机3个月
详细内容	自购机日起（以购机发票为准），如因质量问题或故障，凭厂商维修中心或特约维修点的质量检测证明，享受7日内退货，15日内换货，15日以上在质保期内享受免费保修等三包服务！
备注	单独购买手机配件产品的用户，请完好保存配件外包装以及发票原件，如无法提供上述凭证的，将无法进行正常的配件保修或更换。

（4）方法与步骤：

① 将学生分为若干组，每组 3～5 人，每组设组长 1 名，负责组织、督促本组成员进行实训。

② 各小组讨论分析实训要求，确定各自负责的工作，并由组长确定具体人员分工。

③ 收集整理相关资料（产品特点、企业情况、推销对象情况、竞争对手情况、产品宣传资料、合同或订单等），进行推销准备。

④ 按照各自分派的角色，进行模拟推销实践。

⑤ 其他组同学观摩、评价，教师根据学生现场表现进行指导，推选“最佳推销员”进行示范，并进行讲评。

⑥ 互换角色模拟。

⑦ 教师就整个实践过程进行整体点评。

（5）实训考核方法（见表 8－14）：

表 8-14 实训考核表

考核内容	评分
组织工作：安排分配效率	10 分
准备工作：产品企业背景资料的整理	10 分
接触工作：话题、动作、表情适宜	10 分
引入推销品：引入正题介绍产品	10 分
了解需要：交谈与倾听了解顾客需要	10 分
介绍与演示：表明产品特点、优点，强调与顾客需要结合	10 分
处理异议：能灵活处理大多数异议	10 分
提出成交：诱导顾客成交	10 分
出示成交单据：与顾客签订合同或写订货单、售货单	10 分
后续追踪服务：有否回访或提供售后服务	10 分
合计	100 分

实训 2：对本市各家超市进行促销活动调查

（1）实训内容：选择本学校所在城市的大型综合购物商场或连锁超市（商场：广州的天虹百货、友谊商场、天河城百货等，北京的王府井、百荣世贸、apm 购物中心等；超市：沃尔玛、卜蜂莲花、大润发、华联……）。组织学生进行实地调查两个商场或超市（同时选两个商场或同时选两家超市）在最近两个月内的促销活动方案。制作一份调查报告，内容包括该商场或超市的特点（含优点和缺点），促销活动方案对比优劣，促销效果比较等。

（2）实训要求：

① 要求学生掌握促销等基本理论，并做好相关的知识准备。

② 教师在实训过程中做好组织、管理工作，给予学生必要的、合理的指导，并及时点评、总结，以加深学生对促销工作的理解和认识，并掌握一定的实际操作能力。

（3）方法和步骤：

① 将学生分为若干组，每组 3~5 人，每组设组长 1 名，负责组织、督促本组成员进行实训。

② 各小组讨论分析实训要求，确定各自负责的工作，并由组长确定具体人员分工。

③ 制订实地调查的工作内容及时间分配计划。

④ 按要求执行工作计划。

⑤ 组长负责定期或不定期召开组员会议，商量讨论具体工作中的问题与对策，并及时上报进度。

⑥ 组长负责组织讨论，并制作调查报告；可以幻灯片或 Word 文档格式制作报告。

⑦ 组长指定专门 1 人负责向老师和其他同学负责介绍此次调查的具体工作过程以及此次调查的结果。

⑧ 其他组同学点评，老师讲评。

⑨ 上交调查报告书。

⑩ 老师作整体总结。

(4) 实训考核方法（见表8－15）：

表8－15 实训考核表

考核内容	评分
组织工作：安排分配效率	10分
准备工作：制定工作计划表	10分
执行过程：按进度	10分
团队合作情况：团结、和谐、向上、积极	10分
制作调查报告质量	60分
合计	100分

自我测试

1. 单选题

(1) 促销的实质是（　　）。

A. 沟通信息　B. 出售商品　C. 建立关系　D. 挑选顾客

(2) 促销的目的是刺激消费者（　　）。

A. 实施购买行为　B. 做出购买决定　C. 激发购买兴趣　D. 产生购买倾向

(3) 对于单位价值高、性能复杂、需要做示范的工业品，主要采用（　　）的促销形式。

A. 人员推销　B. 广告宣传　C. 公共关系　D. 营业推广

(4) 一般的日常生活用品，适合选择（　　）媒体做广告。

A. 专业杂志　B. 口头宣传　C. 电视　D. 公共关系

(5) 当你向顾客推销MP3时，顾客回答："我都已经有手机了！现在谁还用MP3听歌啊?"这属于（　　）异议。

A. 产品　B. 需求　C. 价格　D. 购买时间

2. 多选题

(1) 公共关系是（　　）。

A. 短期促销策略　B. 直接推销产品　C. 树立企业形象　D. 注重长期效益

(2) 促销策略的选择要考虑的有（　　）。

A. 产品的性质　B. 市场性质　C. 产品市场生命周期

D. 促销费用　E. 顾客待购的不同阶段

(3) 营业推广的形式包括哪几类？（　　）

A. 针对消费者的　B. 针对中间商的

C. 针对推销人员的　D. 针对政府工作人员的

3. 判断题

(1) 为避免工作性质重复导致企业资源浪费，企业在促销活动中，只能从人员推销或

非人员推销中选择其中一个来操作。(　　)

(2) 人员推销适合于消费者数量较多、分布较分散的情况下使用。(　　)

(3) 广告的生命在于真实。(　　)

(4) 公共关系必须处理和方方面面的关系，树立良好企业形象。(　　)

(5) 某购物广场在周末时举行文艺汇演和抽奖活动，体现了企业从事了公共关系和营业推广的操作。(　　)

4. 案例分析（1 个中等案例，设置 2～3 个问题）

加多宝凉茶的促销活动

加多宝集团沿用了 15 年之久的红罐凉茶王老吉的商标，必须于 2010 年 5 月 3 日止停用，因此，加多宝集团在 2012 年 5 月推出自有品牌加多宝凉茶前后，做了大量的推广工作，以期在消费者心中重新树立品牌形象，将之前红罐王老吉的品牌价值转移到加多宝凉茶，继续获得消费者支持。包括：

(1) 加多宝在开展电视、地铁广告、发布会等传统营销传播方式外，也同时注重通过 QQ、微博等社会化媒体获取消费者支持。

(2) 加多宝冠名《中国好声音》，带来巨大宣传效应。

(3) 在王老吉和加多宝的官司中，利用媒体大力宣传自己的品牌。紧接着一连串的广告攻势，让加多宝的品牌得以在市场上站稳脚。

(4) 从 2008 年到 2014 年的自然灾害发生时，加多宝屡次捐款捐物。

(5) 扶贫济困、捐资助学。坚持资助地震孤儿、优秀贫困高考生等。

(6) 2012 年 8 月 26 日，加多宝在北京回龙观华联超市门前举行大型路演促销活动，吸引了很多市民前来围观参与。包括：组织游戏，火锅、饮酒、熬夜、煎炸、麻辣、烧烤……一系列与“上火”有关的词语贴在保龄球上被做成了游戏，一次将所有保龄球打到，便可赢取徽章，获得礼品；让市民品尝加多宝凉茶，体验凉茶品质有没有改变。

(7) 除了单瓶销售外，加多宝还开发了家庭装与礼盒装凉茶，无论送人还是家庭饮用都非常方便。

问题 1：加多宝为什么要做促销？

问题 2：在促销过程中，加多宝使用了哪些促销形式？

问题 3：请分别指出哪些活动属于哪种促销形式。

5. 综合技能题

假设某公司针对你所在学校销售手机（或其他产品），请以该公司工作人员的角度，探讨、制作该公司促销活动方案。